MOEWIG
SACHBUCH

Hans-Georg Behr
Weltmacht Droge
Das Geschäft mit der Sucht

MOEWIG

MOEWIG Band Nr. 3185
Moewig Taschenbuchverlag Rastatt

Lizenzausgabe mit Genehmigung des Econ Verlag GmbH
Umschlagillustration: Mall Photodesign
Umschlagentwurf und -gestaltung: Franz Wöllzenmüller, München
Verkaufspreis inkl. gesetzl. Mehrwertsteuer
Auslieferung in Österreich:
Pressegroßvertrieb Salzburg, Niederalm 300, A-5081 Anif
Printed in Germany 1985
Druck und Bindung: Elsnerdruck GmbH, Berlin
ISBN 3-8118-3185-2

Inhalt

Vorwort 7

DIE HELLE SEITE DES MOHNS 11
1. *Das Glück des grünen Tales*
   Habibullahs Märchen 12
   Das grüne Tal 14
   Die Herren der Berge 18
   Die kleine und die große Welt 21
   Mittelalter mit Telefon 25
   Vorhof der Hölle I 31
2. *Mit dem Mohnschnuller aufgewachsen*
   Getränkt mit dem Schlummer des Vergessens 33
   Gift und Gegengift 36
   Zwischen Hexen und Ärzten 41
   Die ehrenwerte Sucht 46
   Ein vergiftetes Jahrhundert 50
3. *Heldengift*
   Die gedopten Krieger I 57
   Der gute Ruf der Sucht 59
   Schwarze Romantik 64
   Die verführten Verführer 68
   „Göttliches Opium" 73
4. *Technischer Fortschritt*
   Morphin 78
   Die gedopten Krieger II 83
   Heroin 89
   Dämmerung 96
   Ein Heer im Dunkel 101
   Sachlicher Bericht vom Glück, ein Morphinist zu sein
   von Hans Fallada 111

DIE DUNKLE SEITE DES MOHNS 121
5. *Das große Geschäft*
   Eine ehrenwerte Gesellschaft 122
   Ehrenwerte Gesellschaften 127
   ... und noch eine ehrenwerte Gesellschaft 131
   Für die Freiheit der westlichen Welt 135
   French Connection 138
6. *Goldenes Dreieck*
   Die Schuppen des Drachen 142
   Das amerikanische Jahrhundert 145

Aftermath
  1. Die Pekingente 154
  2. Thailändische Hochzeit 156
  3. Rund um die Welt 159
  4. Haschisch und Heroin oder: der Einstieg 160
  5. Ehrenmänner 161

7. *Das Supergeschäft*
Ameisenstraßen 166
Das Geschäft der Pahlevis 167
Türkisches Brauchtum 174
Afghanistan Godhaafis 179
Der neue Opiumkrieg 185
Im Dschungel 191

8. *Vorhof der Hölle*
Vorbemerkung 200
Drogenproblem 201
Elendsbürokratie 205
Verfahrene Fronten 210
Kraftgesetz 212
Polizei, Mythos und Sisyphos 216
Lauter hoffnungslose Fälle? 226
Robert L., Rückblick eines Falles 231

9. *Kein Ausblick. Kein Ausblick?*
Zur Philosophie der Droge 239
  1. Sprache als Bestandsaufnahme 239
  2. Kriegspropaganda 241
  3. Paradies und Ordnung 245
Offene Karten 248
Persönliches Nachwort 255

Vorwort

Immer hat mich Opium begleitet. Um das Haus meiner Kinderzeit wuchs der Mohn felderweit. Da dies in Niederösterreich war, wurden daraus keine Drogen geerntet, sondern der Grundstoff für Mohnstrudel und ähnliche Leckereien, doch viele Bauern ritzten auch die unreifen Kapseln. „Mohnsaft" hieß der daraus gewonnene, klebrig-braune Stoff und war ein bewährtes Hausmittel gegen Schlaflosigkeit, Durchfall, Schmerzen und alles mögliche. Niemand dachte dabei an etwas Böses.

Kam der Doktor ins Haus – und das war damals häufiger, als man zum Doktor ging –, gab es oft, sehr oft, Codein, Morphiumtabletten oder gleich eine Spritze. Das war so normal, wie zum Hustensaft Codein gehörte. Von der Frau des Apothekers in der nächsten Kleinstadt sagten die Leute allerdings, sie sei morphiumsüchtig, und rümpften die Nasen.

Viele Kriegsheimkehrer, Amputierte und auch welche mit wieder hingeflickten Gliedmaßen, gingen regelmäßig zum Doktor „um die Spritze". Konnten sie sich selbst injizieren, bekamen sie gleich eine Wochenration. In unserem 900-Seelen-Nest waren das um 1950 noch gut 30 Mann. Um diese Zeit hieß es auch, daß es künftig verboten sein solle, Mohn zu ritzen. Einen Grund konnte niemand verstehen, zumal zur selben Zeit auch das Selbstbrennen von Schnaps verboten wurde. „Die Regierung will alles alleine machen", hieß es, und die Volksseele murrte.

Waren sie Süchtige? Der Onkel, der ohne seine 20 Tropfen Laudanum am Abend nicht einschlafen konnte, der alte „Leitnbauer", der schon am Morgen heiße Milch mit Mohnsaft trank, die invaliden Heimkehrer? Niemand dachte an derlei, obwohl öfter geredet wurde, in den Großstädten grassiere Morphiumsucht, so etwa wie Grippe. „Die hängen alle an der Nadel", hieß es, vor allem über Apotheker- und Arztfrauen. Volksmund – wenn er sich öffnet, zeigt er vierundsechzig Zähne.

Von Heroin hörte ich Mitte der fünfziger Jahre in Zusammenhang mit GIs, der USA, Marseille, Cosa Nostra und Mafia. All diese Worte klangen zu fremd, zu exotisch, um irgendwie mit Mohnsaft zusammengedacht zu werden.

Bald darauf erlebte ich, wie der eine, der nächste, wie immer mehr Bekannte aus den Jazz- und Beatkellern „an die Nadel gerieten". Kaum einer von ihnen ist noch am Leben.

Mir konnte das Zeug nicht gefährlich werden – ich kannte es ja von Kindheit an, und dadurch hatte es keinerlei Reiz des unbekannten Abenteuers. Ich begann allerdings, mich ernsthaft damit zu befassen, alle nur erreichbaren Informationen zu sammeln, in Hörsälen, Biblio-

...en, Kliniken, „auf der Szene", hinter ihren Kulissen und in den ...baugebieten.

In fast allen Ländern, die ich kennenlernte, hat Opium seinen Platz, oft schon seit Jahrhunderten, oft buchstäblich über Nacht, heimlich, verschwiegen, selbstverständlich, in die Augen springend. Ich fuhr über Jahre durch dieselben Landstriche und sah, wie die Mohnfelder größer und mehr wurden. Es sei das beste Geschäft, sagten die Bauern.

Wohl ein halbes Tausend Bücher habe ich gelesen, in denen Opium eine oder die Hauptrolle spielte, meist Bekennerbücher, denn der Selbstmitteilungsdrang gehört zum Süchtigen. Von Cocteau über Fallada, Klaus Mann zu Burroughs, zurück zu Quincey und Baudelaire, wissenschaftliche Bücher, Romane und Pamphlete. Die Droge hat eine unübersehbare Spur Gedrucktes hinterlassen, und ich habe lange gebraucht, herauszufinden, was an dieser so umfangreichen Literatur mich stets so unbefriedigt ließ: Es sind allesamt Fallstudien. Immer ist nur die Rede von der Wirkung der Droge, kaum von der Droge selbst. Ihre falschen Himmel und ihre echten Höllen werden geschildert, und die Höllen überwiegen, denn Schreiben ist ein Versuch der Befreiung, der Bewältigung. Die Droge selbst aber bleibt geheimnisvoll entrückt.

„Sie ist ein Mysterium", sagte Jean Cocteau in einem eher beiläufigen Gespräch kurz vor seinem Tod. „Wer mit ihr zu tun hatte, ist ihrem Zauber verfallen und kann den Schleier nicht heben, hinter dem vielleicht die Wahrheit liegt. Er verfiel ja dem Schleier, dem süßen Rauch – und Sie kennen die Geschichte vom Bildnis von Sais."

Etwas später: „Nein, junger Mann, über Opium werden Sie nie etwas erfahren. Sie können es erleben – dann sind Sie in seinem Bann, verzaubert und befangen. Oder Sie können es von außen beschimpfen, und auch dann sind Sie befangen und sehen nichts. Opium ist ein Geheimnis."

Das war 1962, und ich habe die Sache nicht ernst genommen. Ein Geheimnis allerdings ist um Opium, und es erschreckte mich mehr als alle Opfer der Droge. Es führt in die Politik. Rauschgift ist das größte Geschäft für alle Beteiligten. Die Droge ist eine Weltmacht geworden. Sie spielt eine hohe Rolle in der hohen Politik, kaum geringer als Erdöl. Sie wird in Strategeme einbezogen wie die Rüstungsindustrie. Sie ist eine Industrie, der Politik durch eine Lobby verbunden und gesteuert von multinationalen Konzernen, die hier als wechselnde Interessenverbände auftreten. Sie ist unkontrollierbar, da alle dazu vielleicht geeigneten Institutionen gerade da einen rätselhaften blinden Fleck haben.

Über den Palästinenserführer Arafat hortet ein Nachrichtenmagazin in seinem Archiv 6253 Zeitungsausschnitte. Etwa zwei von dreien der früheren Jahre erwähnen den stets getragenen Patronengürtel, der sein Markenzeichen wurde und an den man sich gewöhnte. Kein Journalist hat je nachgesehen, welches Markenzeichen die an dieser Stelle doch gut sichtbaren Patronen tragen. Berufliche Schlamperei? Wohl eher ein instinktives Tabu, zwischen der Bewaffnung des Untergrunds einen Zusammenhang sehen zu wollen mit der legalen Tätigkeit höchst ehrenwerter Firmen. Zwangsreaktion einer Palmström-Logik, nach der bekanntlich nicht sein kann, was nicht sein darf.

Was das mit Rauschgift zu tun hat? Illegale Kriege waren stets nur durch illegale Geschäfte finanzierbar, und seit dem Zweiten Weltkrieg ist der Waffenschwarzmarkt mit dem von Rauschgift über weite Strecken identisch. Das schafft Interessenverbindungen. Wer an irgendeinem Punkt der Welt an irgendeinem Untergrundkrieg interessiert ist, als politischer Nutznießer oder als simpler Lieferant, muß notwendigerweise seine Augen schließen vor den Methoden, mit denen dieses teuerste Geschäft finanziert wird.

Die Droge wird nicht auszurotten, ihr tödlicher Mißbrauch nicht zu beenden sein. Zu viele Existenzen hängen von ihr ab, unschuldige und höchst schuldige. Die Sache stinkt nicht zum Himmel, denn sie wird auf höchster Ebene betrieben und trifft in soziale Tiefen. Nirgendwo habe ich größeren Zynismus getroffen als bei mit Opium Befaßten, und damit meine ich nicht die Süchtigen.

Die Befaßten: Geheimdienste, Großindustrie, Big Busineß, hohe Politiker. Die Ausführenden: Bauern, Kaufleute, Kriminelle. Die Opfer: wöchentlich durchschnittlich zwölf Drogentote in der Bundesrepublik, laut amtlicher Statistik. In Wahrheit werden es sehr viel mehr sein. Bei vier Süchtigen, die ich kannte, wurden als Todesursache registriert: Herzversagen, Überdosis Valium, Hepatitis, Leberinsuffizienz. Ihre Sucht wurde in diesem Zusammenhang nicht berücksichtigt, unter den Drogentoten des Monats, in dem sie alle starben, wurden sie nicht registriert, ebensowenig wie die süchtigen Selbstmörder. Blinder Fleck...

Das Geheimnis um Opium ist die unfaßbare Verflechtung aller denkbaren Gegensätze zu einem Netz des Unglücks und Profits. Ein Problem unseres Jahrhunderts? Leider nein, es hat Tradition. Wir denken bei der Droge natürlich zuerst an Elend und Kriminalität – so hat man uns das gelehrt. Doch das ist nur ein kleiner Teilaspekt. Der weit größere heißt: Staatsräson, Politik, Ökonomie, „Sachzwänge".

Man kann mühelos alkoholsüchtig werden – das Rauschgift ist frei erhältlich und wird gerecht besteuert. Viele junge Menschen verfielen gerade deshalb Opiaten. Die scheinbare Illegalität der Drogen entsprach ihrer Opposition zur Gesellschaft, und sie wußten und wissen nicht, wie sehr ihr Rausch erst recht anderen Interessen dient. Ihnen ist dieses Buch gewidmet.

Die helle Seite
des Mohns

1. Das Glück des grünen Tales

Habibullahs Märchen

Auf den Bazaren sind Märchenerzähler nur noch sehr selten anzutreffen. Sie wurden von den Transistorradios verdrängt, die das alles sehr viel perfekter können, mit röhrender Musik untermalen und manchmal als Regierungsnachricht ausgeben. Wer heute noch Märchen hören will, muß dorthin, wo der Empfang gestört ist – in der störenden Leere, die ohne ständige Musikberieselung auch in Asien empfunden wird, sind Märchen noch zu Hause.

Das Auto, mit dem wir durch Pakistan von Peshawar nach Mardan fahren und weiter hoch nach Swat, ist für Märchen nicht sehr gut gebaut. Die kleinste Unachtsamkeit, und wir poltern mit dem Kopf an das Wagendach oder mit dem Gegenteil durch die altersschwache Polsterung auf ebenfalls Hartes. Der Wagen wird nur noch durch Allahs Gnade zusammengehalten und klappert demütig. Draußen hat es 35 Grad im Schatten, und ausgerechnet hier erzählt mir Habibullah sein Märchen.

„Es war einmal ein Heiliger, der sich aus der Welt zurückgezogen hatte und im Dschungel eine kleine Hütte gebaut hatte. Dort meditierte er zwanzig Jahre und schwieg, bis er eines Tages auch die Sprache der Tiere verstehen konnte. Seine einzige Nahrung war, was ihm eine freundliche Ratte brachte, und er fragte auch nicht, warum sie das tat. Und sie seufzte täglich bedeutungsvoll.

‚Warum klagst du so?' fragte der Heilige eines Tages und sprach damit nach zwanzig Jahren das erste Wort.

‚Ach, heiliger Mann', seufzte da die Ratte. ‚Mein Leben ist nur Angst und Angst. Ständig bin ich in Angst vor dem größten der Feinde, der Katze. Du kannst nicht verstehen, wie schrecklich so ein Leben ist. Du bist ein heiliger Mann und wurdest durch deine Askese so mächtig, daß du mich mit einem Wort in ein besseres Wesen verwandeln könntest, doch du denkst ja in deiner Heiligkeit nicht an mein trauriges Los.'

Und so setzte die Ratte dem Heiligen zu, so lange, bis er sie eines Tages wirklich in eine Katze verwandelte. Doch die Ratten-Katze war nicht glücklicher.

‚Ach, hättest du mich doch nie in eine Katze verwandelt', klagte sie immer wieder. ‚Nun bin ich in ständiger Furcht vor den Hunden. Aber du, der du mein Rattenleben durchbrochen hast und mich in dieses schreckliche Katzenleben stelltest – warum verwandelst du mich nicht in einen Hund? Du hast ja damit angefangen. Warum gehst du nicht den nächsten Schritt?' So bedrängte ihn die Ratte wieder."

Habibullah muß eine Pause machen. Wir haben die Bootsbrücke bei Nowsheera erreicht, und die schwankt abenteuerlich. Einige Ochsenkarren spielen Gegenverkehr und sehen aus wie jene im Museum, die allerdings schon 5000 Jahre alt sind.

„Weiter?"

„Nun, als die Ratten-Katze ein Hund war, hatte sie vor den Schakalen Angst. Und da der Meister nun schon so weit gegangen war, mußte er auch den nächsten Schritt tun. Und der Ratten-Katzen-Hund-Schakal fürchtete sich natürlich vor dem Tiger. Also wurde eines Tages aus der Ratte ein Tiger. Der fauchte und brüllte fürchterlich, und alle Tiere des Dschungels duckten sich, wann immer sie ihn hörten. Doch eines Tages kam der Tiger ganz kleinlaut in die Hütte des Heiligen.

‚Was ist denn nun schon wieder?' fragte der. ‚Nun kannst du mir doch nicht erzählen, daß du immer noch unter Angst leidest.'

‚Natürlich nicht', sagte der Ratten-Tiger. ‚Und doch ist mein Herz von Gram zerfressen. Ich habe einfach falsch gedacht – ein Tiger ist das Höchste nicht. Gestern sah ich – ich sage dir, mir sträubten sich die Barthaare –, gestern sah ich den Elefanten des Königs. Mit prunkvollen Decken war er geschmückt, ein Anblick, wahrlich nicht aus dieser Welt, und er trug eine vergoldete Sänfte mit dem König in all seiner Pracht. Wahrlich, sage ich dir, nie mehr kann ich als Tiger glücklich sein, seit ich dies sah. Du mußt mich in einen Elefanten verwandeln.'

Der Heilige war zwar zornig, aber die Ratte hatte recht – da er einmal damit begonnen hatte, ihre Wünsche zu erfüllen, mußte er sie nun auch in einen Elefanten verwandeln. Der Dickhäuter zertrampelte zunächst einmal seine Hütte und lief dann durch den Dschungel davon.

Nach einiger Zeit aber kam er wieder und bat vielmals um Entschuldigung. ‚Ach' sagte er, ‚ich habe mir wohl alles falsch vorgestellt. Ich wurde richtig gefangen und an den Hof des Königs gebracht. Dort wurde ich auch gezähmt – es war schrecklich, aber ich ließ alles mit mir machen –, und ich wurde prächtig herausgeputzt. Doch der König wollte mich nicht besteigen, sondern setzte die Königin auf meine Sänfte. Da verzweifelte ich, denn ich erkannte, daß das Höchste wohl doch eine Königin ist. So warf ich die Sänfte ab, zertrampelte das Tor des Palastes, und nun bin ich hier. Verwandle mich in ein schönes Mädchen!'

Natürlich wollte der Heilige das nicht tun, und dann tat er's doch. Und als der König in den Dschungel zur Jagd ritt, saß an einem Baum ein wunderschönes Mädchen. Natürlich fragte er neugierig, wer das schöne Kind sei.

Da klagte und weinte das Mädchen: ‚O König, ich bin eine Königstochter, die als kleines Mädchen geraubt wurde. So kam ich zu einem Einsiedler hier im Wald, doch der tat nichts für mich. Er hielt mich als Sklavin, er läßt mich nicht einmal aus dem Wald – ach, es ist ein trostloses Leben.'

Ihren Rattencharakter hat die Ratte ja immer beibehalten, alles zu tun, was ihr allein nützt, ohne an andere zu denken. Doch der König verfiel in Liebe zu ihr, nahm sie auf seinem Elefanten aus dem Wald und machte sie zu seiner Favoritin.

Nun hatte sie alles, was sie sich je hätte erträumen können und noch viel mehr. Doch eines Nachts schien ein Mondstrahl auf ihr Lager und sagte der Lieblingsfrau des Königs, daß nun das Ende ihrer Rattenzeit gekommen sei. Ängstlich lief sie herum, wie eine Ratte in der Falle, und in den Garten. Sie versuchte, sich vor dem Mondstrahl zu verstecken und ein Loch zu wühlen. Ihre schönen Fingernägel brachen, doch es half nichts. So fand man sie am nächsten Morgen – Erde an den zerkratzten Händen und auf dem schönen, nun kalten Gesicht.

Der König war untröstlich und schickte in seiner Verzweiflung auch nach dem Heiligen um Rat. Der erzählte die ganze Geschichte und sagte: ‚Werft ihren Leichnam in einen Brunnen und schüttet ihn mit Erde zu. Daraus wird eine Blume wachsen, die Trost, Gift und Segen auf einmal enthält.'

So kam der Mohn in die Welt."

Wir haben Mardan erreicht. Wo vor etlichen Generationen noch undurchdringliche Dschungel wucherten, dehnen sich nun gelbe Steppenfelder. Habibullahs Märchen ist wohl nicht von hier. Der Handlungsablauf und die Charaktere weisen nach Indien, wahrscheinlich nach Radschasthan, doch das Märchen wird überall erzählt, wo Mohn wächst. Es sagt viel über diese Pflanze: über die Köstlichkeit der Samen, den tückischen Trost der Kapsel, und die Geschichte der Ratte und ihrer Ängste könnte ein Psychogramm für den Einstieg zur Sucht sein. Ich habe viele Märchen über Opium gehört, und in allen spielten zwei Dinge eine Rolle: Trost und Lüge beziehungsweise Verwandlung.

Die Limbu in Ostnepal nennen die Pflanze auch „Vergessen"; in Laos heißt Opium sehr häufig „schwerer Traum". Eine seltsam poetische Umschreibung hörte ich in Kambodscha: „Reiche Frucht, vom Tod umschlossen". Auch auf Paschthu, der Sprache Habibullahs, heißt Opium außer Afyum auch noch dichterisch „Tränen des Teufels". Für Sexualität und Rauschmittel hat wohl jede Sprache eine Unmenge umschreibender Namen entwickelt. Habibullah kennt noch einige für Opium: Tau des Todes, Perle des Vergessens, kleiner Sumpf und Gold der Pathanen.

Das grüne Tal

Zwölf Meilen nördlich von Mardan stößt die weite Ebene übergangslos an kahle, braungebrannte Berge, zwischen denen geduldige Ziegen schon längst jeden Rest Vegetation abgefressen haben. Die Sonne hält die Felsen in Bewegung – ihre Hitze und die kühlen Nachtwinde lockern immer wieder den braunen Schiefer zu Erdrutschen.

Die Paßhöhe markiert das Grab eines islamischen Heiligen, über und über mit Blumen bedeckt. Habibullah wirft im Vorbeifahren einen Rupienschein dazu, als Dank dafür, daß alles gutging. „Hier endet Pakistan", sagte Habibullah.

Auf der Landkarte sieht das natürlich anders aus. Da reicht Pakistan noch weit nach Norden, über die weißen Schneeberge des Karakorum, und in Islamabad werden Regierungsbeamte nicht müde zu beteuern, diese Bergtäler seien „ein integraler Teil Pakistans". Doch hier heroben lächelt man über solche Statements. „Hier ist das Land der Pathanen", heißt es, und das Wort Pakistan klingt wie fernes, bedeutungsloses Ausland. Tatsächlich hat Pakistans Regierung hier wenig zu sagen und drückt ihre zentralgewaltige Ohnmacht in einer Skala feinster Abstufungen aus. Da gibt es „Tribal areas", Stammesgebiete, in denen die Regierung nur durch einen Commissioner vertreten ist. Eine Stufe weiter zum Staat sind die „halbintegrierten Zonen", in denen zusätzlich eine zu Passivität verurteilte Polizei spazierengehen darf, und die „fast integrierten Gebiete", wo zur Ordnungssymbolik auch noch Lehrer kommen. Doch auch dort wird Pakistan zum Ausland gerechnet.

Der Blick, der sich von der Malakandhöhe eröffnet, zeigt nichts Pakistanisches: Nach der staubigen Halbsteppe öffnet sich hier heroben ein märchenhaft grünes Tal. Aus einem Friedhof schlingen knorrige Olivenbäume ihre Äste, und die Häuser verschwinden fast hinter Obstbäumen. Ein erfrischender Wind weht von den Schneebergen her, die im Norden den Horizont zacken. Udyan hieß das Tal früher einmal, Garten, und der Name paßt. Swat heißt es heute, fallweise auch Smaragdtal. Den letzteren Namen haben die hier reichlich vorkommenden Edelsteine verursacht, doch er könnte auch von dem satten Grün kommen, das einem hier entgegenleuchtet.

Die Landstraßen sind von Akazien- und Obstbäumen gesäumt, unter denen dichte Wildrosenhecken blühen. So mag wohl einst das Paradies ausgesehen haben.

Seit einigen Jahren breiten sich in dem Paradies nun auch die Blumen des Bösen aus. Immer schon gab es hier Mohnfelder, schmale, weiß und rosa gesprenkelte Streifen zwischen den breiten Feldern mit Winterweizen. Doch in den letzten Jahren begann der Mohn zu wuchern, fraß ein Weizenfeld nach dem anderen, legte sich als ein breiter Gürtel um die Dörfer, kroch die Seitentäler hoch. Vor zehn Jahren wuchs er nur auf jedem zehnten Feld. Vor sechs Jahren belegte er jedes fünfte. Dieses Jahr wuchs er auf zwei von dreien, und dabei ist seit dem 10. Februar 1979 der Anbau verboten.

„Das ist doch nur ein Gesetz, Regierungssache. So was kümmert hier nicht", sagt Habibullah.

Derselben Meinung ist Rahim, der auf einem der Felder die Kapseln ritzt. Sobald die Blütenblätter abgefallen sind und die grünen Kapseln aufrecht in den Feldern stehen, beginnt seine Arbeit, jeden Nachmittag pünktlich um drei. Sein Messer ist ein fingergroßes Holzstückchen, an dem mit Siegellack fünf Rasierklingensplitter eingekittet sind. Sobald er damit die Kapseln der Länge nach ritzt, tritt der Saft aus, in kleinen, weißen Perlen, die schnell größer werden und bräunlich. Damit schafft Rahim pro Minute gut 40 Kapseln.

Aus dem Weizenfeld nebenan kommen Heuschrecken dahergeflattert, seit Stunden schon. Zuerst klettern sie die Pflanzen hoch und knabbern ein wenig an den Kronen der Kapseln. Irgendwann gerät dann jede an den Saft. Von nun an interessiert nur noch der.

Ich habe ihn auch gekostet. Er schmeckt bitter, macht die Zunge pelzig, und Spucken hilft nicht. Die Heuschrecke vor mir hat schon mindestens das Dreifache gefressen. Steifgliedrig versucht sie nun den Abstieg, stürzt dabei ab, liegt eine Weile zappelnd auf der gelben Erde, kriecht dann die nächste Pflanze hoch, wieder an den Saft.

Der Boden ist mit kriechenden Heuschrecken übersät, und immer mehr kommen aus dem Weizenfeld. Ob sie der Geruch anzieht? Er ist schwach. Die Wildrosen am Straßenrand übertönen ihn, aber auch aus ihnen flattern Heuschrecken an. Geraten zwei Tiere an dieselbe Kapsel, gibt es Kampf. Viele, die hinunterfallen, kommen nicht mehr auf die Beine. Eine Weile zappeln sie und verrecken dann.

„Zuviel Opium", lacht Rahim und ritzt weiter. 2000 Quadratmeter mißt das Feld, gut 12000 Kapseln. Rahim hat es in knapp fünf Stunden geritzt, und dazwischen war auch noch Zeit für das Abendgebet, denn natürlich ist Rahim ein strenggläubiger Muslim.

Mit Opium hat er deshalb auch nichts im Sinn. Zwar hat Mohammed die Droge im Koran nicht verboten, sondern nur Alkohol. Die Priester der sunnitischen Schule aber lehren, daß der Prophet mit dieser Stelle jedes Rauschmittel gemeint hat. „Ganz klug werde ich dabei allerdings nicht", meint Rahim. Der eine Mullah sagt, Schnaps und Opium seien Sünde, Haschisch dagegen nur eine läßliche; ein anderer gibt sich ganz streng und schließt auch Zigaretten in den Bann ein, und dann gibt es auch opiumsüchtige Geistliche. „Wem soll man nun glauben?" Vor Opium aber bewahrt ihn auch seine Vernunft: „Das ist ein ganz gefährliches Zeug." Nur zweimal hat er es in den 27 Jahren seines Lebens versucht, als Medizin.

Von Opium aber lebt er. Vier Rupien pro Stunde verdient er als Taglöhner bei der Ernte. Umgerechnet sind das 80 Pfennige, in Kaufkraft allerdings fünf Mark. Am Ende der drei Wochen Erntezeit kann er gut 1000 Rupien zählen, und das ist mehr als die Hälfte seines Jahreseinkommens. Für andere Arbeiten nämlich beträgt der Tagessatz nur 15 Rupien, und nicht immer gibt es was zu tun. Ein Zubrot bringt außerdem sein Hemd. Bis an die Brust und von den Manschetten bis zu den Ellbogen ist es mit dem braunen Saft bekleckert. Wenn es Rahim nach der Erntezeit auskocht, holt er ein halbes Pfund Opium aus dem Topf, 150 Rupien. Davon gehen 20 an die Moschee, als Bußgeld für die sündhafte Quelle seines Reichtums.

100 Rupien wird Mohammed an Allah liefern. Vom Feldrand sieht er zu, daß Rahim arbeitet, denn dafür zahlt er ja. Der Arbeitgeber ist erst 18, stolz auf sein sprießendes Bärtchen, das ihn als heiratsfähig ausweist, und nun möchte er auch heiraten. Um das Brautgeld zu verdienen, hat ihm sein Vater dieses Feld überlassen. Hätte Mohammed darauf Weizen gebaut, wäre die Ernte höchstens 400 Rupien wert und

Hochzeit frühestens in fünf Jahren. Opium bringt mindestens das Zehnfache, und in drei Monaten, im August, ist Verlobung. Die nächste Ernte wird, insch'Allah, die Kosten für die Hochzeitsfeier decken.

Jede Arbeitsstunde Rahims bringt Mohammed rund 45 Rupien, und der Taglöhner bestätigt neidlos diese Kalkulation. „Allah hat dem einen Land gegeben und den anderen Arbeit. Und Arbeit zählt eben nicht so viel."

Wann begann der Mohn hier so zu wuchern? So 1975 muß es gewesen sein, erinnert sich Mohammed, als wir vom Feld zum Dorf gehen. Da kamen Kaufleute aus Mincora, der Hauptstadt des Tales, und bestellten Opium. Viel Opium, mehr als die Bauern je angebaut hatten, und sie versprachen sensationell hohe Preise. Da vergrößerten die Bauern ihre Mohnfelder und bekamen schließlich mehr bezahlt, als ihnen versprochen wurde.

Auch zu Habibullah kamen die Herren aus Mincora. Der ist zwar kein Bauer, sondern Adeliger, doch er hat einige Hektar Land an Bauern verpachtet. Die Hälfte der Ernte steht ihm zu, und nun konnte er seinen Pächtern ein Angebot machen, für das sie ihn heute noch preisen: Er ließ die Pacht mit Opium bezahlen, auf Weizenbasis berechnet. Damit hatten die Bauern plötzlich neun Zehntel der Felder für ihren eigenen Gewinn frei, und die meisten bauten auch darauf Mohn. Und jedes Jahr stiegen die Preise. Transistorradios konnten gekauft werden, Petroleumkocher, bunte Bilder für die Wände der Hütten – alle Segnungen der Zivilisation. „Opium wurde zum Segen des Tales", sagt Habibullah.

Am nächsten Morgen steht Rahim schon um vier auf dem Feld, und diesmal hilft auch Mohammed ein wenig mit. Mit Schabern aus Kupferblech streifen sie die dunkelbraunen, dicken Tropfen ab, die sich über Nacht an den Kapseln gebildet haben.

Auf der Erde liegen tote Heuschrecken und viele Heuschreckenbeine. „Die Ratten haben nicht alles fressen können", sagt Rahim und zeigt auf eine, die keinen Meter vor uns dasitzt und ihn anstarrt. „Zuviel Opium", lacht er und erledigt sie mit einem Fußtritt. Die Ratte hat nicht einmal zu flüchten versucht.

Unten, in Peshawar, habe ich einmal zugesehen, wie einem Dieb öffentlich die Hand abgehackt wurde. In meinem Magen rumorte es und würgte bitter die Kehle hoch. Der aber, dem es geschah, grinste gleichgültig vor sich hin, und mein Nachbar sagte: „Dem haben sie mindestens zwei Gramm Opium zu fressen gegeben." Das ist wohl der Segen des Saftes, daß er schmerzunempfindlich macht. Sein Fluch: auch gleichgültig.

Nach einer Stunde faltet Mohammed Mohnblätter zu einem Teller, und die Schaber werden das erstemal abgestreift. Aus dem Rahims fließen gut 100 Gramm, etwas mehr als halb soviel aus dem Mohammeds. „Ich muß das erst lernen", entschuldigt sich der.

Die Sonne scheint nun warm, das Opium wird zäher und sieht nach Durchfall aus. Kurz vor elf sind die beiden durch das Feld, streifen ihre Schaber das letztemal ab, und Rahim verschnürt das Opium samt den Mohnblättern zu zwei handlichen Paketen. Die Ausbeute des Morgens wiegt etwa 1200 Gramm. Am nächsten Nachmittag wird Rahim die Kapseln wieder ritzen, insgesamt etwa sechsmal. Aus dem Weizenfeld kommen auch schon wieder Heuschrecken angeflattert.

Die Herren der Berge

Wo immer in Südwestasien Mohnfelder blühen, kann man sicher sein, daß ihre Besitzer Pathanen sind, die unumschränkten Herren des Hindukusch. Viele Abhandlungen sind über das wilde Volk geschrieben worden, und das Schöne ist, daß jede jeder widerspricht. Auch auf Überlieferungen ist wenig Verlaß. Es gibt zwar herrliche Heldengesänge, nie unter 100 Strophen lang, mit schauerlichen Blutbädern aufgelockert, von Ahnherrn zu Ahnherrn führend, doch bei genauerer Überprüfung erweisen sich die stets als adoptiert.

Habibullah, von dessen 29 Lebensjahren zwölf mit westlicher Bildung beträufelt wurden, schwört, die Pathanen seien Nachkommen der Armee Alexanders des Großen. Tatsächlich zog ja der welteroberungswütige Makedonier 327 vor unserer Zeitrechnung durch das Tal von Swat, und seine Chronisten klagten über reichliche Desertionen.

Die Wahrheit ist etwas komplizierter. Wahrscheinlich stammen die Pathanen aus den weiten Steppen Südrußlands, und in ihre gegenwärtige Heimat kamen sie im Gefolge der Mongolen-Invasionen um 1400.

Im Grunde haben sie eine Steppenkultur erhalten, und darüber kann auch nicht hinwegtäuschen, daß die Mehrzahl von ihnen Bauern wurden. Auch der Islam hat bei ihnen seltsame Formen ausgebildet, die manchmal erstaunlich denen des Hinduismus ähneln. So haben sie, was Mohammed doch nicht gewollt hatte, ein ausgeprägtes Kastensystem, funktionsgleich der sprichwörtlichen Hühnerleiter, nur etwas steiler. Zuunterst rangieren die Landarbeiter und Viehzüchter und dürfen von den nur ganz wenig höhergestellten Handwerkern und Kaufleuten verachtet werden. Turmhoch erhaben fühlen sich diesen Ständen die Bauern, obwohl zwischen ihnen und Gott noch zwei mysteriöse Gruppen herrschen: die Khans und die Miahns.

Khan war der Herrschertitel der Mongolen, und die Pathanen übernahmen ihn, um damit jene Kriegersippen zu bezeichnen, die sich auch zum Herrschen geboren fühlten. Doch zu einem Staatswesen in unserem Sinne reichte es nie, nur zu fortgeschrittenem Raubrittertum. Mehrere Dörfer unter einem Herrn reichen bereits für ein Königreich, und der glückliche Khan darf sich stolz Malak nennen, vom allmächtigen Allah, dem Malik, nur durch einen Vokal unterschieden. Allerdings sind die Grenzen solcher Kleinstaaten nirgends festgelegt, und auch eine Erbfolge existiert nicht. Jeder Khan hat das Recht, sich ein Reich zu erobern, sofern er nur genügend Haudegen als Gefolgsleute findet. Für die jeweils regierenden Könige ist daher stete Vorsicht geboten – überall lauern Thronanwärter nur auf die Gelegenheit, daß ein Regierender mit zu kleiner Leibgarde ausrückt oder mit so großer, daß sein Dorf ungenügend geschützt zurückbleibt. So bleiben auch heute noch alle Königreiche ständig in Bewegung, und die Malaks leben dabei nicht schlecht, da ja die unteren Stände die Zeche bezahlen.

Doch nicht nur Standesgenossen bedrohen die Kleinkönigswürde – ihnen an Würde noch überlegen sind die Miahns, die Sippschaft islamischer Heiliger. Hierin besteht die einzige Chance der unteren Stämme, am Spiel der Mächtigen teilzunehmen: einer aus der Familie muß Heiliger werden. Sobald sich die ersten Jünger einfinden und ein Wallfahrtsbetrieb in Schwung kommt, übersteigt seine Autorität mühelos die aller Könige. Der Islam ähnelt hier etwas dem Guru-Betrieb des Hinduismus und der freien Marktwirtschaft – jeder Heilige darf seine eigene Sekte gründen und den Konkurrenten mit allen Tricks Anhänger abjagen. Und für die Nachkommen zahlt sich das allemal aus. Sie dürfen vom Pilgerbetrieb am Heiligen Grab leben, sofern sie nicht vorziehen sollten, die geistige Autorität in weltliche umzumünzen und mit den Malaks zu konkurrieren.

Im Tal von Swat machte ein Miahn das Rennen, indem er alle Konkurrenten einschließlich seiner Verwandtschaft einfach umbrachte. Sein Sohn führte das System weiter, nach einer Art umgekehrten Radfahrens: Während die Mächtigen um ihr Leben fürchten mußten, hatten die Bauern so gute Zeiten, daß sie ihren Herrscher gerne Wali nannten, zu deutsch: Wohltäter.

1969 aber erinnerte sich Pakistans damaliger Diktator daran, daß Swat eigentlich pakistanisches Territorium sei. Er schickte dem Wali ein harsches Telegramm: Falls nicht innerhalb dreier Tage Pakistans Oberhoheit anerkannt würde, müsse der Störrische leider mit einem umfänglichen Bombardement durch Pakistans Luftwaffe rechnen. Der Wali hatte dem nichts entgegenzusetzen.

Swat ist zweifellos das höchstentwickelte Gebiet in diesem Teil der Erde, verkehrstechnisch weitgehend erschlossen, mit Schulen, Mittelschulen, sogar einer kleinen Universität ausgestattet und mit Krankenhäusern erstaunlich gut versorgt. Nun, nach zehn Jahren offiziell pakistanischer Herrschaft, in denen Wali Jahanzeb keine Rupie mehr in sein Land steckte, ist alles schon wieder ein wenig verlottert, und die Swati hassen Pakistan: Sie müssen auf einmal viel mehr Steuern zahlen, und dabei bleibt nichts davon in ihrem Tal hängen.

Wie wurde dieses für Asien erstaunlich moderne Staatswesen finanziert, wo doch der Herrscher nie mehr nahm als den alten Zehent? Der schon betagte Wali in seinem Palast hinter alten Kanonen und einer lebenden Mauer von Leibwächtern wiegt sein Haupt: „Ein kleiner Teil kam durch den Verkauf von Smaragden, die hier im Tal ja in allerbester Qualität gefunden werden. Ein anderer kleiner Teil kam durch Verbesserungen des Handels und durch Kleinindustrie. Und der Rest kam durch Opium."

„Wir haben gestattet, daß fünfzehn Prozent des Uns gehörenden Landes mit Mohn bestellt wurden. Es war für die Bauern eine große wirtschaftliche Erleichterung, und für Uns selbst konnte Opium nie zu einem Problem werden. Alles Opium mußte an Unsere Sammelstellen abgeliefert werden, und Wir haben strenge Regeln gegen jeden Mißbrauch erlassen. Wer unerlaubterweise Mohn pflanzte, dem ließen Wir die Felder zerstören. Es waren übrigens nie mehr als dreißig Tonnen, die Wir produzieren ließen."

„Was mit dem Opium geschah, wissen Wir nicht. Unsere Aufsicht erschöpfte sich mit der Zulieferung. Wir selbst haben seit den unglücklichen Ereignissen von 1969 nichts mehr mit Opium zu tun. Natürlich, Unsere Ländereien gehören Uns noch immer. Wie groß sie sind, können Wir nicht genau sagen, und Wir wissen auch nicht, was nun auf ihnen angebaut wird. Wir haben das Pachtsystem von Naturalienlieferung auf Geld umgestellt. Woher es kommt, ist nicht Unsere Neugier."

Dem Wali gehören immer noch gut ein Drittel aller günstig gelegenen und fruchtbaren Felder des Tales. In den Monaten Oktober und November, unmittelbar vor Wintereinbruch, wird die Pacht eingetrieben. Auch dieses Geschäft wurde vom Wali verpachtet, nach genau eingeteilten Provinzen an einige Geschäftsleute in Mincora, dem größten Markt des Tales. Wieviel Geld dem Wali abgeliefert werden muß, steht dabei fest. Was mehr eingetrieben wird, ist Profit des Kaufmanns.

Natürlich verdient ein Kaufmann bei der Pachteintreibung zweifach: Er kauft die Produkte des Bauern und zieht bei der Bezahlung gleich die fällige Pacht ab; dann verkauft er sie als Großhändler weiter. Will er daher einen Gewinnzuwachs erzielen, ohne die Ausbeutung der Bauern unzulässig zu übertreiben, muß er auf den Anbau von Produkten bestehen, deren Zwischenhandel besonders lohnend ist.

Die derzeitige Jahresproduktion nur des Swat-Tales an Opium wird von Beamten des Pakistan Narcotic Drugs Control Board auf mindestens 200 Tonnen geschätzt. Der Wahrheit näher dürfte die Schätzung eines UNO-Beamten kommen, der für Swat eine Opiumproduktion von mindestens 350 Tonnen annimmt, von denen etwa 100 auf den Feldern des Wali geerntet werden, 120 Tonnen auf denen der anderen Großgrundbesitzer, während die freien Bauern an den Talrändern weitere 130 Tonnen liefern.

1979 bezahlten die Aufkäufer den Bauern für das Kilogramm Opium 650 pakistanische Rupien, 124,80 DM. Damit hat die Ernte des Swat-Tales einen Grundwert von 43 680 000 Mark.

Allerdings horten die Bauern etwa ein Drittel ihres Opiums – der Stoff verdirbt nicht, ist durch Ungeziefer und Ratten nicht gefährdet und verliert auch nicht an Wert. Das übrige Opium wird an die Großhändler verkauft, die den Stoff wiederum an die „Contractors" abliefern, die Pachteintreibungs- und Steuerpächter des Tales, sechs ehrbare Kaufmannsfamilien, die damit ziemlich die gesamte Volkswirtschaft der Region kontrollieren.

Die kleine und die große Welt

Was mit seiner Ernte weiter geschieht, weiß Mohammed nicht so genau, und es interessiert ihn auch nicht. Das Opium, das ihm Rahim am Morgen so schön verschnürt hat, trägt er in den Vorhof seines Hauses. Dort hängen unter den Balken des Vordachs einfache Holzrahmen, deren Unterseite mit durchlöcherter Schafshaut bespannt ist. In ihnen reifen die Opiumkuchen, bis die sie umhüllenden Opiumblätter ebenfalls braune, klebrige Masse geworden sind und das ursprünglich weiche Paket dem Druck des Fingers kaum mehr nachgibt. Ein Viertel seines Gewichtes verliert Opium während des Reifeprozesses, doch der Wertzuwachs wiegt dies bei weitem auf.

Zwei Tage später schon kommt Arshaf aus Mincora, 40 Jahre alt, adrettes Bärtchen, den Pathanenanzug mit den weiten Pluderhosen durch bemitleidenswert viele Flicken garniert. 500 Rupien bietet er Mohammed für das Kilogramm Opium.

„Ich habe Zeit und muß nicht verkaufen", erwidert der kühl.

„Fünfhundert sind ein sehr guter Preis", sagt Arshaf mit der sanften Stimme. „Jeder baut dieses Jahr Opium, und der Preis wird nur noch sinken. Und außerdem hat ja nun die Regierung Opium verboten. Das ist keine Ware mehr — es ist einfach kein Markt mehr da. Niemand wagt Opium zu kaufen, seit es verboten ist."

Mohammed schweigt lächelnd und wiegt die Ballen in seiner Hand. Gut sechs Kilo hat er schon zusammen.

„Ich brauche jetzt kein Geld", sagt er nach einer Weile.

„Später wirst du noch weniger bekommen, und ich biete dir jetzt" — tiefer Seufzer — „fünfhundertfünfzig."

Lange Pause.

„Also gut, sechshundert, aber da verliere ich schon zwanzig Rupien. Wirklich, Opium ist kein Geschäft mehr. Die Regierung und die Polizei sind ganz scharf hinterher. Verkaufe es lieber jetzt — vielleicht kommen sie in das Haus und nehmen dir alles weg."

„Sollen sie kommen, wenn sie es wagen. Wir haben fünfzehn Gewehre", lacht Mohammed.

„Du wirst ihnen viel Geld bezahlen müssen, daß sie dich in Ruhe lassen."

„Sie werden es nicht wagen, zu kommen. Noch nie ist ein Polizist in unser Dorf gekommen, das weißt du selbst. Aber geh doch zu meinem Nachbarn — der braucht gerade dringend Geld."

„Ich komme in drei Monaten wieder", sagt Arshaf zum Abschied.

Wer Geld braucht, muß seine Ernte in „rohem" Zustand verkaufen, doch das passiert nur Anfängern. In drei Monaten, hat sich Mohammed ausgerechnet, kann er für das Kilogramm 900 Rupien bekommen, das sind bei allem Gewichtsverlust noch einmal 40 Rupien Gewinn pro Kilo. Von August an allerdings fallen die Preise wieder, da dann ja die Pachteintreibung beginnt und viel Opium auf den Markt kommt.

„Man ist ja leider den Contractors ausgeliefert", klagt Mohammed.

21

„Sie verabreden untereinander die Preise, und wir können da nicht mithalten. Jedes Jahr gibt es mehr Opium, und das macht die Händler stark."

Wiederum drei Tage später ist das Mohnfeld „trocken" — kein Opium fließt mehr aus den nun braun gewordenen Kapseln. Immerhin ist Mohammed zufrieden: Fast sieben Kilo hat Rahim aus dem kleinen Feld geschabt. Nun brechen die beiden die Kapseln ab und tragen sie in Säcken nach Hause. Mohammeds kleine Geschwister brechen die weißen Samen aus den Kapseln. Sie schmecken angenehm nussig und werden zu vielen Leckereien verarbeitet. Die meisten Samen bringt Mohammed allerdings zur Mühle und läßt daraus Öl pressen. Mohnöl ist das wichtigste Kochfett des Tales.

„Es gibt nichts, was man bei Mohn nicht verwerten kann", sagt Mohammed. Die trockenen Stengel sind Heizmaterial für den Winter, und die ausgepreßten Samenkuchen sind erstklassiges Viehfutter. Rahim kocht in einer Ecke des Hofes die leeren Kapseln aus. Nach vier Stunden fischt er sie aus dem großen Kupferkessel und preßt sie noch einmal sorgfältig aus. Fünf Stunden später ist von der Brühe ein zäher, dunkelbrauner Brei geblieben — noch einmal fast drei Kilogramm Opium, allerdings von minderer Qualität. Während der Reifezeit wird es mehr als die Hälfte Gewicht verlieren.

„Immerhin — wir haben wahrscheinlich fünfeinhalbtausend Rupien aus dem Feld geholt", sagt Mohammed. „Als wir dort noch Weizen bauten, bekamen wir höchstens vierhundert."

Als wir den Hof verlassen, macht sich auch Arshaf auf den Heimweg. Er sieht nicht gerade glücklich drein, obwohl er acht Kilogramm Opium gekauft hat, das Kilo für 620. Davon hat er die Hälfte gleich anbezahlt und den Stoff beim Bauern gelassen. „Wenn wir ihn brauchen, werde ich ihn abholen. Bis dahin liegt er beim Bauern sicherer."

Arshaf ist kein Händler, sondern nur Aufkäufer. Für jedes Kilo, das er erwirbt, darf er seinem Chef 700 Rupien berechnen, und die Differenz ist sein Verdienst. Die freien Bauern, bei denen er aufkauft, wissen das natürlich und versuchen ihn nach besten Kräften hinzuhalten, doch wenn gegen Winter der Markt mit dem Opium der Pächter überschwemmt wird, ist Arshaf der Stärkere und kann die Preise drücken.

Arshafs Chef residiert in einem kleinen Laden auf dem Bazar von Mincora unter einem Blechschild mit der Aufschrift „Trading Agency", ein alteingesessener Kaufmann, der seinen im Geschäftsleben erbleichten Bart mit Henna knallrot färbt. Akbar heißt er. Der Name bedeutet „der Große", und dem macht er alle Ehre. Alles, was Pakistans Regierung verboten hat, ist bei ihm zu haben; nur Alkohol führt Akbar als frommer Muslim nicht. Dafür setzt er monatlich gut 500 Ballen synthetischer Gewebe „Made in Germany" um. Sie stammen aus der DDR, kamen quer durch die Sowjetunion nach Afghanistan und von dort über die alten Karawanenwege nach Mincora. Pakistans Zoll ist hinter ihnen ebenso her wie hinter den Smaragden, die Arbeiter in der Edelsteinmine des Wali geschluckt haben und dann zu Akbar brachten. Einige Kilogramm des kostbaren Glitzergerölls liegen hier immer auf Lager. Einen kleinen Geschäftszweig bilden auch Antiquitäten, deren Export verboten ist. In einer Halle des Hinterhofes wartet ein kleines Arsenal auf Kunden: nahezu alle Waffentypen der deutschen Firmen Mauser, Heckler & Koch und Walther samt ordnungsgemäß abgepackter Munition, tschechische Maschinenpistolen, russische Kalaschnikows und ein breites Assortiment pakistanischer Produktion. Auch Barrengold und -silber kann man bei Akbar kaufen, zehn Prozent unter dem Regierungspreis, harte Währungen gegen Rupien tauschen, zehn Prozent günstiger als bei Banken, und ein Speditionsunternehmen leitet er auch. Außerdem hat er das Pachteintreibungsrecht für den Wali und alle anderen Großgrundbesitzer über ein Gebiet von gut 150 Quadratkilometern, die Steuereintreibung für dieselbe Gegend, und Opium setzt er pro Jahr nach eigener Einschätzung „so etwa fünfzig Tonnen" um, doch Akbar ist ein bescheidener Mensch und untertreibt gern.

Wie jeder wirklich Reiche klagt Akbar zunächst über seine schrecklichen Unkosten. 10 000 Rupien pro Monat spendet er dem örtlichen Polizeichef, der über die Nebengeschäfte des ehrbaren Steuereintreibers milde die Augen schließt. Mit einer halben Million jährlich schlägt der Provinzgouverneur zu Buche. 8 000 Rupien pro Monat kosten seine zehn Leibwächter, die fallweise auch bei zahlungsunwilligen Bauern auftreten, und erkleckliche Beträge bleiben als Kommission bei seinen 48 Agenten hängen. 19 Regierungsbeamte in Islamabad führt er außerdem auf seiner Gehaltsliste, gibt aber zu, daß diese Freunde nicht mit Gold aufzuwiegen seien.

„An der Steuer ist praktisch nichts zu verdienen", jammert er. Nur 15 Prozent der von der Regierung geschätzten 750 000 Rupien darf er behalten, doch da rechnet er nicht die Trinkgelder, die er von Bauern und Kaufleuten für eine gnädige Steuereinschätzung kassiert. Bei Opium verlangt er, je nach Saison, 1 100 bis 1 300 Rupien für das Kilo, Mindestabnahme zwei Zentner. Bei mehr als einer Tonne ermäßigt sich der Preis, und außerdem ist die Lieferung in die Ebene inbegriffen, quer durch alle Polizeikontrollen.

An Akbar und den anderen fünf Contractors des Tales führt kein Weg vorbei. Wer Opium kaufen will, muß es bei ihnen oder ihren Agenten. „Wir wissen natürlich ganz genau, wieviel Opium jeder Bauer hat. Würde er es jemand anderem verkaufen, wäre dies nicht ratsam." Eine müde Handbewegung streift die vor der Tür dösenden Leibwächter. „Und außerdem ist es doch nur von Vorteil, mit ehrbaren Kaufleuten zusammenzuarbeiten, die einem jedes Risiko abnehmen."

Akbars Gegenspieler sitzen in Islamabad. Seit dem 10. Februar 1979, dem Tag, da Pakistans Regierung alles verboten hat, was mit Opium zu tun hat, und auch die zehn staatlichen Verkaufsstellen schloß, wuchsen die Kompetenzen des Narcotic Drugs Control Board. Chef der Fahndungsabteilung ist Herr Rezah Hussein, ein energischer

Mittfünfziger. Vor kurzem war er zwecks beruflicher Weiterbildung auch in Köln, wo ihn „die moralische Verkommenheit der Menschen in der Bundesrepublik zutiefst schockiert" hat. In seinem Büro hängt eine große Straßenkarte Pakistans. Sehr viele Straßen gibt es ja nicht, und fast alle sind als Schmuggelwege für Opium markiert. An ihnen lauern nun die Fahndungskommandos des Narcotic Drugs Control Board, und Stecknadeln zeigen ihre jeweilige Lage. „Wir wechseln die Standorte mindestens einmal im Monat, damit niemand über sie Bescheid weiß", erklärt Herr Hussein und: „Hier kommt kein Gramm mehr durch." Stolz erzählt er seine Strecke von Januar bis Mai: 14 Tonnen Haschisch, das aus den Bergen kommt, wo kein Mohn mehr wächst, 534 Kilogramm Opium, 19 Kilogramm Morphin.

Eine kleinere Ausgabe dieser Karte händigt zwei Nächte später Akbar an Rafiq aus, den er mir als „Reiseleiter" vorstellt. Im Hof hinter Akbars Kontor herrscht seit Mitternacht Hochbetrieb. Acht Arbeiter beladen einen der schönen, bunten LKWs, die Pakistans Straßen zu Galerien naiver Malerei machen. 50 Ballen Stoff für Lahore, 50 Ballen für Multan, eineinhalb Tonnen Opium für Persien, laut Akbar das traditionelle Abnehmerland. Ein zweiter LKW steht bereit und wird leer mitfahren – „falls etwas schiefgeht. Dann muß schnell umgeladen werden, und der verdächtige Wagen fährt leer voraus."

Um vier Uhr werden einige Gemüsesteigen um die heiße Fracht dekoriert, und um fünf fahren wir mit einem PKW voraus. Die LKWs werden uns nach einer halben Stunde folgen. Sorgfältig verstaut Rafiq unter seinem Sitz eine Jutetasche, prall mit Bündeln höherstelliger Geldscheine gefüllt. 18 Jahre ist der Junge, und dies ist sein 42. Transport.

Kaum sind wir aus dem Tal heraus, hält uns auch schon Polizei an. Rafiq steigt aus, spricht mit dem Beamten eindringlich, dann gehen die beiden in die Amtshütte und zum Telefon.

Als Rafiq wiederkommt, strahlt er: „Sie machen's für dreitausend!" Diskret wendet sich der Polizeioffizier ab, während Rafiq das Geld aus der Tasche fischt. Dann kommen auch schon die LKWs. Rafiq, die Fahrer und die Polizisten umarmen einander nach Pathanenart wie liebe, alte Freunde, und das war's.

Bei der Weiterfahrt packt Rafiq die Banknoten zu handlichen Päckchen. „Ein einmal ausgehandelter Preis gilt für alle Kontrollposten. Von nun an sind alle schon durch ihren Kollegen telefonisch informiert."

Auch die Polizei hat ihren Ehrenkodex. Von nun an fahren wir unter ihrem Schutz, und die Honorare werden nicht nachgezählt. Zwei Tage und acht Kontrollen später warnt uns der Polizeioffizier in Multan, daß am anderen Ende der Stadt Militär eine Sperre errichtet habe. Einen vollen Tag rösten wir samt Opium bei 40 Grad im Schatten, während ein jüngerer Polizist hin- und herpendeln muß, die Situation zu erkunden. Dafür bekommt er 100 Rupien Bakschisch, ein Viertel seines Monatsgehalts.

Vier Tage später, nach einer trostlosen Fahrt durch Sand- und Staubdünen und weiteren drei Kontrollen, werden wir feundlich an der persischen Zollstation vorbeikomplimentiert. Den Herrn, der das dikke Geldkuvert in Empfang nimmt, kenne ich noch − 1978 hat er mein Auto grausam zerlegt. Nun entschuldigt er sich damit, daß er mich damals für einen Savak-Agenten gehalten habe, der sein Pflichtbewußtsein überprüfen solle. In seinem Büro hat er den Ayatollah direkt auf den Schah gepappt. Das Licht der Arier schimmert noch durch den islamischen Robespierre.

Spät am Abend rumpeln wir durch Zahedan zu einem riesigen Mauergeviert am Stadtrand, über das üppige Bäume ragen. Damals hat mich Militär von der Straße gejagt − der Besitz gehörte Prinzessin Ashraf, der Schwester des Schah, und in Zahedan erzählten die Leute, da drin sei eine Heroinraffinerie. Diesmal holen mich schwerbewaffnete Wächter der Revolution aus dem Wagen. Zwei von ihnen eskortieren mich zu Fuß in die Stadt zurück, während hinter dem LKW das große Eisentor zurassell. Meine Begleiter sind schweigsam wie alle, die einen lästigen Dienst zu tun haben, doch der Weg ist lang, und so kann ich erfahren, daß sich nun hinter den Mauern der Sohn irgendeines Ayatollah eingenistet habe. Was er dort macht? „Heroin natürlich", sagt der Junge zu meiner Rechten, und bei den ersten Straßenlaternen zeigt sich auch sein Gesicht von der Droge gezeichnet.

Als mich Rafiq am nächsten Morgen abholt, ist er nervös. Seine Jutetasche ist wieder prall gefüllt: Dollarnoten, etliche Goldbarren und auch ein Bündel Hundertmarkscheine, deren Echtheit ich überprüfen soll.

„Zweihunderttausend Dollar durch das Land zu schleusen ist schwieriger als Opium", meint Rafiq, und nun muß ich den Preis dafür zahlen, daß ich bei der Schmuggelfahrt mitkommen durfte. Da Ausländer kaum kontrolliert werden, soll ich die Banknoten transportieren. Eine passende Weste hat Rafiq schon mitgebracht − man sieht sie fast nicht unter dem weiten Hemd meines Pathanenanzugs. Unter 150000 Dollar schwitzend, komme ich anstandslos wieder nach Pakistan und durch drei Kontrollen. Auf dem Flughafen von Quetta tastet der Sicherheitsbeamte nach der Hundertrupiennote in meiner Hand und sonst nach nichts. Eineinhalb Stunden später sind wir in Peshawar und am Abend wieder in Swat. Die LKWs werden vier Tage mehr brauchen.

Mittelalter mit Telefon

In den letzten Jahren hat sich das Land der Pathanen zum wohl größten Opiumgebiet der Erde entwickelt. Allerdings hat die Droge hier eine altehrwürdige, Jahrhunderte zurückreichende Tradition. „Honig der Krieger" hieß sie gelegentlich, da Pathanen vor Kämpfen ihre

Angst gerne mit Opium betäubten, und unter der Kriegerkaste der Khans waren auch die meisten Süchtigen zu finden. Da für Muslims alles unrein ist, was nicht über Mund und Magen in den Körper gelangt, wurde Opium ausschließlich gegessen. Es stopft gründlich, und die daraus entstehenden Verdauungsbeschwerden setzten dem Mißbrauch gewisse Grenzen.

Das klassische Rauschmittel der Pathanen ist Haschisch, aus dem hier wild wachsenden Hanf gewonnen. Der als „schwarzer Afghane" oder „Pakistani" bekannte Stoff entsteht auf etwas seltsame Weise: Kurz vor der Blüte gezupfte Hanfblätter werden prall in die Haut eines frischgeschlachteten Schafes gestopft und das Paket in der Nähe einer Düngergrube aufgehängt, in manchen Gegenden auch vergraben. Nach drei bis vier Monaten ist der Hanf zu einer grünbraunen Paste fermentiert, die nun noch einige Male geknetet und schließlich zu Platten gepreßt wird. Ihre Außenfläche trocknet sehr schnell glänzend schwarzbraun ein, während das Innere grünlich bleibt. Auf etwa 900 Tonnen Haschisch wird übereinstimmend die Jahresproduktion des Pathanenlandes geschätzt, und davon wird etwa die Hälfte vor Ort verbraucht. Früher wurde es zu einer Art Konfekt verarbeitet, dem Majoun, seit etwa 20 Jahren wird es nur noch geraucht. Wie jede traditionelle Droge ist auch Haschisch in die Volksmoral integriert. Während der Tages-, also Arbeitszeit, gilt sein Genuß als extrem unanständig, und auch tägliches Rauchen ist unschicklich. Süchtige sind nicht bekannt, und auch der im Westen oft angeführte „Umsteigeeffekt" existiert hier nicht. „Uns ist kein Fall bekannt, daß jemand von Haschisch zu Opium übergegangen wäre", erklärt der Leiter der Drogenbehörde in Islamabad. „Ganz im Gegenteil: zwischen Haschischrauchern und Opiumkonsumenten gibt es keinerlei sozialen Verkehr. Opiumsüchtige rangieren bei Pathanen auf derselben Stufe wie Hunde."

Erst durch die Briten kam der Mohn aus den Gärten auf die Felder. Opium war ein wichtiger Handelsartikel des Empire. 1893 bestritt Opium 21 Prozent der Einkünfte aus der Kolonie, und um diese Zeit breiteten sich auch schon Mohnfelder in jenen Tälern aus, zu denen die Briten keinen Zugang hatten. Opium wurde das Zahlungsmittel für alles, was man in den Bergen kaufen mußte, für Salz und Textilien vor allem.

Schwierig wurde es mit der UNO-Konvention von 1953. Damals wurde nur sieben Ländern das Recht auf Opiumexport zugestanden. Alle anderen Länder durften nur noch Lizenzen für den Eigenbedarf vergeben. Da diese Übereinkunft von Pakistans Regierung wie die meisten UNO-Beschlüsse nur als Papier angesehen wurde, unterzeichnete Pakistan das Protokoll und vergab Lizenzen für 70 Tonnen.

Pakistans Regierung hätte allerdings kaum den Pathanen Vorschriften in Sachen Opium machen können, ohne einen Aufstand zu riskieren, und so war es mehr eine Geste der Freundlichkeit, daß Pakistans Regierung ihre Opiumlizenz dem Malak von Buner vergab.

Buner liegt östlich von Swat, jenseits der hohen, felsgeschuppten Bergrücken, die wie urzeitliche Echsen um das Tal lagern und zwischen ihren Pranken kleine Dörfchen hüten. Die Straße führt steil hinunter in brütende Hitze, denn Buner liegt 400 Meter tiefer als Swat. Linker Hand zweigt ein Seitental ab zum berühmtesten Wallfahrtsort der Pathanen, Pir Baba. Das Heiligtum ist etwas chaotisch aus Zement gegossen und wird eigentlich immer noch gebaut. Unter mit dicken Lagen Brokattüchern bedeckten Steinsarkophagen ruhen der „Heilige Vater", denn das heißt Pir Baba, und sein nicht weniger heiliger Sohn. Vor 70 Jahren kam die heilige Familie in das Tal und stellte mit eisernem Besen das wieder her, was sie unter Moral verstand. Davor waren die Frauen der Pathanen wesentlich emanzipierter als die meisten Glaubensgenossinnen und gingen hier in den Bergen prinzipiell unverschleiert. Die Heiligen sorgten dafür, daß die Aufsässigen aus dem öffentlichen Leben verbannt wurden und „Bescheidenheit" trugen, so heißt hier der Schleier, gleich so dick, daß niemand mehr auf die Idee kommen könnte, sie auszupacken.

Die so wieder zu Herren der Schöpfung Gewordenen bringen dem Heiligen gern Hammel als Blutopfer dar. Vor dem Heiligtum haben sich Geldwechsler breitgemacht und tauschen Scheine in erstaunliche Haufen klitzekleiner Münzen. Hinter ihnen lauern in einer 200 Meter langen Budenstraße Leprakranke aller Entstellungsgrade auf das Almosen. Im weiteren Umkreis hocken, ebenfalls auf milde Gaben wartend, etwa 300 Opiumsüchtige aus der Ebene. Hier dürfen sie sich gehenlassen, da der Heilige bei aller Sittenstrenge gegen Opium nichts hatte.

Einige Kilometer weiter wird die Landschaft gnadenlos. Einst waren hier berühmte Wälder, doch die wurden Anfang unseres Jahrhunderts radikal abgeholzt, und Buner wurde durch den Raubbau arm – wenig Wasser, ausgedörrtes Schwemmland zwischen kahlen, von der Sonne durchglühten Felsen.

An die 100 Bauernsippen teilen sich das weite Staubland, berühmt für ihre Kampflust, ihre ewigen Fehden untereinander und ihre Fremdenfeindlichkeit. Pakistans Regierung war gut beraten, als sie darauf verzichtete, hier irgendeinen Beamten zu installieren, und alle vergebbaren Würden gleich dem ortsansässigen Malak übertrug. Eine andere Lösung hätte hier ohnedies niemand akzeptiert.

Der größte Opiumbauer der Welt hat nichts Düsteres an sich. Der Malak ist ein Herr Ende der Dreißig, hager, mit eins neunzig alle Untertanen um Haupteslänge überragend, braungebrannt und das noch junge Gesicht zu unzähligen Lachfältchen verwittert. Täglich von neun bis eins sitzt er im Regierungsbüro und ist allen Beschwerden zugänglich, auch denen gegen seine eigene Herrschaft. Schließlich zählt seine Leibgarde nur neun Mann, und so viele könnte zur Not jede der 30 Sippen aufbringen, mit denen er in seinem Land in Blutfeindschaft lebt. Die Fehden hat er von seinem Vater geerbt, der das Tal vor 30 Jahren eroberte und dabei nicht zimperlich war.

Jeder Besucher wird nach Pathanenart freundlich umarmt, und diese Überschwenglichkeit ist gleichzeitig ein sorgsames Abtasten nach Waffen. Auch der Malak trägt eine großkalibrige Mauser unter dem lose über die Schulter geworfenen Tuch. Seinem Vater half diese Vorsicht nicht — vor sechs Jahren umarmte der auch einen Gast, und der schlitzte ihm mit Eisenkrallen den Bauch auf.

Das war unehrenhaft nach Pathanenkodex. Feindschaften werden offen ausgetragen, von Mann zu Mann und mit Gewehr. Wer ein Mann ist, hat eines und trägt es — mit irgendeiner Sippe lebt hier jeder in Blutrache, und die meisten Fehden sind ehrwürdige Erbstücke aus uralten Landstreitereien. Jeder Markt und erst recht jede Hochzeitsfeier ist hier eine Zurschaustellung privater Arsenale, und nur beim Besuch von Freunden wird die Knarre im Vorhof abgestellt. Allerdings fallen pro Jahr in Buner höchstens zwölf tödliche Schüsse — das Gleichgewicht der Bewaffnung hält, wie bei den Weltmächten, die Mordlust in Grenzen.

„Hier zu regieren ist eigentlich Mittelalter mit Telefon", sagt der Malak leise wie jemand, der gewohnt ist, daß ihm zugehört wird. „Für Pathanen gibt es nur ein einziges Gesetz: Der Freund meines Freundes ist mein Freund; der Feind meines Freundes ist mein Feind; der Feind meines Feindes ist mein Freund."

Ya Allah! Da Buner einst formal zu Swat gehörte, hatte mir der Wali ein Empfehlungsschreiben mitgegeben. Doch die beiden Majestäten können einander nicht leiden, und Habibullah malte mir mit schrecklichen Handbewegungen aus, was die Folgen des Briefes gewesen wären. Da aber auch Habibullah mit dem Wali mehrere Hühnchen zu rupfen hat, erleben wir die legendäre Gastfreundschaft der Pathanen.

Das Privathaus des Malak liegt hoch über dem Dorf, bescheiden, aber gut befestigt. Wohl an allen Herden wurde zu Ehren von uns königlichen Gästen gekocht, und nach einigen Stunden höflicher Konversation bewegte sich aus der Dorfstraße eine Prozession zum Hof des Herrschers: Safranreis, der in Butter fast schwamm, Pickles aller Farben und Schärfegrade, und für die Hühner von Buner war es ein schlimmer Tag.

Des Malak einziger Sohn spielte für mich den Mundschenk. Seit seiner Geburt müssen die Frauen des Königs die Pille schlucken, und das ist seltsam in einem Land, wo zur Ehre des Mannes mindestens drei Söhne gehören. „Es ist nicht gut, wenn ein Malak viele Söhne hat", erklärt der Vater ruhig. „Der Malak darf keinen bevorzugen, und das Erbe kann nicht geteilt werden. So kommt es immer zum Kampf zwischen den Erben und oft auch zu Brudermord." Ja, auch er hatte zwei Brüder. Der ältere zog rechtzeitig nach Peshawar und wurde Geschäftsmann. Der jüngere war nicht so weise. „Aber ich pflege sein Grab und sorge auch für die Familie."

„Mohn ist das einzige, wovon wir hier leben können", sagt der Malak und gebraucht den lateinischen Namen Papaver somniferum.

„Keine andere Pflanze gedeiht so gut auch auf trockenem Boden. In Swat drüben könnten sie auch etwas anderes bauen, uns aber bleibt gar keine Wahl." Pakistans Regierung gibt die Jahresproduktion aus Buner mit 70 Tonnen an, genausoviel, wie die Lizenz bis 1979 vorsah. Der Malak lächelt milde über diese Zahl – soviel bringen durchschnittlich bereits seine eigenen Felder, und in Buner baut jeder Mohn. Im Unterschied zu Swat organisiert hier der Malak Sammlung und Verkauf persönlich, und daher verdienen hier die Bauern mehr an Opium. 1978 erzielte er 1800 Rupien für das Kilogramm, und da produzierte sein Tal 200 Tonnen. 1979 wären es fast 400 geworden, hätte nicht ein böses Unwetter den Großteil der Felder verwüstet.

Wer kauft nun sein Opium, seit die Regierung als Abnehmer ausgeschieden ist? Der Malak sieht mich groß an: „Kauft die Regierung wirklich kein Opium mehr?" Mehr als diese Andeutung ist von ihm nicht zu erfahren.

„Wir haben immer wesentlich mehr produziert, als die Regierung aufkaufen konnte, und natürlich weiß ich, daß das Opium in illegale Kanäle floß. Ich weiß auch, daß die Droge im Westen verheerende Schäden anrichtet und zahllose Tote fordert. Aber ist das nicht vor allem ein Problem der westlichen Gesellschaft? Bei uns weiß jeder über die Gefährlichkeit der Droge Bescheid. Opium ist für uns kein Problem, es ist nur Cash Crop, Geldfrucht. Wir verkaufen es, und wenn wir es nicht legal verkaufen können, müssen wir es eben auf andere Weise in Geld umsetzen. Was das Opium anrichtet, ist ein Problem des Westens, und ich finde es geradezu lächerlich, daß nun versucht wird, eure Probleme hier zu lösen."

Damit meint der Malak das Projekt der Vereinten Nationen, das 1977 im Süden seines Tales gestartet wurde. Die Bauern sollen überredet werden, den Mohnbau aufzugeben und „anderes Ertragreiches" anzubauen. Leider nur gibt es keine Pflanze, die hier so gut wächst und soviel Profit bringt.

„Natürlich kann man das Ganze als Augenwischerei bezeichnen", gesteht zu vorgerückter Stunde der schottische Projektleiter. „Wir versuchen eben, den Bauern Maschinen und Bewässerungssysteme auf Kredit zu verkaufen, unter der Bedingung, daß sie kein Opium mehr machen."

Die Marschrichtung heißt Bodenverbesserung, also Bewässerungssysteme und Obstbau. Da die Obstbäume frühestens in zehn, fünfzehn Jahren Früchte tragen, braucht erst dann über den Absatz nachgedacht zu werden, und bis dahin sehen die Bauern dem Projekt zu und bauen Opium. Die Bewässerungssysteme sind interessanter, aber teuer.

Der Malak hat ein Drittel seines Landes bewässern lassen und versprochen, darauf zehn Jahre lang keinen Mohn mehr zu bauen. „Dafür habe ich schließlich ja noch Land genug", sagt er, „und außerdem viele Untertanen. Die UNO wirft das Geld zum Fenster hinaus."

Einige Bauern, die es den Großgrundbesitzern gleichtun wollten, haben sich mittlerweile wieder von den Bewässerungssystemen abkoppeln lassen. Sie kamen wirtschaftlich nicht über die Runden und machen nun wieder Opium. Und da das Projekt ohnedies nur den Reichen zugute kommt, bauen die anderen Bauern nun erst recht Mohn.

In den anderen Tälern aber haben die Bauern gehört, wer Opium gewinne, bekomme von der UNO Geld. Die Hoffnungen und Felder sprießen, obwohl sich herumgesprochen hat, daß ohnedies zwei Drittel der Mittel in Islamabad versickern.

Der Malak sagt: „Außer ein paar Gangstern in der Regierung und ein paar trickreichen Gesellen wie mir hat niemand etwas von dem Projekt. Aber es werden bei den Bauern viele Erwartungen erweckt und bitter enttäuscht. Es soll sich doch niemand wundern, wenn sie erst recht Opium bauen."

Am Abend wird für uns ein Fest gegeben. Pathanen können offensichtlich auch mit Tee in Trance geraten, und zur Spannung tragen nicht nur die versammelten Sippenbosse bei, die trotz Blutrache erschienen sind, schwerbewaffnet und mit einer kleinen Armee um den Dorfplatz, sondern auch einige Tanzmädchen. Das sind die einzigen Frauen, die hier ein Mann außer den eigenen unverschleiert zu sehen bekommt, und unter ihren seidendünnen Pluderhosen tragen sie breite Gürtel mit vielen kleinen Schellen. Wer hier imponieren will, läßt Geldscheine über die Mädchen rieseln, und bald ist der Boden mit Zehnrupiennoten bedeckt. Da ich der Ehrengast bin, klatschen der Sohn und der Ersatzsohn des Malak pausenlos Geldscheine an meine Wangen. Das hübscheste der Mädchen tanzt vor mir mit scheppernden Schenkeln, schaut züchtig-gelangweilt in den Nachthimmel und fischt mit zärtlichem Streicheln das Geld aus meinem Gesicht. Das ist der Höhepunkt pathanischer Erotik. Nachdem von jeder meiner Wangen das Jahreseinkommen einer einfachen Bauernfamilie gepflückt wurde und ich so sichtbar der teuerste Gast bin, blickt der Malak unübersehbar zum Mond. Einige Minuten später ist das Fest zu Ende, und alle gehen nach höflichen Salam-aleikums nach Hause – sobald der Mond untergeht, leben alle Feindschaften wieder auf.

Wir sitzen noch lange unter dem hier von unglaublich vielen Sternen gesprenkelten Himmel. „Natürlich wissen wir hier alle, daß Opium nicht gut ist", sagt der Malak nach einer Weile. „Würde es etwas geben, wovon wir ebensogut leben können, würden wir mit dem Mohnbau sofort aufhören. Aber alles andere bringt weniger, und an unseren Wohlstand haben wir uns schon gewöhnt. Überall soll doch der Lebensstandard steigen. Und was denn sollen wir für schlechte Zeiten horten, wenn nicht Opium? Für Getreide bräuchten wir Lagerhäuser, und auch dort würden es die Ratten fressen. Dieses Jahr gab es eine katastrophale Mißernte. Hätten wir stets Weizen gebaut, müßten wir nun hungern. So aber hat noch jedes Haus genug Opium gehortet." Er lächelt. „Genug, um ganz Europa zu vergiften."

Vorhof der Hölle I.

Zwei Dörfer seines Reiches betritt der Malak prinzipiell nicht. Sie liegen in einem Seitental, im südöstlichen Zipfel von Buner, und werden von anderen Pathanen gemieden wie die Pest — ihre Bewohner sind süchtig.

Corea könnte aus einem alten Gemälde geschnitten sein: hoch auf einem Felsen über einem kleinen Flüßchen, mit dieser Welt durch eine altersschwache Hängebrücke verbunden, ockergelbe Flachhäuser unter knallblauem Himmel. Sogar einige Zypressen sind da. 43 Familien leben hier, allesamt freie Bauern, durchschnittlicher Besitz: zweieinhalb Hektar auf acht bis zehn Kopf; außerdem ein wenig Weideland für die Ziegen. Fett kann dabei keiner werden.

Ein Rustam aus Mardan, erzählt der Dorfälteste, soll vor 50 Jahren die ersten von ihnen zum Opiumrauchen verführt haben, zu Matak, einer Mischung aus Opium und Weizenspreu. „Es ist ja unanständig, einen Genuß alleine zu haben, und so wird alles mit Freunden geteilt. Und nun ist es doch so, daß mit Opium alle sexuellen Träume besser erfüllbar werden."

Natürlich weiß jeder, daß die Droge nach einiger Zeit impotent macht, doch keiner glaubt, süchtig zu werden. Es läuft wie im Westen. „Ich hatte schon ein ganzes Jahr lang geraucht und keine Folgen gespürt", sagte der Dorfälteste. „Dann kam es eines Tages — da spürte ich, daß ich es brauche. Daß ich nicht einmal aufs Feld gehen konnte ohne eine Pfeife. Aber aufs Feld mußte ich, also habe ich weitergemacht. Doch Freude brachte es nur noch wenig."

Die Söhne des Alten bekamen das Elend mit und ließen ihre Finger von der Droge. Doch in den Nachbardörfern sprach sich herum, was in Corea so seltsam laufe, und das Dorf geriet ins soziale Abseits. Daran zerbrachen viele der Jüngeren und griffen ebenfalls zur Pfeife. Schließlich wurde die Sucht zur Solidaritätsbasis des Dorfes, zu einer Art Statussymbol, mit dem man sich trotzig von allen anderen Dörfern abhob.

Im Dezember 1978 ließ sich das gesamte Dorf von Doktor Mukhtyar Ahmed zu einer Entziehungskur überreden. Der leitet das kleine Krankenhaus von Chamla, vier Wegstunden weiter, und kommt einmal wöchentlich hoch, das Stethoskop in den Ohren, das Medizinköfferchen von einem Diener getragen — Statussymbole eines Medizinmannes. Medizin studiert hat er allerdings nicht, doch dann wäre er auch nicht in der Provinz, sondern in einer Großstadt. Dennoch sagt er von sich: „Ich habe zuuuu viel studiert. In vier Spitälern jeweils einen Monat."

„Ich verfechte den harten Entzug mit psychotherapeutischer Nebenbehandlung. Das läuft so: Wir setzen die Droge radikal ab. Höchstens am dritten Tag, wenn es ganz hart wird, gibt es eine Spritze. An diesem Tag, aber davor, werden die Kranken auch fotografiert. Da sehen alle ganz elend aus. Dann bekommen sie Vitaminpräparate und alles, was den Appetit fördert. Nach drei Wochen sehen sie dann besser aus, und da fotografiere ich sie wieder. Dabei müssen sie auch lächeln. Später zeige ich ihnen die Fotos. Da können sie sich dann sehen. Das ist die Psychotherapie."

„In drei, vier Monaten", hofft er, „haben wir die Sucht radikal erledigt, in allen Tälern. Da sind wir ganz sicher."

Ich kann die Hoffnung des optimistischen Quacksalbers nicht teilen. Nach einigen Wochen Spital gehen seine Patienten in dieselbe Gesellschaft zurück, an der sie süchtig wurden. Nur sie haben sich geändert, vorübergehend zumindest, und ihre Berichte aus der seltsamen Welt des Spitals sind für kurze Zeit eine willkommene Bereicherung des Dorftratsches. Sie wurden einige Zeit für voll genommen, erhielten einige Spitalwochen Zuneigung und das Gefühl, daß sich wer um sie kümmert. Nun möchten sie über ihre Sucht reden, immer wieder, das ist ihre kleine Sensation, die sie von allen Artgenossen unterscheidet. Sie möchten natürlich auch bemitleidet werden, aber derlei ist auch unter Pathanen nicht zu haben.

In Corea tragen die Bauern die Plastikbeutel spazieren, die ihnen der Doktor wöchentlich bringt: ein Cocktail Vitamin-, Eisen- und Kopfschmerztabletten, 40 Rupien das Ganze. Besonders schwere Fälle müssen zweimal wöchentlich zu einer Spritze antreten, fünf Rupien. Leise sagt mir der Doktor: „Es ist ohnedies nur destilliertes Wasser, aber das brauchen sie für die Einbildung. Deshalb müssen sie auch zahlen – wenn ich ihnen das Zeug umsonst gebe, glauben sie, es sei wirkungslos."

„Die Entziehungskur hat unsere Gesundheit zerstört", klagt der Dorfälteste. „Wir haben sie über uns ergehen lassen, weil man uns alles mögliche versprochen hat, Wohlstand, Traktoren, ein glückliches Leben. Nichts ist gekommen als diese Wasserleitung." Er zeigt auf den Plastikschlauch, der aus der lehmigen Erde des Dorfplatzes ragt und einen dünnen Strahl speit. „Aber nun sind wir alle Wracks." Die verstörten Gesichter um ihn herum nicken. „Früher fühlten wir uns zwar auch nicht wohl, aber wir konnten wenigstens arbeiten. Jetzt fühlen wir uns krank und zu schwach zu allem." Aus den Häusern dringt wieder der süße Rauch, und Opium baut natürlich jeder.

Der jüngste Süchtige ist gerade zwölf. Vor drei Wochen lernte ich ihn im Spital kennen – hilflos aufgerissene Augen, das Gesicht schweißverklebt, ein zitterndes Bündel Angst. Der Doktor führte ihn vor wie einen Luxusköter bei der Hundeschau, der Junge flennte, ich versuchte ihn zu trösten, und er ließ meine Hand den ganzen Nachmittag nicht los. Nun ist er wieder in seinem Dorf, hat etwas Fleisch um die Knochen und kocht im Hof des Elternhauses die Mohnkapseln aus. „Ich muß immer noch Opium schlucken, wenn ich etwas arbeiten soll", sagt er. „Dabei möchte ich wirklich davon loskommen. Nächstes Jahr müssen wir mehr Mohn bauen, daß ich in ein besseres Spital gehen kann. Vielleicht wird dann alles gut."

2. Mit dem Mohnschnuller aufgewachsen

Getränkt mit dem Schlummer des Vergessens

Der Einzug des Opiums in den abendländischen Kulturkreis geschah standesgemäß, auf höchster literarischer Ebene, im vierten Gesang von Homers Odyssee:

„Aber ein and'res ersann nun Helena, Tochter Kronions:
Rasch warf sie in den Wein, von dem sie tranken, ein Mittel,
Kummer zu tilgen und Gram und jeglichen Leides Gedächtnis.
Wer von diesem genoß, nachdem in den Krug es gemischt ward,
Nicht an dem ganzen Tage benetzt ihm die Träne das Antlitz,
Auch wenn selbst gestorben ihm wären die Mutter, der Vater,
Auch wenn den Bruder vor ihm, wenn selbst den geliebtesten Sohn ihm

Tötete feindliches Erz, und er mit den Augen es sähe.
Solcherlei zaubrische Mittel besaß sie, die Tochter des Gottes,
Wirksame, die ihr schenkte die Gattin des Thon, Polydamna,
Aus dem ägyptischen Land, wo viel die nährende Erde
Trägt der Mittel zu guter und viel zu schädlicher Mischung.
Dort ist jeder ein Arzt und übertrifft an Erfahrung
Alle Menschen..."

Moderne Wissenschaftler sehen in Homer weniger den sagenhaften blinden Sänger, sondern eher ein Autorenkollektiv zwischen 830 und 750 v.Chr., doch die Genauigkeit, mit der hier die Summe damaligen Wissens aufgezeichnet wurde, steht seit der Entdeckung Trojas durch Schliemann außer Frage. Die Verse 219 bis 233 des vierten Gesanges erzählen mehr, als sie Worte zählen. Zunächst wird Opium bereits als Rauschmittel dargestellt, als Psychopharmakon im modernsten Sinn des Wortes. Der Schmerz, den es stillen soll, ist geistiger Art. Die beschriebene Wirkung entspricht einer sehr starken Dosis und grenzt bereits hart an Vergiftung. Die Methode, Opium in Alkohol zu lösen, sollte für die nächsten 27 Jahrhunderte verbindlich bleiben. Vor allem aber erzählen die Verse, daß Opium über ägyptische Händler erstmals nach Griechenland kam.

Die Wirkung der unreifen Mohnkapsel war im Land am Nil wohl schon sehr früh bekannt. 800 Jahre vor Homer, 1600 v.Chr., empfiehlt ein Arzt in seinem von Moritz Ebers übersetzten Papyrus auch ein „Heilmittel zum Vertreiben übermäßigen Kindergeschreies". Man nehme „Spenn und die Körner der Spenn-Pflanze mit Fliegendreck, der an der Wand ist, rühre alles zu einer Masse, seihe es durch und gebe es an vier Tagen ein. Das Geschrei hört sogleich auf." Daß

Opium in Ägypten als Beruhigungsmittel für Kleinkinder verwendet wurde, beweist auch die kleine Mumie einer Prinzessin des 14. vorchristlichen Jahrhunderts im Museum von Kairo. 1963 wurde die Substanz in ihrem Mund als Opium erkannt, und es ist durchaus möglich, daß dieses Pharaonenbaby an einer Überdosis davon starb. 900 v.Chr. hatten die Priester von Karnak das Monopol für Opiumhandel.

Daraus abzuleiten, daß Opium in der Religion Ägyptens eine Rolle gespielt haben könnte, ist allerdings gewagt. Ärzte und Priester waren identisch, und eine kultische Verwendung des Rauschgiftes hätte zumindest in einer der zahlreichen Inschriften ihren Niederschlag gefunden. Die vielfältigen Möglichkeiten des Opiums erzählt allerdings eine Hymne aus dem Grab eines Arztes, niedergeschrieben etwa zur Zeit Homers: „Pflanze an dem Tor der Nacht und des Todes, die den Schmerz du nimmst und das Wissen, Träume schenkend, Schlaf und Tod." Daß Opium auch süchtig macht, wird nirgendwo erwähnt.

Wie lange Opium bekannt ist, wird sich wohl nie feststellen lassen. In den Pfahlbausiedlungen des Genfer Sees, die vor gut 4000 Jahren entstanden, fanden sich auch große Mengen Mohnkapseln. Untersuchungen ergaben, daß es sich nicht um den wilden Mohn *Papaver Setigerum* handelt, sondern bereits um eine Zuchtform, einer Verwandten des Schlafmohns mit relativ hohem Morphingehalt. Ob Mohn nur seines Samenöls wegen gewonnen oder auch als Rauschmittel angewendet wurde, ist nicht feststellbar, doch kann die Erkenntnis der betäubenden Wirkung des Mohnsaftes bei der Kultivierung relativ leicht erworben werden. Man braucht ja nur nach einer zufälligen Verletzung der Kapsel den ausgetretenen und verhärteten Saft einmal gekostet zu haben.

In Mesopotamien war der Schlafmohn jedenfalls bereits zur Zeit der Erfindung der Schrift bekannt. Im 3. vorchristlichen Jahrtausend werden ihm die Schriftzeichen „gil" und „hull" der Sumerer zugeordnet. Ein schönes assyrisches Relief aus dem 9. Jahrhundert zeigt neben dem König Tiglatpileser II. einen Priester, der sich mit Mohnkapseln in der Hand über einen Schläfer beugt.

Nach Griechenland scheint Opium allerdings über den Seeweg gekommen zu sein. In Kreta wurde eine Mohngöttin verehrt, und bezeichnenderweise steht sie am Eingang des Labyrinths. Überall, berichtet die Sage, seien verborgene Eingänge zu diesem kunstvollen Bauwerk, aus dem niemand mehr in die helle Außenwelt zurückfindet, der es einmal betreten hat. In seinem Zentrum lebt der Minotaurus, ein Zwischenwesen von Mensch und Tier. Die Eingänge in das verwirrende Gängewerk des Animalisch-Existentiellen bewacht die Göttin des Mohns. Wer durch ihr Tor geschritten ist, findet den Weg nicht mehr zurück – eine grandiose Versinnbildlichung der Gefahren des Opiums.

Mit Minotaurus nahm es bekanntlich ein schlimmes Ende. Der griechische Superheld Theseus drang in das Labyrinth ein, der Außenwelt durch den Faden seiner Geliebten Ariadne verbunden, und besiegte so das unheimliche Wesen. Zwei Interpretationen der Sage sind möglich: Der Verstand kann das Unergründliche in uns besiegen, wenn auch die dunkelsten Seelentiefen mit seiner Hilfe durchlotet werden. Geht man von der Mohngöttin am Eingang aus, zeigt sie die einzige Möglichkeit einer Heilung von der Sucht: Nie soll man den Kontakt mit der Umwelt verlieren und „das Tier" in sich erledigen.

Ähnlich tiefgründig ist eine Sage über Mohn, die etwa 200 Jahre nach Homer entstand und von Demeter erzählt, der Göttin des Akkerbaus. Die Göttin, Tochter der Zeit und der Erde, hatte eine liebliche Tochter, Persephone, das ewige Blühen. Diese wurde von Hades geraubt, dem finsteren Gott der Unterwelt. Verzweifelt machte sich Demeter auf die Suche nach der Entführten, und dabei kam sie auch nach Mekone, dem Mohntal auf dem Peloponnes, 20 Kilometer westlich von Korinth. Dort fand sie rote und weiße Blüten, und sie ritzte die unreifen Mohnkapseln. Deren Saft schmeckte bitter wie ihr Schmerz, doch er gewährte Vergessen. Dabei wurde es Winter auf der Welt und Nacht, bis die Götterkollegen beschlossen, Persephone wenigstens für einige Monate im Jahr wieder auf die Erde zu lassen.

Mekone mit dem Hauptdorf Sykion wird damit als das erste Mohnbaugebiet Griechenlands beschrieben, und bezeichnenderweise fand hier, der Prometheus-Sage zufolge, das erste Treffen zwischen den Göttern und den Menschen statt, was dem Opiumrausch eine gewisse „Heiligkeit" verleiht. Mekon wurde das griechische Wort für die Pflanze und leuchtet auch noch im deutschen Mohn durch, verbunden mit dem Urwort durch den bayrischen Dialektausdruck Magn. Opos, der griechische Ausdruck für Saft, wurde Pate des Namens Opium, und eine sehr frühe poetische Beschreibung nennt den Stoff auch „den Winterschlaf der Gefühle".

Auf den meisten Darstellungen hält Demeter Ähren und Mohnpflanzen in ihrer Hand, Symbole für Sommer und Winter, und ihre Heiligtümer wurden stets mit Mohnblumen bekränzt. Auch der Mohn wurde personifiziert: eine wunderschöne Grabstelle im Nationalmuseum von Athen zeigt Mekos, den Mohnjüngling, neben Thanatos, dem Gott des Todes. Er schöpft das Wasser des Lethe, nach dessen Trunk die Seele ihr früheres Leben vergißt, und die Nachbarschaft zum Tod zeigt auch, daß sich die Griechen der Gefahren des Opiums bewußt waren.

Generell überwiegen in der griechischen Dichtung „freundliche" Beschreibungen des Opiums. Orpheus fand darin Trost und dichtete die (natürlich nicht von ihm stammenden) orphischen Hymnen.

In den „Eleusinischen Mysterien" scheint Opium eine wichtige Rolle gespielt zu haben, und der orphische Dichter Lysis nennt „drei Tore für den Weg ins Jenseits": Traum, Schlaf und Ekstase. Kretas Mohngöttin taucht bei Hesiod wieder auf als Mnemosyne auf, als allwissende Mutter der Musen, Tochter der Zeit und der Unendlichkeit. Allerdings darf man in den Mysterien der Demeter keinen reinen Opiumkult sehen, eher einen aller pflanzlichen Rauschmittel. Die „Sänger wohltuender Melodien" werden zwar als „Söhne der Mondgöttin" bezeichnet, einem für Opiumkonsumenten verwendeten Ausdruck, doch was ihr Gesang bewirkt, läßt eher auf die halluzinogene Kraft des Hanfes schließen: „Mittler sind sie zwischen Erde und Himmel, über die Brücke geschritten, wo die Seelen auf- und niedersteigen. Hier, in diesem Abgrund des Leides, singen sie die Wonnen des Himmels und lehren, ihn zu betreten und wieder zur Erde zu finden."

Die Spur des Opiums zieht durch die meisten griechischen Sagen. Medea wendet es an, um den Argonauten zum Goldenen Vlies zu verhelfen; Herkules läßt damit den Drachen betäuben, der die Äpfel der Hesperiden hütet, und als die Römer sich anschickten, diese Sagen den ihren anzupassen, übernahmen sie diesen Topos. Zweimal erwähnt Vergil den Mohn. In den Georgica, seinen Gesängen über Ackerbau, nennt er ihn „getränkt mit dem Schlummer des Vergessens", und Äneas erbarmt sich des Riesen Atlas, der das Himmelsgewölbe tragen muß, und gibt ihm „mit tauigem Honig betäubenden Mohn".

An der Philosophie des Mohns und seinem Symbolwert hat sich seitdem nichts geändert. Er blieb dem Schlaf zugeordnet, dem Tod und dem Vergessen. Mehr als alle Philosophie der alten Griechen blieb ihr Verständnis des Rauschgifts lebendig.

Gift und Gegengift

Die früheste systematische Anwendung von Opium in der abendländischen Medizin dürfte im griechischen Epidauros stattgefunden haben. Dort enwickelte sich um das Heiligtum des Lokalgottes Asklepios bereits im 7. vorchristlichen Jahrhundert ein kleiner Klinikbetrieb, der bald so erfolgreich wurde, daß der ursprüngliche Wald- und Wiesengott zum Schutzherrn der gesamten Medizin aufstieg. Krankheitsursache und Therapie wurden aus den Träumen der Kranken gedeutet. Zu diesem Zweck mußten sie eine Nacht im Heiligtum schlafen, und der für diese Gelegenheit verabreichte Schlummertrunk war ein Gemisch aus fünf Teilen Wein, drei Teilen Honig und einem Teil Opium.

Die schmerzstillende Wirkung von Opium wurde spätestens zur selben Zeit erkannt, und es wurde in der antiken Medizin angewandt wie in unserem Jahrhundert Aspirin, von dem es in den USA 1929 hieß, es sei „ein Teil des nationalen Wiedergesundungsprogrammes". Es galt als Heilmittel, obwohl es nur das Schmerzgefühl beseitigt, nicht aber dessen Ursache.

Daß dieser Wundermedizin auch „die Verführungskraft zu immer erneuter Verwendung" innewohnt, erwähnte bereits in der zweiten Hälfte des 5. Jahrhunderts Diagoras aus Melos. Er war ein Schüler Demokrits, den die Marxisten gern als Vorfahren ihrer Denkweise adoptieren, und im Talent, sich bei orthodoxen Zeitgenossen unbeliebt zu machen, übertraf Diagoras seinen Meister bei weitem. Als erster beschrieb er die Suchtgefahr der Droge, als erster auch, daß sie „den Sinn für die Wirklichkeit raubt", und seine Empfehlung an die gesamte Menschheit war, die Finger von dem Zeug zu lassen. 200 Jahre später erwähnt ein Geschichtswerk, der Freidenker sei „von der zu gerechtem Zorn aufgebrachten Bevölkerung" vor den Stadttoren erschlagen worden.

Damit war eine Debatte über die Gefährlichkeit des braunen Stoffes für lange Zeit erledigt. Nur fallweise wurden Bedenken angemeldet, so von Erasistratos, der den Fall eines ganz berühmten Süchtigen berichtet: Alexander. Der Welteroberer war knapp 50 Jahre tot, als Erasistratos behauptete, zum frühen Ende des Helden habe „seine stete Vorliebe für mit Opium versetztem Wein" wesentlich beigetragen.

Daß Alexander süchtig gewesen sein könne, wird in abendländischen Quellen nur selten vermutet, steht in der islamischen Literatur aber unangezweifelt fest. Die Iskender-nama sind eine Biographie Alexanders des Großen, aus heute weitgehend verschollenen Quellen zusammengestellt. Ein längerer Abschnitt darin berichtet vom Verhältnis des Makedoniers zum Mohn. Wo immer er mit seinem Heer langgezogen sei, habe er Mohnfelder anlegen lassen, und tatsächlich decken sich heute noch die wichtigsten Mohnbaugebiete des Nahen und Mittleren Ostens mit dem Verlauf des Alexanderzuges. Die Ernte war allerdings nicht nur für den Eigenbedarf des Eroberers bestimmt, „der mit mohngebräuntem Wein des Tages Aufregungen betäubte", sondern auch für seine Soldaten, „deren jeder vor einer Schlacht neun Kugeln Opium erhielt, da dieser Stoff sehr wohl jede Angst nimmt, obgleich er im Übermaß tötet."

Diese letztere Beobachtung dürfte allerdings auf das Konto arabischer Ärzte gehen. In der griechischen Literatur gibt es weder einen Hinweis darauf, daß Opium auch als Angsttöter eingesetzt werden kann, noch auf seine tödliche Giftigkeit. Dabei kannten sich die Griechen mit Giften aus. Das Staatsgift war Schierling und wurde bei Hinrichtungen verwendet. Mörder und andere Übeltäter mußten den Schierlingsbecher unverdünnt trinken, was den Tod zu einer ziemlich qualvollen Sache machte. Handelte es sich um politische Delinquenten oder Leute von Stand, wurde dem Schierlingsbecher Opium „zum schmerzlosen Tod" beigemischt. Sokrates, Opfer des heute berühmtesten Justizmordes, mußte ihn an einem Februarabend 399 v. Chr. trinken, und da Platon in seiner genauen Beschreibung der letzten Stunden keinerlei Schmerzen erwähnt, dürfte auch ihm Opium auf dem letzten Weg geholfen haben. Daß man mit dieser Mischung auch privat und unauffällig morden konnte, bewies 29 Jahre später ein gewisser Thrasias aus Mantinea, ein Apotheker, der damit seine ganze Konkurrenz ausschaltete und zu ähnlichen Zwecken das Gift im freien Verkauf führte.

Natürlich hatten die Mächtigen der Zeit am meisten Ursache, Gifte zu fürchten. Gegen Arsenik half nur eine systematische Gewöhnung des Körpers daran. Ich selbst lernte als Kind noch in der österreichischen Steiermark Leute kennen, die täglich ihre Portion aßen, allerdings nicht aus Angst, sonst vergiftbar zu sein, sondern um sich fit zu halten — ein Trick, den sie Roßtäuschern abgeguckt hatten. Um immun zu werden, naschte Attalos III. von Pergamon (171 – 133) von allen anderen tödlichen Giften, und ein Inventar seines Gartens erwähnt neben Bilsenkraut, Schierling, Eisenhut, Nieswurz, Tollkirsche und Mandragora auch den Schlafmohn. Ob damit Opium als tödlich wirkendes Gift erkannt war, ist allerdings nicht feststellbar. Attalos verbrachte seine Freizeit damit, einen Cocktail aller Gifte zu einem unfehlbaren Gegengift zu mischen. An einem mißlungenen Experiment verstarb er auch.

Erfolgreicher war sein Kollege Mithridates Eupator von Pontus, der von 132 bis 63 etwas landeinwärts in Kleinasien regierte. Er verzichtete auf Eigenexperimente, und als Versuchskaninchen dienten ihm Sklaven, manchmal auch ahnungslose Staatsgäste. Er hatte schon ziemlich viele verschlissen, als er das „unfehlbare Gegengift" erfand, den *Theriak*. Zu den mehr als 50 Bestandteilen gehörten auch getrocknete Schlangen und Kröten, und gebunden wurde das Ganze mit Entenblut, da Mithridates richtig beobachtet hatte, daß Enten wie auch andere Vögel gegen Pflanzengifte relativ immun sind. Ein Fünftel des Theriak aber war Opium, und künftige Verbesserungen der Medizin beschränkten sich auf eine Verringerung der Zutaten und eine Erhöhung des Opiumanteils.

Daß Opium allein durchaus als tödliches Gift einsetzbar ist, bewies um dieselbe Zeit in Rom ein gewisser Cornelius Nepos, ein Geschichtsschreiber von eher zweifelhaftem wissenschaftlichen Wert. Mehr Aufsehen als mit seiner Weltgeschichte und den „Lebensbeschreibungen bedeutender Männer" erregte er vor Gericht, als er seinen Vater mit Opium vergiftet hatte. Seine Verteidigung war ein Stück genialer Frechheit: Er habe seinen Papa gewissermaßen auf dem Altar der Wissenschaft geopfert, um endlich den Giftcharakter des bislang als Medizin betrachteten Stoffes zu beweisen. Cornelius wurde freigesprochen.

Über die Wirkung von Opium scheint es zu jener Zeit überhaupt sehr verschiedene Meinungen gegeben zu haben. Eine unangefochtene Expertin aller Gifte und Drogen dürfte Kleopatra in Ägypten gewesen sein. Nach verschiedenen Berichten soll sie Cäsar und später Marc Anton nicht nur durch ihre stets in höchsten Tönen gepriesene Nase verzaubert haben, sondern auch durch einen „Wein der Kleopatra", dessen Rezept erhalten blieb. Er enthält außer einer bescheidenen Gabe Stechapfel, dessen erotisierende Wirkung ja unbestritten ist, auch gut 30 Prozent Opium. Horaz besingt diesen Liebessaft in seinen Epoden: „Einen stärkeren Trank will ich dir bereiten, einen stärkeren dir kredenzen, dir, der du mich verschmähst. Eher soll der Himmel unter das Meer sinken und die Erde über ihn emporsteigen, als daß du nicht in Liebe zu mir entbrennen sollst, so wie Harz zu schwarzen Flammen."

Für politische Zwecke scheint Opium schon vordem entdeckt worden zu sein, an Hannibal, als er vor den Toren Roms stand. Der Punier selbst war in seinen Methoden nicht zimperlich und kann durchaus als Erfinder der Gaskammer betrachtet werden: 211 v. Chr. empfahl er den ihm verbündeten Kampanern, alle in Capua wohnenden Römer „samt Frauen und Kindern in das öffentliche Badehaus zu sperren und dort mit dem Gas glühender Kohlen zu Tode zu bringen". Eine überraschende Antwort für die nie ganz gelöste Frage, warum Hannibal denn nicht gegen Rom weitermarschiert sei, liefert Silius in seinem „Punischen Krieg". Da ruft nämlich Juno, die Schutzgöttin Roms,

> „Somnus herbei, den sie oft benutzt, um ihres Gemahls Augen zu schließen, wenngleich er den Schlaf auch nicht haben wollte. Ohne Verweilen gehorcht der Berufene. Fertigen Mohnsaft hat er im Horne bereit und enteilt durch nächtliches Dunkel still zu des Puniers Zelt und taut auf die Augen ihm Ruhe."

Es müssen ja nicht Götter gewesen sein, die Hannibal den fast zwei Wochen dauernden Schlaf bescherten, der den Römern Gelegenheit bot, ihre Verteidigung zu verstärken.

Für wesentlich längeren Schlaf sorgte ein Cocktail, der unter dem Namen „Drei Pflanzen" bekannt wurde. Er enthielt den Saft von Schierling, Mohn und Eisenhut *(Akonit),* eine buchstäblich todsichere Zusammenstellung, wobei Opium zweifellos auftretende Krämpfe betäuben und so die Todesursache verschleiern sollte. 181 v.Chr. wurden über 3000 Römer „wegen Mordes mit den drei Pflanzen" verurteilt, und die Rechtsgeschichte Roms ist eine lange Kette vergeblicher Versuche, sich der Giftmischer zu erwehren. Die oft gestellte Frage, wie es denn möglich gewesen sei, den Opfern das Gift so unbemerkt beizubringen, läßt sich erstaunlich einfach beantworten: von den Zutaten hat Opium den stärksten Eigengeschmack, und Opium war als Einschlaf-, aber auch Genußmittel so weit verbreitet, daß einige Zusätze zum Schlaftrunk nur selten auffielen.

Hauptlieferanten waren die Länder Kleinasiens, also die heutige Türkei, außerdem Syrien, der Libanon, Palästina und Ägypten. Opiumexporte nach Rom waren von derartiger Bedeutung für die Volkswirtschaft, daß die Mohnpflanze auch immer wieder als Symbol auf Münzen zu Ehren kam. Die schönsten dieser Art wurden unter dem jüdischen Makkabäerkönig Johannes Hyrkan geprägt, der zwischen 135 und 106 herrschte.

Erwähnungen von Opiumtinkturen und -pillen sind häufig; die wohl früheste findet sich bei Petronius, dem „Richter des guten Geschmacks" im ersten Jahrhundert nach Christus: „Und er stopfte sich voll, mit den süßen Pillen aus Mohnsaft, die Freude und heitere Ruhe verheißen."

Andromachus aus Kreta, der Leibarzt Neros, beschrieb in schöngesetzten Distichen sein unfehlbares Gegengift, den *Theriak*. Der war allerdings nur eine vereinfachte Version des Gebräus von Mithridates, mit 30 Prozent Opium angereichert. Nero soll täglich ein Viertelliter davon getrunken haben, eine Dosis, die nur ein hochgradig Süchtiger zu überleben imstande ist. An einer Überdosis Opium verstarb nach zweijähriger Regierungszeit anno 81 der milde Kaiser Titus, und kurz davor hatte Plinius den Versuch unternommen, Opium wissenschaftlich zu beschreiben. Von ihm erfahren wir auch, daß es bereits eine Zunft der Opiumgewinner mit eigener Standesordnung gab, die *Rhizotomen*, „Saftspezialisten".

Im Rahmen der Gifte nimmt Opium eine Sonderstellung ein – es war beides, Gift und Gegengift. Diese Doppelstellung für fast zwei Jahrtausende festzuschreiben, blieb dem wohl einflußreichsten Arzt der Geschichte vorbehalten, Galen, geboren 129 zu Pergamon. Die Stadt war zu jener Zeit bereits ein bekannter Kurort, eine Kopie des Asklepeions von Epidauros, aber erfolgreicher als das Vorbild. Hier begann Galen mit 14 seine Lehre als Arzt, und nach einigen Wanderjahren kehrte er 157 in seine Geburtsstadt zurück, mittlerweile so ausgebildet, daß er ein Jahr später Chefarzt des Gladiatorenstadions wurde. Er verstärkte den Theriak des Andromachus-Mithridates, indem er den Opiumgehalt auf 40 Prozent hochsetzte, und damit hatte er das wirksamste Schmerzmittel der Antike gefunden. Bereits 163 wurde er nach Rom berufen, wo er es kurz darauf zum kaiserlichen Leibarzt brachte. Von nun an pendelte er bis zu seinem Tod im Jahr 199 zwischen Pergamon, wo er der unangefochtene Chef des Asklepeions war, und Rom, wo er den einmaligen Rang eines „obersten Arztes des Imperiums" erreichte. Dazwischen schrieb er ein siebzehnbändiges Werk „Über den Nutzen der einzelnen Körperteile" und gut 40 Bücher „Über Naturwissenschaften". Opium erscheint darin als „wirksamste aller Medizinen", „sowohl für den Körper als auch den Geist". Höchstwahrscheinlich war Galen selbst süchtig, Ahnherr aller den Opiaten verfallenen Berufskollegen. Er wird als Musterbeispiel eines Stoikers geführt, doch könnte seine Gemütsruhe durchaus eine Folge der Droge sein. Von Sexualität hielt er nichts – „Leidenschaft trübt den Verstand" –, und als ihm gegen Ende seines Lebens seine gesamte Bibliothek verbrannte, meinte er nur: „Es gibt keinen Verlust, der mir Schmerz bereiten könnte." Kurz nach seinem Tod schrieb ein Schüler, daß „Opium ihm den Gemütsschlaf schenkte".

Zu anderem Schlaf durch Opium kamen: die Kaiser Nerva, Trajan und Hadrian (der die Droge entdeckte, um über den Tod seines geliebten Antinous hinwegzukommen), Septimius Severus und Caracalla, der Philosoph Seneca und der Satiriker Juvenal, der über die Gifte geschrieben hatte:

„Den Eisenhut trinkt man nicht
Aus irdenen Krügen. Der nur fürchte die Gifte,
Der einen edelsteinbesetzten Becher
Zum Munde führt..."

War dem so? Trajan verbot, den Eisenhut in Gärten zu pflanzen, doch Roms Polizei war wohl nicht gründlicher als heutige Rauschgiftdezernate, und aus derselben Zeit ist auch eine Liste von Mitteln erhalten, mit denen Opium verfälscht wurde: Glaucium, Gummi, Saft des wilden Lattichs und Schmierfett. In den Speichern des kaiserlichen Palastes lagerten bei einer Inventur anno 214 n.Chr. mehr als 17 Tonnen Opium, und der Saft des Mohnes war ein teurer Stoff. Als Diokletian Höchstpreise für Drogen festsetzte, kostete eine Einheit Haschisch 80 Denare, Opium aber 150.

Wieweit die sprichwörtlichen „Zustände wie im alten Rom" mit Opium zusammenhängen, ist nicht festzustellen. Aller Wahrscheinlichkeit nach waren die meisten Cäsaren süchtig, nicht so sehr des Rausches wegen als aufgrund der Medizinen, die sie reichlich nahmen und die bedenklich viel Opium enthielten. Über die Sucht beim Plebs, dem gemeinen Volk, gibt es keinen Bericht. 312 n.Chr. aber, als es mit der Wirtschaftskraft des Reiches schon bergab ging, hatten die Rhizotomen, die Opiumhändler, in Rom allein 793 Läden, aus denen der Staat 15 Prozent seiner Steuern schöpfte. Im Isiskult, dem zu jener Zeit fast ein Drittel der Bevölkerung anhing, spielte Opium eine ähnliche Rolle wie Wein bei den Christen, und mit diesem Argument verbot im 5. Jahrhundert ein Papst namens Sylvester seinen Gläubigen „Mohn außer zur Medizin".

Als die Germanen das weströmische Reich eroberten, machten auch sie Bekanntschaft mit Opium. Ob sie es so ausgiebig taten wie die Römer vor ihnen, ist zweifelhaft. Für ein gutes Jahrtausend verschwindet der Mohnsaft aus den Berichten. Gegeben aber hat es ihn, und das erhellt ein kleines Glanzlicht aus der Regierungszeit des erfolgreichsten Frankenfürsten. Karl der Große, dem am Weihnachtstag 800 die Krone des römischen Imperiums auf das Haupt gestülpt wurde, erklärte ein Jahr später den Mohnsaft „zum Werk des Satan, und alle, die ihn berühren, sollen als Hexer und Giftmischer abgeurteilt werden".

Zwischen Hexen und Ärzten

Opium stammt zwar, historisch gesehen, aus dem Nahen Osten, ist aber auf lange Zeit durchaus eine abendländische Droge. Seine Verbreitung in Europa erfolgte durch das Imperium Romanum, dessen Handelswegen später auch das Christentum folgte. In Asien folgte Opium der zweiten großen Religion, die dem Nahen Osten entsprang, dem Islam.

Mit der Eroberung Palästinas durch die arabischen Muslims verlor das byzantinische Reich, das von Mohammed so bewunderte „Rum", seine klassischen Opiumgebiete. Der auch als Handelsartikel in Konstantinopel hochgeschätzte Mohnsaft wurde von nun an in Anatolien gewonnen, vorwiegend auf Staatsgütern. Das Zentrum der Gewinnung war der ziemlich genaue geographische Mittelpunkt Westanatoliens, wo eine eigene Stadt entstand mit dem Namen Opium. Von dort gelangten die braunen Klumpen über Konstantinopel weiterhin nach Westeuropa.

Die Araber konnten mit den von ihnen eroberten Mohnfeldern weniger anfangen. Opium galt als Medizin, getreu den Lehren der Römer, die die arabischen Ärzte übernommen hatten. Daß sie es als Rauschmittel genommen hätten, gewissermaßen als Ersatz für den vom Propheten verbotenen Alkohol, ist nur in vereinzelten Fällen bekannt. Zu dieser Bedeutung gelangte es erst bei Völkern, die mit der islamischen Eroberung deklassiert wurden und in der islamischen Welt lange Zeit als Muslims zweiter Klasse galten. Daher wanderten die Mohnfelder aus Palästina sehr schnell nach Persien.

Die Islamisierung des heutigen Iran erfolgte nicht ganz so freiwillig, wie oft berichtet, sondern unter dem wirtschaftlichen Druck der Kopfsteuer für Ungläubige. Heute noch sind im Iran die jahrhundertealten Spannungen zwischen Persern und Arabern spürbar, und es ist wohl kein Zufall, daß die Verlierer des ersten islamischen Glaubenskrieges im Iran ihr Machtzentrum haben, die Schiiten.

Es scheint auch für den Islam zu gelten, was für das byzantinische Reich Theodotos von Smyrna um 750 schrieb: „Nur die Deklassierten geben sich dem Opium hin, die Besitzlosen und die ohne Recht. Sie suchen in ihm Medizin gegen ihre Unterlegenheit. Für ehrbare und geachtete Bürger bleibt es Medizin bei Krankheit." Persien wurde das größte Opiumanbaugebiet der islamischen Welt. Und je weiter der Islam nach Osten vordrang, wuchsen auch die Mohnfelder. Sie gehörten zu den „Muslims zweiter Klasse" – den Indern, den Pathanen und später, als Byzanz von den Türken erobert wurde, zur Türkei.

Daß es auch in den „besseren Kreisen" durchaus Süchtige gab, besorgten die Mediziner. Von Ibn Sina (um 980–1037), dem als Avicenna berühmt gewordenen „Vater der Medizin", gibt es eine Reihe opiumhaltiger Rezepte samt Einnahmeverordnungen von einer Dauer, die mühelos Sucht erzeugen können. Über den uralten Handelsweg der Seidenstraße gelangten diese Patentrezepte auch nach China, und eine kräftige Opiumtinktur nach arabischem Muster findet sich in dem Medizinwerk „Kai-pao-oen-tsao", das um 973 entstand. Auch die berauschende Kraft der Droge war im Reich der Mitte bekannt: Um dieselbe Zeit feierte der Dichter Su Tung-pa ziemlich versreich ein Opiumpräparat gegen Durchfall, dessen angenehme Nebenwirkung drei Viertel des Poems ausmacht. Kurz darauf erschien Opium auch auf dem Markt, unter der Bezeichnung Ying-tsu-su und in die glücksverheißende Form von Fischen gepreßt. Die Preise aber waren derart hoch, daß Opium höchstens als Rauschgift für die Superreichen taugte. In Chinas Medizin jedenfalls hatte es kaum eine Bedeutung – die medizinische Philosophie des Reichs der Mitte war eine andere als die des Abendlandes, und Schmerzen wurden mit Hilfe der Akupunktur angegangen.

Auch in Europa spielte Opium als Rauschmittel lange Zeit keine Rolle. Innerhalb des katholischen Kulturkreises galt Mohn als „unheilige Pflanze", und der für medizinische Zwecke benötigte Mohnsaft stammte ausnahmslos aus Konstantinopel.

Um einem Mißbrauch der Medizinen vorzubeugen, rieten die Ärzte, bei Opium keinerlei versüßende oder „angenehm schmeckende Stoffe" zuzusetzen, „da der bittere Geschmack des Opiums durchaus auch Widerwillen dagegen bewirken soll". Dieser Ratschlag wurde volkstümlich, wenn auch in einem Sinn, der damals nicht vorauszusehen war: in dem Sprichwort, daß gute Medizin bitter schmecken muß.

Die Medizingeschichte des Mittelalters ist streckenweise eine buchstäblich verkehrte Welt. Die christliche Medizin behalf sich weitgehend mit Gesundbeten, Weißmagiern, kurz allem, was wir eigentlich als Kinder der Hexerei ansehen. Da ohne Gottes Willen kein Spatz vom Dach fällt – Mohammeds Kismet wurde zur Zeit der Kreuzzüge auch christliches Dogma –, darf eben vor allem nur Beten helfen. Zwischen Medizinbüchern mittelalterlicher Universitäten und heute noch kursierenden Traumbüchern ist auf weite Strecken kein Unterschied auszumachen, und einen durchaus modernen Abglanz des Glaubens, daß bei vielen Erkrankungen „nur ein Wunder helfen" kann, bieten heute noch die Krücken- und Votivbildsammlungen katholischer Wallfahrtsorte.

Die Medizin der Antike aber wurde in den Untergrund abgedrängt. Wer nach ihr behandelte, galt zumindest als zweifelhafte Gestalt, wenn nicht gleich als Hexer. An der Universität Wien beispielsweise wurde anno 1389 ein Student vom Studium ausgeschlossen und exkommuniziert, weil er es gewagt hatte, über Galen reden zu wollen. Vier Jahre später wurde ihm der Prozeß gemacht, weil er versucht haben sollte, „mit Hilfe teuflischer Tränke" einen Stadtschreiber „statt zu heilen, zum Tode zu befördern". Durch die Gerichtsakte blieb auch das Rezept erhalten – eine geringfügige Abwandlung der Theriak Andromachi. Dem Armen half auch nicht, daß sein Patient das Fläschchen an einem Tag geleert hatte statt vorschriftsmäßig innerhalb von drei Wochen.

Über Studenten, die sich von der christlichen Wissenschaft abwandten, gelangte das medizinische Wissen der Antike an die „Weißmagier" und Kräuterhexen: Medizinen, Gifte und auch Opium. Durch die Hexenprozesse blieben genügend Rezepte erhalten, wobei Opium unter verschiedensten Namen agiert: Thebaicum, Smyrnapaste, Drachenblut, Schlaföl und Teufelsdreck. Am berühmtesten wurden die Hexensalben und -tropfen, mit deren Hilfe man auf den Blocksberg reisen konnte.

Eine Hexensalbe des 14. Jahrhunderts beispielsweise enthält zwei Gramm Tollkirsche, drei Gramm Sonnenblumenkerne, je fünf Gramm Knoblauch und Bilsenkraut, je sechs Gramm Callamus und Haschisch, zehn Gramm Weizen und je 25 Gramm Hanfblätter und Opium, gebunden mit zehn Gramm Menschenfett vom Galgen. Sie wurde vorzugsweise äußerlich angewandt. Andere Rezepte geben Opium gleich pfundweise an, was darauf hindeutet, daß der Stoff nicht mehr nur importiert wurde, sondern auch wieder vor Ort gewonnen. In einem Ulmer Hexenprozeß wurde denn auch als erschwerender Umstand vermerkt, daß im Garten der Angeklagten Schlafmohn angebaut worden sei.

Seltsamerweise fand der Hexenwahn seinen Höhepunkt in einer Zeit, in der die exakten Wissenschaften bereits seit über einem Jahrhundert wiederentdeckt waren. Der Humanismus war an den Universitäten schon längst etabliert, als überall in Europa die Scheiterhaufen loderten, allein in Deutschland mehr als 17000 innerhalb von 40 Jahren. Mit Drogen hatte die Hexenjagd nichts zu tun – deren Gebrauch wurde ja gerade den Hexen vorgeworfen –; das Blutbad begann eher als verzweifelter Endkampf der etablierten Kirche gegen die aufkommende Naturwissenschaft und fand eine noch grausigere Entsprechung beim gewöhnlichen Volk, das nicht zurückstehen wollte und seine Opfer in der engeren Nachbarschaft suchte. Alles Böse in der Gesellschaft mußte ja seine ganz persönlichen Ursachen haben, an einer Minderheit nachweisbar und zu bestrafen, ein massenpsychologisches Phänomen, das sich auch noch einige Male in unserem Jahrhundert abspielte – nicht umsonst tauchte das Wort Hexenjagd auch beim rabiaten Antikommunismus McCarthys in den fünfziger Jahren auf und bei der wilden Hatz auf Radikale und Sympathisanten in der Bundesrepublik der siebziger. Am Höhepunkt der ersten Hexenwelle ging es schon lange nicht mehr um Salben und Gifte, sondern fast nur noch um „Gedankenverbrechen".

Opium hatte zu dieser Zeit wieder seinen angestammten Platz in der Medizin erobert, war aus den Hexenküchen in die Labors der Ärzte und Alchimisten gelangt. Wie sehr diese beiden Berufe miteinander verbunden waren, zeigen auch Leben und Legende des Mannes, der Opium in Mitteleuropa wieder hoffähig machte: Paracelsus.

Schon zu seinen Lebzeiten war er eine Legende, durchaus mit Absicht, denn das war seine Geschäftsgrundlage. Aus hochadeligem Hause soll er gestammt haben, die allerbesten Erzieher gehabt – lauter illustre Namen, leider bereits verstorben – und die ganze Welt von Schweden bis Konstantinopel bereist, er, der einmalige, große Aureolus Bombastus Paracelsus. Er hieß Philipp Theophrast von Hohenheim, stammte aus dem kleinen Beamtenadel, wurde 1493 im Schweizer Maria-Einsiedeln geboren und zog mit neun Jahren nach Villach in Kärnten, wo er aufs Gymnasium ging und sein Vater Finanzrat wurde. Mit 16 schrieb er sich in Physik und Medizin an die Universität Basel ein, und zehn Jahre später, 1519, wurde er Feldarzt der dänischen Armee. 1527 wurde er als Stadtarzt und Professor der Medizin in Basel angestellt, geriet in Streit mit der ansässigen Apothekerzunft und flüchtete ein Jahr später unter Hinterlassung beträchtlicher Schulden in das Elsaß, wo er ein Buch über Pocken veröffentlichte. Wieder ein Jahr später tauchte er in Nürnberg auf, und empfiehlt dem hochlöblichen Rat der Stadt, die Syphilis mit Quecksilber zu behandeln, ein Rezept, das bis Anfang unseres Jahrhunderts mit zweifelhaftem Erfolg im Schwange war. Kurz darauf wurde er von einer ganzen Reihe Städte als Vagabund ausgewiesen, antichambrierte bei nahezu allen Fürstenhöfen des deutschen Sprachkreises und fand endlich 1539 eine Stelle als Hofmedicus beim Fürst-Erzbischof Ernst von Salzburg, Pfalzgraf vom Rhein und

Herzog zu Bayern. Zwei Jahre später ließen ihn einige Zunftskollegen nach einem Bankett die Treppe hinunterwerfen, worauf er am 24. September verstarb.

Er war eine echte Renaissancegestalt, Philosoph, Scharlatan, Mediziner und Abenteurer gleichzeitig, dabei von stupender Bildung und einem ausgeprägten Hang zu wüsten Scherzen. Daß er behauptete, den Stein der Weisen gefunden zu haben, der alles zu Gold verwandle, lag im Trend der Zeit. Genial war daher eher, daß es ihm gelang, damit den reichen Fugger um 5 000 Gulden zu bringen. Geglaubt wurde ihm sogar, daß er durch Destillation seines Samens den Homunculus geschaffen habe. Dagegen war vergleichsweise bescheiden, daß er auch erzählte: „Ich hab ein Arcanum, heiß ich Laudanum, ist über alles, wo es zum Tode weichen will."

Sein erstes Versuchskaninchen war der Buchdrucker Johann Froben, der an arger Gicht litt. Das Mittel half, und zehn Jahre später konnte sich Paracelsus rühmen, mit seinem Mittel „achtzehn Fürsten, die von ihren Medici schon aufgegeben waren, vom Tode zum Leben gerettet zu haben". Woraus diese Medizin gewonnen sei, wollte er bis zu seinem Tod nie verraten. Wer hinter das Rezept kommen wollte, wurde mit dem Teufel bedroht. Drei Assistenten schworen später Stein und Bein, Paracelsus habe ihnen zur Strafe ihrer Neugier den Satan auf den Leib gehetzt.

Erst auf dem Totenbett diktierte Paracelsus das Geheimnis seiner Wundermedizin: einen alkoholischen Auszug aus „sehr reifen Wacholderkörnern, mit Gewürznelken zerstoßen, Rinde der Bilsenkrautwurzel und Opium".

Laudanum wurde über Nacht die Modemedizin, ein Hexentrank, den sogar berufsmäßige Hexenjäger getrost nahmen. Bei dem lothringischen Kirchenrichter Nicolas Remigius hatte es sogar überraschenden Erfolg. Nachdem er bereits über 800 Hexen auf den Scheiterhaufen geschickt hatte, erschien er schwer mit Laudanum berauscht bei seinem Stellvertreter und bezichtigte sich selbst einer Reise auf den Blocksberg. Auf daß alles seine Form habe, verfaßte er noch seine eigene Anklageschrift und verurteilte sich selbst zum Tode. Zwei Eßlöffel Laudanum waren sein letzter Schluck.

Natürlich war für das Volk auch Paracelsus mit dem Teufel im Bunde. Für derlei Tratsch hatte er selbst gesorgt, und sein Bild verschmolz später mit einem anderen Scharlatan zu dem des Doktor Faust. Als Gruselfigur geisterte er durch die Volksstücke, und gelegentlich fiel seine Legende auch Dichtern in die Hände – dem Rivalen Shakespeares, dem Mörder, Zuhälter und Dichter Christopher Marlowe, der selbst reichlich Laudanum nahm und ein wahres Höllenstück daraus kelterte, und später Johann Wolfgang Goethe, der Paracelsus allerdings auch als „Vater der modernen Medicin" bezeichnete. Ob Goethe wußte, daß sein Faust niemand anderer war als jener Paracelsus, dessen Laudanum Faust zu seinem Selbstmordversuch verwendet, ist nicht bekannt. Jedenfalls beschreibt er die „braune Flut" als Kenner:

> „In dir verehr ich Menschenwitz und Kunst.
> Du Inbegriff der holden Schlummersäfte,
> Du Auszug aller tödlich feinen Kräfte,
> Erweise deinem Meister deine Gunst!
> Ich sehe dich, es wird der Schmerz gelindert,
> Ich fasse dich, das Streben wird gemindert,
> Des Geistes Flutstrom ebbet nach und nach.
> Ins hohe Meer werd ich hinausgewiesen,
> Die Spiegelflut erglänzt zu meinen Füßen,
> Zu neuen Ufern lockt ein neuer Tag..."

Laudanum hatte seinen festen Platz auch in Goethes Medizinschrank, doch niemand würde je auf die Idee kommen, ihn als Opiumsüchtigen zu bezeichnen. Seine Apothekerrechnungen allerdings zeigen einen regelmäßigen Bedarf.

Die Patentmedizin Laudanum, von Apotheker zu Apotheker geringfügig abgewandelt, fehlte bis in unser Jahrhundert in kaum einem Haushalt. Daß große Mengen tödlich wirken, war schon ihrem Erfinder bekannt, und bis in die Gegenwart fand Laudanum auch als Mord- und Selbstmordmittel seine Verwendung. Es bleibt das Verdienst des Paracelsus, fast vier Jahrhunderten das verbreitetste Gift beschert zu haben.

Die ehrenwerte Sucht

Wenn Jago in der dritten Szene des dritten Aktes von Shakespeares „Othello" über die Wirkung seiner Intrige spricht, nennt er auch zwei Drogen:

> „Nicht Mohn und nicht Mandragora
> Noch alle Schlummersäfte der Natur
> Verhelfen je dir zu dem süßen Schlaf,
> Der gestern noch dein Eigen war."

Daß Opium und andere Drogen bei Shakespeare mehr als zweihundertmal auftauchen, hat nichts mit einer privaten Leidenschaft dafür zu tun – die Renaissancegelehrten aller Länder hatten sich vorgenommen, die Welt neu zu erforschen, und Drogen galt ihr besonderes Interesse. Die umfassendste Bibliothek dieser Art besaß wohl Deutschlands Kaiser Rudolf II., an Alchimie, Kuriositäten und nackten Frauen interessiert, mit langanhaltenden Perioden schwerer Melancholie geschlagen und in seinen letzten Lebensjahren auf eine tägliche Dosis Laudanum gesetzt. Im Prager Hradschin hortete er 392 Bücher „über Pflanzen, Drogen und Gifte", wie ein Inventar nach seinem Tode ergab.

Viele Autoren schöpften ihr Wissen aus Reisebeschreibungen, so Hans Wier (1515–1588), der als Arzt des Herzogs von Kleve unter dem Namen Piscinarius „Geschichten, Dispute und Discurse über die Illusionen und Betrügereien der Zauberteufel, infamen Hexenmeister und Giftmischer, der Behexten und von Dämonen Besessenen" veröffentlichte: „Die Türken und noch mehr die Perser sind mit dem Opium so vertraut wie mit nichts anderem, weil sie doch viele Weiber in ihren Häusern haben und dieses nehmen, um ihre Lust zu steigern." Ähnliche Gründe vermutete Pierre Belon, der 1546 die Mohnfelder Kleinasiens bereiste und bemerkte: „Es gibt keinen Türken, der nicht seinen letzten Pfennig dafür ausgebe, um sich Opium zu kaufen."

Ihr Zeitgenosse Garcia da Horta meldete in seiner „Geschichte der Drogen" Widerspruch an: Opium sei ein „betäubendes Gift", das die Türken nähmen, um gegen Müdigkeit gewappnet zu sein, nicht aber als Aphrodisiakum, „wie einige törichterweise glauben, da Opium nicht nur nicht die Wollust reizt, sondern sogar den Kitzel des Fleisches unterbindet".

Die Suchtgefahr von Opium wird in keinem Buch erwähnt. Der erste Autor, der darauf hinwies, war ein krasser Außenseiter, der Geistliche Samuel Purchas. Er war ein Zeitgenosse Shakespeares, verließ Südengland sein ganzes Leben lang nie und schrieb umfangreiche „Pilgerreisen". Sie führten in die Religion, in die Geschichte der Menschheit, in die Philosophie, und als alle diese Gebiete durchpilgert waren, reiste Purchas durch eine Summe heute verschollener Reisebeschreibungen. Dabei kam er auch auf Opium zu sprechen. „Es wird in allen Ländern (des Ostens) sehr hoch eingeschätzt, und die Gelehrten vermuten irgendeine – ich weiß nicht welche – Verbindung von Mars und Venus darin; doch wird es einmal genommen, muß darin täglich fortgefahren werden, um Todespein zu vermeiden, obwohl manche Menschen diesem vergeblich durch Wein zu entkommen trachten."

Purchas' Warnung blieb ein Einzelfall. Ziemlich gleichzeitig schrieb Thomas Burton in seiner „Anatomie der Melancholie": „Durch Wachen, sei es aufgrund von ständigem Kummer, Angst oder Sorge, wird trockenes Gehirn zu einem Symptom, das melancholische Menschen sehr quält, und nichts hilft dagegen so sehr wie Opium." In diesem Punkt waren sich alle Ärzte einig.

Der prominenteste seiner Zeit und Zunft wurde Thomas Sydenham, der sich 1648 als Modearzt der neuen Oberschicht in London niedergelassen hatte.

Ärztliche Fürsorge wurde zu jener Zeit zweifellos nicht als soziale Aufgabe verstanden. Wie die meisten seiner Berufskollegen fühlte sich auch Sydenham nur für die Gebrechen der Reichen zuständig, und sooft in den Slums von London eine Seuche ausbrach, flüchtete er mit seinen Wohlstandskollegen aus der Stadt, „um unter den von der Seuche Vertriebenen für jene Hilfe zu sorgen, die den für das Volkswohlbefinden wichtigsten Köpfen zuteil werden muß". Für jene finanzkräftigen Kreise komponierte er auch jene Medizin, die ihn berühmt machte: Sydenhams Laudanum.

Laudanum Paracelsi war damals bereits die verbreitetste Medizin Europas, obwohl ihre Lebensgefährlichkeit bei Überdosis allgemein bekannt war. Sydenham meinte nun, die Todesfälle seien ausschließlich auf das darin enthaltene Bilsenkraut zurückzuführen, und so entstand durch ihn das endgültige Rezept:

„Man nehme 1 Pfund Spanischen Wein, 2 Unzen Opium, 1 Unze Safran, je 1 Quentchen Zimt und gestoßene Nelken, lasse alles zusammen im Wasserbad zwei oder drei Tage lang leise kochen, bis der Likör die gewünschte Konsistenz hat, und seihe es dann durch."

Zunächst mußte er erleben, daß manche Patienten an der Heilwirkung des Trankes zweifelten, da doch Opium ein allbekanntes Hausmittel war, und so schrieb er einen langen Traktat über die Segnungen der Droge: „Ich kann nicht umhin, mit ebenso großer Dankbarkeit wie Befriedigung zu vermerken, daß unter all den Heilmitteln, die Gott der Allmächtige, der Quell alles Guten, den Menschen geschenkt hat, um ihre Leiden zu lindern, es kein universelleres oder wirksameres gibt als Opium."

Als Sydenham 1689 starb, hatte er über 17 000 Pfund Laudanum verordnet, eine um so erstaunlichere Zahl, wenn man bedenkt, daß die tödliche Dosis bei zehn bis fünfzehn Gramm liegt. Bekannt war dem Doktor auch, daß bei Gewöhnung die Dosis steigerbar ist – er selbst vermerkt einmal, daß er „ohne Benachteiligung meiner Gesundheit" bis zu 20 Gramm am Tag einnehmen konnte, „da ich diese Medizin ja auch täglich gebrauche". Zu Sydenhams Dauerkunden zählten von Cromwell abwärts alle Notablen seiner Zeit, Puritaner wie auch Royalisten.

Nirgendwo wird jedoch die Suchtgefahr bemerkt, obgleich die Sucht oft erwähnt wird. Sydenham kommt auf diesen Aspekt nur einmal zu sprechen, auf eine groteske Weise, die wie eine Vorwegnahme moderner Argumentationen pharmazeutischer Konzerne klingt: „Den hervorragenden Heilcharakter von Opium erkennt man allein aus der Tatsache, daß wer diese Medizin nicht mehr nimmt, alsbald ernsthaft erkrankt."

Dabei gab es in seinem Bekanntenkreis zumindest einen, von dem alle wußten, daß er Opium keinesfalls als Medizin nahm: Thomas Shadwell, Hofdichter und -stückeschreiber.

Von seinem 22. Lebensjahr an nahm Shadwell Laudanum, zuerst 20 Tropfen täglich, bald 400, später 850. „Es ist dieses Wundermittel, das mir meine Gedanken schickt", schreibt er einmal, und in einem Roman steht: „Daß ihm das Herz nicht brach und er jeden Tag glücklich erleben konnte, dankte er nur jener famosen Medizin, die der Mohn schenkt." Auch seinen Dichterkollegen begegnete er gern „mit einem kleinen, braunen Fläschchen, jedem zurufend: Seht, da ist Inspiration drin!"

1692 starb Shadwell, höchstwahrscheinlich an einem allzu kräftigen Schluck Laudanum, und in der Trauerrede vor versammeltem Hof sagte der Prediger: „Sein Tod kam plötzlich, aber nicht unvorbereitet, denn er nahm nie seine Dosis Opium, ohne seine Seele in feierlichem Gebet Gott zu empfehlen, als würde er dann sein Leben feierlich in die Hand des Schöpfers geben."

Immerhin trug der Fall Shadwell dazu bei, daß über Opium diskutiert wurde, und das veranlaßte den 55jährigen Herrn John Jones, anno 1700 gleich 371 Seiten Kleingedrucktes in Oktavausgabe zu veröffentlichen: „Die enthüllten Geheimnisse des Opium".

Der Titel des Werkes strotzt vor selbstverliehenen Titeln, denn Herr Jones war – freundlich ausgedrückt – Autodidakt, und im Vorwort verspricht er „alles, aber auch alles über Opium zu enthüllen, ohne irgendeine Auslassung oder auch Unterschlagung, was bislang auf diesem Gebiet die heimtückische Methode sogenannter Autoren ist". So ist denn Opium „die allerbeste und außergewöhnlichste Erfrischung des Geistes, vergleichbar guten Nachrichten oder anderen Anlässen der Freude, wie zum Beispiel dem Anblick eines geliebten Wesens, das man schon lange auf der See verloren wähnte... als würde ein guter Geist vom Menschen Besitz ergreifen; daher nennen es die Menschen auch einen himmlischen Zustand, da kein irdischer damit verglichen werden kann". Aber auch für durchaus Irdisches hält die Metaphorik her: „Es wurde nicht ohne guten Grund mit einem ständigen, zarten Grad jenes Zustands verglichen, den die Anständigkeit nicht nennen kann." Weiter: es schenkt angenehme Träume, macht frei von Angst, Hunger und Schmerzen und sichert dem regelmäßigen Gebraucher „Pünktlichkeit, Seelenruhe, Geistesgegenwart und Schnelle bei allen Verrichtungen und Geschäften... Selbstsicherheit, Kontrolle des Geistes, Mut, Verachtung von Gefahren, Großherzigkeit... Fröhlichkeit, leichtes Ertragen aller Arbeit und Reisen... Befriedigung, Gemütsruhe, Gleichmütigkeit..."

Natürlich muß so ein Wunderstoff auch einige Nachteile haben. „Bei allzu reichlichem Gebrauch ergibt sich ein dumpfes, schweres Gefühl und Gedächtnisschwäche", und bei plötzlichem Absetzen der Droge entstehen „große, sogar unerträgliche Verzweiflungen, Beklemmungen und Erschlaffungen des Geistes, die nach wenigen Tagen gemeinhin mit einem erbärmlichen Tod enden, begleitet von seltsamen Agonien.

Zweifellos war John Jones selbst süchtig, doch gegen eine mäßige Sucht schien seine Zeit nichts gehabt zu haben. Wenn er schreibt, daß „Millionen mein Zeugnis bestätigen können", hat er zweifellos übertrieben, doch den „Mann bei Banbury, der täglich zwei Unzen Opium ißt" dürfte es gegeben haben. Ebenfalls richtig ist sein Katalog der Krankheiten, gegen die Ärzte Opium verschrieben: Erbrechen, Durchfall, Katarrh, Epilepsie, Angina, Asthma, alle Arten Fieber, Reisekrankheiten, Steine, Koliken, Verwundungen, Brüche, Amputationen, Pokken, Ruhr, Cholera, Masern, Rheumatismus, Gicht, Pest, Hypochondrie und Schlaflosigkeit.

Wie viele der so behandelten Patienten süchtig wurden, meldet kein Bericht. Zur Zeit von John Jones jedenfalls gehörten Opiumsüchtige bereits zum Stadtbild von London und nicht nur dort. Könige wurden mit Opium behandelt – Wilhelm III. von England nur kurz, da mit zu hohen Dosen, Ludwig XIV. von Frankreich und Peter der Große von Rußland jahrelang – , Könige waren erklärtermaßen süchtig – hintereinander drei von Schweden, vier von Dänemark, drei Kaiser von Österreich und auch die gute Maria Theresia –, Majestäten naschten verdächtig oft Laudanum – die französischen Ludwigs XV. und XVI., Preußens großer Fritz und die ebenfalls große Katharina von Rußland, letztere um den Kummer ihrer Wechseljahre zu betäuben –, und das Volk wollte da nicht zurückstehen.

Das Buch des John Jones war keine Sensation, denn es rannte offene Türen ein. Ähnliche Bücher erschienen in Frankreich, Italien, Deutschland und Österreich, allesamt aus heutiger Sicht unbegreifliche Hymnen, doch hatte das 18. Jahrhundert zu Opium keine andere Einstellung als zu Alkohol: mäßiger, wenn auch regelmäßiger Genuß war sozial durchaus respektiert, und nur Exzesse wurden naserümpfend vermerkt. Es wäre einfacher, jene Persönlichkeiten zu nennen, die Opium nie anrührten, als jene, die zu den ständigen Konsumenten zählten.

Ein vergiftetes Jahrhundert

Die verbreitetste Droge der freien westlichen Welt unserer Gegenwart ist zweifellos Valium, in jedem dritten Haushalt der Bundesrepublik vorrätig, dortselbst von der Firma Hoffmann-La Roche jährlich in rund neuneinhalb Millionen Packungseinheiten abgesetzt, Umatz stets steigend. Der einst eher mittelständische Konzern, dessen Aktien 1932 für einen Franken* zu haben waren, wurde unter anderem auch darüber zur „größten Apotheke der Welt", und das Ein-Franken-Papier kostet mittlerweile über 60 000. Es wurde die mit Abstand teuerste Aktie des Kapitalismus.

Grundlage dieses Erfolgs sind relativ billig herzustellende Chemikalien, Benzodiazepine. Sie werden zu Basel und Nutley/USA in 2000-Liter-Kesseln ziemlich vollautomatisch erzeugt, da aber bereits Milligrammengen wirken, ist der Preis überhöht. Das Bundeskartellamt in Berlin führte deshalb einen jahrelangen Rechtsstreit mit der Firma, doch am 12. 2. 80 wurde zugunsten des Unternehmens entschieden.

Entdeckt hat diesen Stoff ein polnischer Emigrant, der froh war, bei der Firma einen Arbeitsplatz zu finden, Dr. Leo Sternbach, Jahrgang 1908. Nach einigen anderen Tierversuchen steckte Dr. Sternbach Ende 1957 einem Löwen ein Blümchen quer ins Maul. Das Raubtier war sanft wie ein Schnurrkätzchen. Da erkannte auch die Firmenleitung, daß sich die Anstellung Sternbachs gelohnt hatte, der mit der seltsamen Absicht an die Arbeit gegangen war, „einen nicht süchtig machenden Ersatzstoff für Opiate" zu entdecken.

Benzodiazepine eroberten den Pharmamarkt in einem Blitzkrieg. Sie werden unter mehr als 800 Markennamen verkauft, von denen Valium und Librium wohl die bekanntesten sind, und ein rundes Fünftel

---

* Bernfield, L.: Valium, the Story of a Boom, New York 1973

der Erdbevölkerung, mehr als 600 Millionen Menschen, gehört zu den regelmäßigen Konsumenten. Als Beruhigungsmittel werden sie angeboten, doch haben sie inoffizielle Namen, die ihre Wirkung genauer umschreiben: Glückspille, Downers, Seligmacher oder − von den Rolling Stones populär gemacht − „Mothers little helpers".

Ganz harmlos sind die kleinen Helfer natürlich nicht. Bei Überdosis kann Bewußtlosigkeit eintreten und ein verhängnisvoller Hang zu organischen Komplikationen. Eine Suchtgefahr wird generell geleugnet. Zwar schwindet bei Dauergebrauch schon nach einigen Wochen die gewünschte Wirkung, und die Dosis muß erhöht werden − ich kenne ehrbare Geschäftsleute, die bis zu 40 Valium am Tag schlucken −, und auch eine psychische Abhängigkeit ist bekannt. Ebenso gibt es Entzugssymptome, falls jemand aufhören will: nach drei bis fünf Tagen Kopfschmerzen, Unruhe und Übelkeit, manchmal auch Zitterkrämpfe. Doch nach zwei Wochen ist alles vorbei, und außerdem nehmen viele der verschreibenden Ärzte selbst Valium. Benzodiazepine sind ehrenwerte Drogen, wenn auch die Gesundheitsbehörden der USA bereits mit Sorge einen zunehmenden Gebrauch bei Jugendlichen feststellten und mir etliche Heroinsüchtige bekannt sind, deren Trip mit elf oder zwölf begann, als sie sich aus Papas Valiumfläschchen heimlich bedienten.

Über Valium wird wenig geredet. Tranquilizer sind aus unserer Leistungsgesellschaft wohl nicht wegzudenken, deren Streß das Menschenmaß schon lange überschritten hat. Sie sind eine legale Droge, seltene Betriebsunfälle inbegriffen, und vor allem haben sie noch bedenklichere Mittel ersetzt, die „kleinen Helfer" des frühen Kapitalismus: Opiate.

Wer über die Opiumsucht des 19. Jahrhunderts redet, darf die Rolle von Valium in der zweiten Hälfte des 20. nicht übersehen, denn erst diese Mittel haben Opium endgültig in den sozialen Untergrund gedrängt. Davor gab es für denselben Zweck nur die vielen hundert Variationen von Laudanum. Noch eine Parallele: über den Ge- und Mißbrauch von Valium gibt es kaum Untersuchungen, zumindest nicht der Öffentlichkeit zugängliche. Nicht anders liegt der Fall bei Opiaten − ihr Gebrauch war zu verbreitet, die von ihnen Abhängigen legten meist Wert auf Diskretion, und außerdem standen zu viele Geschäftsinteressen dahinter.

Das genaueste Material über Sucht stammt aus England, dem Mutterland empirischer Wissenschaften. Die meisten Bücher über Drogen schöpfen aus der schier unübersehbaren Fülle von Untersuchungen und Berichten, die damals verfaßt wurden, und daher entsteht leicht der Eindruck, Opium sei ein spezifisches Problem der Insel gewesen. Das trifft nicht zu, betrachtet man die Umsätze von Opium in den Ländern Europas. Nur in der Genauigkeit der Beschreibung sind die Engländer dem übrigen Europa voraus, und so sind es vor allem vier britische Suchtfälle, alle aus dem 18. Jahrhundert, die Modellcharakter haben für Gründe, Verlauf, Wirkung, Hingabe und Widerstand gegen den Hang zur Droge.

Fall eins: Sir Robert Clive, Begründer der britischen Kolonialherrschaft in Indien, ein Heldenleben. 1743 wurde der 18jährige Offiziersanwärter nach Indien eingeschifft, landete aber irrtümlich in Brasilien, wo er neun Monate lang festgehalten wurde und Portugiesisch lernte, was ihm später zustatten kam, als er die Portugiesen aus dem indischen Markt drängte. 1748 leitet er eine Militäreinheit bei der Belagerung von Pondicherry, wo es darum ging, die Franzosen vom Subkontinent zu verdrängen. Seine militärischen Erfolge waren bald so groß, daß die sonst eher knausrige British East Indian Company ihn 1753 mit einem diamantbesetzten Schwert beschenkte und zum General beförderte. Drei Jahre später gelang ihm dann die Eroberung Bengalens.

Spätestens zu dieser Zeit nahm Clive bereits regelmäßig Opium. Begonnen hatte es mit Brust- und Kopfschmerzen, die er mit Laudanum zu kurieren versuchte. Sehr bald traten auch noch Depressionen auf, die eine ständige Erhöhung der Dosis nötig machten, beginnend mit acht Gramm am Morgen. Daß die Sucht seine militärische und politische Laufbahn beeinflußt haben könne, wird von den meisten Biographen bestritten. Als Gouverneur von Bengalen wurde er immerhin auch von seinen Gegnern so geschätzt, daß er einem davon nach dem Abschluß von Verhandlungen auch ein Trinkgeld von 300000 Pfund Sterling wert war. Andererseits sprach sich bei seinen Untergebenen bald herum, daß der Gouverneur meist schon am frühen Nachmittag arbeitsunfähig war, und Clives eigene Bestechlichkeit war ja kein gutes Vorbild in Sachen Dienstmoral. 1772 mußte Clive von seinem Posten abberufen werden, „aus gesundheitlichen Gründen", wie es hieß.

Er hinterließ ein Chaos aus Korruption und Schlamperei, und nach seiner Rückkehr nach England begannen sich die Zeitungen mit Angriffen gegen den einst gefeierten Volkshelden zu füllen. 1773 mußte er zwei Gerichtsverfahren wegen Amtsmißbrauchs und Bestechlichkeit über sich ergehen lassen, die in der Revision mit der Formel endeten, er habe sich „trotz allem um das Vaterland verdient gemacht". Während dieser ganzen Zeit häuften sich seine Anfälle von Depressionen, und sein Laudanumverbrauch erhöhte sich auf 30 Gramm, mehr als das Doppelte einer normalerweise tödlichen Dosis. Kurz nach seinem 49. Geburtstag schluckte er am 22. November 1774 genau 75 Gramm, laut Totenschein „irrtümlich", laut Abschiedsbrief, „um die Verzweiflung zu beenden, die Ursache und Folge meiner Liebe zu Opium war".

Fall zwei: Lady Stafford, ungekrönte Königin der Londoner Salons. Sie entdeckte Opium mit 19 Jahren, aber aus ganz anderen Gründen als Clive — für sie wurde es ein Euphoricum oder nach eigenen Worten „eine unerschöpfliche Quelle von Phantasie und Heiterkeit". Die Porträts, die von ihr erhalten blieben, lassen davon nichts sehen, doch berichten alle Zeitgenossen vom sprühenden Charme der Dame, die pro Tag gut 30 Gramm Laudanum schluckte, gegen Ende ihres Lebens 45. „Sie mußte es tun, wenn sie eine Verabredung hatte", schreibt Horace Walpole, „um überhaupt denken zu können." Nur ihre Schwester verbat sich Besuche, bei denen Lady Stafford mit der an einer Goldkette um den Hals baumelnden Laudanum-Phiole auftrat. Da mußte das stadtbekannte Schmuckstück zu Hause bleiben, und die Lady klagte: „Heute muß ich ohne meinen Verstand gehen."

Ganz folgenlos blieb allerdings auch die „fröhliche Sucht" nicht. Die bei Opium üblichen Verdauungsstörungen wurden bei der Lady so chronisch, daß ihr nur mit Klistieren zu helfen war, und eines Tages setzte auch ihr gepriesener Verstand aus. Ihre Familie litt lange Jahre an der geistigen Zerrüttung der Dame; ihr selbst wurde dies aber dank Laudanum kaum mehr bewußt.

Fall drei: William Wilberforce, 1759 – 1833, prominentester Kämpfer gegen den Sklavenhandel, laut eigener Berufsangabe: Menschenfreund. Seine Verwandtschaft war vermögend und starb in einer so glücklichen Reihenfolge, daß William schon mit 15 Pfundmillionär war. Sein weiterer Lebensweg weist ihn als Jung-Playboy aus. Er studierte ein wenig von allem, am meisten aber Geselligkeit, und bei den täglichen Parties in seinem Hause glänzte er als Sänger und grimassenschneidender Vortragskünstler. 9000 Pfund Sterling investierte er mit 21 in Bestechungen, und damit wurde er jüngster Abgeordneter des Unterhauses. Auch seine neuen Kollegen schätzten ihn vor allem als Sänger und Mimiker, besonders der Prince of Wales, der ihn zu diesem Zweck öfter in den Palast bat, und doch scheint in ihm während jener Jahre eine tiefgreifende Veränderung vorgegangen zu sein. Zunächst kümmerte er sich herzlich wenig um Politik und reiste ausgiebig durch ganz Europa, 1787 aber überraschte er seine Parlamentskollegen mit einem Gesetzesantrag gegen Sklavenhandel. Damit hatte er sich's in den besseren Kreisen verscherzt, beruhte doch der Wohlstand nicht weniger Firmen auf dem einträglichen Sklavenmarkt zwischen Afrika und dem Süden Nordamerikas.

1788 erkrankte Wilberforce an einem Paratyphus und wurde von den Ärzten aufgegeben, doch sein Freund Isaac Milner empfahl ihm Laudanum. Milner hatte Wilberforce wohl auch schon in der Sklavenfrage beraten und war allgemein als Opiumesser bekannt. Bei Wilberforce half das Laudanum, doch er kam nicht mehr davon los. Die nächsten 45 Jahre seines Lebens sind ein unerbittlich geführter Kampf gegen die Sklaverei – erst in seinem Todesjahr erreichte er die von ihm gewünschten Gesetze – und gegen seine Sucht. Diesen Kampf gab er auf und nahm täglich 850 Tropfen Laudanum zu sich, ohne allerdings je die Dosis zu erhöhen. „Wenn ich ein Glas Wein trinke, spüre ich den Effekt. Wenn ich meine Dosis Opium nehme, weiß ich nicht, was sie bewirkt", pflegte er zu sagen. Doch sein Sohn fügte hinzu: „Versuchte er manchmal, damit aufzuhören, geriet sein Geist in Verwirrung."

Schon seinen Zeitgenossen galt Wilberforce „als Mann, der mit der Sucht umgehen kann", wohl deshalb, weil er es trotz Laudanum zum angesehensten Politiker seines Landes brachte, und immer wieder wird sein Fall von Süchtigen erwähnt, um ihre eigene Niederlage im Umgang mit der Droge zu entschuldigen. „Wer hat je gewagt, den guten

Namen Wilberforce wegen so etwas zu schwärzen?" schreibt Coleridge. „Und doch war er eine lange Reihe von Jahren unter derselben Notwendigkeit." Schon damals gab es jene Kette der Sucht, die Nachkommenden beeinflussend und sich selbst mit den Vorgängern entschuldigend, eine Zwangsreaktion, die sich seitdem durch die Hierarchien des Intellekts zieht. Ihre krasse Übersteigerung zur Heilslehre belegt.

Fall vier: Dr. John Brown aus Edingburgh, Professor der Medizin. Er war ein brillanter Kopf und in seiner Irrlehre über Drogen mindestens so folgenschwer wie in unserem Jahrhundert Gottfried Benn und Thimothy Leary. 40 Jahre lang lehrte er unwidersprochen, die menschliche Überlegenheit allen anderen Geschöpfen gegenüber bestehe in der Fähigkeit, „durch künstliche Mittel sowohl Erregung als auch Beruhigung zu erreichen und diese zu kontrollieren", also durchaus das, was auch Leary mit seiner „Politik der Ekstase" meinte. Für Brown gab es allerdings nur eine Droge, „die den Geist vollkommen klar hält", Laudanum.

Zu Browns Schülern zählte der berühmte Baptistenprediger Robert Hall, der 50 Gramm Laudanum brauchte, um überhaupt predigen zu können, und eine Generation von Londonern auch zu Opium betete. Auf ihn beriefen sich alle Dichter der „Schwarzen Romantik", von denen jeder mit Opium zumindest experimentiert hatte.

Von dieser Elite hätten die Apotheker ihrer Zeit allerdings nicht leben können. Opium wurde im 19. Jahrhundert zum Volksgift deklariert, in einem Ausmaß, das heute nicht mehr vorstellbar ist.

Daß Mohn Kinder brav und ruhig macht, war in Asien und Europa eine altbekannte Tatsache, und bei beengten Wohnverhältnissen waren ruhige Babys immer wünschenswert. Noch in meiner Jugendzeit hatten die Bauern des niederösterreichischen Waldviertels eine einfache Methode, ihre Nachtruhe zu sichern: den Mohnschnuller. Dazu werden unreife Mohnkapseln in Wasser gekocht, bis ein dicker Sirup entsteht. Davon werden einige Tropfen mit Zucker verknetet, in ein Leinensäckchen gebunden und dem Säugling in den Mund gesteckt. Suchtfälle traten relativ häufig auf, und über die hieß es: „Die sind auf dem Mohnschnuller hängengeblieben." Auch geistige Defekte anderer Art wurden durchaus auf diese Methode der Kinderberuhigung zurückgeführt – noch heute heißt es in Österreich über Leute beschränkter Intelligenz: „Den haben sie mit dem Mohnschnuller aufgezogen."

Mit der Industrialisierung kam der Mohn schnell in die wachsenden Städte, und da die Hütten nicht mehr inmitten der Mohnfelder lagen, wurden diese Mittel nun Bestseller bei den Apothekern. Es gab sie unter unschuldigen Namen wie „Godfrey's Cordial", „Dalby's Carminativ", „McMunn's Elixir" oder gleich „Mutter Bailey's Beruhigungssirup" in England, unter 57 Markennamen als „Dormant" in Frankreich, und in Deutschland, wo die industrielle Revolution erst später einsetzte, in über 200 Markenbezeichnungen, von „Aachener Schlafhonig" bis „Dr. Zohrers Kinderglück". Und sie wurden in Massen gekauft. Arbeiterinnen gaben diese Präparate ihren Kindern, um sie still zu halten, während sie in der Fabrik arbeiteten. Aber auch Bürgerkinder waren davor nicht sicher: Einige Opiumpräparate waren laut Werbung „besonders zur Entlastung der Kindermädchen" komponiert.

Für die Heranwachsenden gab es dann Laudanum in leichterer Zubereitung, und um 1840 kam auch schon Opium pur auf den europäischen Markt. Hauptsächlich Arbeiter bildeten die Kundschaft, Kumpel in den Kohlegruben, aber auch Weber; der Grund klingt gespenstisch: Nicht die als Kleinkinder süchtig Gewordenen kamen zu Opium, sondern auch alle, die sich den verhältnismäßig teuren Alkohol nicht leisten konnten. Vor allem aber wirkte Opium appetitzügelnd, und an jedem Wochenende bereiteten die Apotheker kleine Päckchen vor, „die nur zwei Mahlzeiten kosten, aber sieben ersparen", wie einer in Manchester inserierte. Dort beobachtete auch ein deutscher Junggelehrter, der sich allerdings mehr in Bibliotheken herumtrieb, die Auswirkungen: „Hier dehnt sich der Opiumkonsum unter den erwachsenen Arbeitern und Arbeiterinnen täglich aus. Den Verkauf von Opiaten voranzutreiben... ist das große Ziel einiger unternehmender Großhändler. Von Drogisten werden sie als der gangbarste Artikel angesehen. Säuglinge, die Opiate empfingen, verschrumpelten in kleine alte Männchen oder verschrumpften zu kleinen Affen." Falsch ist nur die Schlußfolgerung, die Karl Marx aus seinen Beobachtungen zog: „Man sieht, wie Indien und China sich an England rächen."

Das traf nicht zu, denn Opium war eher, wie zur gleichen Zeit ein Webereibesitzer formulierte, „ein unentbehrliches Antriebsmittel der industriellen Entwicklung". Opiumesser und – seltener – Raucher gehörten zum Stadtbild der aufkommenden Industrie. Manche Betriebe teilten die Droge ihren Arbeitern ebenso zu wie 1979 die Firma Boehringer in ihrem Hamburger Werk jedem Arbeiter zwei Schmerzpillen pro Tag.

In Frankfurt gab es für denselben Zweck schon seit 1753 die „Frankfurter Hauptpille", ein Gemisch aus gleich viel Zucker und Opium. Für Kleinkinder wurde nur eine halbe Pille empfohlen, aber selbst danach wachten viele oft nicht mehr auf. Das war ein Alarmzeichen für Dr. Heinrich Hoffmann, der gerade den ärztlichen Verein zu Frankfurt gegründet hatte. Noch im Gründungsjahr der Vereinigung, 1845, entwickelte er ein Präparat, das die riskante Pille ersetzen sollte. Dr. Hoffmann war ein moderner Arzt und von der Schädlichkeit des Opiums in großen Dosen überzeugt. Kleine hielt aber offenbar auch er für unbedenklich, und die „Hoffmannstropfen" enthielten nach Originalrezept immer noch fünf Prozent Opium, in Äther gelöst. Bis 1924 wurden sie so hergestellt, dann erst wurde Opium durch andere Pflanzendrogen ersetzt.

Die besseren Kreise wurden von dieser Suchtwelle wenig betroffen. Die Ausbreitung im proletarischen Milieu brachte Opium in den Ruf der Armeleute-Droge. Und erst deshalb begannen Ärzte sich auch mit dem Phänomen der Sucht auseinanderzusetzen.

Die erste Untersuchung von Opiatvergiftungen an Kindern wurde 1843 in einer kleinen Stadt in Lancashire vorgenommen. Von knapp 2500 Familien kauften mehr als 1600 regelmäßig „Godfrey's Cordial". Die Kindersterblichkeit lag über 60 Prozent, und ein abruptes Absetzen der Droge überlebte nur jedes sechste Kind.

Mit diesem proletarischen Untergang wollten die feineren Kreise nichts mehr zu tun haben. Wer auf sich hielt, nahm Laudanum nur noch heimlich oder vergiftete sich mit anderen Mitteln. Die Zeit war experimentierfreudig, und findige Köpfe brachten für das gehobene Publikum stets neue Drogen auf den Markt. Erst das Dienstpersonal enthüllte, daß Queen Victoria eine heimliche Vorliebe zu einem sehr teuren Getränk hatte, das auch Papst Leo XIII., der Dichter Emile Zola, US-Präsident McKinley und der Erfinder Thomas Alva Edison verdächtig gern konsumierten: „Mariani' Coca Wine". Die Luxusdroge der reichen Snobs wurde Kokain, und die weniger Betuchten durften als einzigen Hauch von diesem Luxus Coca Cola trinken, das populär wurde, weil es gleich zwei harte Drogen verspricht, ohne eine zu halten. Mit Opium vergiften durften sich die Unterprivilegierten aber noch lange.

3. Heldengift

Die gedopten Krieger I.

Mit der Ausbreitung der Opiumsucht erschienen auch eine Menge Bücher über die Droge, die allesamt darin übereinstimmten, daß sie Tatsachen, Legenden, Gehörtes und schlicht Erfundenes reichlich bedenkenlos mischten. Der Bestsellerbetrieb, bei dem sich ein Autor an den Erfolg des anderen anhängen möchte, ist keine Erfindung unseres Jahrhunderts, und ein Prototyp dieser Richtung war für seine Zeit Pitton de Tournefort (1656–1708), der auch etwas zu Opium absondern mußte.

Originalton Tournefort: „In einem Almanach des Hans Sachs fand ich folgenden aufschlußreichen Bericht: Am Abend nach dem großen Sieg, den der glorreiche Prinz Eugenius über die gesamte Armee des Sultans Mustapha bei Zenta errang, zogen Soldaten los, die Kleider und Waffen der toten Türken einzusammeln. Da staunten sie sehr, daß den Türken alle Geschlechtsglieder noch im Tode steif waren und aufrecht ragten. Der Feldscher (Arzt) aber sagte, dies sei nicht verwunderlich, wisse man doch, daß den Türken aller Mut von Opium käme, was auch im Tode noch Lust erzeuge."

Abgesehen davon, daß der Meistersinger Hans Sachs 200 Jahre nach seinem Tod keinen Almanach verfaßt haben wird und daß eine „erectio post mortem" höchstens Erhängten nachgesagt wurde, enthält die Geschichte doch ein Körnchen Wahrheit: türkische Soldaten halfen ihrem Heldentum mit Opium nach.

Der bis 1690 ungebrochene Ruf türkischer Unbesiegbarkeit ergab sich aus einer lange anhaltenden militärtechnischen Überlegenheit und „einem Trank, der diese Soldaten alle Furcht um ihren Leib vergessen läßt", wie ein zeitgenössischer Chronist vermerkt.

Daß Opium nebst anderen Gefühlen auch die Angst betäubt, hatte bereits Avicenna herausgefunden. Für militärische Zwecke unerwünscht war allerdings ein Nebeneffekt der Droge: daß sie passiv war. Es kam also stets darauf an, dem Betäubungsmittel auch noch ein aufputschendes beizumischen. Welches die Türken verwendet haben, ist an der Universität Ankara noch eine Streitfrage der Gelehrten.

1974 veröffentlichte dazu der Historiker Mehmet Öztürk einen Aufsatz, der die bislang sinnfälligste Theorie bietet: Das Heldengift sei ein Cocktail aus Opium und Kampfer gewesen, aufgebrüht mit sehr starkem Kaffee. Als weiteres Aufputschmittel kam die berühmte Janitscharenmusik dazu, mit schmetternden Becken und grellen Klarinetten, die jeden Angriff so schrecklich machte und die Urmutter unserer Marschmusik wurde.

Richtig populär wurde Kaffee in Europa ja auch erst durch die Türken. Die Venetianer kannten ihn zwar schon lange, doch war er ein teures Minderheitengetränk gewesen, ehe 1683 den siegreichen Christen vor Wien fast 10000 Sack in die Hände fielen. Die Anreicherung oder besser Relativierung von Koffein durch ein Quentchen Opium war auch in Europa eine Zeitlang Mode und hatte zumindest einen prominenten Anhänger: Prinz Eugen.

Noch heute ist „der edle Ritter" als Lied jedem Militärmarsch-Fan geläufig, ein Held, der auch noch im Bett seinen Soldaten treu blieb und den Liebsten schöne Schlösser baute, ein Mäzen aller Künste und außerdem ein weitblickender Staatsmann. Für die Amtsgeschäfte hielt er sich mit „L'eau heroique" fit – starkem Kaffee mit fünf Prozent Opium. An die 20 Tassen dieser Mixtur trank er pro Tag.

Das „Heldenwasser" machte eine Zeitlang bei Berufssoldaten Schule. Der alte Dessauer, der dem preußischen Heer Drill und Gleichschritt beibrachte, soll reichlich davon getrunken haben, die Offiziere taten's ihm nach. Wahrscheinlich kannte auch Lessing diese Mischung, wenn er in „Minna von Barnhelm" vom „melancholischen Kaffee" spricht. Bedenkt man nicht diese Opiumbeigabe, erscheint reichlich seltsam, daß die stimulierende Wirkung des Kaffee im 18. Jahrhundert nahezu unbekannt war. Erst Napoleons Kontinentalsperre, die das Opium knapp machte, beendete den Brauch. Später wurde Kaffee nur noch mit Alkohol aufgewertet.

Im übrigen aber war die Gewohnheit, dem Mut mit Mohn nachzuhelfen, vor allem in Asien verbreitet. Ob die islamischen Eroberer des 9. Jahrhunderts, mit denen Opium nach Indien kam, die Droge selbst zu diesem Zweck benutzten, ist nicht feststellbar. Um die Jahrtausendwende jedenfalls blühten bereits ausgedehnte Mohnfelder am Südrand der Wüste von Radschasthan. Abnehmer der Ware waren die Radschputen, ständig in Kleinkriege untereinander verstrickte Wüstenkrieger, deren einzige Gemeinsamkeit ein fanatischer Hinduismus ist.

Heute ist diese Landschaft Indiens der größte legale Opiumlieferant der Welt – 1978 betrug die der UNO bekanntgegebene Produktion 1464572 Kilogramm –, und die Radschputen sind zivilisierter geworden, aber nicht zahmer. Der Erbe des mächtigsten Fürstenhauses, der Maharadschah von Jaipur, hat seine vielen Paläste in Hotels umgewandelt und spielt eine Hauptrolle im Touristikgeschäft. „In meiner Familiengeschichte kenne ich mich besser aus als in meinem Vermögen", scherzt er, und auch von der Tradition des Opiums weiß er einiges zu berichten.

„Schon im 13. Jahrhundert war Opium ein Teil des Soldes, den ein Fürst seinen Kriegern zu zahlen hatte. Jeder Soldat erhielt im Jahr etwa viereinhalb Kilogramm, was einer Tagesdosis von vierzehn Gramm entspricht. Um 1520 erhielt jeder Offizier pro Jahr 263 Kilogramm Opium, die für eine Bezahlung von sechzig Mann ausreichten. Von den Radschputen übernahmen später die Mogulen die Soldzahlung in Opium, noch später die Briten. Wer einen von uns als Soldaten haben wollte, brauchte ihn nur ausreichend mit Opium zu füttern."

14 Gramm Opium pro Kopf und Tag ist natürlich eine Quantität,

die den Schluß nahelegt, die Dosis sei mit der ganzen Familie geteilt worden, und auch die Radschputen nahmen Opium nicht ohne Zusatz. Der gängigste war Olibanum, ein weihrauchartiges Harz aus Arabien, das auch aphrodisierende Eigenschaften haben soll. Dazu kam manchmal auch Kreuzkümmel, wohl der Verdauung wegen. Daraus und aus püriertem Trockenobst wurden Pillen geknetet. In Indiens Apotheken waren sie unter verschiedenen Namen bis vor zehn Jahren frei erhältlich; der Schwarzmarkt führt sie noch immer.

Natürlich wußten bald auch andere Kriegerstämme, woher die Radschputen ihre Todesverachtung bezogen, und das Rezept machte Schule. Ausgesprochenes Pech hatten dabei die Pathanen, die das ganze 15. Jahrhundert über immer neue Eroberungswellen nach Indien führten: Als einmal der Mohn einer Mißernte zum Opfer fiel, mußten sie ihren Feldzug abbrechen.

Ein Jahrhundert später hatte sich in Persien und im islamischen Indien die Sitte eingebürgert, Mächtigen bei Audienzen eine Dose mit Opiumpillen zu überreichen. Die Droge spielte dabei keine größere Rolle als die Mitbringeblümchen bei heutigen Anstandsbesuchen und sollte nur den untertänigsten Wunsch nach langem Leben zum Ausdruck bringen. Grotesk ist dabei nur, daß Opium dazu ja nicht sehr beiträgt.

Manche Fürstlichkeiten waren hochgradig süchtig, ohne daß dabei ihre Fähigkeiten wesentlich beeinflußt wurden. Andere allerdings gerieten zu Marionetten in der Hand ihrer Wesire. Die allerschönsten Beispiele dafür bietet die Dynastie der Moguln in Indien.

Möglicherweise hat die Fixierung der Droge auf Militär und Adel bewirkt, daß das Volk sowohl des Iran als auch Indiens sehr lange von Opium verschont blieb.

Erst mit dem Entstehen europäischer Kolonien und mit der damit verbundenen Verelendung der eingeborenen Bevölkerung griff Opium auf alle Klassen über, wurde der Luxus der Reichen zum Zaubermittel des Vergessens für die Ausgebeuteten.

Der gute Ruf der Sucht

Alle Drogen sind zunächst einmal Gifte, vor allem aber Marktartikel. So banal klingt dieser Gemeinplatz, daß er in den meisten Büchern schlicht übersehen wird, wenn es darum geht, die Ausbreitung von Drogen zu beschreiben. Doch für erlaubte wie verbotene Rauschmittel gilt derselbe „Schweinezyklus": ihren Ruhm gewinnen sie als Statussymbole einer exklusiven Minderheit, und als solche werden sie – scheinbar – „demokratisiert", das heißt: ihr Umsatz wird durch die Fiktion gesteigert, nun könne sich auch der kleine Mann den Luxus der Großen leisten.

In Asien war es mit Opium während des letzten Jahrhunderts nicht anders, und um das Geschäft so recht in Schwung zu bringen, waren Europäer nötig. Asiatische Herrscher hatten sich stets mit Grundbesitz- und Umsatzsteuern zufriedengegeben. In Europa war man da erfinderischer, und zum Staatsbegriff des 18. Jahrhunderts gehört das Monopol, ein echtes Kind des Absolutismus, auf das auch Demokratien mittlerweile nicht mehr verzichten wollen. Meist wird es mit der Sorge um das Gemeinwohl begründet, selbst wenn es sich um Streichhölzer handelt (wie in Deutschland) oder um Salz (in 97 Staaten). Der freien Marktwirtschaft wird durch die Mehrfachvergabe von Lizenzen ja Genüge getan, und bei Rauschmitteln vom Tabak bis zu Alkoholika spielt außerdem die Volksgesundheit eine besondere Rolle. Höhere Preise, so wurde immer schon argumentiert, bewahren vor Sucht.

In Indien führte die British East Indian Company bereits 1803 das Opiummonopol ein, mit der fast modernen Begründung, „daß auf diese Weise der Mißbrauch dieser Medicin am besten verhindert werden kann". Zwei Sätze später heißt es allerdings: „Auf diese Weise wird uns außerdem eine noch unschätzbare Einnahmsquelle erschlossen."

So war es denn auch. Opium durfte außer auf Feldern der Company nur gegen hohe Lizenzgebühr gewonnen werden, und auch der Großhandel erfolgte nur über Lizenzen der ehrenwerten Firma. Die Kontrolle erfolgte nahezu unbestechlich und gründlich, und einen dementsprechend hohen Anteil hatte Opium an den Gesamteinkünften: 1839 brachte es 34 Prozent, 1875 sogar 41 Prozent und 1898 immer noch 21,3 Prozent der Gesamteinnahmen aus dem Empire des Subkontinents. Davon ergab sich durchschnittlich ein Drittel aus dem Inlandsgeschäft, der Rest aus Exporten. Was aus dieser Statistik nicht hervorgeht: zwischen 1803 und 1820 verfünffachte sich die Anbaufläche von Mohn; 1856 betrug sie das Dreißigfache von 1820, und diese Riesenflächen hatten sich 1898 noch einmal verdoppelt.

An Opiumesser konnte man diese Mengen nicht mehr absetzen, und so wurde eine Methode des Opiumkonsums propagiert, die zuerst wohl in China aufkam: das Rauchen. Pioniere dieses Systems waren die Portugiesen gewesen, die schon im 16. Jahrhundert Opium und Tabak in beträchtlichen Quantitäten nach Chinas Südküste verkauften. Beides war teuer, und da beides von den „weißen Teufeln" kam, wurde es auch gemischt und zusammen geraucht. Wahrscheinlich ist auch Matak, die Mischung aus Häcksel und Opium, eine davon abgeleitete Sache, die ebenfalls erst durch die Portugiesen in Indien eingeführt wurde. Rohopium selbst läßt sich nur sehr schwer rauchen, da es mehr schmilzt als verbrennt. Es kam also darauf an, dem Stoff die Lockerheit und Struktur zu geben, um ihn rauchbar zu machen. Die Lösung hieß Chandoo.

Höchstwahrscheinlich ist Chandoo eine französische Entdeckung. Zuerst wurde sie allerdings von den Briten industriell angewandt, eine komplizierte Methode, deren Zweck stets als „Reinigung" beschrieben wird. In seinem 1910 erschienenen Buch „Das Opium" beschreibt Paul Gide den Prozeß, wie er ihn in einer staatlichen Küche bei Saigon, damals Französisch-Indochina, erlebte: Zunächst wurde das Opium „impastiert", nämlich in großen Kupferkesseln geschmolzen. Dann wurde die Masse ausgewalzt, aufgerührt und zu Fladen geformt, die wieder auf etwa 200° erhitzt werden. Dann kommen sie in kaltes Wasser und werden „mazeriert", d.h. alle löslichen Stoffe werden ausgezogen. Anschließend wird dekantiert, filtriert, werden Rückstände ausgelaugt, und dann wird noch einmal eingedampft, bis sich ein dickflüssiger Sirup von 29° Baumé ergibt. Der wird dann in Maschinen unter kalter Luftzufuhr gelockert und in Tröge gefüllt, wo er durch die Einwirkung des Pilzes Aspergillus niger fermentiert. Nach vier bis fünf Monaten wird das Chandoo abgepackt und endgültig pasteurisiert. Bis dahin soll das Opium bis zu 50 Prozent seines Gewichtes verloren haben.

Diese Schilderung wurde in nahezu allen späteren Büchern abgeschrieben, und der komplizierte Vorgang samt Materialverlust ist auch eine plausible Erklärung für den hohen Preis, den Chandoo im Verhältnis zu Rohopium stets hatte. Selbst Lewin nennt 1927 die Masse „ein hochwertiges Extrakt". Weniger kostbar sah allerdings schon das „Handbuch des deutschen Drogistengewerbes" aus dem Jahr 1900 den teuren Stoff: „Das Rauchopium ist übrigens ein eingedickter wässriger Auszug des aus weißem Mohn gewonnenen Opiums, es ist bedeutend schwächer als das türkische Opium."

Der Mythos vom „konzentrierten Rauchopium" nimmt weiteren Schaden, wenn man das Rechnungsbuch einer staatlichen Küche in Kalkutta aus dem Jahre 1868 durchgeht: Es wurde mehr als doppelt soviel Chandoo hergestellt als Opium eingekauft. Und dabei löst sich auch das Geheimnis, wie Opium, das als unverderblicher Stoff Jahrhunderte halten kann, durch einen Pilz zu fermentieren imstande ist. Nach dem „Impastieren" wurde der Stoff mit der dreifachen Menge pflanzlicher Fasern versetzt, und dann erst fanden die weiteren Prozeduren statt. Im Unterschied zu Matak aber zersetzte die Fermentation die Fremdkörper, und übrig blieb ein von den Pflanzenrückständen locker gehaltener „Opiumschwamm". Chandoo wurde stets in verschiedenen Reinheitsgraden hergestellt, wobei die bessere Qualität selbstverständlich dem Export nach Europa vorbehalten blieb.

Opiumrauchen eroberte Asien im Sturm, zumal es als weniger gefährlich propagiert wurde denn Opiumessen und außerdem als vornehmer galt. Allerdings: um die gleiche Wirkung zu erreichen wie durch Essen, bedarf es der doppelten Portion, bei Chandoo also je nach Reinheitsgrad ein Vielfaches. Außerdem brauchte man dazu spezielle Rauchgeräte, als Statussymbole nicht weniger prestigeträchtig als Tabakpfeifen, und für den stilvollen Konsum entwickelten sich sehr schnell spezielle Etablissements – ein Markt war geschaffen.

Der Schah vom Iran imitierte die erfolgreiche Geschäftsmethode ziemlich schnell und monopolisierte 1887 für sein Land Opium. Wie man damit umzugehen habe, beschrieb der Hofdichter Abul-Qasim Yazdi 1898 in seinem „Traktat für Opiumraucher".

Wer sich danach richtet, hält zumindest sein Personal in Trab, kommt dafür aber in den Genuß einer fast kultischen Handlung, die an die Trinkrituale von Studentenverbindungen erinnert oder das Brimborium früher Hippies bei Haschisch. Benötigt werden: ein sauberer und aufgeräumter Raum, viele Kissen, ein Kohlebecken, ein Samowar, Wasserpfeife, Opiumpfeife, Feuerzange, Teetassen, Rosenwasser, Räucherstäbchen, Tabak, Zucker, Tee und last not least auch Opium. „Da einem einsamen Raucher gerne die Dämonen Gesellschaft leisten" und Fremde oder Nichtraucher ähnlich bedenklich sind, nehme man seinen Rausch am besten „in einer kleinen Runde Eingeweihter".

Auch die Regeln für das Rauchen gemahnen an ein Ratgeberbuch für Hausfrauen: Zunächst ist der Pfeifenkopf vorsichtig anzuwärmen; dann wird mit der Nadel aus dem Chandoo-Topf ein Kügelchen gezogen und über einer kleinen Flamme erhitzt; beginnt das Opium zu brutzeln, ist jedes Gespräch zu beenden, außerdem ein Untersatz unter die Pfeife zu stellen, um unerwünschtes Feuerwerk zu vermeiden; der Rauch muß tief eingezogen, lange in der Lunge behalten und stoßweise durch die Nasenlöcher ausgeschieden werden. Nach dreimaliger Wiederholung gibt es Tee und eine Wasserpfeifenpause. Anschließend sind die Augen „halb geschlossen zu halten, um wachzuträumen". Und auch für eventuelle Konversation ist Benimm vorgeschrieben: „Höchstens auf zehn Worte ein einziges langsam antworten."

Dieses „Traktat für Opiumraucher" wurde ungeheuer populär, weniger in Asien als in Europa. Bald gab es auch eine englische und eine französische Ausgabe, 1906 erschien eine deutsche. Dabei erzählte das Buch eigentlich nichts Neues – „Opiumsalons" gab es in nahezu allen Städten und Güteklassen auch in Europa. Wie alles im Plüschzeitalter wurde auch Opium schwül-schwülstig inszeniert, und die Beschreibungen ähneln meist jener, die Malraux in „La condition humaine" liefert: „Sie betraten den Rauchsalon, einen kleinen Raum, dessen Diwane mit mongolischen Teppichen bedeckt waren und der mehr der Sensualität als der Träumerei dienen sollte. An den Wänden eine große Tuschzeichnung aus der ersten Periode von Kamâ, ein tibetisches Banner... Auf dem Tablett alte Instrumente mit Jadegriffen, verziert und wenig praktisch..."

Reiche Snobs ließen sich Privatsalons einrichten, deren grelle Staffage der scheinbaren Exotik von Opium entsprechen sollte. Dazu gehört auch das „Maurische Haus" bei Schloß Linderhof und das „Königshaus" auf dem Schachen in Bayern. Ursprünglich wurde das „Maurische Haus" für eine Weltausstellung gebastelt. Dort erwarb es ein böhmischer Adeliger, um darin stilvoll an der Opiumpfeife zu saugen. Von ihm kaufte es Bayerns Märchenkönig samt dem zur Ausstattung gehörigen Satz Pfeifen, und so kam es nach Linderhof. Zweifellos hat Ludwig II. einen bedenklichen Hang zu Schwül-Asiatischem gehabt und wahrscheinlich mehrmals Opium geraucht. Einige Dosen Chandoo gehörten zu seinem Nachlaß, doch süchtig war er wohl nicht.

Er war – um einen Hippieausdruck zu gebrauchen – „ausgeflippt" genug, seinen Träumen nicht mit Drogen nachhelfen zu müssen. Opium gehörte bei ihm nur zum stilvollen Dekor in stilvoller Umgebung und spielte in dem Ausstattungsstück von Hundingshütten, Venusgrotten, Ritterburgen, Barockschlössern und Gurnemanzklausen, Bärenfellen, Metbechern und Cheveauleger-Gardisten eher eine angemessene Nebenrolle.

Wirkliche Opium-„Salons" hatten natürlich mit prunkvollen Dekorationen nichts gemein und wurden daher auch „Höhlen" genannt. Ihre Beschreibungen sind seltener und knapper. In den Akten der Leipziger Polizei, die 1914 gleich ein Dutzend schloß, finden sich einige erschreckende Schilderungen, und natürlich fehlen sie nicht in Reisebeschreibungen aus Asien. Einen erschütternden Bericht gab Viollis in seinem Buch „Indochine S.O.S.", der dadurch auch politische Bedeutung errang, daß er 1945 von den vietnamesischen Nationalisten zitiert wurde:

„Betreten wir einige Opiumhütten, die von Kulis und Hafenarbeitern frequentiert werden. Das Tor öffnet sich zu einem langen Korridor; links vom Eingang ist ein Schalter, wo man die Droge kaufen kann. Für 50 Centimes bekommt man eine kleine Fünfgrammdose, aber für einige hundert bekommt man genug, um hier einige Tage high zu bleiben. Gleich hinter dem Eingang würgt ein schrecklicher Geruch von Verfall deine Kehle. Der Korridor biegt ab, biegt wieder ab und öffnet sich zu verschiedenen dunklen Räumen, wahren Labyrinthen, von kleinen Lampen trübgelb beleuchtet. In den schmutzverkrusteten Wänden sind lange Nischen. In jeder liegt ein Mensch wie ein Stein. Niemand bewegt sich, wenn wir durchgehen, nicht einmal ein wenig. Sie sind angeklebt an eine kleine Pfeife, deren Gurgeln allein die Stille bricht. Andere sind schrecklich unbeweglich, mit langsamen Bewegungen, die Beine ausgestreckt, Arme in der Luft, als wären sie totgeschlagen. In den Gesichtern fallen überweiße Zähne auf; die Augen glänzen schwarz, vergrößert, starren auf Gott weiß was; die Lider bewegen sich nicht, und auf den schlaffen Wangen liegt dieses vage, geheimnisvolle Lächeln des Todes. Es war ein grauenvoller Anblick, zwischen diesen Kadavern zu gehen."

Damit wollten die weißen Herrenmenschen nichts zu tun haben. Sie vergaben nur die Konzessionen dafür. Rauchten Europäer Opium, wurde es zelebriert wie Champagner, und in der Sammlung von Opiumpfeifen, die Jean Cocteau hütete, waren Porzellanköpfe von Meißen, Limoges, Sèvres und Wedgwood.

Noch immer gibt es in Asien zahllose Opiumbuden wie die beschriebene. Mit dem Aufkommen des Großtourismus wurden aber auch Etablissements im europäischen Geschmack eingerichtet, und am 8. April 1979 leistete sich „Die Welt am Sonntag" einen Hauch von Gründerzeit, als Herbert Kremp, ehemals Chefredakteur, sein – chemisch fortgeschrittenes – Abenteuer mit der Droge schilderte:

„... Die weißen Birnen über den Verkaufsbuden vertreiben die

Schatten. Nightmarket. Die Hilltribe-Leute haben endgültige Gesichter. Ich schau mich noch einmal um, hier muß es sein. Der Chinese hatte gesagt, er komme um zehn zu dem Stand, wo die langen, blauen Kleider hängen. Wir würden dann ins Hotel gehen, er habe das Zimmer bestellt und den Stoff dabei. Er tippte auf einen kleinen Lederbeutel. ‚Wenn du im Hotel bist, nimm es und lege dich hin.' Seine Hand berührt meine Fingernägel. ‚Wushi Baht.' Ich gab ihm die fünfzig Baht.

Im Foyer greift die Ahama, wie sich die Hausdame vorstellt, nach meiner Hand und zieht mich in einen Saal, der wie eine Kantine aussieht. Am ersten Tisch links sitzen zwölfjährige Freudenmädchen; kleine, fahlhäutige Kinder mit glänzenden schwarzen Augen wie Iltisse. Verkaufte Brut aus den Bergen. Die Ahama glaubt, ich sei interessiert, sie zupft mich am Ärmel. Der Chinese zischt ihr etwas ins Ohr. Sie lacht und steuert auf den Flur. Schummrig. Rumpelige Aircondition wirft Gerüche durcheinander. Lotos, schweres, billiges Make-up, süßliche Zitronenschale, Duft der Guihua, wie man sie in Hongkong findet. Das weht mich jetzt an, von warmen Körpern ventiliert.

Wir sind angelangt, ein Facettenauge. Spiegelwände dehnen den Raum in die Breite. Du siehst dich überall, stets von einer anderen Seite. In der Mitte ein riesiges rundes Bett. Knöpfe für den Radioempfänger und fünf Beleuchtungsarten am Kopf des Lagers, bequem zu erreichen. Zwei Freudenkinder kommen hereingeflattert. Die Ahama sagt etwas über ihre Vorzüge. Zähneblankes Lachen, ein schnelles Händchenringen. Der Chinese schüttelt den Kopf. Das Zwitschern verzieht sich. 120 Baht (12 Mark) für die Nacht, sagt die Ahama jetzt kurz. Ende der Werbung. Ich zahle und gebe dem Chinesen die restlichen 50 Baht. Türen fallen, allein. Vor mir ein Glas und das Päckchen mit weißem Pulver. Ich fliege davon."

Schwarze Romantik

Etliche Laufmeter Bücherregale ließen sich mühelos mit Literatur zu der Frage füllen, wieweit Drogen Kunstwerke entstehen ließen oder beeinflußten. Warum diese Frage nie schlüssig beantwortet werden konnte, hat einige ganz einfache Gründe. Zunächst schafft keine Droge eine eigene Welt, sondern nur – oder höchstens – eine neue „Zusammenschau" verschiedener Erfahrungen. Das haben Drogen mit Träumen gemeinsam und mit künstlerischer Phantasie, und damit ist die Rolle von Drogen im künstlerischen Schaffen von vornherein relativiert. Von Künstlern, die selbst mit Drogen experimentierten, ist in dieser Richtung wenig Verläßliches zu erfahren. Die Rolle der Droge im Schaffensprozeß wird über- oder untertrieben, je nachdem, ob die Wirkung angenehm war oder nicht, und nicht einmal der findigste Literaturpsychologe hat je die von Balzac so gerühmte Wirkung schwarzen Kaffees in seinen Schriften nachweisen können.

Bei halluzinogenen Drogen, beispielsweise Haschisch, wurde wiederholt versucht herauszufinden, wieweit „Phantasiemuster" existieren, die drogenspezifisch sind. Die meisten Wissenschaftler kamen zu dem Ergebnis, daß Halluzinogene nur vorhandene Phantasien unterstreichen, aber kein „Eigenleben" haben. Bei der unter Künstlern verbreitetsten Droge, dem Alkohol, lassen sich immerhin zwei Charakteristika ausmachen: Bei den meisten Künstlern dient er der Erholung vom schöpferischen Streß, stellt eine Art Urlaub vom Gestalten dar; bei schweren Alkoholikern bewirkt er eine Verdüsterung der Vorstellungswelt und eine Hinwendung zu „gespenstischen Themen". Die Erwartungshaltung an Alkohol entspricht damit der an Narkotika, und so gesehen ist kein Zufall, daß zu bestimmten Zeiten – sprich: Kunsttendenzen – erstaunlich viele Künstler zu Alkohol und Opiaten griffen bzw. auf Opiate „umstiegen".

Am interessantesten in dieser Hinsicht sind die „romantischen Bewegungen", die in der Kulturgeschichte meist im Umfeld von Kriegen auftauchen und deren Charakteristikum eine Müdigkeit an der etablierten Gegenwart ist. Ihr Blick zurück auf die Vergangenheit und „geistigen Ahnen" legt die Versuchung nahe, eine Art Generalogie der Drogenbeeinflussung anzunehmen, zumal die meisten dieser Gruppen Drogen provozierend gebrauchten, „um den Bürger zu erschrecken", also zu einer Überbetonung der Rolle von Drogen neigten.

Eine Untersuchung der Rolle von Drogen im künstlerischen Prozeß wird allerdings auch durch die Pietät der Nachwelt erschwert, die in vielen Fällen den Drogengebrauch von Künstlern heruntespielt. Ein typisches Beispiel dafür ist die Krankengeschichte Francisco Goyas. Bei seiner ersten schweren Erkrankung, die ihn das Gehör kostete, verordneten ihm die Ärzte Laudanum, was ganz normal war. Bis an sein Lebensende nahm der Künstler täglich diese Medizin, allerdings in einer Quantität, die durchaus auf Rauschwirkung und Abhängigkeit schließen läßt – Apothekerrechnungen, die aus verschiedenen Zeitperioden erhalten sind, ergeben einen Tagesverbrauch von etwa 600 Tropfen um 1805, später von 800, Mengen, die einen Nichtsüchtigen sofort unter die Erde bringen.

Kunsthistoriker führen die düstere Verzweiflung der Capriccios und der „Schwarzen Gemälde" auf Goyas Krankheiten und seine politischen Umständen entspringende Verbitterung zurück. Wahrscheinlich hat aber auch Opium seinen Anteil an der Verdunklung von Goyas Bildwelt, zumal Laudanum auch auf andere bildende Künstler depressiv wirkte. Vergleiche mit der Bildwelt anderer Opiatabhängiger wie Gericault, Delacroix, Munch und Ensor legen diesen Schluß nahe. Dagegen spricht nur, daß keiner der bekannten Süchtigen, also derer, die sich über ihre Sucht äußerten, in den Bildwelten dieser Künstler seine eigenen Phantasien gespiegelt sah.

Wenn es eine opiumrelevante Bildwelt gibt, wurde sie am vollkommensten von Giovanni Battista Piranesi dargestellt, und auf ihn berufen sich die meisten Opiomanen. 1750 und 1760 erschienen in zwei

Ausgaben die Radierungen mit dem Titel „Carceri d'inventione", Kerker der Einbildung. Die Carceri sollen Fieberphantasien wiedergeben, die der Künstler während einer Malariaerkrankung hatte. Zweifellos wird er Opium in Medizinform genommen haben, doch niemand ging je so weit, ihn als Süchtigen zu bezeichnen. Beide Fassungen der Carceri zeigen riesenhafte unterirdische Räume, in der zweiten sind durch zusätzliche Foltergeräte in Richtung Gefängnis die Linien betonter, und sie entsprechen bildlich den „versunkenen Tempeln" Baudelaires und Coleridges. Im Werk der meisten Dichter der Romantik tauchen eisige Welten des Schreckens auf, unterirdische Labyrinthe, und werden oft auf den Opiumkonsum der Autoren zurückgeführt. Eine Regel läßt sich daraus allerdings nicht ableiten – es gab wohl keinen Menschen in jener Zeit und erst recht keinen Künstler, der nicht irgendwie mit Opium in Berührung kam.

Ganz zu Beginn der Romantik stand der durch ständigen Geldmangel zum Vielschreiber gewordene Walter Scott. Noch im ausklingenden Rokoko schilderte er eine erfundene Ritterwelt so faszinierend, daß Europas Reiche ihre Architekten beauftragten, sie für allerhöchsten Freizeitgebrauch nachzubauen – im deutschen Sprachkreis sind die Löwenburg in Kassel und Laxenburg bei Wien die bekanntesten Beispiele. Von 1817 bis 1819 litt er an schweren neurovegetativen Störungen. So heftig waren die Magenkrämpfe, „daß ich im Bett wie ein Stierkalb brüllte", und sie dauerten bis zu zehn Stunden. Auf ärztliche Anordnung nahm er beträchtliche Mengen Laudanum, haßte allerdings dessen Wirkung, „da sie mich traurig und nachlässig machten". Im Frühling 1819 war sein Zustand so schlimm, daß er nur diktieren konnte, und seine Dosis Laudanum betrug 800 Tropfen pro Tag. In dieser Zeit entstand sein gespenstischer Roman, „Die Braut vom Lammermoor". Als Scott später das gedruckte Werk in die Hand bekam, konnte er sich an keine Zeile mehr erinnern und nicht einmal mehr an dessen Handlung.

Von Novalis, dem Inbegriff deutscher Romantik, ist bekannt, daß er mehr Laudanum nahm, als ihm guttat. Der Dichter selbst teilte diese Meinung seiner besorgten Verwandtschaft nicht. Einmal nur erwähnt er das Opiat als „unentbehrliches Schlafmittel", und ähnlich erscheint es in seinen „Hymnen an die Nacht".

Zu genau entgegengesetztem Zweck benutzte es E.T.A. Hoffmann – es sollte „die einschläfernde Wirkung des Alkohols" bekämpfen. Damit folgte er einer medizinischen Theorie, die aus vielen Alkoholikern auch Opiumsüchtige machte. Auf höchster Ebene wurde dieses zweifelhafte Verfahren an Georg IV. von England ausprobiert, gegen dessen Alkoholismus die Ärzte Laudanum verordneten. Die akademische Diskussion über die Frage, welche der beiden Drogen den königlichen Geist am meisten zerrüttet habe, füllt sechs Bände, ohne daß eine eindeutige Antwort gegeben ist. Bei Hoffmann, der schon während seiner Kapellmeistertätigkeit in Bamberg täglich 500 Tropfen Laudanum nahm, war die Todesursache zweifellos sein Suff. An seinen gespenstischen Geschichten werden wohl beide Drogen gleichen Anteil haben. Bei seinem Dichterkollegen Grabbe überwog da schon das Opium – gegen Ende seines Lebens nahm er mehr Laudanum als Alkohol, und das wüste Chaos seines Werkes ist wohl das Ergebnis der „Eifersucht der Räusche", wie er in einem hellen Augenblick noch formulierte.

Das prominenteste Opfer der Kombination von Alkohol und Opium ist allerdings Edgar Allan Poe. Auch hier sind Selbstzeugnisse sehr spärlich, und im übrigen ist auf sie wenig Verlaß, denn kaum ein Autor dürfte so viel über sich gelogen haben wie Poe. Einmal aber berichtet er auch selbst über Laudanum, bei seinem Selbstmordversuch während seiner verheerenden Liebesgeschichte mit Frau Whitman. Da schluckte er 31 Gramm Laudanum, „aber ich hatte nicht die Stärke kalkuliert und konnte so meinen Abschiedsbrief nicht mehr abschikken". Nach einigen „schrecklichen Stunden" voll drastischen Erbrechens war alles überstanden. Diese Affäre aus dem Jahr 1848 beweist, daß er „zwischen Alkohol und Opium pendelte" – sonst hätte er diese Dosis nicht überlebt. In seinen Geschichten tauchen immer wieder Opfer von Opium auf, und die Beschreibung der Droge läßt auf den Kenner schließen. Immerhin: ein Jahr später, am 7. Oktober 1849, starb Poe im Delirium tremens, noch nicht 41 Jahre alt.

Auf medizinische Ausreden verzichtete bereits eine kleine Clique distinguierter Engländer, die gegen Ende der Napoleonischen Kriege durch Europa bummelte und zu Recht von den Beatniks als Ahnherren akklamiert wurde. Allesamt waren sie durch Skandale in ihrer Heimat untragbar geworden, und ihre weiteren hielten sie auf Trab. Zu seiner Zeit war der bekannteste Lord Byron, von dem immerhin der Herr Geheimrat Goethe so beeindruckt war, daß er ihm als Euphorion im Faust ein Denkmal setzte, und dessen Laudanumkonsum wechselte. Von ihm lernte ein anderer Sohn aus gutem Hause die Droge kennen: Percy Shelley. Als er 19 war, brannte der Sohn eines reichen Lords mit einer Gastwirtstochter nach Gretna Green zwecks Heirat durch – doch das Glück hielt nicht lange – und im selben Jahr flog er auch von der Universität. 1814 reiste er, gerade 22, in die Schweiz zu Lord Byron, begleitet von einer Tochter aus gutem Haus, Mary Godwin. Zwei Jahre später heirateten die beiden; dafür kriselte die Ehe Byrons. Das Quartett wurde durch einen Arzt vervollständigt, der bei der Experimentierlust der Künstler wohl nötig war.

Literarisch waren sie allesamt sehr produktiv, und es ist erstaunlich, wie dabei das Interesse an Asien immer zunahm – diesmal Asien nicht als Exotik, sondern als „Kontinent der Verheißung" (Byron), „Ziel der freien Liebe" und „Rausch der Gefühle" (Shelley). Den Winter 1818 verbrachten die noch gemeinsam am Genfer See mit einem Wettbewerb in Gruselgeschichten, und dann trennten sich die Wege. Byron starb an Malaria in Griechenland, wo er beim Freiheitskampf als Gastarbeiter mitwirken wollte; Shelley ertrank in Italien, knapp 30 und „zu berauscht, um noch schwimmen zu können". Mary, die Dritte im

Bunde, schränkte ihren Opiumkonsum ein, nachdem ihre Schwester mit Laudanum Selbstmord verübt hatte. Ein vierter wurde durch Shelley ans Opium gebracht: Keats, sein Dichterkollege und Zimmergefährte an der Spanischen Treppe in Rom, war spätestens seit 1819 süchtig. Das literarische Werk der Gruppe ist heute Vorlesungsgegenstand. Überraschend überlebt hat allerdings ein Nebenprodukt, Marys Beitrag zu einem Gruselwettbewerb und unter dem Künstlernamen Wollstonecraft veröffentlicht: „Frankenstein".

Die verführten Verführer

„Dies ist die Lehre der wahren Kirche des Opium, als deren einziges Mitglied ich mich anerkenne", beginnt eines der berühmtesten Bücher über die Droge. Thomas de Quincey schrieb 1821 die Erstfassung der „Bekenntnisse eines Opiumessers". Geboren war er am 15. August 1785 in Manchester. Opium versuchte er erstmals mit 19, bei einem Ausflug, den er mit einem Studienkollegen aus Oxford nach London gemacht hatte. Er hatte unter Zahnschmerzen gelitten, und sein Freund empfahl ihm Laudanum. „Für weniger als einen Shilling erhielt ich von einem Apotheker in der Oxford-Street ein kleines braunes Fläschchen", und eine Stunde, nachdem er etwas davon zu sich genommen hatte, „spürte ich mit dem Nachlassen der Schmerzen gleichzeitig einen Erguß göttlichen Wohlbefindens". Thomas de Quincey hatte nach seinen eigenen Worten „den Zugang zum Paradies der Opiumesser" gefunden, „zu den himmlischen Freuden", „zu den tiefsten Tiefen des inneren Geistes", und das Paradies war gleichzeitig „feierlich, schattig, unterirdisch."

Zweifellos wußte de Quincey von Anfang an über die Suchtgefahr Bescheid. Über neun Jahre nahm er Opium höchstens einmal pro Woche, an Dienstagen oder Samstagen. Einmal nahm er auch Opium an einem Mittwoch, kurz nach seinem ersten Experiment, um seine Prüfungsangst zu betäuben. Nach seinen Angaben schaffte er so die Vorprüfung brillant, doch am Abend kam die Angst wieder, und in ziemlicher Panik floh er nach London, ohne sie je abzulegen.

In der ersten Zeit gebrauchte de Quincey das Rauschgift völlig atypisch: Unter Laudanum fühlte er sich am wohlsten in der Oper oder im Straßengedränge, und erst später suchte er wie fast alle vor und nach ihm die Einsamkeit. Seine Erinnerungen aus diesen Londoner Jahren berichten von langen, melancholischen Spaziergängen mit einer tuberkulösen Prostituierten, und der verkrachte Student machte durch kleinere schriftstellerische Arbeiten auf sich aufmerksam.

Durch sie geriet er an den Kreis der „Seedichter" um das Schriftsteller-Ehepaar Wordsworth. Auf ihrem ererbten Landgut Grasmere hatten sie in den verstreuten Häuschen eine Dichterkolonie gegründet. Dort bezog de Quincey 1809 Quartier, nur noch an Samstagen Opium nehmend. Drei Jahre später wurde die Idylle durch den Tod der kleinen Wordsworth-Tochter schwer erschüttert, und de Quincey nahm sich die Sache so zu Herzen, daß er ein Magenleiden bekam. Angeblich nur deshalb griff er ab 1813 täglich zu Laudanum, und in den nächsten drei Jahren brachte er es auf eine Menge von 8000 Tropfen pro Tag.

„Es ist für ihn eine Art Nahrungsmittel", schrieb ein Freund, „aber es hat noch nicht seine geistigen Kräfte angegriffen." Quincey renommierte öffentlich mit seiner Sucht, was ihm die herbe Kritik der Wordsworths eintrug, die bereits einen Freund an die Droge verloren hatten: Samuel Taylor Coleridge.

Noch ehe de Quincey seine „Kirche des Opium" proklamierte, hatte sie im Kreis der Seepoeten schon einen Märtyrer gefunden. Auch Coleridge war mit 19 das erstemal an Opium geraten, und auch er nahm es lange Zeit als Stimulans. Mit 25 schrieb er das berühmte Gedicht „Kubla Khan", dessen Entstehung er in der Druckausgabe von 1816 so schildert:

„Im Sommer 1797 hatte sich der Verfasser, der sich nicht wohl fühlte, auf einen einsamen Bauernhof... zurückgezogen... Aufgrund einer leichten Indisposition wurde ihm ein Anodyn (= Laudanum) verordnet. Er schlief daraufhin in seinem Sessel ein, während er in der ‚Pilgerfahrt' von Purchas folgenden Satz las, den ich hier sinngemäß wiedergebe: Hier ließ Kubla Khan ein Schloß bauen mit einem wunderbaren Garten. Zehntausend Quadrat fruchtbare Erde wurden von einer Mauer umschlossen.

Der Autor blieb vielleicht drei Stunden lang in tiefem Schlaf, und dabei war er fest überzeugt, nicht weniger als zwei- bis dreihundert Verse gedichtet zu haben, wenn man überhaupt einen Zustand dichten nennen kann, in dem die Bilder vor einem wie Objekte erscheinen und gleichzeitig auch die entsprechenden Ausdrücke ohne ein Gefühl oder ein Bewußtsein von Anstrengung hervorbringen. Bei seinem Erwachen glaubte er eine ferne Erinnerung an alles bewahrt zu haben, nahm Papier, Feder und Tinte und schrieb sofort voller Leidenschaft die Verse nieder, die man jetzt lesen wird. In diesem Augenblick wurde er unglücklicherweise aus seinem Zimmer gerufen, da jemand ihn geschäftlich sprechen wollte, was fast eine Stunde dauerte. In sein Zimmer zurückgekehrt, bemerkte er... daß, obwohl er eine vage und verwirrte Erinnerung des Hauptthemas seiner Vision behalten hatte, das übrige verschwunden war wie Bilder auf der Oberfläche eines Wassers, in das man einen Stein hineinwirft, aber ach, sie kamen nicht wie diese zurück."

Kaum ein Gedicht der Weltliteratur wurde intensiver studiert. Zu seinem Zauber gehört, daß es eine exotische Farbenpracht aufschießen läßt und doch nur zweimal ein Farbwort verwendet: grün und grünlich. Natürlich wurde immer wieder die Frage gestellt, wieweit in „Kubla Khan" der Einfluß der Droge zu spüren sei, wieweit die überreiche Landschaft, ihre Paläste, Kristallkuppeln, Grotten und Wasserläufe, wieweit Xanadu eine Blüte des Mohns ist. Hat wirklich Opium diesen Traum bewirkt, dann hätte es zumindest auf Coleridge eine Wirkung gehabt, die nur den Halluzinogenen Mescalin und LSD zugeschrieben wird. Der Traum „Kubla Khan" kommt wohl aus tieferen Tiefen als aus Drogen, aus einer Paradiesvorstellung, die mehr oder minder plastisch in jedem Menschen ruht und in manchen Träumen aufsteigt wie Venedig aus dem Wasser, nicht weniger künstlich und unglaublich. Zwischen der Lagunenstadt, die Coleridge damals höchstens von Stichen kannte, und seinem Xanadu bestehen frappierende Ähnlichkeiten, und wer je mit Drogen zu tun hatte, empfand Venedig stets als „Trip". Das Gemeinsame dieser wirklichen und der erfundenen Stadt, der Kuppelbauten aller Träume, dürfte ein Archetypus sein, der Traum vom Paradies, das – da auf Erden nicht existent – ein kunstvoll-künstliches sein muß.

Der Traumwelt des Opiums entspricht in viel stärkerem Maße das Gedicht „Der alte Matrose", das ein Jahr später entstand – eine gespenstische Ballade vom Stillstand der Zeit, von geisterhaftem Gejagtsein in einer Welt eisigen Schreckens. Der Untote spukte von nun an durch die Literatur, fand einen opernhaften Sohn in Wagners „Fliegendem Holländer" und einen – realeren – Enkel in Borcherts „Draußen vor der Tür". Eine ähnliche Verkörperung fand die Droge in der Ballade „Christabel". Auch hier eine Gestalt, die den Lebensgeist aussaugt und das Gefühl einfriert, „Leben im Tod" und ein Phantomschiff – Versatzstücke, die andere Autoren augenscheinlich als der Droge angemessen ansahen und oft direkt übernahmen wie Poe in seiner „Berenice", deren opiumsüchtiger Held dieselben Visionen hat. Das „wilde gelbe Haar" Christabels schimmert über Poes Berenice, lockt sich in der Urfassung von Keats „Ode an die Melancholie", leuchtet aus den „Hymnen an die Nacht" von Novalis, flattert in de Quinceys „Englischer Postkutsche" und eine überwältigende Beschreibung gibt auch Baudelaire mit seinem blonden, blassen Mädchen, dessen Kuß das Leben lähmt. Mit „Christabel" hat Coleridge zweifellos die faszinierendste Personifikation des Opiums geschaffen, eine verführerische Pandora.

„Christabel" ist bereits ein Fragment, und von nun an blieb alles weitere bei Coleridge Stückwerk. Wie später de Quincey wurde er erst nach neun Jahren süchtig, und die Sucht lähmte ihn.

Die Wordsworths erlebten ihn „halb gelähmt, verdummt, unfähig, irgendeine größere Arbeit zu vollenden". 1814 soll seine tägliche Dosis 20000 Tropfen Laudanum betragen haben, nach anderen Angaben mehr als einen Liter. Seine Qual beschrieb er schon 1803 in „Die Schmerzen des Schlafes", seinem letzten Gedicht, und über seine Gemütslage gibt ein Brief an einen Freund deutlich Auskunft: „Was soll ich tun? Es ist hart, so verwelkt zu sein, wenn man die Fähigkeiten hat, die ich habe, und nur das geleistet hat, was ich erbringen konnte".

Im April 1816 waren seine Depressionen so bedrohlich und sein Gesundheitsverfall so fortgeschritten, daß er sich freiwillig zu einem Doktor nach Highgate begab, der seine Dosis allmählich reduzierte.

Bei ihm blieb er die letzten 18 Jahre seines Lebens, immer wieder ausbrechend und sich heimlich große Mengen Laudanum besorgend. Er machte sich einen guten Namen als Literaturkritiker, und ein Londoner Kaffeehaus setzte ihm ein Gehalt aus, daß er allabendlich käme, um die Gäste mit seiner Konversation zu unterhalten. Das Feuer seiner dichterischen Begabung aber war endgültig erloschen.

Im gleichen Jahr, als sich Coleridge in ärztliche Aufsicht begab, versuchte auch de Quincey, seinen Laudanumverbrauch zu drosseln, aus Liebe zu Margaret Simpson, die ihm gerade einen Sohn geboren hatte und die er ein Jahr später auch ehelichte. Nachdem er es eineinhalb Jahre mit 1000 Tropfen täglich ausgehalten hatte, schnellte sein Verbrauch auf 12000 hoch. Die Beschreibung der Wirkung von solchen Riesendosen – die Lethargie, die schrecklichen Träume – schilderte er grandios im Kapitel „Die Qualen des Opium". Kaum bekannt ist eine Tagebuchnotiz jener Zeit: „Mit der Zeit bekam ich Angst vor dem Schlaf; ich schrak vor ihm zurück wie vor der wildesten Folter. Oft kämpfte ich mit meiner Müdigkeit und versuchte sie damit zu drosseln, daß ich Tag und Nacht im Sessel sitzenblieb. Oft legte ich mich nur während der Tageszeit nieder und versuchte die Phantome dadurch zu verjagen, daß ich meine Familie bat, um mich zu sitzen und sich zu unterhalten. So erhoffte ich einen Einfluß durch die Außenwelt auf die Schatten meiner Innenwelt..."

In den folgenden Jahren schwankte seine tägliche Dosis zwischen 1000 und 4000 Tropfen, etwas erhöht, während er die „Bekenntnisse eines englischen Opiumessers" schrieb. Ein Brief aus jener Zeit an seinen Verleger, der heute in der Wordsworth-Bibliothek in Grasmere liegt, erzählt von seinem Kampf gegen die Sucht und endet: „Ich muß Sie auch bitten, die Laudanumflecken auf dem Manuskript zu entschuldigen; ich hoffe, sie haben es nicht noch schwerer lesbar gemacht." Auch der Brief ist mit Tropfen Laudanum übersät.

Die „Bekenntnisse" in ihrer Ausgabe von 1821 erzählen von diesem Elend nahezu nichts. Sie wirken eher wie der Reisebericht eines Mannes, der gerade ein unbekanntes Land entdeckt hat und nun seinen Landsleuten schnell davon erzählen muß. Er hat sich keine Gedanken darüber gemacht, ob das Klima dort gesund ist oder das politische System human und gerecht – er ist viel zu fasziniert von der Fremdheit, dem Seltsamen des Gesehenen, und so trägt sein Bericht das Stigma von kritiklosem Enthusiasmus.

Als de Quincey 35 Jahre später die „Bekenntnisse" überarbeitete, veränderte er das Vorwort um einen entscheidenden Punkt: „Dies ist die Lehre der wahren Kirche des Opium, als deren – konsequenterweise unfehlbaren – Papst ich mich erkenne." Seine Kirche hatte nun ihre eigenen Paradiese, „himmlische Freuden", „selige Visionen" und „Altäre und Priester". Und der Papst dieser dunklen Kirche konnte schreiben: „Es gibt viele – und ihre Zahl wird mit Sicherheit kontinuierlich wachsen –, die ein unauslöschbares Interesse an den geheimnisvollen Kräften des Opium bekommen."

Damit hatte er nur allzu recht. Es gibt nahezu keinen Bericht über die Opiumsucht, keine Krankengeschichte, keinen Bericht von Süchtigen, wo nicht de Quinceys Buch erwähnt wird. In der propagandistischen Wirkung wurde de Quincey erst durch die Heiligen der Popmusik abgelöst. „Happyness is a warm gun", hieß ein Song der Beatles 1968, und damals wußte bereits jeder der „Scene", daß Gun eine Fixe ist, zu deutsch eine Einspritznadel. Das in unverschämt platter Werbesprache formulierte Lied wirkte weniger stimulierend als das bedrohlich-faszinierende „Heroin" der Velvet Underground, ebenfalls 1968. Hier wurde erstmals das „Feeling" musikalisch umgesetzt. Fragt man Süchtige, werden allerdings immer die Rolling Stones als die genannt, die das Interesse an dem Stoff erst richtig weckten. Nun gibt es von dieser Gruppe kein Lied, das für die Droge wirbt, hingegen von 1971 „Sister morphine", ein Lied vom Tod eines Fixers, und auch später immer nur „eher Warnungen".

Das Verlockende ist jedoch, daß für einen Einsamen auch eine mörderische „Schwester" eher Zärtlichkeit suggeriert, und damit stehen die Stones de Quincey in nichts nach. Auch er gibt vor, vor Opium warnen zu wollen. Daß gerade seine Warnungen verlockten, mag durchaus Absicht sein und in dem Trieb jedes Süchtigen liegen, sich selbst durch die Verführung anderer zu rechtfertigen oder – um bei de Quinceys religiöser Metaphorik zu bleiben – die eigene Schuld zu relativieren, zu erlösen.

Deshalb ist die zweite Fassung der „Bekenntnisse" soviel unerquicklicher zu lesen als die erste. De Quincey wußte genau, daß seine „Bekenntnisse" zu Opium verführten und versprach seinen Kritikern, „dies in einem bald zu veröffentlichenden Artikel richtigzustellen und solchen Mißverständnissen vorzubeugen."

Allerdings schrieb er diesen Artikel nicht, und später – als sich die Kritiken bereits böse bewahrheitet hatten – schrieb er nur: „Ich soll Opiumessen gelehrt haben? Habe ich Weintrinken gelehrt? Habe ich die Geheimnisse des Schlafens enthüllt? Habe ich die Unbeständigkeit des Gelächters eingeführt?" Wenn er über die Höllen des Opium schreibt, wählt er einen pharisäerhaften Tonfall, der sie unglaubwürdig erscheinen läßt, und nur wenige Süchtige haben sich darüber je ehrlich geäußert. Das kann man de Quincey schwer vorwerfen, das gehört zum Krankheitsbild des Süchtigen. Sein zweifelhaftes Verdienst ist jedoch, daß er Opium aus der Medizin gelöst hat und zu einem Rauschgift an sich machte. Von nun an hatte die Sucht nicht nur ihren Ursprung im bedenkenlosen Umgang mit einem Medikament, sondern im Bedürfnis nach künstlichen Paradiesen.

De Quincey war ein geachteter Vielschreiber seiner Zeit. Seine ständigen Schulden jagten ihn von einer Übersiedlung zur anderen, zwangen ihn aber auch dazu, seinen Laudanumkonsum immer wieder einzuschränken. Es entstanden meisterhafte Essays wie „Der Mord als eine schöne Kunst betrachtet" und großartige Bücher wie „Klosterheim", „Die englische Postkutsche" und „Erinnerungen an die Seedichter", was ihn endgültig die Freundschaft der Wordsworths kostete.

Zwischen 1833 und 1837 starben seine zwei Söhne und schließlich seine Frau. Von nun an nahm er enorme Mengen Laudanum, ab und an von verzweifelten Entziehungsversuchen unterbrochen. Wenn er schreibt, er habe sich nun auf 150 Tropfen pro Tag beschränkt, ist das offensichtlich eine Lüge – eine Haushaltsaufstellung von 1854 zeigt, daß er gleich viel Geld für Bücher, Haushalt und Laudanum ausgab. Selbst beim Essen stand der Laudanum-Dekantierer vor ihm zur ständigen Bedienung, auch wenn Gäste da waren. Beschreibungen aus seinen späten Jahren erzählen eine Idylle: der berühmte Autor am Kamin, Bücher und den Dekantierer vor sich. Doch de Quinceys Hirn war ausgebrannt – „Suspiria de profundis", Seufzer aus der Tiefe, die er als sein Hauptwerk betrachtete, blieben ein chaotischer Haufen wirrer Notizen.

Sein Ende immerhin war christlich, am 8. Dezember 1859. Die letzten Tage lag er im Delirium, von seiner Tochter gepflegt. Aus seinem Gestammel entnahm sie, daß er zu einem anderen Altar aufbrach als dem seiner Kirche, begleitet von weißgekleideten Kindern und eingeladen „zum großen Mahl Jesu Christi". Doch Scham und grausige Gestalten blockierten immer wieder seinen Weg, und sein letztes Gemurmel verriet nicht, ob er den Altar auch erreichte.

„Göttliches Opium"

Quai d'Anjou No. 17 fällt unter den Häusern der Ile Saint-Louis nicht sonderlich auf – eine strenge Fassade aus dem Jahr 1656 mit einem schönen Schmiedeeisenbalkon, trotz dieses Schnörkels verschlossen wirkend, in sich gekehrt wie das Leben auf der Insel, deren Bewohner sich stolz „Insulaner" nennen und nur geziert widerstrebend „nach Paris hinüber" gehen. Man muß sich vorstellen, an einem eiskalten Winterabend durch die Einfahrt zu laufen. Ist man dem kalten Wind entronnen, der zum Januar an der Nordseite der Insel gehört, ist ein kleiner Hof zu durchqueren, in dessen Ecken ständig Dämmerung herrscht. Am Fuß der Treppe hockt eine ägyptische Sphinx. Im ersten Geschoß ist außer der Tür noch ein schwerer Samtvorhang zu öffnen. Dahinter warten wandgroße Spiegel, halb blind, blätterndes Gold an den Rahmen. Aus den Gewölben winden sich Allegorien; über die Sofas sind Kelims geworfen; auf den Tischen Platten aus Limoges-Email, Batterien venezianischer Gläser und japanische Porzellanschälchen mit grünlicher Haschischpaste, außerdem natürlich jede Menge Opiumpfeifen.

Man muß sich vorstellen: den Hausherrn, Fernand Boissard de Boisdenier, 27, Maler. Zu seinem Glück muß er nicht von der Kunst leben, da ihm seine Eltern mehr als ein beachtliches Vermögen hinterließen.

Boissard hatte beinahe jeden Abend Gäste, und im November 1845 schrieb er an seinen Freund Theophile Gautier folgende Einladung: „Am kommenden Montagabend gibt es bei mir Haschisch unter der Leitung (der Ärzte) Moreau und Roche. Willst Du mitmachen? Du wirst an einem bescheidenen Abendessen teilnehmen und die Halluzinationen abwarten. Du kannst auch den Spießer mitbringen, den Du spritzen wolltest — da man auch sonst Unbekannte zu mir mitbringt, kommt es auf einen mehr oder weniger nicht an. Ich muß es nur vorher wissen, damit ich entsprechend viel Futter bestellen kann..."

Gautier war zum Zeitpunkt dieser Einladung 34 und ein ziemlich häufiger Gast. Sein Interesse galt allerdings weniger den Drogen als ihrer literarischen Verwertbarkeit. Mit „Les Club des Haschischins" setzte er der Bohèmerunde in dem zugigen Palais sein Denkmal, mit dem sie Legende wurde. Und weil sich das Buch der angekündigten Sensationen wegen so gut verkaufte, schoß er auch noch schnell „Die Opiumpfeife" nach. Beide Bücher sind herzlich unergiebig — die Visionen, mit denen sie locken, sind dem Markt zuliebe schick aufgeputzt, eindeutig als Konstruktionen erkennbar. Ein beschriebenes Bild nur könnte er tatsächlich erlebt haben: einen Blick auf den Plafond, der allmählich blau wird, tiefblau und dann transparent, so daß Gautier zunächst das Balkenwerk sieht und dann den Nachthimmel, aus dem spiralförmig weiße Flöckchen tanzen. Auch bei de Quincey findet sich „eine Prozession weißer Baumwoll-Wölkchen". Gautiers Bild allerdings verliert sich in einer etwas banalen Winterreise. „Der wahre Literat braucht nur seine natürlichen Träume", schließt Gautier. „Er mag nicht, daß sein Denken durch irgendein Mittel beeinflußt wird." Seine Bedeutung erlangte er auch nicht durch diese beiden Bücher, sondern durch seine Forderung nach einer „nicht für politische oder humanitäre Zwecke mißbrauchbaren" Kunst, nach „l'art pour l'art". Diese Forderung paßte nicht nur allen Formspielern und Zweckfrei-Bastlern aller Kulturdisziplinen, sondern durchaus und stets auch allen Machthabern, war damit doch endlich die Ideologie sozialer Verantwortungslosigkeit der Kultur begründet. Wie aktuell Gautier damit heute noch ist, beweist unsere staatliche Kulturpolitik, die „engagierte Kunst" — aus leicht begreiflichen Gründen und mit Gautiers Argumenten — stets als zweitrangig und „künstlerisch weniger wertvoll" behandelt, ausgehend von der These anno 1945, abstrakte Kunst sei „frei und westlich". Wieweit Gautiers asoziale Kunstthesen mit der ebenfalls asozial machenden Wirkung von Opium zusammenhängen, wurde nie untersucht.

Es war natürlich Neugier, die sie zu den Parties in das Palais auf der Insel trieb: den Maler Meissonier, der sich Wunder von Halluzinationen erwartete, aber nur symmetrische Formen sah. „Es war wie in einem Garten von Le Notre, zu meiner Enttäuschung. Unter solchen Umständen kann ich wirklich keine Inspiration haben". Auch Daumier kam vorbei, versuchte vorsichtig alles und zeichnete dann seine „Haschischraucher". Vorsichtiger war Balzac, der nichts anrührte aus

Angst, seine Kontrolle zu verlieren. Kaum ein Name, der später berühmt wurde, fehlt in den Gästelisten, deren Gros allerdings Künstler bilden, die bald mühelos vergessen wurden.

Wir könnten die abenteuerlustige Clique von Bohemiens getrost vergessen, hätte sie nicht auch ein tragisches Opfer gefordert, Charles Baudelaire, den Jüngsten der Runde. 1849 fand der Club des Haschischins sein ganz natürliches Ende: Der Hauseigentümer ließ das Palais renovieren und setzte das Künstlervolk auf die Straße. Manche erinnerten sich dieser Jahre noch später, sie ebenso verlogen vergoldend wie Bürger ihre Jugendstreiche, und mehr war da nicht. Baudelaire aber kam von den künstlichen Paradiesen nicht mehr los.

„Die künstlichen Paradiese" sind neben de Quinceys „Bekenntnissen" der zweite Höhepunkt der Drogenliteratur, vor allem durch die sehr subtile Beschreibung von Haschisch, die den ersten Teil des Werkes bildet. Der zweite Teil, der sich mit Opium befaßt, ist eher eine Zitatensammlung aus den „Bekenntnissen" und „Suspiria" de Quinceys, noch dazu eine irreleitende, da viele Bemerkungen des Briten dastehen, als wären sie Baudelaires eigene Erfahrungen. Einige eigene Erlebnisse, Visionen schimmern zwischendurch hervor, aber Baudelaire war offensichtlich der Ansicht, de Quincey habe das Thema Opium bereits umfassend erschöpft. Warum er diesen Teil seines Buches nicht als Übersetzung de Quinceys bezeichnete, hat einen ökonomischen Grund: Es war bereits eine erschienen, und zwar von Alfred de Musset.

Dabei hatte Baudelaire durchaus mehr Erfahrungen mit Opium als mit Haschisch, und sein Fall wird immer wieder zitiert, um die These zu belegen, Hanf sei nur eine „Umsteigedroge" zu Opiaten. Der Schlüssel für seine Leidenschaft zu Opium liegt allerdings in seiner Biographie. Sein Vater starb früh, und seine Mutter ehelichte sehr bald darauf einen General, den der Stiefsohn haßte. Als Baudelaire mit 19 an der Sorbonne zu studieren anfing, nahm er bereits Opium. Haschisch lernte er mit 24 kennen, nach seinem Selbstmordversuch. Die Droge konnte ihn, den Hypernervösen, nicht reizen, besser gesagt: sie überreizte ihn noch mehr, und „gegen die verwirrende Wildheit" des Haschisch suchte er Schutz beim „sanften Verführer" Opium.

Manchmal sind die Bilder vom Haschischrausch von Opiumträumen kaum auseinanderzuhalten, und das von Ernst Fischer übersetzte Sonett berichtet beide Welten:

> Ich wohnte lange Zeit in hohen Bogenhallen;
> Des Meeres Sonne sie mit Feuer übergoß,
> Und Säulen stiegen auf, die prachtgewohnt und groß
> Als Grotten aus Basalt des Abends sich gefallen.
>
> Der Himmel Widerschein im Brandungsspiel zerfloß;
> Es mischte feierlich sein dunkles Wallen
> Allmächtige Musik, darin sich Klänge ballen
> Im späten Farbenspiel, das auch mein Aug genoß.

> Dort lebt ich glücklich einst mit Feuden nur umfangen,
> Von leuchtendem Azur und Wolkenglanz umblaut,
> Wo nackte Sklaven mir, mit duftgetränkter Haut,
>
> Zu kühlen meine Stirn, die Palmenfächer schwangen,
> Und ihre Sorge galt von früh bis spät allein
> Dem unbegreiflichen Geheimnis meiner Pein.

Das Geheimnis seiner Pein lüftet Baudelaire selbst in seinem Gedicht „Gift" von 1857:

> Das Opium macht weit, was längst schon ohne Grenzen,
> Dehnt noch die Unendlichkeit,
> Ergründet alle Lust, vertieft den Schlund der Zeit;
> Kranker Wonnen schwarzes Glänzen
> Erfüllt die Seele ganz mit seiner Dunkelheit.

Um diese Zeit nahm er mit Sicherheit nicht mehr Haschisch, sondern nur noch Opium. Seine Verwandtschaft hatte ihn entmündigen lassen, überall folgten ihm Gläubiger, und eine lange schon erworbene Syphilis ging allmählich ins Stadium der Sklerose über. Er berichtet auch einen Traum von einer erschreckenden, hieroglyphischen Landschaft aus Marmor, Metall und Wasser, bewegt, aber still und leblos, ähnlich den versunkenen Tempeln de Quinceys. Und wie dieser, sein Vorbild, wurde auch Baudelaire gegen Ende seines Lebens christlich-katholisch. Bereits von seinen „künstlichen Paradiesen" meinte Gustave Flaubert, der sich mit Drogen selbst ganz gut auskannte: „Hier und da riecht das nach katholischem Sauerteig." Kurz darauf fand der Poet maudit endgültig seinen Frieden in den Armen der Kirche.

In der deutschen Literatur läßt sich die Spur der Droge weniger deutlich verfolgen. Ein Grund dafür ist, daß Rauschmittel in der protestantischen Tradition sündhaft sind und daher die Sucht möglichst verheimlicht wird. Ein typisches Beispiel dafür ist Gustav Theodor Fechner (1801–1887), der schon mit 33 Jahren Professor der Physik an der Universität Leipzig wurde. Mit 39 erkrankte er an einem schweren Nervenleiden, währenddessen er zeitweise sogar erblindet war und gegen das er Laudanum nahm. Nach seiner Genesung veröffentlichte er seltsam schwärmerische Werke. „Das Seelenleben der Pflanzen" mag von seinem englischen Kollegen Erasmus Darwin inspiriert sein, der de Quincey so faszinierte. Weiter gehen schon seine Bemühungen, auf empirisch-experimenteller Grundlage „die Beziehungen zwischen Leib und Seele" in mathematisch-exakte Form zu kleiden, die zum Versuch führten, ein „Seelenmaß" festzuschreiben. Wir würden nichts über die Hintergründe seines seltsamen Spintisierertums wissen, hätte er nicht auch ein Gedicht hinterlassen, das wohl das ergreifendste deutscher Sprache über die Droge ist:

Pflücket den Veilchenstrauß, die ihr den Mai ersehnt,
Die ihr geliebt euch wißt, schmückt euch mit Rosenpracht.
Aber des Unglücks Sohn, der nichts sich wünscht als Vergessen,
Wähle den Mohn sich zum Labsal!

Wenn ihn die lange Nacht quälet mit bitterem Schmerz,
Wenn er sich schlaflos wälzt, stöhnend im Folterbett,
Da lang alles entschlief und der Zeiger der pickenden Wanduhr
Stocket im schläfrigen Kreislauf –

O, wie segnet er dich, der Gequälten Trost,
Den heilkundig ein Freund in des Vergessens Trank
Darreicht, wenn ihm das Leid an dem brennenden Auge sich schließet,

Und die beglückende Gottheit
Naht auf dem Wagenthron, den ein Eulenpaar
Ohne Geräusch bewegt! Träufle, o träufle ihm
Huldvoll perlenden Tau, daß die schmachtende Seele sich labe.
Herrlicher König der Traumwelt!

Zaubre die Jugend vor seinen entzückten Geist,
Laß ihn noch einmal schaun glücklicher Tage Glanz,
Mailuft hauch ihm gelind in die schmerzverdunkelte Seele,
Hoffnung der besseren Zukunft!

4. Technischer Fortschritt

Morphin

Zwischen jenen drei Ländern, die in der modernen Kulturgeschichte des Opiums die Hauptrollen spielen, scheint eine Art Arbeitsteilung zu herrschen: In England wurden schon sehr früh die Suchtwirkungen studiert und die zahlreichen Fälle zu hervorragenden Sammlungen zusammengetragen; in Frankreich galt das Hauptinteresse der Auswirkung von Drogen im Kulturbetrieb; in Deutschland aber befaßte man sich mehr mit der „Droge an sich".

Über die Sucht gab es in deutscher Sprache bis 1879 keine einzige Untersuchung, keine Studie, nicht einmal einen kleinen Aufsatz in medizinischen Fachblättern. Daher nehmen neuere Autoren der deutschen Sprache nur allzugern an, Opium habe in Deutschland keine Tradition gehabt. Dagegen spricht nicht nur der Opiumverbrauch, der mühelos aus alten Rechnungsbüchern von Apotheken festgestellt werden kann und der sogar um ein geringes höher lag als in Frankreich und den angelsächsischen Ländern, sondern auch, daß viele Fortschritte in der Chemie auf dem Gebiet der synthetischen Herstellung von Opium in Deutschland erzielt wurden.

Auf dem Marktplatz der katholischen Bastion Paderborn wurde 1921 an einem spätbarocken Ladenhaus gegenüber dem Dom eine Gedenktafel enthüllt: „In diesem Hause entdeckte 1803 Fr. W. Adam Sertürner das Morphium." Vorhergegangen war dem Ereignis ein gut 100 Jahre währender Streit, ob die Entdeckung nicht ebenso zweifelhaft sei wie die des Schießpulvers durch Berthold Schwarz, denn anno 1803 wurde Morphium gleich zweimal entdeckt.

Die Erforschung des Opiums lag gewissermaßen in der Luft. Zu ungleich war die Wirkung verschiedener Opiumsorten, daß nicht überall großes Interesse bestanden hätte, ihre Wirkstoffe zu analysieren, und spätestens seit 1800 arbeiteten in nahezu allen Ländern Europas Gelehrte auf diesem komplizierten Gebiet.

Das bemerkenswerteste Ergebnis erzielte der französische Chemiker Louis-Charles Derosne. Er stellte 1803 einen alkoholischen Extrakt von Opium her, aus dem er durch mehrfache Waschungen ein Salz gewann. Spätere Untersuchungen wiesen es als ein Gemisch verschiedener Opium-Alkaloide aus, vor allem von Narkotin und Morphium. Dieses „Sel de Derosne" wurde sofort auch in Deutschland ein ausgesprochener Verkaufsschlager, denn es genoß nicht nur das Prestige seiner französischen Herkunft, sondern galt auch als harmloser Opiumersatz. Ein Jahr später hielt Napoleons Armeechemiker Seguin einen Vortrag in der Akademie der Wissenschaften über „eine Mohnsäure", die er als farblose Kristalle beschrieb; doch er veröffentlichte seine Forschungen erst 1814, und da war es bereits zu spät.

Mittlerweile nämlich hatte Friedrich Wilhelm Sertürner als krasser Außenseiter das Rennen gemacht. Sein Vater war Ingenieur in der österreichischen Armee gewesen, bis ihn 1768 der Bischof von Paderborn als Bauinspektor einsetzte und ihm ein bescheidenes Häuschen in Neuhaus als Dienstwohnung zuteilte. Ein Jahr später nahm er ein Mädchen aus bescheidener Familie zur Frau, und am 19. Juni 1783 meldete das Kirchbuch von Neuhaus, daß dem Paar nach drei Töchtern endlich ein Sohn geboren wurde: Fridericus Wilhelmus Adamus Ferdinandus Serdünner, später korrigiert zu Sertürner. Wie bei allen ersten Söhnen seines Personals fungierte Bischof Friedrich Wilhelm als Taufpate, allerdings vertreten durch den Dorfkaplan Adam Crux, und das erklärt die Girlande der Vornamen.

Eigentlich hätte der Junge den Beruf des Vaters ergreifen sollen, doch dieser starb schon 1798, und so trat Friedrich Wilhelm zu Michelis 1799 in die Lehre beim fürstbischöflichen Hofapotheker Cramer. Vier Jahre später bekam er sein Gehilfenzeugnis. „Durch Ordnung und Treue erwarb er sich meine Zufriedenheit und durch seine gesammelten Kenntnisse meine Achtung", schrieb ihm der Lehrherr, und der Prüfer fügte hinzu, daß er sich „von dieses jungen hoffnungsvollen Mannes trefflichen Kenntnissen so vollkommen überzeugt habe, daß ihm als einem brauchbaren, sehr tüchtigen Apotheker die Geschäfte der Apotheke anvertraut werden können."

Um diese Zeit hatte der 20jährige schon das Morphin entdeckt. Er experimentierte mit wäßrigen Auszügen von Opium und in 57 Versuchen analysierte er schrittweise die einzelnen Opiumbestandteile. Schließlich gelangte er zu folgendem Verfahren: Trockenes Opium wird mit destilliertem Wasser so lange heiß digeriert, bis alle Farbstoffe ausgeschieden sind. Dann wird diese Lösung eingedampft, wieder mit Wasser verdünnt und heiß mit Ammoniak übersättigt. Dabei fallen kristallinische Körper aus, die der junge Forscher als „schlafmachendes Prinzip" des Opium bezeichnete und später nach dem Schlafgott Morpheus Morphium nannte.

Zunächst streute er etwas von dieser Substanz auf ein Brot und gab es einem Hund zu fressen, der sich vor der Apotheke herumtrieb, und notierte das Ergebnis: „Nach Zufuhr des Stoffes stellten sich alsbald Schlaf und später Erbrechen ein. Bei erneuter Aufnahme wurde alles erbrochen; doch die Neigung zum Schlafe hielt mehrere Stunden an. Also ist dieser Körper der eigentliche betäubende Grundstoff des Opiums." Weniger Glück hatte der Hund eines Nachbarn, mit dem Sertürner das Experiment wiederholte – das Tier „taumelt schlafsüchtig und stirbt schließlich".

Auch Gegenversuche wurden unternommen. Nachdem er seine Kristalle gewonnen hatte, verfütterte Sertürner die Rückstände an ein kleines Hündchen und ließ die austretenden Gase von einer Maus einatmen. In beiden Fällen zeigte sich keine Wirkung, und deshalb glaubte Sertürner nun „mit Gewißheit schließen zu können, daß die große Reizbarkeit des Opiums nicht von Harz- oder Extraktivteilen, sondern von diesem besonderen kristallisierbaren Körper herzuleiten ist".

Die Sprache der frühen Chemie hat etwas Rührendes. Doch damals wurden die Grundlagen für die Gegenwart geschaffen, und die Forscher bedienten sich all der Ausdrücke und auch noch des philosophischen Weltbildes, das über die Alchimie aus der Antike überkommen war. Sertürners Versuche, das erste pflanzliche Alkaloid zu entdecken, sind ebenso vom Zufall geprägt wie die Abenteuer des Columbus, der ja nur anhand des Behaimschen „Erdäpfelchens" einen kurzen Seeweg nach Indien finden wollte. Bedenklich erscheint allerdings, was Sertürner als nächstes unternahm:

„Um meine früheren Versuche streng zu prüfen, bewog ich drei Personen, von denen keine über 17 Jahre alt war, zugleich mit mir Morphium einzunehmen; gewarnt durch die damaligen Wirkungen, gab ich aber einer jeden nur 1/2 Gran in 1/2 Drachme Alkohol aufgelöst, und mit einigen Unzen Wasser verdünnt. Eine allgemeine Röthe, welche sogar in den Augen sichtbar war, überzog das Gesicht, vorzüglich die Wangen, und die Lebensthätigkeit schien im Allgemeinen gesteigert. Als nach 1/2 Stunde abermals 1/2 Gran Morphium genommen wurde, erhöhte sich dieser Zustand merklich, wobei eine vorübergehende Neigung zum Erbrechen und ein dumpfer Schmerz im Kopfe mit Betäubung empfunden wurde. Ohne daß wir den vielleicht schon sehr übeln Erfolg abwarteten, wurde von uns nach 1/4 Stunde noch 1/2 Gran Morphium als grobes Pulver unaufgelöst, mit 10 Tropfen Alkohol und 1/2 Unze Wasser verschluckt."

Damit hatten Sertürner und seine jugendlichen Freunde fast ein zehntel Gramm Morphin zu sich genommen, genau das Dreifache der heute in der Medizin geltenden Maximaldosis.

„Der Erfolg war bei den drei jungen Männern schnell und im höchsten Grade entschieden. Er zeigte sich durch Schmerz in der Magengegend; Ermattung und starke an Ohnmacht gränzende Betäubung. Auch ich hatte dasselbe Schicksal; liegend gerieth ich in einen traumartigen Zustand, und empfand in den Extremitäten, besonders den Armen, ein geringes Zucken, das gleichsam die Pulsschläge begleitete."

„Diese merklichen Symptome einer wirklichen Vergiftung, besonders der hinfällige Zustand der drei jungen Männer flößte mir eine solche Besorgniß ein, daß ich halb bewußtlos über eine Viertelbouteille starken Essig zu mir nahm, und auch die übrigen dies thun ließ. Hiernach erfolgte ein so heftiges Erbrechen, daß einige Stunden darauf einer von äußerst zarter Constitution, dessen Magen bereits ganz ausgeleert war, sich fortdauernd in einem höchst schmerzhaften, sehr bedenklichen Würgen befand. Es schien mir, daß der Essig dem Morphium diese heftige, nicht aufhörende, brechenerregende Eigenschaft ertheilt habe. In dieser Voraussetzung gab ich ihm kohlensaure Magnesia ein, welcher sogleich das Erbrechen wich. Die Nacht ging unter starkem Schlaf vorüber. Gegen Morgen stellte sich zwar das Erbrechen wieder ein, es hörte aber nach einer starken Portion Magnesia sogleich auf. Mangel an Leibesöffnung und Eßlust, Betäubung, Schmerzen in dem Kopfe und Leibe verloren sich erst nach einigen Tagen. Nach dieser wirklich höchst unangenehmen eigenen Erfahrung zu urtheilen, wirkt das Morphium schon in kleinen Gaben als ein heftiges Gift."*

Zwei Jahre später, 1805, veröffentlichte Sertürner seine Entdeckung als Leserbrief im Leipziger „Journal der Pharmacie", doch wurde dieser nicht sehr ernst genommen. Weitere Artikel folgten 1806, 1811 und 1817. Dabei machte er sich in Zusammenhang mit Opium durchaus patriotische Gedanken:

„Ich sehe es nicht ein, warum man bey der gegenwärtigen commerciellen Lage des Continents nicht darauf bedacht ist, das Opium einigermaßen zu ersetzen, und sich des aus dem wässrigen Mohnextracte bereiteten Alkoholauszugs in größeren Gaben zu bedienen, besonders da durch den Anbau des Mohns auch zugleich das Olivenöl zum Theil ersetzt wird, und das Extract der reifen Mohnkapseln eben so wirksam, als das der unreifen ist."

Ein andermal beklagte er sich bitter über den „undeutschen Sinn, der in vielen unserer litterarischen Untersuchungen vorwaltet" und der seine Entdeckungen so wenig würdigte. Immerhin ernannte ihn im März 1817 die „Sozietät für die gesamte Mineralogie in Jena" zum „auswärtigen ordentlichen Mitgliede", eine beträchtliche Ehre, trug doch die Urkunde die Unterschrift des Vorsitzenden Goethe. Der mächtige Herr Geheimrat wird auch bewirkt haben, daß dem Apotheker im Juni desselben Jahres die Ehrendoktorwürde der Universität Jena verliehen wurde.

Zu jener Zeit lebte Sertürner bereits seit elf Jahren in Einbeck, wo er als Gehilfe des Ratsapothekers begonnen hatte, bald aber durch Sondererlaubnis – er besaß ja keine akademische Ausbildung – eine zweite Apotheke eröffnen durfte. Sein betonter Patriotismus dürfte allerdings einen „commerciellen" Grund gehabt haben: Da er sein Apothekerpatent während der „Franzosenzeit" erhielt, warfen ihm seine Kollegen vor, ein Kollaborateur gewesen zu sein. Sein Konkurrent Hirsch ging noch einen Schritt weiter mit der Behauptung, Sertürner verordne Opiate in einer nicht vertretbaren Weise. Daß er damit zumindest zu beachtlichem Vermögen kam, beweist sein Angebot von 15700 Talern für die Apotheke von Nordhausen, wohin er sich zurückzuziehen gedachte. 1819 verlor er seine Einbecker Konzession endgültig. Ein Jahr später konnte er sich in die Ratsapotheke von Hameln einkaufen und gründete eine Familie.

Zweifellos war Sertürner mehr Gelehrter als Apotheker. 1820 und 1822 erschienen zwei Bände „System der chemischen Physik", und kurz darauf schuf er sich mit den „Annalen für das Universalsystem

* Krömecke, F.: Friedrich Wilhelm Sertürner, Jena 1925

der Elemente" seine eigene Zeitschrift. In ihr stritt er hauptsächlich für seine Hypothese, die meisten Krankheiten entstünden durch übermäßige Säureproduktion im kranken Körper und seien durch reichliche Zufuhr erdig-alkalischer Mittel zu heilen. Daß er, von dieser bizarren Theorie abgesehen, mit seinen Vermutungen den Tatsachen oft verblüffend nahekam, bezeugt ein Aufsatz aus dem Jahre 1831, als die Cholera erstmals in Deutschland wütete. Er betrachtet den Choleraerreger als „ein giftiges, belebtes, also sich selbst fortpflanzendes oder erzeugendes Wesen", lange noch ehe die ersten Bakterien und Bazillen entdeckt wurden.

Seine Zeitgenossen nahmen ihn nicht sehr ernst. Über den mangelnden Patriotismus in Deutschland klagt er noch einmal 1838, daß man nämlich seine Arbeiten „entweder unbeachtet lässet oder, so sie erwähnt werden, ihren Autor mit beißendem Spott und mit Hohn übergießt". Tatsächlich kam seine wichtigste Anerkennung aus Frankreich, wo man weniger patriotisch war und den Deutschen als den wahren Entdecker des Morphins anerkannte. 1831 überwies ihm dafür das „Institut de France" 2000 Francs in Gold.

Es dauerte lange, bis Sertürner auch in Deutschland gewürdigt wurde, und als es endlich soweit war, geschah es auf deutsche Weise: kritiklos. Er wurde in den Olymp des Volkes der Dichter und Denker aufgenommen, besser gesagt in ein Walhall, und so der Erde entrückt, daß es nahezu unmöglich ist, hinter dem Werk noch den Menschen aufzuspüren. Niemand hat sich bislang über das außergewöhnliche Interesse gewundert, das schon ein 20jähriger Apothekergehilfe ausgerechnet dem Opium entgegenbrachte, niemand hat sich je gefragt, wie sich Sertürners Erfindung auf ihren Urheber auswirkte.

Zweifellos war Sertürner selbst süchtig. Was an Privatem bekannt wurde, fügt sich lückenlos zu dem Bild, das Ärzte vom Morphinismus zeichnen. Er war ein selten genialer Kopf, Autodidakt und Bastler auf allen Gebieten. Er konstruierte neue Gewehrtypen und entwarf weittragende Geschosse, experimentierte mit Alkalimetallen, entwickelte eine Äthertheorie, die erst 50 Jahre später bestätigt wurde, und immer und überall eilten seine wissenschaftlichen Schritte schnurstracks in das luftige Land reiner Spekulation. Das irdische Gegengewicht war eine stete Verbitterung, die sich gelegentlich in wüsten Polemiken äußerte und allmählich deutliche Anzeichen von Verfolgungswahn annahm. Wieviel Morphin er während seiner letzten Jahre zu sich nahm, ist nicht überprüfbar. Ein befreundeter Arzt notierte, es seien beträchtliche Mengen gewesen.

In seinen letzten Jahren litt er an „sukzessiv. aggravierter hypochondrischer Gemütsstimmung und unverkennbarer stiller Seelenstörung", verschärft durch Gicht. Nach „vielfach angewandten pharmazeutischen Heilversuchen" – was konnte man anderes verordnen als wiederum Opiate? – unternahm Sertürner 1839 eine Kur in Wiesbaden. Von da an war er weitgehend arbeitsunfähig. Anfang Februar 1841 erkrankte er plötzlich an „Phantasien", die auch starken Opiumgaben nicht weichen wollten. Am 20. Februar war alles vorbei, und der Arzt vermutete, es habe sich „um einen Erguß von Wasser in die Höhle des Rückenmarkes und um eine Infiltration von Wasser ins Gehirn" gehandelt.

1846 nannte der deutsche Apothekerverein sein Jahr nach Sertürner. 1917 wurde ihm ein „würdiges Grabmal" errichtet. Nach dem Ersten Weltkrieg wurden in Paderborn, Einbeck und Hameln Gedenktafeln und Denkmäler enthüllt, und seither gibt es die Sertürner-Medaille für Erfindungen von Apothekern. In einer Festschrift schrieb 1925 der Leiter der Universitätsklinik Münster, der Geheime Medizinalrat Prof. Dr. Paul Krause: „Ohne Morphium möchte ich kein Arzt sein. Es ist der Freund, welcher in der Hand des kundigen Arztes Schmerzen nimmt und dort, wo es Not tut, Euthanasie schafft. Ungezählten Millionen Menschen hat es in allen Erdteilen, bei allen Völkern geholfen und hilft noch täglich."

Zweifellos kann man Sertürner nicht dafür verantwortlich machen, daß seine Entdeckung auch eine dunkle Seite hat. Er selbst bezahlte wahrscheinlich ihren Preis, und in Festschriften ist es unangemessen, darauf hinzuweisen, daß sich Segen und Fluch des Morphins wohl die Waage halten. So bleibt über ihn wohl nur zu sagen, was sein Geburtsort Neuhaus 1921 auf Notgeldscheine druckte, die sein verfallenes Geburtshaus zeigen:

„Deine Hütte zerfallen, dein Grab verweht,
Dein Werk wird bleiben, solange die Erde steht."

Die gedopten Krieger II.

Der Fortschrittsglaube war für das 19. Jahrhundert eine ähnlich mächtige Religion wie der Wachstumsglaube für unseres, hatte aber eine real nachprüfbare Basis. Sein erstes Dogma lautete: „Tempo ist Fortschritt", zunächst einmal meßbar an den Eisenbahnen, die es von ihrer schon anfangs „atemberaubenden Geschwindigkeit" von 30 Stundenkilometern Ende des Jahrhunderts auf 120 gebracht hatten, an den sich immer schneller drehenden Motoren und schließlich am Automobil, das den Pferdekutschen den Garaus machte und das optimistische Jahrhundert in unseres chauffierte. Mit derselben Beschleunigung zerbröckelten jahrhundertelang gewachsene Sozialstrukturen, wuchsen die Industrieanlagen und mit ihnen die Städte, und die davon profitierten, sahen, daß es gut war. In diesem Punkt waren sich Krupp und Krupp-Arbeiter einig, und dieses seltsame Bündnis, mit dem die neue Aristokratie des Bürgertums das Gefolgschaftssystem des Adels übernahm, erwies sich stets stärker als der Klassenkampf. Es ging immer nur um die Verteilung des Kuchens; ob sein Rezept krebsfördernde Bestandteile enthielt, stand nicht zur Debatte, und wer danach fragte, wurde schon damals mit denselben Argumenten zum Schweigen gebracht wie heute Atomkraftgegner innerhalb der Gewerkschaften.

Daher ergab sich ein breiter Konsens für das zweite Dogma: Fortschritt ist gut. Das System der Natur, das „Gut" und „Böse" meist im selben Körper beisammenhält, läßt sich durch den Menschen überwinden und verbessern, der als Schöpfergott die Kräfte trennt, analysiert und neue schafft. In den Schriften der industriellen Revolution verdichtet sich dieses Bewußtsein immer wieder zu der Formel, daß „nun endlich ein Fehler der Natur überwunden" sei.

Das Tempo chemischen Fortschritts dokumentiert ein Lehrbuch, das noch zu Lebzeiten Sertürners erschien, sich aber bereits einer ganz anderen Sprache bedient: „Alkaloide nennt man nun diejenigen organischen Basen, die in verschiedenen Pflanzen fertiggebildet vorkommen. Sie enthalten neben Stickstoff noch Kohlenstoff, Wasserstoff und meistens noch Sauerstoff. Sie bilden fast ohne Ausnahme die wirksamen Bestandteile derjenigen Pflanzen, aus denen sie gewonnen werden, und zeichnen sich durch sehr starke, teils heilkräftige, teils giftige Wirkungen auf den Körper aus. Im freien Zustand sind die Alkaloide mit wenigen Ausnahmen in Wasser schwer löslich, in Alkohol und Chloroform aber leicht löslich."

Man kannte nicht nur die genaue Formel von Morphin ($C_{17}H_{19}NO_3 + H_2O$), sondern hatte auch schon herausgefunden, daß Opium ein ganzer Cocktail von Alkaloiden war. Durchschnittlich enthält es fünf bis sechs Prozent Narkotin, 0,2–0,8 Prozent Codein, bis zu einem Prozent Papaverin, bis 0,4 Prozent Narcein, ca 0,3 Prozent Thebain und Spuren von Alkaloiden, die so bildhafte Namen bekamen wie Laudanosin, Xanthalin, Gnoskopin, Mekonidin, Lanthopin und so weiter. Der bedeutendste Anteil an Alkaloiden aber entfällt auf Morphin, zwischen acht und zwölf Prozent bei orientalischen Opiumsorten, bei in Deutschland gezüchteten bis zu 15 Prozent.

Natürlich lag die Frage nahe: welcher dieser Stoffe erzeugt nun die Sucht? Und hier begann ein verhängnisvoller Irrtum, denn nahezu alle Gelehrten fanden ihn woanders als in diesen Alkaloiden; die einen in einer Balsamart, die Opium auch enthält, andere in Rückständen aus der Morphingewinnung, und schließlich wurden zwei Zersetzungsprodukte ausfindig gemacht, denen allen man suchterzeugende Wirkung zuschrieb.

So geschah, was sich in der Geschichte der Opiate noch öfter wiederholen sollte: Man glaubte, endlich ein nicht süchtig machendes Mittel gefunden zu haben und verordnete es nicht nur statt Opium, sondern auch Opiumsüchtigen als Entzugshilfe. Und erfreut stellten die Ärzte fest, daß Opiumsüchtige nun die Finger von Laudanum ließen.

Das Morphin auch eine tödliche Wirkung haben kann, hatte schon 1823 ein Pariser Arzt bewiesen, der damit ein reiches Brüderpaar um die Ecke brachte, um es zu beerben. Der Fall erregte nur insoweit Aufsehen, als ein Bänkelsänger ernsthaft fragte, ob denn nun wirklich alle Ärzte guillotiniert werden sollten, die ihre Patienten umbringen. 1830 bereits läßt Balzac in seiner „Komödie des Teufels" den Leibhaftigen darüber klagen, daß die Hölle bald aus den Nähten platze infolge der Erfindung des Pulvers, der Buchdruckerkunst und des Morphins.

Der Fluch der Zeit war, daß moderne Chemie mit medizinischen Theorien zusammentraf, die manchmal noch aus der Antike stammten. Dazu gehört die Theorie vom „Opiumhunger" des Süchtigen zusammen mit der Galens, daß das Empfindungszentrum des Hungers der Magen sei. Man mußte also den verhängnisvollen Stoff nur „am Magen vorbei" in den Körper bringen, um den Hunger der Sucht auszutricksen. Die Erfindung der Injektionsspritze stand ins Haus.

Sie hat eine fast lächerliche Geschichte: 1864 schaute der Apotheker Charles-Gabriel Pravaz einem Kammerjäger zu, der mit seiner großen Handspritze gerade entlegene Winkel mit Wanzengift besprühte. Das war's. Zwei Tage später war eine kleine Ausgabe dieser Spritze gebastelt, mit einer langen Hohlnadel vorne dran. Eine Woche später stellten sich sechs Opiumsüchtige für ein Injektionsexperiment zur Verfügung. Keiner von ihnen nahm je wieder Laudanum.

Den ungeheuren Erfolg der Spritze zeigen die Umsätze, die Pravaz mit der eilig gegründeten Firma schon im zweiten Geschäftsjahr machte: 2,8 Millionen Goldfrancs. Das neue Gerät wurde zum Statussymbol des Arztes, und nahezu alles wurde injiziert, bis hin zu Kamillentee. Die Spritze galt ebenso als Universalheilmittel wie Jahrhunderte davor der Theriak des Paracelsus.

Einer der ersten prominenten Morphinsüchtigen scheint Maximilian gewesen zu sein, der unglückliche Kaiser von Mexiko. Er war eine Schachfigur im großen Spiel des Kolonialismus und der Schutzmachtpolitik, die zur zweiten Hälfte des 19. Jahrhunderts gehörte. 1863 hatten sich französische Kanonenboote den Weg nach Mexiko freigeschossen, und Napoleon III. setzte als Kaiser den jüngeren Bruder von Österreichs Franz Josef, Maximilian, ein. Bekanntlich ging die Sache schlimm aus. Die Franzosen zogen wieder ab, Juarez eroberte sein Land zurück und ließ Maximilian 1867 erschießen. Ob der davon allzuviel mitbekam, darf bezweifelt werden: Zu den Gegenständen, die sich sein Leibarzt 1865 aus Paris schicken ließ, gehörte ein Satz Pravaz-Spritzen. „Zur Beruhigung der allerhöchsten Nerven" erhielt Maximilian von Dezember 1865 an täglich drei Morphinspritzen, später sieben. Die tapfere Haltung bei seiner Erschießung verdankte er einer besonders starken Dosis. Immerhin hatten seine Mediziner erkannt, daß Morphin „die persönliche Anlage des Muthes verstärkt und den Nerven in Augenblicken der Gefahr außergewöhnliche Stabilität gibt."

Der französische Gesichtsverlust hatte in Europa ein folgenschweres Nachspiel: Als in Spanien der Thorn verwaist war, bewarb sich ein Preußenprinz. Das wollten die Franzosen keinesfalls akzeptieren, zumal sie das dank Bismarck immer größer werdende Preußen allmählich zu fürchten begannen. Die Folgen sind bekannt: der deutsch-französische Krieg 1870/71.

Das Ergebnis war auf Sieger- wie Verliererseite eine noch nie dagewesene Welle von Morphinsucht. Wie viele Granaten in diesem Krieg verschossen wurden, ist in etwa bekannt. Wieviel Morphin durch die Spritzen beider Lager floß, wurde nie genau festgestellt. Immerhin waren 1869 in Preußen 2,3 Tonnen Morphin produziert worden, 1870 schon viereinhalb. Von 1871 sind keine Zahlen vorhanden, 1872 betrug die – immer noch für Preußen angegebene Produktion – 5,4 Tonnen.

Gemeinhin wird der ungeheure Morphinverbrauch medizinisch erklärt. Bei den Amputierten, Verletzten usw. sei eben allzu bedenkenlos Morphin gespritzt worden. Nun, dazu hätte es keines Krieges bedurft. Morphin wurde als Universalschmerzmittel verordnet; bereits bei Erkältungen und Migräne gab es Morphintabletten. Einige Aufzeichnungen von Stabsärzten zeigen, daß Morphin auch gesunden Soldaten gespritzt wurde, „zur Hebung der Kampfmoral" und „um die Strapazen der Märsche erträglicher zu machen", wie ein Dr. Schleyer notierte, später Chefarzt in Berlin. Einige Bataillone hatten mit Sicherheit nicht nur „Die Wacht am Rhein" auf den Lippen, sondern auch Morphin in den Adern, als sie in Paris einzogen. Im Kriegstagebuch eines Hamburger Soldaten, der unverwundet heimkehrte, taucht immer wieder der Satz auf: „Vor der Bateille Anstellen zum Morphiumfassen." Ein hoher Prozentsatz kam auch in den folgenden Friedenszeiten nicht ohne die „Heldendroge" aus.

Diese Verwendung von Morphin erlärt auch, warum sich die offiziellen Stellen des Reiches so lange weigerten, Morphin als Suchtgift zur Kenntnis zu nehmen. 68 Jahre nach Entdeckung der Droge, 1871, beobachtete der Stabsarzt K. Lohr „einen merkwürdigen Fall von Morphiumhunger". 1874 vermeldete sein Kollege Friedler in einer Fachzeitschrift, ihm seien „bereits fünf Fälle von regelmäßigen Morphiumgebrauchern" bekannt. Im selben Jahr fiel auch das erstemal der Begriff „Morphinismus". Geprägt hatte ihn ein junger Arzt aus dem aufstrebenden Judentum, der im „Journal der allgemeinen Medizin" den Fall eines süchtigen Krankenwärters mitteilte. Niemand nahm diesen Levi Levinstein so recht ernst, der sich gegen alle Lehrmeinungen stellte.

„Die Annahme eines im Morphium beruhenden Morphinismus ist einfach lächerlich und unwissenschaftlich", wetterte ein Geheimrat in seinem Leserbrief an das oben genannte Blatt und breitete seine wissenschaftliche „Allgemeinerkenntnis" aus: „Der Morphinismus ist, sollte diese Bezeichnung sich je einbürgern, eine auf der Charakterschwäche des einzelnen beruhende Abnormalität, ähnlich wie der schwere Säufer. Solche Extremfälle lassen keinen Rückschluß auf ein unentbehrliches und anerkanntes Medikament zu. Zweifellos kann Alkohol in der Hand des Mißbrauchenden von schädlicher Wirkung sein. Dennoch würde ihn niemand als gefährliches Gift bezeichnen, wo er doch allgemein verbreitet ist und durchaus zum Segen und *zur Behaglichkeit beiträgt*. Dasselbe gilt ohne Einschränkung auch für das Morphin et ejus salis."

Levinstein gab nicht auf. 1879 veröffentlichte er ein Memorandum über die Beobachtung von 110 Suchtfällen. Auch Tierversuche stellte er an: „Ich habe Tauben tagelang immer zu einer bestimmten Tageszeit mit Morphin versehen und feststellen können, daß die Wirkung nach Stunden abklang und die Tiere dann, kaum Nahrung aufnehmend, in einem Depressivzustand im Käfig hockten, aber flügelflatternd herankamen, wenn ich mich mit der Spritze näherte..."

Zu jener Zeit bereits nannte sich Levinstein, „des jüdischen Stigmas müde", bereits Louis Lewin. Unter diesem Namen wurde er für 50 Jahre ein „Papst der Toxikologie", der erste Gelehrte, der sich nahezu ausschließlich mit Giften beschäftigte. Seine Warnungen vor dem Morphinismus wurden jedoch erst in unserem Jahrhundert ernst genommen.

Dabei gab es durchaus auch in den „besseren Kreisen" Anschauungsmaterial genug. Spätestens 1875 war Morphin als Rauschgift entdeckt, und der junge Alexandre Dumas schrieb süffisant: „Morphin ist der Absinth der Damen." Es war teuer und damit genau das Richtige für die Neureichen der Gründerzeit. Dumas kannte sieben Damenriegen, die sich in den verschiedenen Salons zu „Injektionskränzchen" einfanden. Um 1890 führten Juweliere in London, New York, Paris Berlin und Wien „goldplattierte Pravaz-Spritzen in passenden Etuis", und den Vogel schoß Carl-Ludwig Fabergé ab, Hofjuwelier des Zaren mit Zweigstellen überall in Europa: Zu seinem Angebot 1894 gehörten Spritzen aus Massivgold „mit Diamanten- und Emmailledecor". Natürlich versuchte auch Queen Victorias Ältester, allseits beliebter Salonlöwe, gelegentlich „die schwarze Leidenschaft", der nicht so gern gesehene Dandy Oscar Wilde, Dänemarks König, und so ziemlich jeder, der bei der Belle Époque dabeisein wollte.

In Deutschlands allerhöchsten Kreisen war zumindest Prinz Eulenburg süchtig, der geliebte „Phili" Wilhelms II. In Ungnade fiel er allerdings nicht seiner Sucht wegen, sondern seiner Homosexualität. Zwei Hohenzollernprinzen, einer von Sachsen, ein Großherzog von Baden und der von Hessen-Darmstadt rundeten den exklusiven Kreis ab. Über den Stellenwert der Sucht in den Kreisen von Bürgersöhnen, über die schön bedenkenlose Lust am Abenteuer in künstlichen Paradiesen erzählt eine Passage in den Memoiren Carl Ludwig Schleichs „Besonnte Vergangenheit", der das Kokain als Mittel zur lokalen Betäubung entdecken sollte. 1881 studierte er noch im beschaulichen Städtchen Greifswald, und in „Besonnte Vergangenheit" findet sich:

„Eines Abends zu schon später Stunde machte sich ein Mediziner, ein früherer Schulkamerad von mir, an mich heran. Wir plauderten über dies und jenes, pokulierten, und mir fiel ein gewisser Zug des Grams in seinem Gesicht, eine eigene Mattigkeit der Augen und ein gewisser Zynismus der Redeweise bei dem sonst sehr anmutigen, forschen jungen Manne auf. Plötzlich rückte er ganz nah zu mir heran und sagte fast flüsternd: ‚Ich weiß wohl was für dich, Carl. Ich sehe schon, du bist auch von einer gewissen Geistigkeit und Überlegenheit und nicht so ein Welttor wie die anderen Laffen. Wir haben hier einen exzentrischen Klub. Lauter Schopenhaueranier, Buddhisten. Eine geistige Elite. Der Klub der Resignierten. Da gehörst du hinein. Versuch' es einmal. Dir wird's gefallen.' Er zeigte mir seine Karte, darauf stand:

Wilhelm N.-n.
cand. mort. +.+.+.

‚So nennnen wir uns alle. Sei morgen um vier Uhr da und da.' Er nannte ein staatliches Institut. Zimmer soundso. Ich weiß nicht, was mich zog. Ich mußte hin. Als ich die Tür öffnete, welch sonderbares Bild! Etwa acht junge Leute lagen halbausgezogen hingestreckt. Ein eigentümliches Gesumme, Gemurre, Gesinge... Auf dem Sofa las einer etwas aus einer wissenschaftlichen Arbeit über den Satanismus in der Liebe.

Jemand stand in der Mitte und blies die Flöte. Zigarettenqualm. Umgestürzte Schnapsgläser. Ein Teekessel brodelte. Plötzlich erhob sich ein mir Unbekannter:

‚Carl Schleich! Willkommen in der Grotte des Verzichtes!
Wollen Sie der unsere sein?
Gib deinen Arm! Versuch' es.
Kandidiere, Renonce der Resignierten!'

Ich war aus Neugier leichtsinnig genug, meinen Arm hinzustrecken. Er entblößte ihn und spritzte mir, ohne daß ich es zu verhindern vermochte, eine Pravazspritze voll einer mir unbekannten Flüssigkeit in den Arm. Ich fühlte es kaum brennen. Da verlor ich die Besinnung. Ich wankte und fiel. Als ich erwachte, lag ich auf einem Krankenbett, um mich viele Menschen. Der Professor M. beugte sich über mich. ‚Er lebt', hörte ich ihn sagen. Er hatte mir drei Spritzen Kampfer geben müssen. Er war eiligst gerufen worden. Man hatte mir Haschisch eingespritzt, das ich nicht vertrug. Ich war in einen Klub von Haschischspritzern geraten. Mein Kollaps war meine Rettung. Fünf von den Mitgliedern sind im Irrenhaus oder durch Selbstmord geendet. Keiner wurde von der Sucht je geheilt. Wenn nicht mein Englein auf dem Reisewagen gewesen wäre!"

Medizinische Irrtümer haben lange Arme.

Noch in Fachbüchern der siebziger Jahre unseres Jahrhunderts heißt es, daß „Haschisch gespritzt" wird. Da Haschisch für Injektionen völlig ungeeignet ist, Schleich aber eine medizinische Autorität war, wird dieser Unsinn fortleben, zusammen mit dem Mythos von der „Einstiegsdroge". Die Erklärung ist dabei ziemlich einfach: Als Carl Ludwig Schleich seine Vergangenheit besonnte, war er bereits viele Jahre selbst morphinsüchtig. Er konnte sich wohl nicht erklären, daß am Anfang dieser Karriere eine Dosis zum Kollaps geführt hatte, die in seinen späteren Jahren seine Arbeitsgrundlage wurde.

Aus den neunziger Jahren stammen die ersten empirischen Untersuchungen über die Morphinsucht. Von 142 Fällen in Deutschland waren 66 durch ärztliche Verschreibungen süchtig geworden, also 46 Prozent. Knapp ein Viertel der Süchtigen nannte als Einstiegsgrund „das Interesse an diesem Rauschmittel". Ein Drittel der Süchtigen waren Ärzte und Apotheker. Von denen war wieder die Hälfte an Morphin geraten, „um den Belastungen des Berufes, der so viel mit menschlichem Leid zu tun hat, ertragen zu können".

30 Prozent der Süchtigen nahmen ein halbes Gramm pro Tag, 60 Prozent eineinhalb. Die Obduktion einer 26jährigen Französin, die sich seit dem zwölften Lebensjahr bis zu zehn Gramm pro Tag gespritzt hatte, zeigte, alle inneren Organe waren buchstäblich mit Morphin imprägniert.

1901 bestimmte der deutsche Reichstag, Morphin dürfe ausschließlich in Apotheken abgegeben werden. Mehr geschah nicht. Die Gutachter, die in zwei Enqueten 1893 und 1900 gehört wurden, waren Ärzte, Pharmazeuten und zwei Pharma-Industrielle. Unter den beiden ersten Berufsgruppen waren laut Lewin etwa 50 Prozent süchtig. Am hohen Verbrauch des Giftes war nicht nur die Industrie interessiert − seit 1893 gab es eine eigene Opiumsteuer.

Heroin

Chemiker werden wahrscheinlich schon protestiert haben, wenn in diesem Buch von Morphin die Rede ist: Schließlich wurde Morphin selbst kaum verwendet, sondern fast ausschließlich seine Salze. Mediziner werden etwas nachsichtiger sein: Morphinsalze wirken kaum unterschiedlich zu Morphin, von vereinzelten „Richtungswirkungen" abgesehen, und in ihrem Sprachgebrauch wird zwischen Morphin und seinen Salzen nicht so genau unterschieden. Das von Sertürner entdeckte Morphin hatte den Nachteil, daß es ungeheuer schwer in Wasser zu lösen war, und der Vorteil der Salze war ihre gute Löslichkeit. So wurde Sertürners Morphin zu einem Rohstoff, der heute überwiegend Morphinbase genannt wird.

Das älteste bekannte Morphinsalz war Morphinacetat. Bereits 1870 war es technisch überholt und wurde durch das leichter lösliche Morphinhydrochlorid ersetzt, dem heute noch in medizinischer Verwendung üblichen „salzsauren Morphium". Seine Herstellung ist äußerst einfach: Morphin wird in Salzsäure aufgelöst und anschließend gereinigt. Lackmuspapier reagiert darauf nicht; sein Identitätsnachweis ist etwas umständlicher: bringt man ein Teil Morphin mit vier Teilen Zukker und etwas Schwefelsäure zusammen, färbt sich das Gemisch rot. Ein regelrechtes Blutrot erhält man, wenn man Morphinsalz in etwas Schwefelsäure löst, eine Viertelstunde im Wasserbad erwärmt und dann einen Tropfen Salpetersäure zugibt.

Natürlich wurden auch eine Menge Morphinverbindungen hergestellt, die keine weitergehende Bedeutung erlangten.

Die Chemie des 19. Jahrhunderts machte ihre ungeheuren Fortschritte fast kindlich-spielerisch. Alle möglichen Substanzen wurden zusammengebracht, erhitzt, destilliert, verdampft und manchmal kamen dabei auch neue Produkte heraus.

Selbstverständlich war die Mißerfolgsquote ein Vielfaches höher als die des Erfolges, und manchmal wurden zufällig Dinge entdeckt, die zunächst in ihrer Bedeutung gar nicht erkannt wurden. So erhitzte der englische Chemiker C. R. Wright im Jahre 1874 Morphin mit Acetitanhydrid mehrere Stunden lang und versuchte das dabei entstandene Pulver an einigen Hunden. „Sehr schnell nach der Gabe" beobachtete er „große Hinfälligkeit, Angst und Schläfrigkeit... und eine leichte Tendenz zu Erbrechen". Da Wright eigentlich ein Mittel gegen die Morphinsucht entdecken wollte, hier aber nur Morphinsymptome feststellen konnte, gab er den Versuch enttäuscht auf.

Solche Experimente wurden nicht mehr in den kleinen Labors hinter den Verkaufsräumen von Apotheken durchgeführt. Überall entstanden Gewerbeakademien, die sich bald Technische Hochschulen nannten und deren erklärte Aufgabe war, Grundlagenforschung für die überall aufschießende Industrie zu leisten. Sie waren in gleichem Maße Stätten der Lehre wie der Forschung, da sich noch keine Firma eigene Forschungsabteilungen leisten konnte, und ein Teil der Produktionslizenzen finanzierte die Hochschullabors.

Diese Zusammenarbeit hatte auch ihre Sollbruchstellen. Das Patentrecht steckte noch nicht einmal in den Kinderschuhen, und Betriebsspionage gehörte zu den ehrenwerten Möglichkeiten industrieller Entwicklung. Zu den Persönlichkeiten, die auf das genialste alle Möglichkeiten vereinigten, gehörte der 1825 geborene Farbkaufmann Friedrich Bayer. Er hatte es schon zu einigem Wohlstand gebracht, als er um 1860 ausgedehnte Reisen nach dem technisch fortgeschritteneren England und Frankreich unternahm und sich dabei so genau in dortigen Farbfabriken umsah, daß er die neuen Anilinfarben selbst herzustellen beschloß. Gemeinsam mit dem Färbermeister Weskott gründete er 1863 die „Farbenwerke F. Bayer & Co." in Barmen an der Wupper, und als Labor diente eine Waschküche. Der Erfolg war so groß, daß bereits 1866 in Elberfeld, etwas flußabwärts, eine neue Fabrik errichtet werden mußte.

Zu den Freunden Bayers gehörte der Chemiker Adolf Baeyer, der zur beiderseitigen Zufriedenheit immer neue Farbstoffe erfand. Baeyer vermittelte auch seinen besten Schüler an die Firma, als die nach dem Tod ihrer Gründer ins Trudeln geriet. An seinem 22. Geburtstag, dem 29. September 1883, unterschrieb Carl Duisberg seinen Anstellungsvertrag als Leiter der Labors, und schon ein Jahr später hatte er einen neuen, überaus gewinnbringenden Farbstoff erfunden.

1888 begannen die „Elberfelder Farbfabriken, vorm. Friedrich Bayer & Co." auch die Produktion von Arzneimitteln. Carl Duisberg war die treibende Kraft, daß aus den Farbwerken auch ein chemischer Betrieb wurde. Zweigstellen schossen empor wie Pilze nach einem warmen Sommerregen: die Agfa, die sich später auf Fotoartikel spezialisieren sollte, Werke in New York, Manchester, Bombay und Moskau. Wichtige Voraussetzung dieser Firmenentwicklung waren eine Rechtsabteilung, die rücksichtslos die Firmeninteressen durchsetzte, und Duisbergs glückliche Hand bei Einkäufen junger Chemiker.

Einer von ihnen war Dr. Felix Hoffmann, der 26jährig am 1. April 1894 eingestellt wurde und mit Acetylsalicylsäure experimentierte. Hoffmann war es wohl auch, der Duisberg darauf hinwies, daß Farbchemiker und Pharmakologen doch verschiedene Labors brauchten. 1897 wurde das „Pharmakologische Institut" gegründet, zu seinem Leiter aber nicht Hoffmann ernannt, sondern – wieder an einem 1. April – der 37jährige Darmstädter Prof. Dr. Heinrich Dreser, der zwei Jahre zuvor in Göttingen Pharmazie gelehrt hatte.

Ein Nachruf der Firma nennt Dreser „eine echte Gelehrtennatur, eine etwas kantige, originelle Persönlichkeit. Nicht sehr umgänglich und gesellig, hielt er sich von seinen Fachkollegen fern und war nur schwer zu bewegen, hin und wieder einmal deren Versammlungen oder sonst einen Kongreß zu besuchen."

Mag sein, daß ihn Hoffmanns Acetylierungsversuche an die schon vergessenen Experimente Wrights mit Morphin erinnerten, jedenfalls vervollkommnete er Ende 1897 das Verfahren. Morphin wurde mit Essigsäureanhydrid sechs Stunden lang bei genau 85° Celsius gekocht und in einer komplizierten Folge von Reinigungsprozessen mit Äther „ausgefällt". 1898 wurde das Produkt knapp zwei Monate lang bei Bayer und in der Universitätsklinik Berlin erprobt, und als Ergebnisse sahen die Gelehrten:

1. Im Gegensatz zu Morphin bewirkte der neue Stoff eher eine Aktivierung.
2. Er betäubte jegliches Angstgefühl.
3. Bereits allerkleinste Dosen ließen jeglichen Hustenreiz schwinden, sogar bei Tuberkulosekranken.
4. Morphinsüchtige, die damit behandelt wurden, hatten von Stund an kein Interesse mehr an Morphin.

Dreser und Duisberg waren überzeugt, ein Wundermittel gefunden zu haben. Es fehlte nur noch ein zündender Markenname. Wer ihn erfand, ist unbekannt, bezogen wurde er aus dem griechischen Wort für Helden. Unter dem Aktenzeichen 31650 F 2456 wurde am 27. Juni 1898 als geschütztes Warenzeichen „HEROIN" eingetragen. In der jährlichen Aussendung an Ärzte, der „Bayer-Bibel", stellte Dreser selbst sein Produkt vor: „Ein Stoff, dessen Eigenschaften nicht zur Gewöhnung führen, der sehr einfach anzuwenden ist und der vor allem als einziger die Fähigkeit hat, Morphinsüchtige schnellstens zu heilen."

Im selben Jahr war auch Doktor Hoffmann fündig geworden, und noch vor Jahresende veröffentlichte die Firma in allen größeren Zeitungen der Welt Inserate für ihre beiden neuen Wundermittel: „ASPIRIN – der Ersatz für Salicylate. HEROIN – das Beruhigungsmittel bei Husten."

Der Erfolg dieser Medikamente schlug sofort auf die Geschäftsbilanz durch. In den nächsten zwei Jahren entstanden Werke und Niederlassungen in Wien, Brüssel, Barcelona, Mailand, Lodz, Flers, Brünn, Wilna, Shanghai, Melbourne und Paris. Der Stamm von Großkunden wuchs von 10000 auf 25000. Inserate für Heroin erschienen wöchentlich rund um die Welt, dazu kamen umfangreiche Prospekte und großzügige Musterpackungen, und alles machte sich zweifellos bezahlt.

Duisberg wurde am 1. Januar 1900 in den Vorstand der Firma berufen, und auf den Tag genau ein Jahr später verlieh er den Vätern der beiden Marktrenner die Prokura.

Im Nachruf auf Dreser schrieb die Firma: „Die Ära Dreser bedeutet in der Geschichte der Pharmazeutischen Abteilung der Farbenfabriken vorm. Friedrich Bayer & Co. einen Markstein, denn damit wurde der Ärztewelt der Beweis erbracht, daß an dieser Stätte ernsthaft und nach nur streng wissenschaftlichen Gesichtspunkten gearbeitet wurde, und für die Kliniker ergab sich das beruhigende Bewußtsein, daß sie ihnen übergebenen tierexperimentell geprüften und als brauchbar gefundenen Präparate getrost am Krankenbett verwenden durften."

Dieser gute Ruf bewirkte auch, daß erst 1904 jemand öffentlich zu behaupten wagte, daß Heroin sehr wohl süchtig machen könne. Doch

Abbildung 1

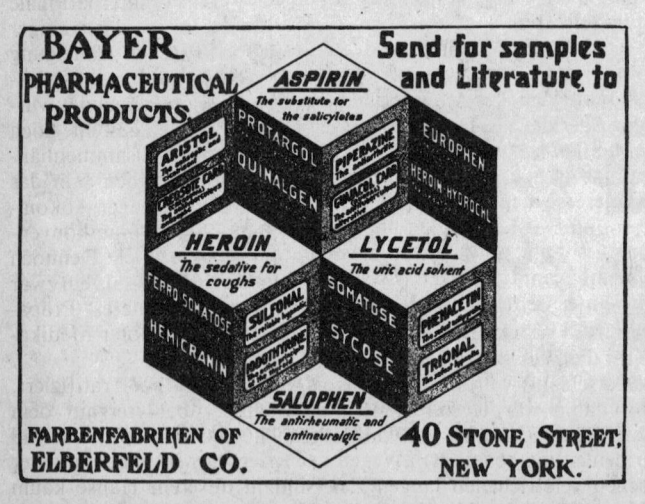

Quelle: Medical Observer, Philadelphia 1906

Morel-Lavallée war Franzose, was ihn in der Zeit des allmählich überbordenden Nationalismus ohnedies suspekt machte. In Deutschland wurde darüber nichts veröffentlicht, und in Frankreich engagierte Bayer den Papst der Pharmazie, Sollier, zu einem Gegengutachten. 1905 aber mußte Sollier sich selbst widerrufen, denn sein Gegner hatte für seine These einen wissenschaftlichen Beweis erbracht, gründlicher, als je in Dresers oder anderen deutschen Labors geforscht wurde: Heroin ging im Blut sehr schnell in Morphin über, wobei sich das Morphin in seiner Wirkung verdoppelte.

Dreser hatte eine Suchtmöglichkeit ausgeschlossen, da sich die Formel von Heroin $C_{17}H_{17}ON(OCOCH_3)_2$ sehr von der des Morphin unterschied. Das war allerdings reine Hypothese, doch da Bayer damals schon ein weltweit angesehenes Unternehmen war, konnte der lange Arm ihrer Rechtsabteilung nahezu alle Veröffentlichungen gegen Heroin unterbinden.

Heroin eroberte Märkte, in die Morphin nicht vorgedrungen war. Von Marokko bis zum Libanon wurde Heroin buchstäblich über Nacht zum meistverkauften Medikament, es wurde in ungeheuren Quantitäten nach Indien, Indochina, China, Japan und auf die Philippinen verkauft, aber der größte Markt waren die USA. Dort wurde es als Entzugsmittel gegen Opiumsucht propagiert, und die war in den Vereinigten Staaten längst zum Problem geworden.

Angeblich hatte sich Opium mit den chinesischen Einwanderern an der West Coast ausgebreitet und sehr schnell auf das Proletariat übergegriffen. Wahrscheinlich aber trugen auch die vielen Laudanummarken dazu bei, die gerade unter den Goldgräbern reißenden Absatz fanden. Seit 1909 versuchten die USA daher, Opium unter internationale Kontrollen zu stellen, ein missionarisches Unterfangen, das weniger sozialer Sorge entsprang als der traditionell puritanischen Abneigung gegen alle Arten von Rauschmitteln. Der Ruf der Firma Bayer bewirkte zumindest, daß Heroin dabei nicht unter die Opiate gerechnet wurde. Immerhin wurde 1912 die wöchentliche Werbung eingestellt, doch das kann auch mit rein kommerziellen Überlegungen zusammenhängen. Heroin brauchte keine Werbung mehr. Daß im selben Jahr das Mittel verschreibungspflichtig wurde, hing mit dem „Haager Abkommen" zusammen. Auf dieser „zweiten internationalen Opiumkonvention" wurde Heroin erstmals unter die Opiate gerechnet. Dennoch wurde es bis 1922 vor allem Opiumsüchtigen verschrieben, als ein zwar auch abhängig machendes, aber „wesentlich unbedenklicheres" Präparat. Erst 1924 wurde Heroin aus dem Verzeichnis erlaubter Medikamente für die USA gestrichen.

In Deutschland wurde das „Haager Abkommen" 1921 ratifiziert, und bis dahin war Heroin apothekenpflichtig, aber frei auf dem Markt. Über die Umsätze war von Bayer nichts mehr zu erfahren, und die Firmenleitung bedauert: „Wegen der Kriegseinwirkungen und der inzwischen verstrichenen langen Zeit sind in unserem Hause kaum noch Unterlagen über ‚Heroin' vorhanden."

Von Dreser trennte sich die Firma Ende Februar 1914, wie man in solchen Fällen sagt, „in beiderseitigem Einvernehmen". Er paßte nicht mehr in die neue Entwicklung, hatte den Anschluß an die stürmische Entwicklung der Pharmazie versäumt. Heroin dürfte dabei keine Rolle gespielt haben, obwohl Dreser mit seinen immer verstiegeneren Versuchen, „sein" Medikament als nicht süchtig machend zu beweisen, in der Fachwelt zu einer „originellen Figur" wurde. Er machte keine weitere Karriere als Chemiker und scheint, alles in allem, auch eine eher durchschnittliche Begabung gewesen zu sein. In seinen letzten Jahren bekleidete er eine „ehrenamtliche Lehrstelle" für Pharmakologie in Düsseldorf, ohne durch irgendeine Leistung besonders hervorzutreten. Ende August 1924 ging er in Pension und übersiedelte nach Zürich, wo er am 21. Dezember starb. Er erhielt einen merkwürdig zurückhaltenden Nachruf von der Firmenleitung und wurde vergessen.

Ob Dreser selbst „seinem" Heroin verfiel, ist zweifellos eine lockende Frage. Seine Todesbeschreibung deutet darauf hin, und die Vermutung liegt nahe, daß er selbst ein Medikament unbesorgt nahm, das er überall und mit allem Nachdruck als harmlos bezeichnete. In seinem Todesjahr veröffentlichte Louis Lewin eine Statistik, aus der für Deutschland hervorging, daß 40,4 Prozent der Ärzte und zehn Prozent der Arztfrauen morphinsüchtig waren. Unter Pharmakologen wird der Anteil kaum geringer gewesen sein, und Morphinsucht hatte einen besseren schlechten Ruf als Alkoholismus.

Aber Dresers äußere Erscheinung sowie seine Lebensführung beantworten diese Frage nicht. Bild und Verhalten zeigen einen etwas trockenen, eigensinnig verbohrten „typischen Deutschen", mehr Beamter als Wissenschaftler. Er war zweifellos ein einsamer Mensch, ohne Familie, nur der Firma verheiratet, die ihn fallen ließ, als diese Ehe nicht mehr fruchtbar war. Alles Weitere wären Vermutungen.

Für die weitere Firmenentwicklung spielte Heroin nur eine unbedeutende Nebenrolle. Duisbergs Firmenpolitik zielte auf Größeres, auf das Monopol. Schon 1904 hatte er eine „Denkschrift zur Vereinigung der deutschen Teerfarbenfabriken" verfaßt, und der Ausbruch des Ersten Weltkrieges bewirkte auch den Zusammenschluß der Chemiekonzerne zur „Interessengemeinschaft der Farbenfabriken".

Firmen der späteren I.G. Farben gehörten schon im ersten großen Selbstmordversuch des Abendlandes zu wichtigen Lieferanten. Ihre bedeutendsten Beiträge waren Stickstoff, Düngemittel, synthetischer Kautschuk und Kunststoffe, deren Umsatz den der Medikamente bei weitem übertraf.

Heroin allerdings spielte an der Front eine gewichtige Rolle. Ein Generalstäbler von damals erzählte mir, die Soldaten hätten in den Schützengräben der Westfront regelmäßig Heroin erhalten, „um nervlich dem Trommelfeuer gewachsen zu sein". Zwei Stabsärzte bestätigten mir das, und einer meinte, „dafür hat das Zeug ja seinen Namen gehabt". Keiner der beiden hielt Heroin für bedenklich. „Der Suff war schlimmer."

1925 wurde die I.G. Farbenindustrie AG gegründet, deren erster Aufsichtsratvorsitzender Duisberg wurde. Vier Jahre davor war Heroin verschreibungspflichtig geworden, und seine Spur verlor sich allmählich. Unter den Medikamenten nahm ihm bald Veronal den Rang ab, das häufig ebenfalls zur Sucht führte, und Luminal, das neben anderen Präparaten später bei der „Euthanasie" genannten Ermordung der Kinder in Hadamar eine so böse Rolle spielen sollte. Die Geschichte der I.G. Farben ist über weite Strecken wirklich keine schöne, und nach dem Zweiten Weltkrieg wurde der Gigant durch die Alliierten aus Konkurrenzgründen zur Auflösung verurteilt.

Der nach dem heißen so schnell ausbrechende kalte Krieg ließ die Strafgerichtsverfahren verhältnismäßig milde enden. Einige Manager der I.G. Farben traten die Leitung der in ihre Urgesellschaften verwandelten Firmen wieder an, und schon zwölf Jahre später übertraf Bayer allein den Gesamtumsatz des ehemaligen I.G.-Farben-Konzerns.

Heute zählt Bayer zu den ganz, ganz Großen der Chemie, und an Heroin wird die Firma etwa so ungern erinnert wie ein Spitzenmacher der Demokratie an seine HJ-Zeit. Es handelt sich in solchen Fällen wohl immer um Jugendirrtümer, die man dadurch gutmacht, daß man sie vergißt. Meine Anfrage war immerhin Vorstandsinteresse wert. Nach reiflichem Zögern wurde schließlich mitgeteilt:

„Wann das Warenzeichen gelöscht worden ist bzw. (wegen Nichterneuerung) erloschen ist, läßt sich bei Bayer nicht mehr feststellen, da wir eine entsprechende Akte des späteren I.G.-Farben-Warenzeichens nicht mehr besitzen... Heroin ist im Laufe der Jahrzehnte von einem geschützten Warenzeichen für Diacetylmorphin zu einem Gattungsbegriff geworden, ein Schicksal, das bekanntlich zahlreiche Markenzeichen ereilt hat (oder das manchen droht – zu denken ist nur an Plexiglas, Tempo-Taschentücher, Weck-Gläser, Nescafe, Kaffee HAG usw.). Wo immer in der Vergangenheit – und zwar schon weit zurückreichend – vom Mißbrauch des Diacetylmorphin die Rede war, wurde an Stelle dieses schwer eingängigen chemischen Begriffs fälschlicherweise das für Bayer geschützte Warenzeichen benutzt. Bayer hat sich bereits vor mehr als einem halben Jahrhundert immer wieder bemüht, gegen diesen Mißbrauch des Warenzeichens anzugehen, um nicht mit dem Rauschgifthandel in Verbindung gebracht zu werden – ohne Erfolg. Bayer hat sich strikt an die strengen Drogenbestimmungen des Völkerbundes gehalten: Bekanntlich hatte Deutschland im Jahre 1921 das Haager Abkommen von 1912 ratifiziert, in dem Heroin zum Betäubungsmittel erklärt wurde. Danach stand das Präparat den Ärzten nur noch auf besonderen Verschreibungen zu medizinischen Verfügung. Diese behördlich erheblich eingeschränkte Verfügbarkeit führte rasch zu einem Auslaufen der Verordnungen und schließlich zur Streichung."

Seit 1958 ist Heroin als Medikament nicht mehr erhältlich.

Dämmerung

„Es ist die heilige Pflicht der Vereinigten Staaten, den Völkern der Welt die Freiheit und die Möglichkeit rechten Lebens zu bringen!" Dieser Satz Theodore Roosevelts im besten Pathos der Jahrhundertwende wurde wohl ebensooft zitiert wie der Kernsatz der Monroe-Doktrin „Amerika den Amerikanern", 80 Jahre älter und ebenso vielseitig anwendbar. Die beiden Sätze widersprechen einander von der politischen Logik her, stehen aber in Zusammenhang mit dem großen Spiel des 19. Jahrhunderts, dem Kolonialismus. Den Vorbildern der traditionellen Kolonialmächte folgend, stürzten sich gegen Ende des Jahrhunderts die auch Mächte gewordenen Staaten der westlichen Zivilisation auf die noch freien Länder der übrigen Welt, um als Schutzmacht davon zu profitieren. Die letzten größeren Gebiete schnappte das Deutsche Reich in Afrika, und dann war die Welt ausverkauft. Wer jetzt noch zugreifen wollte, mußte sich aus den Territorien der Konkurrenz bedienen. 1898 nahmen die USA unter Berufung auf die Monroe-Doktrin den Spaniern Kuba und Puerto Rico ab. Roosevelts Satz fiel kurz darauf, als die USA auch – sehr gegen den Willen der dortigen Bevölkerung – die Philippinen von den Spaniern „befreiten".

Diese Aktion wurde für unser Jahrhundert von entscheidender Bedeutung, genauso wichtig wie die Oktoberrevolution Rußlands. Beide bekundeten den Willen zur Weltmacht, zur Weltherrschaft. Solche Ansprüche hatten immer schon ihre schön philosophische Begründung. War es für die Briten die naturgegebene Überlegenheit des weißen Mannes und für die Sowjets die des Sozialismus, hielten sich die USA schlicht an die Überlegenheit ihrer Moral, und zu der gehörte schon für Roosevelt „der Kampf gegen das Rauschgift".

Der Kampf gegen Alkohol hat in den USA tatsächlich eine weitreichende Tradition, zurückgehend schon auf die ersten Einwanderungswellen der Puritaner. 1808 wurde in Saratoga die erste „Amerikanische Mäßigungsgesellschaft" gegründet, ein Vierteljahrhundert später gab es schon über 6000 lokale Vereine mit mehr als einer Million Mitglieder. Mark Twain hat sie in seinen Werken verspottet, doch sie wurden eine wichtige politische Kraft. 1851 erließ der Bundesstaat Maine als erster ein strenges Prohibitionsgesetz, und bald darauf wurden ähnliche Verbände in anderen Ländern gegründet. 1878 organisierten sie den ersten Kongreß gegen Alkoholismus in Paris, Vorsitz USA, 1906 einen internationalen Dachverband und 1907 ein Büro dafür in Lausanne, wo es heute noch unter dem ständigen Vorsitz der USA existiert. Daß diese Organisationen in ihrer eigentlichen Aufgabe, dem Kampf gegen Alkohol, außerhalb der USA kaum erfolgreich waren, lag daran, daß sie in anderen Ländern von Anfang an als eine Art fünfte Kolonne der Vereinigten Staaten angesehen wurden, als eine außenpolitische Lobby, vergleichbar den zwischenstaatlichen „Freundschaftsgesellschaften" der Gegenwart.

Vereine gegen Opium aber gab es in den USA nicht, obwohl nach Statistiken um die Jahrhundertwende der Pro-Kopf-Verbrauch zehnmal höher lag als in anderen Zivilisationsländern.

Die erste Organisation gegen Opium ging aus der britischen Arbeiterbewegung hervor: 1874 wurde die „Gesellschaft zur Unterdrückung des Opiumhandels" gegründet, die von da an das Unterhaus mit Petitionen bombardierte und rasch Mitglieder gewann. Ein Verein der damals noch im Untergrund agierenden Sozialdemokraten war auch die 1878 gegründete „Vereinigung gegen Opium" in Hamburg, zu der die Staatspolizei fallweise Spitzel schickte und die 1906 in der SPD aufging. Ein gleichnamiger Verein, der von 1882 an in Wien eingetragen war, verband sich 1907 mit dem Arbeiter-Abstinentenbund. Eine größere Bedeutung erlangten beide nicht.

Die USA entdeckten erst als Kolonialherren der Philippinen, daß Opium eine Geißel sein kann. Etwa 40 Prozent der erwachsenen Bevölkerung waren süchtig, und das Opium kam aus den Kolonialgebieten der Briten und Franzosen. 1901 verboten die USA weitere Opiumimporte, was natürlich einen blühenden Schmuggel bewirkte. 1902 gründeten sie ein Opium-Forschungs-Komitee, dessen Vorsitzender Bischof Brent wurde.

Die weitere Geschichte hat rein politische Gründe, denn Theodore Roosevelt notierte: „Mit Aktionen gegen den Opiumhandel verbessern wir unsere Position (in Asien) in zweifacher Hinsicht. Die darunter leiden, werden unsere natürlichen Verbündeten, und wir schwächen außerdem die Ökonomie der Kolonialmächte." Das Jahr 1906, aus dem diese Notiz stammt, wurde auch in anderer Hinsicht für Opium bedeutend: Chinas Regierung verbot – wieder einmal erfolglos – den Opiumhandel auf ihrem Territorium, das britische Parlament beschloß, Opiumhandel nur noch für medizinische Zwecke zuzulassen, und Bischof Brent veröffentlichte einen großen Brief an seinen Präsidenten: a) Opium sei ein ernstes Problem in Asien, b) die USA sollten China auf breitester internationaler Ebene unterstützen, c) die USA sollten sich zu Vorkämpfern eines generellen Opiumverbotes in aller Welt machen.

Theodore Roosevelt übernahm diese Punkte vollständig, und nun begannen diplomatische Aktionen, die im Januar 1909 zur ersten Opiumkonferenz in Shanghai führten. 13 Nationen nahmen teil; China, Großbritannien und die USA dominierten natürlich; als weitere Kolonialmächte waren Frankreich, die Niederlande und das Deutsche Reich durch einen Beobachter vertreten; die Unterlagen hatten die USA vorbereitet. Der Versuch, auch opiumhaltige Präparate zum Verhandlungsgegenstand zu machen, scheiterte an einer Stimme, und bei Opium als Genußmittel gab es scharfe Differenzen zwischen den USA, die den Handel verboten, und den Briten, die ihn nur kontrolliert sehen wollten.

Das Ergebnis der Konferenz war ein Vertrag zwischen Briten und Chinesen, der eine jährliche Reduktion des Opiumhandels um zehn

Abbildung 2

THE COSMOPOLITAN.

NERVE-FORCE

is a Home Remedy. It comes to you in the form of an UNGUENT for external application. It accomplishes its wonderful work of Life-saving by being absorbed by the Battery-cells of the Brain and VENOUS VALVES. It is founded upon the principle that Suffering, Premature Decline and Premature Death are born of DORMANT CIRCULATION, and that the manner of attack must not be the stomach-dosing of "tonics," "Invigorators" or" nervines" to spur the Vitals to still greater consuming effort, but the preparation for these languishing Batteries of a exact an imitation as possible of the Electric-fluid, or Nerve-ion e, a healthy, and only normally worked LIVER would manufacture for them out of the Fat-foods; sending it to them upon the blood tide that they may, by their attendant force, charge themselves and be ready to respond, with emphasis and promptitude, to the mandates of the Mind in its dominion over rising (VENOUS) Blood. We do not advertise our Remedy (for you must know every detail of its wonderful work before you can appreciate it) but our NERVE-FORCE Publication. We send this free, in a plain envelope, to as many addresses as you may send us. We believe you will be favorably impressed with our Argument—and know you will be pleased and surprised to note our success in Life-saving as shown by the grateful testimony of reliable men and women, who, when they began the use of NERVE-FORCE, had exhausted every other means of cure, and were either actually dying or crushed to Earth under the weight of destroying Symptoms. We ask believe, after a careful reading of our Publication, you will admit Indigestion, Constipation, Paralysis, Locomotor Ataxia, Nervousness, Nervous Prostration, Nervous Debility, Insomnia, Rheumatism, Neuralgia, Despondency, Falling Powers, Catarrh, Headache, Emaciation, Clouded Complexion, Premature Age, Loss of Memory, Fretfulness, Tumors, Obesity, Kidney, Liver, Lung, Bladder, Stomach, Bowel, Rectal and Blood Troubles, as well as all Derangements peculiar to Women, to be but Symptoms of DORMANT CIRCULATION and that by our method we put an iron hand upon the ROOT of the Weed-of-Destruction and not upon its BRANCHES. NERVE-FORCE won for us a Gold and Diamond Medal for Life-saving in 1897 from the Citizens of Olso.

☞ We want earnest men and women for the Management of Branch Offices in every part of the World. The work is not only remunerative but, to a person of kind heart, an actual pleasure.

Mr. and Mrs. GEORGE A. CURWIN, 1446 Fifth Avenue, New York City, N. Y.

CONSUMPTION CURED

An old physician, retired from practice, having had placed in his hands by an East India missionary the formula of a simple vegetable remedy for the speedy and permanent cure of CONSUMPTION, BRONCHITIS, ASTHMA CATARRH, and all Throat and Lung Affections, also a positive and radical cure for NERVOUS DEBILITY and all Nervous Complaints, after having tested its wonderful curative powers in thousands of cases, it known to his suffering fellows. Actuated by this motive and a desire to relieve human suffering, I will send, free of charge, to all who desire it, this recipe in German, French or English, with full directions for preparing and using. Sent by mail by addressing with stamp, naming this magazine. W. A. NOYES, 880 Power's Block, Rochester, N. Y.

REDUCED TO $4.50.

To place our best $10.00 TOLEDO BATH CABINET in every home we send it complete for 80 days with best alcohol stove, directions, formulas to say address upon receipt of $4.50. Face Steamer 80 extra. Order today. Our best of all Cabinets, has real door, steel frame, top curtains, rubber lined, folds flat 1 in. space. Money refunded after 80 days see if not just as represented. It's a home necessity. Turkish and vapor baths 3c each prevent illness, cures without drugs colds, la grippe, rheumatism, female ills, all blood, skin, kidney, nervous troubles. WRITE FOR CATALOGUE FREE. We make Cabinets from $3.85 up. Agents wanted. Easy terms. Exclusive territory. TOLEDO BATH CABINET CO., 614 Cherry St., TOLEDO, OHIO.

BATES' RHEUMATIC FOOT DRAFTS
of Menstato Herb Compound positively Cure Rheumatism. The Drafts can be worn in any shoes, and will draw out pain from any part of the system. One Pair Mailed FREE. Address Bates Rheumatic Cure Co., South Boston, Mass.

JUST OUT PARENTHOOD

By Alice B. Stockham, M. D.
Author of TOKOLOGY and KARREZA. Highest ideals for best offspring. Vital and important subjects discussed, including new philosophy of the Creative Energy. G. G. Hunt says: Many sentences of PARENTHOOD should be graven in gold and handed down to poster ty. Circulars of Health books free. Prepaid, $5 extra.
ALICE B. STOCKMAN & CO., 56 FIFTH AVE., CHICAGO.

MORPHINE — EASY HOME CURE

PAINLESS — PERMANENT
We will send anyone addicted to OPIUM, MORPHINE, LAUDANUM, or other drug habit, a Trial Treatment, Free of Charge, of the most remarkable remedy ever discovered. Contains Great Vital Principle heretofore unknown. Refractory Cases solicited. Confidential correspondence invited from all, especially Physicians. ST. JAMES SOCIETY, 1181 BROADWAY, NEW YORK.

SEELEY'S HARD RUBBER TRUSSES CURE RUPTURE.
One-hundred-page book free.
CHESTERMAN & STREETER,
25 S. 11th Street, Phila.

BLINDNESS
PREVENTED AND CURED.
Dr. Williams' Absorption Treatment!
NO KNIFE! NO RISK!
Send for Free Descriptive Pamphlet and Booklet of Testimonials containing positive proof of cures.
F. A. WILLIAMS, M.D.,
Consulting Office, 196-200 Columbus Ave., Boston, Mass.
Sanitarium, West Newton, Mass.

OPIUM
FREE TRIAL TREATMENT

MORPHINE, LAUDANUM
AND LIQUOR HABITS PAINLESSLY
CURED BY
☞ **OPACURA**

Sent to any sufferer for the asking—a sufficient quantity being sent to convince the patient that OPACURA will relieve all desire and positively cure the habit. OPACURA is the FORMULA of ONE OF CHICAGO'S LEADING PHYSICIANS whose successes in the curing of those addicted to the use of Opium, Laudanum, Morphine and Liquor have excited widespread comment in the medical profession. A number of men of means, several of whom were former habitues cured by him, have taken steps to give this treatment, under the name of OPACURA the greatest publicity so that the thousands of sufferers who cannot come to Chicago to see a physician personally can have the full benefit of this treatment at home. OPACURA takes the place of opium, morphine, laudanum and liquor while under treatment and finally effects a complete cure; no pain, no nervousness, no opiates after beginning treatment. As soon as the opium or liquor is expelled from the system the desire is gone. Opacura treatment can then be easily discontinued as the cure is perfect and permanent. Do not despair of ridding yourself from your terrible bondage until you have given Opacura free trial treatment a test. Sent in plain package. Can be received and taken privately until cured. The proper treatment can't be given without the knowledge of patient. State why this treatment is required. Address Opa.

WHAT ONE PHYSICIAN SAYS
OPA SPECIALTY CO.   Maysville Ky. Sept 5, 1899
Gentlemen —I have no objection to you using my name or testimonial as to the merits of your remedies. Of course many physicians have to have their names used in connection with advertised remedies, but as physicians we have been unable to treat the Morphine troubles successfully. I am willing to have my name used. It is one year since I took your remedy, and my health is better than it has been for years. I have prescribed your remedy and feel I am immensely cured.   Yours truly, H. D. CODY, M.D.

A BOOKLET FULLY DESCRIBING OUR TREATMENT MAILED FREE (SEALED) TO ANY ONE ON APPLICATION

OPA SPECIALTY CO...244 Omaha Bldg...CHICAGO

When you write, please mention "The Cosmopolitan."

Quelle: Home & Family, Chicago 1901

Prozent vorsah, und ein Kompromiß in neun Punkten. Einer besagte, alle Länder sollten etwas gegen „das Rauchen von Opium" unternehmen (Opiate und Opiumessen waren ausgenommen), Punkt drei erklärte den nichtmedizinischen Gebrauch von Opium zu einer Angelegenheit der jeweiligen Länder, Punkt vier untersagte den Export in Länder, wo Opium verboten war. Der interessanteste Punkt war, daß „Maßnahmen gegen den sich rapide ausbreitenden nichtmedizinischen Gebrauch von Morphinen" vorgeschlagen wurde. Alle Beteiligten waren sich einig, daß „eine enge und wirksame internationale Zusammenarbeit unentbehrlich ist, um das Opiumproblem zu lösen", und man vertagte sich für das Jahr 1912 in Den Haag.

Wieder hatten die USA über ihre diplomatischen Kanäle alle Vorbereitungen getroffen, aber diesmal gab es ungleich mehr Schwierigkeiten. Zu dem alten Interessenkonflikt zwischen Großbritannien und den USA kam noch einer zwischen Briten und dem Deutschen Reich, dem führenden Drogenproduzenten der Zeit. Die Briten hatten für die Konferenz „eine umfassende Liste der Gesamt-Opiumproduktion" erarbeitet und verlangten von den Deutschen nun Statistiken über die Produktion von Morphinen und Kokain. Das empfanden diese als unzulässige Einmischung in ihre wirtschaftlichen Interessen, und natürlich wurde wieder vom „britischen Neid" gesprochen – die alte Welt rüstete ja bereits zum Weltkrieg.

Nach langem Hin und Her gab Deuschland einige Zahlen frei: die Opiumeinfuhr betrug 1911 etwa 104 Tonnen, wovon „ungefähr" 55 Prozent zu Morphinen verarbeitet wurde, 45 Prozent zu Heroin. „Etwa ein Drittel" der Produktion wurde exportiert. Über das wahre Ausmaß der Heroinproduktion war damit allerdings nichts gesagt, da allein Bayer in fünf anderen Ländern Heroin herstellte.

Am 23. Januar 1912 wurde schließlich die Konvention verabschiedet. „Vom Zeitpunkt der Ratifizierung an" verpflichteten sich die einzelnen Länder, Opium und seine Produkte a) verschreibungspflichtig zu machen, b) ihre Herstellung und c) ihren Handel zu kontrollieren. Dasselbe sollte für Kokain gelten und – auf Anregung Italiens – auch für „indischen Hanf und sein Harz". Großbritannien bestand darauf, daß bei den Opiumprodukten auch Diacetylmorphin und ausdrücklich der Name Heroin erwähnt wurde.

Damit war der Haager Konvention auch fürs erste jede Wirksamkeit versagt, denn nun sperrte sich Deutschland dagegen. Zuerst wurde versucht, Kokain und Heroin aus der Liste zu nehmen, dann weigerte sich Deutschland, die Beschlüsse zu ratifizieren, „ehe nicht alle Länder der Welt dieser Convention beigetreten sind". Die USA hielten sich aus dem deutsch-britischen Streit weise heraus und ratifizierten die Konvention selbst erst gemeinsam mit China und den Niederlanden am 11. Februar 1915. Ihre Diplomatie verstand sich mehr als „moralischer Vorkämpfer gegen den Alkohol" und war soweit erfolgreich, daß außer den USA auch Island und Finnland die Prohibition beschlossen, das vollständige Alkoholverbot, während Kanada und Norwegen sie teilweise einführten.

Dann kam der Erste Weltkrieg. 1916 wurden im Deutschen Reich 7,8 Tonnen Heroin hergestellt und auch verbraucht, außerdem 14,3 Tonnen Morphine.

Im Vertrag von Versailles wurde Deutschland verpflichtet, die Haager Konvention zu ratifizieren, doch ließ man sich damit zwei Jahre Zeit.

Zu den Aufgaben des neugegründeten Völkerbunds gehörte auch „die Gesamtüberwachung von Verträgen über den Verkehr mit Opium und anderen gefährlichen Drogen", unter die nach Willen der USA auch Alkohol aufgenommen werden sollte. Da dies nicht geschah, blieben die Vereinigten Staaten dem neugegründeten Drogenkomitee fern. Es umfaßte Delegierte Chinas, Frankreichs, Großbritanniens, der Niederlande, Indiens, Portugals und Thailands. Die europäischen Mächte hielten in ihren Kolonien sämtlich das Opiummonopol, und der Spitzname „der alte Opiumblock" sagt deutlich, welche Interessen da vertreten wurden.

1925 wurde auf der ersten Genfer Konferenz über gefährliche Drogen eine umfängliche Konvention ausgearbeitet, die den Handel kontrollieren sollte. Die USA, die daran teilnahmen, verließen sehr schnell die Tagung als „eine lächerliche Farce", und China trat aus dem Komitee aus, da die europäischen Mächte keine Maßnahme gegen Opiumrauchen beschließen wollten. 1929 wurde ein „Permanent Central Opium Board" gegründet, das sich später „Permanent Central Narcotics Board" nannte, und dessen Initialen PCB sehr schnell als „Perfect Corruption Board" übersetzt wurden. 1931 wurde in der zweiten Genfer Narkotika-Konferenz eine neue Resolution ausgearbeitet, die auch die Opiumproduktion in allen Zweigen unter Kontrolle stellte und internationale Gremien zur Überwachung einrichtete. Diese neuen Organisationen wurden später von der Weltgesundheitsbehörde der UNO übernommen.

Über die Wirkungslosigkeit dieser Konventionen gibt es Reihen von Dokumenten. Sie verstießen einfach gegen die Interessen zu vieler Staaten und zu vieler Unternehmungen. Bis 1931 hatte das PCB mehr als 19000 Fälle gesammelt, in denen durch die Industrie große Mengen Morphin und Heroin auf den internationalen Schwarzmarkt geworfen wurden, für nur drei Jahre eine hohe Zahl, und sie stellt mit Sicherheit nur die Spitze eines Eisbergs dar. 1936 wurde die Verfolgung solcher Drogenmanöver der Internationalen Polizei-Commission übertragen, der Vorläuferin der Interpol. Die stellte noch im selben Jahr fest, der „Vertrieb von legal produzierten Morphinen an illegale Organisationen" sei erheblich zurückgegangen. Als Gründe wurden genannt: mangelnde Kontrollmöglichkeiten und „die zunehmende Tendenz, heimliche Produktionszentren zu errichten".

1925 wurden im Deutschen Reich 17 Tonnen Morphin und Heroin hergestellt, bei einem medizinischen Jahresbedarf von nicht einmal einer Tonne. 1927 wurden in Hamburg einige Kaufleute zu 500 Reichsmark Geldbuße verurteilt, weil sie 50 Kilogramm Morphin, für die eine Ausfuhrbewilligung nach der Türkei vorlag, nach China hatten umleiten lassen. Im selben Jahr ergab eine Anfrage im Reichstag über Heroin, „daß jetzt dieser Stoff in großen Mengen auch in fremde Länder ausgeführt wird, und zwar nur als Genußmittel". 1934 wurden – das NS-Regime war mittlerweile an der Macht – „zum Schutze der nationalen Industrie-Interessen" alle deutschen Auslandsgeschäfte mit Opiaten zu „Geheimer Reichssache" erklärt. Die Bundesrepublik trat so ziemlich allen internationalen Vereinbarungen in Drogenfragen bei. Nur gelegentlich passieren Merkwürdigkeiten, die aber wohl nicht am Lieferanten liegen, sondern an den Abnehmern in der Dritten Welt. So erhielt zum Beispiel Pakistan nach dem Erdbeben 1973 von der Bundesrepublik eine geradezu großzügige Spende Morphine, die bis 1977 in allen Städten des Landes zum freien Verkauf angeboten wurde. Gelegentlich kommen auch Auslandstöchter deutscher Konzerne wegen allzu sorgloser Morphinproduktion ins Gerede, doch dies ist ein anderes Kapitel. Der überwältigende Anteil aller Opiate zu Rauschzwecken kommt seit etwa 50 Jahren aus illegalen Fabriken. Die Rolle der chemischen Industrie beschränkt sich auf das Liefern erlaubter Chemikalien für unerlaubtes Tun und auf die Produktion von Heilmitteln, die allerdings selbst abhängig machen können, gegen die Sucht.

Damit ist die ehrenwerte Geschichte der Sucht beendet. Ihren guten Ruf hatte sie schon zu Beginn des Jahrhunderts verloren. Als ernstes Problem wurde sie nach dem Ersten Weltkrieg erkannt, der von seinen Fronten eine Armee Süchtiger heimschickte. Die Staaten der Zivilisation reagierten wie auf jede Herausforderung: mit strengen Gesetzen und Verboten.

Ein Heer im Dunkel

Der Weg der Droge in den Untergrund führte in allen Ländern der Zivilisation über denselben Teufelskreis: strenge Verschreibungspflicht für Opiate, Strafgesetze gegen Rezeptfälschungen, Strafgesetze gegen fahrlässige Verschreibung. Damit allerdings wurde das Problem nur um eine Ebene verschoben. Die Süchtigen mußten sich verbergen; die Geschäfte wurden heimlich abgeschlossen, und dementsprechend stieg der Profit. Zur weiteren Finanzierung der Sucht blieb die Möglichkeit, gegen schon wartende Strafgesetze zu verstoßen, abgesehen davon, daß der Süchtige durch sein Gebundensein an den Schwarzmarkt ohnedies bereits kriminalisiert war.

Strafrecht beruht auf dem Prinzip der Schuld. Sucht gilt als Krankheit. Die Problematik, die sich aus dem Zusammentreffen von Straftatbeständen und Sucht ergibt, wurde nie hinreichend geklärt. Nicht einmal zu der Frage, ob Sucht eine schuldhaft erworbene Krankheit ist, etwa im Sinn von Selbstverstümmelung, gibt es gleichlautende Gerichtsurteile, und der Gesetzgeber hat sich – in der Bundesrepublik

und anderswo – um die Beantwortung der Frage weise gedrückt. Als Gutachter der Reichsregierung beklagte Louis Lewin 1927, daß „Juristen noch immer nicht gewillt sind, dem Mediziner Fassung, sachliche Begründung und Lösung medizinischer Probleme zu überlassen, die eine Beziehung des Individuums zur öffentlichen Ordnung haben". Er fuhr fort:
„In bezug auf die Unzurechnungsfähigkeit der Morphinisten, Kokainisten usw. haben die deutschen Gerichte eine verschiedene Praxis geübt, so z.B. Morphinisten, die Rezeptfälschungen vorgenommen hatten, um zu dem Mittel zu kommen, bestraft, dagegen einen Notar, der Opiophag war und unterschlagen hatte, und einen infolge schwerer Kriegsverletzungen morphinistisch gewordenen Mann, der immer wieder kleine Diebstähle und Fälschungen beging, um sich Morphin kaufen zu können, freigesprochen. Die Unzurechnungsfähigkeit muß in dem überwiegenden Teil der von Morphinisten begangenen Delikte ausgesprochen werden. Es geht toxikologisch nicht an, die moralisch defekten ‚intellektuell jedoch intakten' Morphinisten differenziert unter das Strafgesetz fallen zu lassen."

Mehr als ein halbes Jahrhundert später hat sich hier noch nicht viel geändert, wie die verschiedensten, verschiedenartigsten Gerichtsurteile zu denselben Tatbeständen belegen. Die deutschen gesetzgeberischen Aktivitäten beschränkten sich bislang und immer noch darauf, reformierend an dem Opiumgesetz von 1929 herumzuflicken, das schon bei seiner Verabschiedung als unwirksam, undifferenziert und „in dieser Fassung unhaltbar" bezeichnet wurde. Seit mehr als 50 Jahren besteht, den Gesetzesbegründungen folgend, Einmütigkeit darüber, daß dieses Gesetzwerk „umfangreiche Flankierungsmaßnahmen für die Therapie und die Rückführung Süchtiger braucht". Sie wurden nur noch immer nicht festgelegt, und auch das neue Rauschmittelgesetz verschiebt sie auf „demnächst".

In diesem Zusammenhang erscheint es eher als Kuriosum, daß die medizinische Seite der Sucht, von Fallbeschreibungen abgesehen, noch gar nicht richtig erforscht ist.

Die klassische Fallschilderung stammt von Lewin und lautet für das fortgeschrittenere Stadium:
„Die Wirkungsdauer einer Dosis wird kürzer. Das Mittel muß häufiger und in größeren Mengen eingespritzt werden, um noch, wie im Beginn, angenehm zu wirken, die Sklavenkette wird immer kürzer und zerrt den Morphinisten. Die Gläubiger, die Gehirnzellen, pochen, fordern, schreien und – rächen sich durch Erregung von Schmerzen, sobald sie nicht prompt befriedigt werden. Löste im Beginne der Morphinleidenschaft der höchste Genuß das Vergnügen ab, so erscheint jetzt ein Zustand, in dem das zufriedenzustellende Gehirn wohl noch auf eine geeignete Morphindosis die alte Reaktion aufweist, in der Zwischenzeit zwischen zwei Dosen aber schon beginnt, sich unangenehm vernehmen zu lassen, wenn die volle Wirkung zu schwinden an-

fängt. So gebiert die Zeit unter schlimmen Wehen das letzte Stadium: das Erwachen der Erkenntnis des Überliefertseins an das Morphin nicht auf Gnade und Ungnade, sondern auf absolute Ungnade. Die Willenskraft ist gänzlich gelähmt. Zur geringsten Leistung fehlt der Entschluß, und der ständige Kampf zwischen Wollenmüssen und Nichtvollbringenkönnen gereicht dem jetzt das Gefühl innerlicher Erbärmlichkeit mit sich Herumtragenden zur namenlosen Pein. Das Nichtvollgeladensein mit dem Mittel, der Abstinenzzwang, schafft geistige und körperliche Unruhe und damit Zornmütigkeit, Rücksichtslosigkeit gegen andere, zumal Abhängige, mit den Varianten, die durch den früheren Charakter eines solchen Menschen bedingt sind."

„In langsamer Entwicklung gestalten sich nun als Folgen gestörten Gehirnlebens die dadurch bedingten körperlichen Störungen. Das Gehirn als Lenker so vieler Leibesfunktionen erlahmt in seiner regulatorischen Arbeit. Die Nahrungsaufnahme leidet, das Aussehen wird schlecht, Abmagerung stellt sich ein, das Arbeitsvermögen mindert sich auffällig. Nur noch in vergifteter Dosis vermag Morphin körperliche Leistungen irgendwelcher Art zu erzwingen. Das Geschlechtsleben leidet. Untersuchungen des Samens von einem Morphinisten, der seit mehreren Monaten 0,3 – 0,5 g Morphin einspritzte, ergab ganz dünne, unbewegliche Samenfäden, die auch durch chemische Reagentien nicht beweglich gemacht werden konnten. Nach der Geburt kann das Kind einer Morphinistin Symptome der Morphinentziehung aufweisen. Der Gebrauch anderer betäubender oder erregender Mittel als Ersatz von Morphin macht das Unheil größer, weil dann beide, das alte und das neue, gebraucht werden."

1943 formulierte der aus Deutschland in die USA emigrierte Himmelsbach die klassische Suchttheorie: Die Morphintoleranz und -abhängigkeit beruht demnach auf dem Bemühen des Organismus, die Lebensfunktion trotz der Wirkung von Morphin zu erhalten. Der Suchtverlauf ist ein sich ständiges Steigern aus Rausch- und Funktionsbedürfnis des Körpers.

1961 nahmen die Gebrüder L. und W. Goldstein ein Körperenzym an, dessen Produktion durch Morphin blockiert würde. Aus dem Fehlen dieses Enzyms entstehe das Rauschgefühl. Das Gehirn aber reagiere nach einer gewissen Zeit durch verstärkte Produktion dieses Enzyms, was stärkere Morphingaben nötig mache, um wieder das ursprüngliche Rauschgefühl zu erreichen. Später erhielt dieses Enzym den Namen Neurohormon oder Neurotransmitter, und danach forschen die Gelehrten heute noch.

Diese Suche aufgrund von Hypothesen ähnelt ein wenig dem Versuch, „den" Krebserreger zu finden, und beruht auf der altehrwürdigen Theorie Galens, derzufolge jedes Leiden nur eine Ursache haben könne. Mittlerweile wurden in unserer tagtäglichen Umwelt so viele Krebserreger gefunden, daß man im „Kampf gegen den Krebs" nach militärischer Logik nur noch achselzuckend kapitulieren könnte.

Nicht ganz so breit gefächert, aber auch sehr vielseitig, ist das Theorieangebot bei dem Körperstoff, der die Sucht bewirkt.

In welchen Teilen des Zentralnervensystems sich Morphin bevorzugt ablagert, steht mittlerweile fest: im Hirnanhang (Thalamus), der Schaltstelle für Sinneseindrücke, Lust- und Schmerzempfindungen; in dem für höhere Bewußtseinsfunktionen (z.B. Willen) zuständigen Teil der Großhirnrinde; im Mittelhirn an der Durchgangsstelle für Nervenbahnen und im Kleinhirn, wo die Körperbewegungen koordiniert werden. Das ergab sich nicht nur aus „Gehirnbreiabrührungen" (zerstückelte Gehirnteile), die je nach Herkunft auf Morphin verschieden reagierten, sondern auch durch psychologische Beobachtungen. Doch von diesem Punkt an begannen Hypothesen.

1966 meldeten die Herren Cohen und Ungar, sie hätten ein „Peptid" oder „kleines Protein" gefunden und durch Tierversuche als Neurohormon überführt. Erst sechs Jahre später stellte sich das Ganze als Fehlanzeige heraus. 1975 entdeckten gleich neun Gelehrte unabhängig voneinander ein Neurohormon, das sie MLF (Morphine-Like-Factor) oder Enkephalin nannten. „Es stellt eine Mischung aus zwei Pentapeptiden von der Formel H-Tyr-Gly-Gly-Phe-Leu-OH und H-Tyr-Gly-Gly-Phe-Met-OH dar." Auf Morphin soll der Stoff extrem beeindruckkend reagiert haben, aber welche Rolle er sonst im Körper spielt oder ob überhaupt eine, bleibt bislang der Spekulation überlassen.

Die neueste Hoffnung setzt man in eine Form von Nervenzellen mit eigenen Bindestellen, die sogenannten Rezeptoren. Sie sondern Endorphine ab, berauschende oder betäubende Stoffe, die eine Übertragung allzu heftiger, unangenehmer Reize blockieren. Sie erzeugen das Lustgefühl, und ihre am Lebensende verstärkte Produktion bewirkt den „sanften Tod". Ihre chemische Struktur ist der des Morphins durchaus ähnlich, und Wissenschaftler sehen in ihnen ein „körpereigenes Morphin". Sämtliche Drogen, von Alkohol und Nikotin über Valium und Haschisch bis zu Morphin wirken nach neuesten Theorien über die Rezeptoren und den Endorphinhaushalt. Wie aber und wie sich langer Morphingebrauch auf ihren Haushalt auswirkt, ist noch nicht erforscht.

Zu wieder ganz anderen Ergebnissen kommen einige Psychologen der neuesten amerikanischen Schule, und manche von ihnen bestreiten sogar den klinischen Suchtbegriff. Bei etlichen dieser – stets von irgendwelchen Stiftungen, z.B. Rockefeller-Foundation, Barnes-Foundation, geförderten – Untersuchungen liegt allerdings der Verdacht nahe, daß die Ergebnisse bestimmte Interessen der Auftraggeber spiegeln könnten. Als in den USA die Verwicklung des CIA in Heroingeschäfte – sowohl in Vietnam als in den USA – bekannt wurde, meldete sich der Drogenexperte der Regierung und Harvard-Professor für klinische Psychologie, Norman Zinberg, mit einer sehr seltsamen wissenschaftlichen Erkenntis:

„Ich glaube nicht, daß Heroin süchtig macht. Ich habe viele Patienten studiert, die Opiate über lange Perioden nahmen, und ich habe nie einen medizinisch Süchtigen erlebt. Sucht hat wenig zu tun mit der Stärke einer Droge, sondern eher mit dem geistigen Zustand, in dem sich ihr Gebraucher befindet, und mit der Umgebung, in der er sie zu sich nimmt. Ich glaube, Heroin macht genauso süchtig wie Alkohol. Die Sache ist relativ – ich bin sicher, man kann vielleicht jemanden süchtig machen, aber es wird sehr schwierig sein."

Klaus Kuschinsky, der für die Max-Planck-Gesellschaft so ziemlich alle Suchttheorien durchforschte, kam schließlich zu jenem Ergebnis:

„Drogenmißbrauch ist ein sehr ernstes Problem der Gesellschaft, und es ist zweifelhaft, ob es je eine befriedigende Lösung des Problems geben wird, von Erleichterungen bei einigen Symptomen abgesehen. Aber auch eine Teillösung wird uns wertvolle Information über menschliches Verhalten geben, vor allem über die Motivation. Wie auch bei anderen pathologischen Beispielen, geben uns Störungen der normalen Funktionen wertvolles Material, um die Gehirnmechanismen zu studieren, die verantwortlich sind für die Motivation."

So spricht die Wissenschaft, allerneuester Stand. Ihre Sprache ist kompliziert geworden, nur noch Fachkollegen verständlich, und vor allem dort, wo Sokrates noch mit den Worten auskam: „Ich weiß, daß ich nichts weiß."

Ob der Staat, in diesem Fall also die Bundesrepublik, an einer konzentrierten Erforschung der dunklen Landschaft Sucht interessiert ist, muß bezweifelt werden, trotz aller Reden von Politikern über den „Kampf gegen die Sucht". Das beweist nicht nur die Streichung von Forschungsstellen der Max-Planck-Gesellschaft für das Jahr 1980, sondern auch der Staatshaushalt für Forschung. Ginge es nach der Bevölkerung, deren Meinung ja zur Genüge erkundet wird, würde dieser Kuchen so verteilt: 22 Prozent für medizinische Forschung, sieben Prozent für Lehr- und Lernforschung, für Atom- und militärische Forschung drei Prozent und weniger. Da die Bundesrepublik eine Demokratie ist, wird es wohl an Sachzwängen liegen, daß die Wirklichkeit anders aussieht. In den letzten zwölf Jahren ergaben sich schön regelmäßig: für militärische Forschung um die 40 Prozent – aber der Kurs heißt Frieden –, für Atomforschung mehr als 30 Prozent, für medizinische Forschung etwa 2,5 Prozent, immerhin stets das Fünffache der Forschungsmittel für Lehren/Lernen. Der Etat für die Erforschung von Rauschgiftfragen läßt sich nicht einmal in Promille ausdrücken.

Da nun einmal die wissenschaftliche Frage nicht geklärt ist, wurden Therapiefragen – deren gesetzgeberische Lösung seit einem halben Jahrhundert als unumstrittene Notwendigkeit betont wird – bislang noch immer verschoben. Dafür wurde, wie es schon 1929 hieß, „ein lückenloses Netz von Strafbestimmungen" geknüpft, an dem seither munter weitergeflickt wird.

Im Jahre der Reformen 1972 erlebte das ehrwürdige Opiumgesetz auch eine, und in der Begründung steht schon zu Anfang eine fast ergreifende Erkenntnis, die allerdings fast wörtlich auch schon 1929 so hingeschrieben wurde und die alle Jahre wieder einmal so ausgesprochen wird:

„Der Mißbrauch von Rauschgiften, die im Opiumgesetz als Betäubungsmittel bezeichnet werden, droht ein gefährliches Ausmaß zu erreichen. Dieses Phänomen läßt sich *nicht mehr* als eine vorübergehende Mode deuten und abtun. Einer Seuche gleich breitet es sich mehr und mehr auch in der Bundesrepublik Deutschland aus. Immer weitere Kreise der Bevölkerung werden von dieser Welle erfaßt... Hauptziel des Gesetzes ist es nach allem, aus dem Opiumgesetz ein *wirkungsvolleres* Instrument zur Kontrolle des Verkehrs mit Rauschgiften und zur Bekämpfung der Rauschgiftsucht zu machen... Die mit einer Freiheitsstrafe bis zu drei Jahren bewehrten Grundtatbestände *werden erweitert*... Für besonders schwere Fälle wird im Gegensatz zum geltenden Recht eine Mindestfreiheitsstrafe von einem Jahr und eine Höchststrafe von zehn Jahren vorgesehen... Es soll eine *wirksamere* Durchführung dieses Gesetzes erreicht werden. Zu diesem Zweck werden dem Bundesgesundheitsamt zusätzliche Befugnisse und Verpflichtungen übertragen... Der Entwurf *hält* ferner an dem Grundsatz des geltenden Rechts *fest*, daß bei den Strafandrohungen *keine Unterschiede* zwischen ‚harten‘ und ‚weichen‘ Drogen gemacht werden. Es fehlen für solche Unterscheidungen brauchbare Kriterien, so daß sich eine dahin gehende Änderung mit Recht dem Vorwurf der Willkür aussetzen würde... Die Vorschriften dienen nur der Klarstellung. Sie gestatten eine *bessere Lesbarkeit* des in seiner Terminologie veralteten Opiumgesetzes. Dieser Terminologie *soll jedoch erst bei* der Neuordnung des Suchtmittelrechts modernisiert werden... Eine Reihe von Einzeltatbeständen ist neu gefaßt worden, *ohne daß ihr Gehalt eine Änderung* erfahren hat...Eine weitere wesentliche Neuerung besteht in der Einführung von besonders schweren Fällen... *Der Entwurf spricht sich nicht ausdrücklich über die sogenannten passiven Täter aus.* Es handelt sich vor allem um Personen, die Betäubungsmittel in kleinen Mengen lediglich zum Eigengebrauch erworben haben... Unabhängig davon *wird* bei der Reform des Suchtmittelrechts geprüft werden, *ob* und wie man den besonderen Verhältnissen im Rauschgiftbereich besser Rechnung tragen kann. Diese Vorschrift wird die *Strafverfolgung* insoweit *erleichtern,* als in Zukunft nicht mehr notwendig sein wird, dem Besitzer den vorherigen illegalen Erwerb eines Betäubungsmittels nachzuweisen..."

Ein gleichzeitig angekündigtes „Gesetz für die Heilung und Sozialisierung Süchtiger" wurde auch nach acht Jahren noch nicht eingebracht.

Seinen Anspruch und seine Aufgabe findet das Gesetz in der Begründung formuliert: „Als eine der Maßnahmen der Bundesregierung, die in einem umfassenden Aktionsprogramm zur Bekämpfung der

Rauschgiftsucht vorgesehen sind, dient das Gesetz dem Ziel, der Rauschgiftwelle in der Bundesrepublik Deutschland Einhalt zu gebieten und damit große Gefahren von dem einzelnen und der Allgemeinheit abzuwenden."

Angesichts des Erfolges liegt die Versuchung nahe, an Lichtenbergs „Messer ohne Klinge, dem der Griff fehlt" zu denken. Der Vergleich hinkt natürlich, denn es gibt einen Griff, und der ist polizeilicher Natur. Auch die Klinge immer härterer Strafen läßt sich nicht leugnen. Die Wirksamkeit dieser Art Gesetzgebung läßt sich allerdings nur an der Frage messen, ob in einem halben Jahrhundert strenger Gesetzgebung die Zahl der Süchtigen wirklich zurückgegangen ist.

1924 waren über 40 Prozent aller Ärzte selbst süchtig, nach einer Untersuchung von 1953 nur noch zwei Prozent. Die letztere Zahl darf bezweifelt werden, denn Sucht war damals schon Anlaß für ein Ausscheiden aus dem medizinischen Betrieb. 1924 meldeten die USA 200000 Süchtige, das Deutsche Reich 15000. Inoffizielle Schätzungen nahmen allerdings für Deutschland etwa 70000 Abhängige an. 1972 meldeten die USA eine Zahl von 1,2 Millionen, die jedoch 1978 auf 600000 zurückgegangen sein soll. Die Bundesrepublik gibt für 1979 über 45000 Süchtige an, während die meisten Schätzungen von mehr als 160000 sprechen. Die Zahl der Abhängigen im Verhältnis zur Bevölkerung ist also trotz aller Gesetze gestiegen. Nur gehören die Betroffenen nun anderen sozialen Kreisen an. Morphinsüchtige Ärzte und Richter genießen Seltenheitswert; weitaus mehr Süchtige sind unter den Chancenlosen, Deklassierten zu finden, unter jenen, die nur als Randgruppen staatlichen Interesses würdig sind, im – wie Berlins Polizeipräsident 1978 auszudrücken beliebte – „Bodensatz". Dem Gesetz ständiger Markterweiterung folgend, steigt die Droge wie im Schweinezyklus etwa alle sieben Jahre auch in den neuen Mittelstand auf. Sobald sie dort künftige Steuerzahler zerstört, erkennen sie auch die Regierungen als Problem, und über Rauschgift wird öffentlich geredet. Sind dann die mit Information ohnedies überfütterten Staatsbürger des Themas müde, wird das Gift mit seinen Problemen wieder in den Untergrund gedrängt.

Das Bild der Droge in der Literatur änderte sich. Das wohl letzte Buch über Opium schrieb Jean Cocteau, das Enfant terrible der französischen Dichtung, der Meister einer raffinierten Mischung von Poesie, Tatsachen und schlimmsten literarischen Listen. Auch „Opium, Tagebuch einer Entziehung" ist eher eine Verführung zu dem Stoff. Er veröffentlichte es 1930, als alle europäischen Länder bereits eine strenge Opiumgesetzgebung beschlossen hatten, und es beruhte auf einer Entziehungskur, die er zwei Jahre zuvor durchgemacht hatte. Cocteau rauchte das Gift, der „antimedizinischen Eleganz" wegen, und berühmt wurde sein Ratschlag „Gehe vorsichtig an Opium, wie an ein wildes Tier, ohne Furcht." Auch nach der Entziehung bleibt die Sehnsucht: „Ich fühle mich leer, arm, entmutigt, krank. Es ist hart zu wissen, daß es diesen fliegenden Teppich gibt und man nie mehr fliegen wird."

„Potente Gehirne stärken sich nicht durch Milch, sondern durch Alkaloide", schrieb zur selben Zeit in Berlin der Dichter Gottfried Benn und meinte Morphium. Da er selbst Arzt war, hatte er bei der Beschaffung des Giftes keine Probleme, und er scheint einer der ganz wenigen zu sein, den das Gift nicht zerstörte. Walter Mehring meinte einmal, er habe es mit dem Morphium wohl so gehalten wie mit den Nazis, nämlich sich damit weit jenseits aller Anstandsgrenzen eingelassen, ohne ihm endgültig zu verfallen.

Ein spezieller Fall ist auch Hermann Göring, der trotz schwerem Morphinismus immer korpulenter wurde. In den höheren Rängen der NS-Hierarchie wußte man über seine Sucht sehr wohl Bescheid, und in die Gefangenschaft begab er sich mit zwei dicken Koffern, Inhalt: 20000 Ampullen Morphin. Es schmerzte ihn sehr, daß ihm die Amerikaner diese abnahmen, und sein völlig verändertes Aussehen beim Nürnberger Prozeß war eine Folge der unfreiwilligen Entziehungskur. Ob Ernst Kaltenbrunner, der mörderische Gestapo-Chef, süchtig war, ist ebensowenig erwiesen wie die angebliche Leidenschaft zu Morphin seines Vorgängers Reinhard Heydrich oder aber Josef Goebbels. 1979 konnte man sogar im „Spiegel" lesen, Hitler sei gegen Kriegsende „amphetaminsüchtig" geworden. Die Aussicht wäre tröstlich: die unsäglichen Barbareien der Nazis gehörten zum Krankheitsbild von Drogenabhängigen und nicht zum – von Deutschlands Bevölkerung doch weitgehend gutgeheißenen – Programm des Nationalsozialismus; ein ahnungsloses Volk, hinter dessen Rücken Süchtige politische Perversitäten verüben... Doch so läßt sich der Nationalsozialismus nicht bewältigen. Er war eine schrecklich nüchterne und leider auch sehr deutsche Sache, trotz aller rauschhafter Aufmärsche, trotz allen Begeisterungstaumels der Gefolgschaften. Göring war nur die regelbestätigende Ausnahme, der bunte Paradiesvogel der braunen Masse, fast eine Art NS-Hippie mit seiner Vorliebe für Lametta und Phantasieuniformen, die kein Operettenhaus seinem Publikum zugemutet hätte. Seine Verbrechen aber haben nichts mit der Droge zu tun, sondern mit seiner wie es in bestem NS-Deutsch heißt: Weltanschauung.

Unter den Künstlern des Expressionismus forderte die Droge ihren hohen Tribut. Georg Trakl, der Lyriker und Apotheker, verfiel ihr; der Maler Ernst Ludwig Kirchner versuchte sein Leben lang, von ihr loszukommen; Walter Benjamin wurde ihr Opfer; Alfred Döblin kämpfte mit ihr; der Wiener Maler Richard Gerstl entsprang ihrer Umarmung in den Freitod, und die Dunkelziffer unter den Künstlern ist mit Sicherheit höher. Wieweit extrem persönliches Kunstschaffen mit Drogen zusammenhängt, ist immer noch nicht genau erforscht. Halluzinogene Drogen wie Haschisch, Mescalin und später LSD sind durchaus geeignet, eine neue Sehweise zu bewirken. Bei Opiaten ist dies eher zweifelhaft. Picasso, der so ziemlich alle Drogen versucht hatte, bestritt es und wies darauf hin, daß alle Künstler, die Opiaten verfielen, ihren sehr persönlichen Stil schon voll ausgeprägt hatten, ehe sie mit der Droge Bekanntschaft machten.

Der Zusammenhang zwischen expressiver Kunst und Opiaten dürfte eher ein anderer sein: die Sehnsucht, nach der völligen Verausgabung, nach dem „Ausgebranntsein" in die Betäubung zu fliehen, „abzuschalten". Der „Winterschlaf des Geistes", den die alten Griechen an Opium priesen, scheint die Ursache zu sein, daß gerade die Künstler an die Droge geraten, die sich in ihrem Schaffen rücksichtslos verausgaben. So dürften Opiate bei extrem kreativen Menschen dieselbe Rolle spielen wie Alkohol, vom medizinischen Unterschied abgesehen, und die von Opiaten abkamen, wurden auch ausnahmslos später für ihren hohen Alkoholkonsum ebenso berüchtigt.

Eine weitere Frage ist, ob die Drogenliteratur unseres Jahrhunderts noch den Verführungscharakter hat, den für seine und die folgenden Generationen zweifellos de Quinceys Werk hatte. Für die Zeit bis 1965 muß das bei Opiaten verneint werden. Nicht daß es an verführerischen Hymnen der Droge fehlt – in den Werken von William S. Burroughs oder Allan Ginsberg werden auch die Freuden von Morphin und Heroin geschildert –, doch das Gesamtbild zeigt immer wieder eine grausam zerstörte Menschlichkeit. Ihre Autoren wurden höchstens bewundert, weil sie trotz der Droge noch etwas schaffen konnten, als Vorbilder sah sie niemand, höchstens als Brüder im Geiste. Erst mit der Popkultur wurden die Opfer der Droge zu Helden, zu Vorbildern der Todessehnsucht einer Generation und nun schon der nächsten. Das aber liegt wohl nicht an der Droge. Zweifellos hat Goethes „Werther" der ihm folgenden Selbstmordwelle unter den Jugendlichen seiner Zeit ein gut geschriebenes Vorbild geliefert. Die wahre Ursache für die erschreckend vielen Selbstmörder aber war die Hoffnungslosigkeit einer Jugend ohne Aussichten. Nicht anders ist es heute, wo immer mehr Jugendliche nicht trotz, sondern wegen der vielen Toten unter den bewunderten Popstars zu Opiaten greifen. Heute ist mit der Droge auch der Wille zum Tod untrennbar verbunden.

Nur so erklärt sich, daß Drogenopfer wie Jimi Hendrix, Janis Joplin und Elvis Presley nach ihrem tragischen Ende erst recht zu Heroen wurden, nicht mehr nur Stars, sondern auch vorbildhafte Todesengel.

Die Morphinisten alter Schule lieferten dafür keine Vorbilder. Ihr Leben ist ein ständiger Kampf gegen das Gift, meistens aussichtslos, selten gewonnen, denn die Kriminalisierung der Droge bürdete noch einen zusätzlichen Druck auf die Seele des Kranken. Ein grausig anschauliches Beispiel für das Dutzendschicksal eines Süchtigen bietet das Leben des Rudolf Ditzen aus Greifswald. Der Vater des 1893 Geborenen war Landgerichtsrat, die Erziehung streng und pietistisch. Mit 16 schreibt der Junge obszöne Briefe an die Tochter einer Nachbarin; die immer heftigeren Auseinandersetzungen mit dem Vater gipfeln darin, daß er mit 18 für zwei Monate in eine Heilanstalt geschickt wird.

Rudolf Ditzen möchte Dichter werden. Wieder auf dem Gymnasium, wettet er mit einem Freund, wer das bessere Drama schreiben könne. „Ein bekannter Dichter" solle das Urteil fällen, der Unterlegene müsse sich in einem Duell erschießen lassen. Im Herbst erschießt der 18jährige seinen Freund und versucht anschließend, auch sich umzubringen. Mit zwei Kopfschüssen kommt er in das Spital, anschließend für zwei Jahre in eine Heilanstalt. Die erste Reaktion der Mutter, als sie die Katastrophe hört: „Gott sei Dank nichts Sexuelles!"

Nach seiner Entlassung beginnt Ditzen eine Lehre als Gutseleve, und dann wird er in den Ersten Weltkrieg eingezogen. 1916 wird er wegen Unzurechnungsfähigkeit aus der Armee entlassen, strandet in Berlin, verfällt dem Alkohol und dem „kleinen Tod" des Morphinisten. 1917 macht er seine erste Entziehungskur durch. Die nächsten Jahre versucht er, sich auf verschiedenen Gütern durchzuschlagen, immer wieder zwischen Alkohol und Morphin wechselnd. Nebenbei schreibt er seine ersten Romane, die unter dem Pseudonym „Hans Fallada" gedruckt werden. 1923 wird er wegen Unterschlagung zu drei Monaten Gefängnis verurteilt, ein Jahr später, ebenfalls wegen Unterschlagung, zu zweieinhalb Jahren. „Die waren meine wirkungsvollste Entziehungskur", schreibt er später.

1929 nimmt ihn in Hamburg der Arbeiter Issel nach einer Versammlung des Guttemplerordens mit nach Hause. Ditzen verliebt sich sofort in seine Schwester Anna, eine Lagerarbeiterin, der er den Spitznamen „Suse" gibt. Suse wird sein seelischer Halt, und nun entstehen in rascher Folge die Romane, die Fallada berühmt machten: „Bauern, Bomben und Bonzen", „Kleiner Mann, was nun", „Wer einmal aus dem Blechnapf frißt". Fallada meidet die Stadt und lebt fast ausschließlich auf einem kleinen Gut im Mecklenburgischen. Mit den Nazis arrangiert er sich und fungiert eine Zeitlang auch als „Sonderleiter Ditzen" des Reichsarbeitsdienstes.

Gegen Kriegsende holt ihn seine Vergangenheit wieder ein. Eine Fabrikantenwitwe, selbst schwer süchtig, sucht Zuflucht in dem kleinen Dorf. Fallada verfällt ihr, läßt sich von Suse scheiden und versucht sogar, sie zu erschießen. Zu Kriegsende ist Fallada wieder schwerer Alkoholiker und Morphinist.

Sein alter Freund Johannes R. Becher, der spätere Kulturminister der DDR, versucht ihm zu helfen, holt ihn zur „Täglichen Rundschau" nach Berlin, doch Fallada ist kaum noch arbeitsfähig. Immer häufiger muß er in Krankenhäuser eingewiesen werden, im Dezember 1946 schließlich in die Charité. Seine zweite Frau bringt ihm auch dorthin nahezu täglich Morphin. Am 5. Februar 1947 stirbt der Dichter Hans Fallada an einer Überdosis.

Seine Romane wurden Bestseller. Wie nur wenige andere Bücher spiegeln sie die Zeit zwischen den beiden Weltkriegen, gesehen von der Seite der ewigen Verlierer, zu denen Fallada selbst zählte. In seinem Nachlaß fand sich ein handgeschriebenes Manuskript, das wie kaum ein anderes Werk der Literatur die Höllenpforten der Sucht öffnet.

Sachlicher Bericht vom Glück, ein Morphinist zu sein,
von Hans Fallada

Das war in jener schlimmen Berliner Zeit, als ich im Morphium verkam. Ein paar Wochen war es gutgegangen, ich hatte einen großen Posten „Benzin", wie wir das Gift unter uns nannten, erwischen können und war der schlimmsten Sorge des Morphinisten, der Sorge um den Stoff, überhoben worden.

Dann, je mehr sich mein Vorrat dem Ende zuneigte, war mein Konsum stark und stärker geworden, ich wollte noch einmal gründlich satt werden und dann — nichts mehr davon!

Einmal mußte doch ein anderes Leben begonnen werden, mit Energie war die plötzliche Entwöhnung durchzuführen, es gab solche Fälle.

Aber als ich an jenem Morgen erwachte, da ich dem Nichts gegenüberstand, wußte ich, ich *mußte* Morphium bekommen, um jeden Preis! Mein ganzer Körper war von einer peinigenden Unruhe erfüllt, meine Hände zitterten, ein toller Durst quälte mich, ein Durst, der nicht nur in der Mundhöhle, sondern in jeder einzelnen Zelle meines Körpers lokalisiert schien.

Ich nahm den Hörer ab und rief Wolf an. Ich ließ ihm keine Zeit, mit ersterbender Stimme hauchte ich: „Hast du Benzin? Komm sofort, ich vergehe!"

Ich legte mich aufatmend in die Kissen zurück. Eine tiefe, feierliche Erlösung. Vorgefühl der kommenden Genüsse, machte den Körper sanft: Wolf wird mit dem Auto kommen, ich werde die Spritze einstechen, ich fühle das Eindringen der Kanüle, und nun ist das Leben schön.

Das Telefon schrillte, Wolf meldete sich und: „Warum hingst du gleich ab? Ich kann dir kein Benzin bringen, ich habe selbst nichts mehr. Muß heute auf die Jagd gehen."

„Eine Spritze, eine einzige Spritze, ich sterbe sonst, Wolf."

„Wenn ich doch nichts mehr habe."

„Du hast. Ich weiß bestimmt, du hast."

„Aber mein Ehrenwort."

„Ich höre ja an deiner Stimme, daß du eben noch gespritzt hast. Du bist ganz satt."

„Heute nacht um vier das letztemal."

„Und ich schon seit elf nicht mehr. Wolf, komme rasch."

„Aber es hat doch keinen Zweck. Komme du lieber mit. Ich weiß eine sichere Apotheke. Nimm ein Auto, wir treffen uns um neun am Alex."

„Du versetzt mich nicht? Schwöre!"

„Keinen Quatsch, Hans. Um neun am Alex."

Ich stehe langsam auf, das Anziehen wird mir schwer, meine Glieder sind schwach und zittern ständig, die Beruhigung ist verflogen. Mein Körper glaubt mir nicht, daß ich ihm Morphium geben werde.

Ich entdecke zufällig auf meinem Kalender, daß heute ein Unglückstag ist. Dann setze ich mich in meinen Sessel und weine. Ich leide so sehr, und ich fühle, ich werde heute noch schlimmer leiden müssen, und ich bin so schwach. Wenn ich doch sterben könnte! Aber auch das weiß ich längst, daß ich zu feige bin zum Sterben, ich werde aushalten müssen.

Dann kommt meine Wirtin zu mir und sagt etwas Tröstliches, aber ich unterbreche mein Weinen nicht, ich winke ihr nur mit der Hand, zu gehen.

Aber sie spricht weiter, ich höre langsam heraus, daß ich heute Nacht schon wieder mit der Zigarette Löcher in mein Bett gebrannt habe. Ich schiebe ihr Geld hin, und da sie still hinausgeht, muß es genug gewesen sein.

Ich gehe immer noch nicht, obwohl die Uhr gleich neun zeigt; ich betrachte den Kaffee, den ich in die Tasse schenke, und denke nach: Koffein ist ein Gift... denke ich, es regt das Herz auf. Es gibt viele Fälle, daß Leute daran gestorben sind, Hunderte, Tausende von Fällen. Koffein ist ein schweres Gift, sicher beinahe so schwer wie Morphium. Daß ich nie daran geacht habe! Koffein wird mir helfen...

Und ich stürze eine, zwei Tassen hinunter.

Ich sitze einen Augenblick da, starre vor mich hin und warte. Ich will es noch nicht wahrhaben, und ich weiß doch schon, daß ich mich wieder betrog, wieder einmal wissentlich belog.

Mein Magen weigert sich, den Kaffee bei sich zu behalten. Ich fühle, wie mein ganzer Körper zittert und sich mit kaltem Schweiß bedeckt, ich muß hoch, ich werde wie von Krämpfen geschüttelt, und dann kommt stoßweise die Galle.

„Das ist das Ende", flüstere ich.

Nach einer Weile habe ich mich soweit erholt, daß ich stehen und gehen kann, ich bringe meine Toilette zu Ende, gehe auf die Straße und finde ein Auto.

Auch Wolf ist unpünktlich.

Wirklich wartet er noch, ich sehe ihm sofort an, daß auch er Fieber hat. Seine Pupillen sind stark erweitert, die Backen eingefallen, und die Nase steht spitz hervor.

Wir gehen auf ein Postamt und schreiben ein Dutzend Rezepte aus. Wir begutachten unsere Schrift, und drei Rezepte, die nicht kraklig genug aussehen, werden vernichtet.

Wir nehmen ein Auto.

Ein paar Schritte vor der „sicheren" Apotheke läßt Wolf den Wagen halten und hinkt krank und elend los.

Ich lehne mich zurück.

In einer Viertelstunde habe ich Benzin! Es wird auch die höchste Zeit, mein Körper wird immer schwächer, mein Magen schmerzt unsinnig, er will und will Morphium haben.

Ich lehne mich fest in die Kissen, ich schließe die Augen und male mir aus, wie schön es sein wird, wenn ich die Nadel einsteche. Nur ein paar Minuten, ein ganz, ganz kleiner Augenblick, und tiefe, feierliche Ruhe wird in meine Glieder strömen. Ich werde nur zu lächeln brauchen, denn jeden Wunsch erfüllt mir Morphium, ich brauche nur die Augen zu schließen, und die ganze Welt gehört mir.

Jetzt kommt Wolf.

Ich sehe sofort, er hat nichts bekommen. Er sagt dem Chauffeur die nächste Adresse, setzt sich neben mich und schließt die Augen. Ich merke, wie er heftig atmet, er wischt sich mit der Hand den Schweiß von der Stirn.

„Das sind keine Menschen, Tiere sind das, Äster, die! Einen so leiden zu lassen. Ich habe betteln müssen, daß sie nicht die Polizei riefen."

„Ich dachte, die Apotheke sei sicher?"

„Der alte Provisor war nicht da, nur so ein junger Kerl. Die jungen sind alle scharf wie Rasiermesser."

Das Auto hält.

Wolf macht wieder einen Versuch. Unterdessen beschließe ich, mir das Morphium selbst abzugewöhnen. Jetzt, wo ich auf Wolf und die Apotheken angewiesen bin, bekomme ich doch nie meine Tagesdosis von acht Spritzen zusammen. Ich werde eben einfach jeden Tag eine weniger nehmen, das geht schon. Nur jetzt noch nehme ich gleich zwei, drei Spritzen hintereinander, damit ich noch einmal ordentlich satt werde...

Wolf kommt schon wieder, sagt eine neue Adresse, und wir fahren los.

„Nichts?"

„Nichts."

Es ist zum Verzweifeln. Da laufen die Menschen umher und haben tausend Pläne und freuen sich auf morgen, und Blumen gibt es und Licht und Frauen.

All das ist tot für mich. Ich denke daran, daß Berlin Hunderte von Apotheken hat, und in jeder liegt in einem Schrank viel, viel Morphium, und man gibt es mir nicht. Ich muß leiden, und doch ist es so einfach, der Apotheker brauchte nur einen Schlüssel zu drehen... Er soll ja Geld haben, soviel er will, ich will ihm gern all mein Geld geben.

Wolf geht wieder.

Plötzlich bekomme ich die Vorstellung, daß dies ständige Halten in der Nähe von Apotheken dem Chauffeur verdächtig werden würde. Vielleicht benachrichtigt er die Polizei? Ich knüpfe ein Gespräch mit ihm an, erzähle ihm eine lange Geschichte, daß wir beide Zahntechniker sind, mein Freund und ich, keine Zahnärzte, und die Zahntechniker bekommen ja Betäubungsmittel für schmerzloses Zahnziehen nicht ohne weiteres, sondern sie müssen sich dafür Rezepte vom Zahnarzt holen, und die Rezepte sind teuer. Und deswegen fahren wir in jede Apotheke, um...

Der Chauffeur sagt zu allem ja und nickt mit dem Kopf. Aber er lächelt so vor sich hin, ich beargwöhne ihn weiter und werde ihn möglichst bald ablohnen, nur nicht gleich, sonst zeigt er uns beim nächsten Polizisten an.

Wolf kehrt zurück: „Schicke das Auto weg."
Mein Herz schlägt schneller: „Hast du was?"
„Schicke das Auto weg."
Ich bezahle den Chauffeur und gebe ihm ein unsinnig hohes Trinkgeld. Dann: „Hast du Stoff?"
„Unsinn! Heute ist solch verfluchter Tag, daß kein Aas meine Rezepte nehmen will. Wir müssen es anders machen. Ich versuche es weiter in den Apotheken, und du gehst zu einem Arzt und versuchst Rezeptformulare zu stehlen."
„Das kann ich nicht, jeder Arzt sieht mir sofort an, daß ich Morphinist bin, bei meinem Zustand heute."
„Laß ihn doch. Die Hauptsache ist, du klaust Rezepte."
„Und was machen wir mit den Rezepten? Bei Morphium klingeln sie doch immer den Arzt an."
„Wir fahren dann mit dem Mittagszug nach Leipzig. Nimm nur ordentlich viel, daß wir für einige Wochen genug haben."
„Schön, ich will es versuchen. Und wo treffen wir uns?"
„Um ein Uhr im Pschorr."
„Und wenn du unterdessen Stoff bekommst?"
„Sehe ich, daß ich dich vorher erwische."
„Also dann..."
„Mach's gut."
Ich gehe los. Ich mache mich nicht zum erstenmal auf solche Tour. Für solche Sachen bin ich besser zu gebrauchen als Wolf, weil ich vertrauenswürdiger aussehe und besser angezogen bin.
Aber ich bin heute in einer gar zu jämmerlichen Verfassung. Ich kann nicht ordentlich gehen. Obwohl ich meine Hände immerzu mit dem Taschentuch abwische, sind sie im nächsten Augenblick wieder triefend naß, und ich muß ununterbrochen wischen.
Ich werde nichts erreichen, ich weiß es schon jetzt.
Als ich an einer Destille vorübergehe, komme ich auf die Idee, mir durch einen Schnaps zu helfen. Aber schon beim zweiten Glas muß ich verschwinden, der Magen weigert sich wie beim Kaffee, etwas bei sich zu behalten. Ich sitze auf der häßlichen Toilette und weine wieder.
Als ich mich ein wenig erholt habe, gehe ich los.
Beim ersten Arzt sitzt das ganze Wartezimmer voll. Kassenarzt, schon faul. Die brauchen die Rezeptformulare für Privatpatienten so selten, daß sie sie meistens im Schreibtisch verwahren.
Ich stehle mich heimlich wieder hinaus.
Auf der Treppe wird mir so schlecht, daß ich mich auf eine Stufe setzen muß. Ich komme nicht mehr hoch. Ich beschließe, hier liegenzubleiben, bis mich jemand findet und mich zum Arzt bringt. Der gibt mir dann sicher aus Mitleid eine Spritze. Dann komme ich immer noch schneller dran, als wenn ich lange im Wartezimmer sitzen muß.
Jemand kommt die Treppe heraus, ich stehe schnell auf, gehe an ihm vorüber und komme auf die Straße. Ein paar Ecken weiter ist wieder ein Arztschild. Ich gehe hinauf. Die Sprechstunde hat noch nicht

begonnen, gut, so werde ich warten. Ich sitze allein, ich blättere in den Zeitschriften.

Plötzlich fällt mir etwas ein, ich stehe auf und lausche an der Tür zum Sprechzimmer. Nichts rührt sich. Ich drücke ganz langsam die Klinke herunter.

Die Tür öffnet sich zu einem Spalt, ich spähe hindurch, ich sehe niemand. Zoll für Zoll mache ich die Tür auf, ich schleiche in das Sprechzimmer hinein. Dort ist der Schreibtisch und dort in jenem Holzständer...

Ich strecke schon die Hand aus, da meine ich, ein Geräusch zu hören, ich springe in das Wartezimmer zurück und stolpere in den Sessel.

Es rührt sich nichts weiter, niemand ist gekommen, ich habe mich getäuscht. Aber nun bin ich zu entmutigt, um das gleiche Wagnis noch einmal auf mich zu nehmen, ich bleibe tatenlos sitzen. Minuten vergehen, ich hätte den ganzen Schreibtisch, ich hätte auch den Medizinschrank ausräumen können, aber ich wage nichts mehr.

Der Arzt macht die Tür auf und bittet mich herein.

Ich erhebe mich, trete in das Sprechzimmer, mache eine Verbeugung und stelle mich vor.

Plötzlich sind Unsicherheit und Krankheit von mir abgefallen. Ich weiß, daß ich einen vorzüglichen Eindruck mache. Ich lächle, ich brauche einen drastischen Ausdruck mit der Sicherheit eines Mannes von Welt, der mit Begriffen geistreich zu spielen weiß, ich schlage die Beine über, so daß die seidenen Strümpfe sichtbar werden.

Der Arzt sitzt mir gegenüber und läßt mich nicht aus den Augen.

Dann komme ich zum Thema. Ich bin auf der Durchreise, habe einen Abszeß am Arm, der mich böse quält, würde der Herr Sanitätsrat so freundlich sein, ihn zu untersuchen und festzustellen, ob er schon geschnitten werden kann.

Der Arzt bittet mich, den Arm frei zu machen. Ich zeige ihm die geschwollene blaurote Stelle am Unterarm, sie ist dicht umgeben von den Dutzenden frischer roter oder abheilender brauner Einstichstellen.

„Sind sie Morphinist?"

„War es, war es, Herr Sanitätsrat. Ich bin in der Entwöhnung. Das Schlimmste ist überstanden, Herr Sanitätsrat, Neun Zehntel geheilt."

„So. Na, ich werde schneiden."

Weiter nichts, kein Wort. Meine Sicherheit hat mich verlassen.

Der Arzt kehrt mir den Rücken, sucht in seinem Glasschrank Messer, Pinzette, Watte. Ich mache einen lautlosen Schritt auf dem Teppich, meine Finger streifen Papier und...

„Lassen Sie die Rezepte nur liegen, mein Lieber", sagt der Arzt kalt und kurz.

Ich wanke.

In demselben Augenblick steht die Stadt mir vor Augen, die dort unten braust, in der ich allein bin und preisgegeben einer Verzweiflung ohnegleichen. Ich sehe die Straßen vor mir, voll von Menschen, die zu Zielen eilen, zu anderen Menschen, ich allein, verlassen und völlig am

115

Ende. Ein Schluchzen würgt in meiner Kehle, bricht meinen Mund auf.

Plötzlich ist mein Gesicht von Tränen überströmt. „Was soll ich tun, oh, was soll ich tun? Helfen Sie mir, Herr Sanitätsrat, nur *eine* Spritze."

„Beruhigen Sie sich, beruhigen Sie sich doch, wir werden alles besprechen. Es gibt immer noch Hilfe."

Mein Herz wallt auf vor Dankbarkeit, in wenigen Sekunden werde ich erlöst sein von dieser namenlosen Qual, ich werde meine Spritze bekommen.

Meine Rede überstürzt sich, nun ist das Leben wieder leicht, ich werde mich entwöhnen, dies wird die letzte, die allerletzte Spritze sein, dann nichts mehr. Ich schwöre es.

„Kann ich sie gleich haben, jetzt sofort? Aber dreiprozentig, Herr Sanitätsrat, und fünf Kubikzentimeter, sonst schlägt es nicht an bei mir."

„Ich gebe Ihnen noch eine Spritze. Sie müssen sich aber freiwillig entschließen, in eine Anstalt zu gehen."

„Aber ich werde mich töten, Herr Sanitätsrat."

„Sie werden sich nicht töten. Kein Morphinist tötet sich. Sie töten sich nicht, aber es ist höchste Zeit für Sie, in eine Anstalt zu gehen. Vielleicht ist es schon zu spät. Sind Sie bemittelt?"

„Ein wenig."

„Können Sie die Behandlung in einer Privatanstalt bezahlen?"

„Ja, aber man wird mir dort kein Morphium geben."

„Anfänglich genug. Man wird Sie langsam entwöhnen. Man wird Ihnen andere Mittel geben, Schlafmittel. Sie werden eines Tages aufatmen und – frei sein."

Ich senke die Lider. Ich bin besiegt. Ja, ich will die Leiden auf mich nehmen, ich will entwöhnt werden.

Ich bejahe nickend.

Der Arzt fährt fort: „Verstehen Sie, ich lasse mich nicht täuschen. Ich werde Sie nach der Spritze, während ich mich zurechtmache, im Wartezimmer einschließen. Ich lasse Sie nicht aus den Augen. Sind Sie einverstanden?"

Ich nicke wieder. Ich denke nur an die Spritze, die ich gleich, gleich haben werde. Und nun beginnen wir eine Debatte über die Stärke der Dosis, eine Debatte, die eine Viertelstunde währt und in der wir uns beide erhitzen. Schließlich bleibt der Arzt Sieger.

Ich bekomme zwei Kubikzentimeter mit dreiprozentiger Lösung.

Er geht an seinen Schrank, schließt auf, macht die Spritze zurecht. Ich folge ihm, sehe die Etiketten auf den Ampullen nach, um sicher zu sein, nicht getäuscht zu werden. Dann setze ich mich in einen Stuhl. Er sticht ein.

Und nun... Ich stehe rasch auf und gehe in das Wartezimmer hinüber, wo ich mich auf eine Chaiselongue lege. Ich höre ihn die Türen verschließen.

Ja...
So...
So ist das wieder.

Das Leben ist schön. Es ist so sanft, ein glücklicher Strom wallt durch meine Glieder dahin, in ihm bewegen sich alle kleinen Nerven zart und sacht wie Wasserpflanzen in einem klaren See. Ich habe Rosenblätter gesehen – und wieder weiß ich, wie schön ein einziger kleiner Baum in der Heide ist. Läuten die Glocken einer Kirche? Ach, das Leben ist schön und sanft. – Auch an dich denke ich, mein süßes Mädchen, das ich längst verlor, meine einzige Geliebte ist jetzt das Morphium. Sie ist böse, sie quält mich unermeßlich, aber sie belohnt mich weit über jedes Begreifen hinaus.

Diese Geliebte ist wahrhaft in mir. Sie erfüllt meinen Sinn mit einem hellen, klaren Licht, in seinem Schein erkenne ich, daß alles eitel ist und daß ich nur lebe, diese Verzückungen zu genießen.

Ich will lesen nun, ich will das dümmste Zeug vom Wartezimmertisch eines Arztes lesen. Eine Annonce soll den Geruch von Blumen haben, und in einer albernen Liebesgeschichte will ich den vollen Geschmack frischen Brotes schmecken, das mein Magen nicht mehr verträgt. Ich will lesen.

Ich öffne ein Buch. Da ist ein Vorsatzblatt, ein weißes, glattes Vorsatzblatt. Ich stutze: Auf dieses weiße Blatt hat ein vorsichtiger Arzt mit einem Gummistempel seinen Namen gesetzt, seine Adresse, seine Telefonnummer. Nein, Herr Sanitätsrat, ich stehle Ihnen Ihr Buch nicht, nur dieses Vorsatzblatt reiße ich heraus, ich stecke es in die Tasche. Ist es erst mit der Schere beschnitten, so wird es zu dem ersehnten Rezeptblatt, das fünfzig, vielleicht hundert solcher Verzückungen bringen wird. Für heute bin ich in Sicherheit.

Ich bin ganz froh. Ein wenig bewege ich die Hand, lasse sie sogleich wieder in die Ruhelage sinken, und das Aufströmen des Giftes in der Hand, die einen Augenblick durch die Bewegung unfühlbar gewesen, verrät mir die Nähe der Geliebten. Noch verging die Wirkung der Spritze nicht.

Und später, später habe ich das Rezept...

Da höre ich die Schritte des Arztes, muß ich nicht in eine Anstalt? Meine Geliebte lächelt, sie weiß, daß nichts mich halten, niemand mich zwingen kann. Ich bin allein auf der Welt, ich habe keine Verpflichtungen, alles ist eitel, nur der Genuß, der gilt, nur die Geliebte kann ich nicht verraten.

Der Arzt kommt, schließt die Tür auf. Ich nehme die Beine von der Chaiselongue und setze sie langsam und vorsichtig auf, um das Gift in mir nicht durch eine plötzliche Bewegung zu erschrecken.

„Ist es soweit, Herr Sanitätsrat?" frage ich und lächle.

„Ja, wir können nun fahren."

„Aber erst noch eine Spritze, Herr Sanitätsrat. Wir fahren sicher eine Stunde, und so lange halte ich es nicht aus."

„Sie sind ganz satt, mein Lieber."

„Aber die Wirkung verfliegt schon. Und ich mache Ihnen sicher Krach, wenn wir allein sind. Mit einer Spritze im Leib werde ich Ihnen folgen wie ein Lamm."

„Wenn es wirklich sein muß..."

Er geht voran in sein Zimmer. Ich folge ihm triumphierend. Ach, er kennt mich nicht. Er weiß nicht, daß er mich mit der Aussicht auf eine Spritze hinlocken könnte, wohin er wollte.

Ich bekomme noch eine Spritze, und dann gehen wir wirklich. Ich steige ganz vorsichtig die Treppe hinunter. Ich fühle das Prickeln in meinem Leibe und die holde, verstohlene, huschende Wärme. Tausend Gedanken sind in mir, denn mein Hirn ist stark und frei.

Siehe, der Arzt öffnet mir den Schlag des Autos. Ich steige vor ihm ein, und indem der Wagen anspringt und er sich setzt und mit Decken hantiert, öffne ich die andere Tür und springe sicher hinaus – denn mein Körper ist jung und geschickt – und tauche in der Menge unter und verschwinde in ihr.

Und sehe diesen Arzt niemals wieder.

Ich wußte, daß ich nur wenige Schritte gehen durfte, um nicht durch die heftigen Bewegungen meiner Beine die Wirkung des Morphiums zu verscheuchen. Ich sah nach der Uhr: Es war kurz vor zwölf. Am besten war es, schon jetzt zum Pschorr zu fahren, wo ich Wolf treffen wollte. Aber sofort war mir klar, daß dies nicht geschehen durfte. Vielleicht kam auch er früher, merkte mir an, daß ich Stoff bekommen, und dann ade jede Aussicht, von ihm unterstützt zu werden.

Mußte ich ihn überhaupt treffen? Hatte ich nicht ein Rezeptformular in der Tasche, das mir eine Unzahl herrlicher Spritzen versprach? Ließ ich Wolf von der Existenz dieses Zettels erfahren, so vergab ich die Hälfte dieser Genüsse.

Ich sitze in dem behaglichen Sofa eines Weinlokals, vor mir steht ein Kühler mit Rheinwein, ich habe mir das erste Glas vollgeschenkt, führe es zum Munde und atme in tiefen Zügen den Duft des Weines ein. Dann spähe ich rasch zum Kellner, merke, daß ich unbeobachtet bin und schütte das Glas in den Kühler. Der Alkohol würde mit dem Morphium im Magen kämpfen, es in seiner Wirkung beeinträchtigen.

Mein einziger Gedanke ist, diese Wirkung bis zum letzten auszukosten. Und immerhin mußte ich etwas bestellen, um hier so genießerisch sitzen zu können.

Ich gieße mir ein neues Glas ein und bestelle Tinte und Feder. Ich ziehe den Zettel aus der Tasche und schneide ihn mit dem Federmesser zum Rezeptformat zurecht. Er gefällt mir nicht recht, er scheint mir zu breit. Ich schneide noch einen Streifen ab, und nun ist er entschieden zu schmal. Ein auffälliges Format, wo nichts auffällig sein darf.

Ich beginne mich zu ärgern, ich nehme das Papier in die Hand und betrachte es, ich lege es vor mich auf den Tisch und betrachte es wieder. „Zu schmal", murmele ich, „entschieden zu schmal", und mein Ärger wird stärker. Ich nehme den zuletzt abgeschnittenen Streifen und lege ihn daneben, ich versuche ihn ganz fest anzudrücken, prüfe ihn von neuem und entdecke, daß das Rezept vorher ganz und gar das rechte Format hatte.

Ich verfluche meine Voreiligkeit. Warum habe ich nicht gewartet, bis ich bei Wolf war? Was verstehe ich denn von Rezepten? Er ist doch Fachmann dafür. Trotzdem greife ich zur Feder und beginne zu schreiben.

Das Weinglas stört mich, und ich rücke es weg. Es stört mich noch immer. Nein, so kann ich nicht schreiben. Ich greife hastig nach dem Glas, es fällt, und der Wein ergießt sich über das Rezept. Die blaue Stempelfarbe läuft sofort aus, alle meine Hoffnungen sind vernichtet.

Entmutigt, verzweifelt lehne ich mich zurück. Und da spüre ich plötzlich: Die Wirkung des Morphiums ist vorbei! Mein Körper zittert schon wieder. Und verlassen von meiner Geliebten, habe ich natürlich nicht einmal ein Rezept fertiggebracht.

Ich stehe auf, zahle und gehe zum Treffpunkt.

Wie Wolf satt ist, wie dick satt er ist! Hingegossen liegt er da, seine Augenlider hebt er kaum und träumt und träumt. Ich neide ihm seine Träume, ich neide ihm jede Minute, die er in den Armen seiner Freundin weilen darf, indes ich unaussprechlich leide.

„Nun?" und er liest schon aus meinen verfallenen, elenden Gebärden den Mißerfolg meiner Bemühungen. Er macht es kurz: „Hundert", sagt er, „hundert Kubikzentimeter. Dort. Sei vorsichtig, nimm nicht zuviel, nicht wahr? Das wird heute reichen."

„Zwei, drei."

„Schön." Und träumt schon wieder. Ich gehe, die kostbare Stöpselflasche in der Hand, zur Toilette. Ich fülle meine Fünf-Kubikzentimeter-Spritze ganz, und schon bin ich glücklich. Ich lehne mich zurück...

Und... und... ein leises Klirren schreckt mich auf. Neben meinem Arm liegt die umgestürzte Stöpselflasche, ihr Inhalt floß auf den Boden. „Wolf", denke ich, „Wolf! Er schlägt mich tot, wenn er nach all diesen Kämpfen das erfährt."

Aber ich schiebe schon wieder die Lippen vor, trotzig, gleichgültig. Wer ist Wolf? Gefährte vieler Orgien, Helfer, Geholfener, und doch gleichgültig am Ende, wie alles gleichgültig ist.

Ich hebe die Flasche zum Licht: zwei, drei Kubikzentimeter sind in ihr geblieben. Ich ziehe sie in meine Spritze, ich versetze mir auch noch diese Portion, und mein Blut wallt siedend auf, in meinem Gehirn flammt Blitz um Blitz, wilde Rhythmen drängen an mein Ohr.

Wilde weite Welt! Da jeder allein ist und jeder dem anderen die Zähne in die Flanken schlagen darf, wundersam genießerisch. Oh die Abenteuer, die nächstens auf mich warten, die stillen Straßen, auf denen man die Mädchen überfallen kann, die Hoftüren zu Apotheken, die ich aufbrechen, die Kassenboten, die ich berauben werde.

Ich bin überall, ich bin alles, ich allein bin Welt und Gott. Ich schaffe und ich vergesse, und alles vergeht. Oh, du mein singendes Blut. Dringe tiefer in mich, meine Freundin, verzücke mich wilder noch.

Und ich fülle die Flasche mit reinem Wasser und reiche sie lächelnd und dankend an Wolf, und er hebt sie gegen das Licht und sagt: „Drei? Nein, fünf."

Und ich nur: „Ja, fünf."

Und wir sitzen uns gegenüber und träumen, und er wird unruhig und sagt: „Ich will noch einmal spritzen", und geht weg.

Da nehme ich meinen Hut und schleiche davon, steige in ein Auto und weiß mich fern seiner Wut.

Ich bekam dann die wahnsinnige Idee, es ein wenig mit Kokain zu versuchen. Morphium ist eine stille, sanfte Freude, weiß und blumig, es macht seine Jünger glücklich. Aber Kokain ist ein rohes, reißendes Tier, es quält den Körper, die Welt wird wild, verzerrt und hassenswert.

Es gelang mir, von einem Kellner bekam ich „Benzol". Ich machte mir die Lösung, und gleich hintereinander jagte ich mir drei Spritzen in den Leib. Bilder fliegen an mir vorbei, Leiber stürzen übereinander, kleine Buchstaben, die ich lese, tun plötzlich ihren Bauch auf, und ich merke, daß es Tiere sind, die endlos über die Seiten wimmeln, sich gegenseitig verschieben, seltsame Wortfiguren bilden, und ich versuche ihren Sinn, nachmalend mit der Hand, einzufangen.

Aber dann entdecke ich, daß ich mit meiner Wirtin rede, ich will ihr sagen, daß ich kein Abendessen brauche, ich bilde diesen Satz: „Nein, ich esse nicht zu Abend", in meinem Hirn, und mit dumpfer Verwunderung höre ich, wie mein Mund sagt: „Ja, heute ermorde ich den Wolf noch."

Ich rase die Treppe hinunter, stoße einen Mann beiseite, gewinne das Freie.

Ich suche nach Wolfs Wohnung, nein, jage sinnlos durch die Stadt, hierhin, dorthin, immer weiter spritzend, immer wilder werdend. Blut fließt aus vielen Einstichstellen in Hemd und Manschette, über meine Hand.

Der Wahnsinn schlägt haushoch über mir zusammen, oft kichere ich lautlos vor mich hin, wenn ich einen neuen Plan fasse, diese verruchte Stadt mit ihren sinnlosen Apotheken anzustecken, aufflammen zu lassen wie einen Strohwisch.

Und ich stehe plötzlich in einer Apotheke, ich schreie wie ein Tier, ich werfe die Leute, die mich halten wollen, von mir, ich zerschlage eine Scheibe, und plötzlich reicht man mir Morphium, gutes, klares, weißes, blumiges Morphium.

O du meine süße Freundin, nun bin ich wieder sanft. Ich fühle, wie das Kokain vor ihr flieht, in der obersten Spitze des Magens hängt es noch eine Weile fest – und ist verjagt.

Ein paar Polizeimenschen legen mir die Hände auf die Schulter: „Nun kommen Sie mal mit."

Und ich gehe mit ganz sachten kleinen Schritten hinter ihnen her, meine Freundin nicht zu erschrecken, und ich bin selig und weiß, daß ich allein bin mit ihr, und daß nichts sonst gilt.

Die dunkle Seite des Mohns

5. Das große Geschäft

Eine ehrenwerte Gesellschaft

In englischen Büchern ist die British East Indian Company natürlich noch immer von einer romantischen Aura umgeben. Vor allem die ihrer Taifune wegen gefürchtete Strecke zwischen Indien und China muß zu der Zeit, da das Empire noch mit den Kinderschuhen trat, einen wahrhaft pittoresken Anblick geboten haben. Unternehmungslustige Kaufleute schickten Segelschiffe der mittleren Größenordnung los, gegen Piraten mit blitzenden Kanonen ausgerüstet, Chinas Dschunken an Tempo überlegen wie ein Windhund einer Schnecke. In den bunten Hafenstädten des Reichs der Mitte gingen sie vor Anker oder luden, etwas außerhalb der Häfen, ihre Fracht in kleinere Boote um. Andere Kaufleute errichteten gut befestigte Lagerhäuser, so am Rande der Hafenstädte gelegen, daß die Gerüche der engen Straßenzeilen nur noch als exotischer Duft herüberwehten. Dort verkauften sie ihre Importware gegen Silberbarren, und für einen Teil des Silbers kauften sie die Schätze Chinas – Tee, Seide, Porzellan, Kunstwerke, Lackschränke –, und die gingen samt der übriggebliebenen Silberbarren nach Indien und von dort weiter nach Europa. Die schöne, bunte Geschichte hat nur einen dunklen Fleck: Was die Kaufleute gegen Silber verkauften, war Opium, und dieser Stoff war in China verboten.

Folgt man den englischen Argumenten, war China selbst an diesem Zustand schuld. Das Reich der Mitte, ein seit Jahrhunderten wohlsituierter Wirtschaftskörper, war auf keine Importe angewiesen, produzierte aber reichlich die schönen Dinge, die bei Europäern gefragt waren. Dementsprechend passiv sah deren Handelsbilanz aus, und die Chinesen ließen sich in Silber bezahlen. Es gab nur einen Stoff, der in China selbst nicht hergestellt wurde und mit dem die Portugiesen bislang immer schon bescheidene Gewinne gemacht hatten, eben Opium. Es hatte in China keinen guten Ruf, war auch als Rauschgift nicht sonderlich bekannt, und so mußten einige Umstände zusammentreffen, daß Opium der wichtigste Wirtschaftsfaktor Ostasiens werden konnte.

In dem Riesenraum zwischen Hindukusch und der chinesischen Mauer gewannen nur zwei Staatsphilosophien Bedeutung und besitzen sie, kaum verändert, heute noch. Die eine ist die hinduistische, derzufolge der Herrscher ein lebender Gott ist, jenseits aller Rechtsnorm und moralischer Verantwortung, ein Prinzip, das natürlich auch von den islamischen Herrschern dieser Zonen begeistert übernommen wurde. Die andere geht auf Konfuzius zurück, folglich ist der Herrscher durch sein moralisches Vorbild legitimiert als der Würdigste von allen. Diese beiden scheinbar unterschiedlichen Theorien gingen schon vor Jahrhunderten eine Reihe von Synthesen ein, deren Ergebnis jedesmal eine himmlische Distanz zwischen Herrschern und Beherrschten war, in der sich eine kaum kontrollierte Bürokratie einnisten konnte, und mit ihr die Korruption.

Das Kaiserreich der Mitte ist ein klassisches Beispiel dafür, wie es die Staaten vom Iran über Pakistan, Indien, Nepal, Thailand, Malaysia, Japan bis Südkorea heute noch halten: der Verwaltungsapparat des Staates kaschiert seine Korruption keineswegs und arbeitet, um die Machtverhältnisse zu erhalten, unverdeckt mit der organisierten Unterwelt zusammen. Über allem aber schwebt das Staatsoberhaupt, offiziell unwissend über diese Zustände und in sie auch nicht beweisbar verstrickt. Die Unterwelt erfüllt damit eine durchaus staatstragende Funktion. Bei Aufständen oder Streiks in den Städten erweist sie sich als die einzige Macht, die Unruhen schon im Keim radikal ersticken kann, und im Rahmen der Korruption ist sie die einzige Wirtschaftskraft, die große Schwarzmarktgeschäfte tätigen kann.

Die Geschichte des Volksgiftes Opium in China ist die einer trotz aller Probleme meist harmonischen Zusammenarbeit zwischen der British East Indian Company und der Bürokratie des Reichs der Mitte, wobei als wichtigstes Bindeglied die Chiu-Chaus fungieren, die „Geheimgesellschaften" der Unterwelt.

Von britischer Seite begann das Riesengeschäft mit einer genialen Idee Warren Hastings, dem Gouverneur der gerade eroberten Provinz Bengalen, im Jahre 1772. Mit dem Land hatte er vom Staatssystem der Moguln auch das Opiummonopol geerbt, eine immer noch moderne Form von Staatswesen, mit Rauschgiften umzugehen. In den Lagerhallen der aufstrebenden Hafenstadt Kalkutta stapelten sich die Opiumkuchen, um an lizenzierte Großkaufleute meistbietend versteigert zu werden. Hastings war beileibe kein Freund der Droge, sondern hielt Opium „für einen verderbenbringenden Luxusartikel, der nicht erlaubt sein sollte außer für Zwecke des Außenhandels". Andererseits überlegte er, „daß es bei den Mengen Silbers, die wir im Handel an China liefern müssen, von Vorteil wäre, Opium an die Stelle dieses wertvollen Metalls zu setzen". Von 1772 an versteigerte die Company Opium nur noch an Kaufleute, die es nach China verkauften, gegen Silber.

Unangenehm war nur, daß dort Opium seit 1729 verboten war. Als einzige Aufkäufer kamen daher die Chiu-Chaus in Frage, die Geheimgesellschaften, also die Unterwelt. Kriminellen Vereinigungen, die in einem Staatswesen eine anerkannte Rolle als Machtfaktor spielen, wird gern eine heroische Vergangenheit nachgesagt, die sie als Tochter einer legitimen Befreiungsbewegung des Volkes gegen Fremdherrschaft erscheinen läßt. Das ist bei der Mafia Italiens nicht anders als bei den Chiu-Chaus, die aus treuen Anhängern der Ming-Kaiser entstanden sein sollen, als diese 1644 von den Mandschus verjagt wurden. Das ist genauso logisch, als würde man beispielsweise das Hamburger Zuhälterwesen auf die Befreiungskämpfe gegen Napoleon zurückführen wollen. Chinas Geheimgesellschaften verfolgten ebensowenig wie andere Gangstersyndikate politische Ziele, sondern nur das, illegalen Profit als möglichst einzige Firma zu machen, und zu diesem Zweck beteiligten sie auch die Staatsmacht mit angemessenen Prozenten. Allein diese Interessen ließen sie entstehen und zusammenhalten, und folglich haben solche Bünde auch quer durch Zeiten und Länder stets dieselbe Organisation und dieselben Methoden gehabt und ähneln einander wie verschieden eingefärbte Ostereier.

Sie beherrschten Kanton, in dem die Europäer ihre Handelsniederlassungen halten durften, und als 1800 ein kaiserliches Edikt den Import von Opium noch einmal verbot, organisierten sie eine kleine Flotte, die den Stoff von den nun außerhalb des Hafens ankernden Schmuggelbooten an das Festland brachte.

Die Company trat in China natürlich nicht als Opiumhändler auf und hatte, aus moralischen Gründen, ihren Beamten auch die Teilnahme an diesem lukrativen Geschäft versagt. In Kanton fungierte dafür ein bunter Flor kleiner Firmen, deren Inhaber zwar Briten waren, aber ausnahmslos Honorarkonsuln anderer, vergleichsweiser unbedeutender Staaten Europas. Die größten Umsätze erzielte die Firma Magniac & Co. Sie gehörte drei britischen Staatsbürgern Schweizer Abkunft, die unter sich alle Posten des königlich preußischen Konsulates teilten und zudem Brüder waren.

Bald darauf verfügte die Firma über eine beachtliche Flotte von 24 Schiffen, deren größtes der 351-Tonner „Falcon" war, und das dunkelblaue Wimpel mit dem Diagonalkreuz der Firma wurde an allen Flußmündungen des Reichs der Mitte gesehen. Um 1830 hatten sich in Kanton 46 Opiumfirmen und nahezu 50 Opiumreedereien etabliert, doch mehr als 60 Prozent des Umsatzes machten Jardine, Matheson & Co. Matheson war der Stratege, Jardine der Kaufmann, und in seinem Kontor gab es keinen Besucherstuhl, um schneller zur Sache zu kommen.

Zwischen 1811 und 1820 betrug der jährliche Durchschnittsabsatz an Opium nach China 340 Tonnen pro Jahr. Zwischen 1829 und 1839 war er bereits auf mehr als 1 841 Tonnen jährlich angewachsen. Geliefert wurde in Kisten zu 70 Kilogramm, und jede trug das Emblem der Company, ein freundliches Herz:

Abbildung 3

In einem Brief äußerte sich Jardine einmal auch über seine Profite: „In guten Jahren machten wir tausend Silberdollar pro Kiste." Außerdem verdienten daran die Company, die Reeder und am anderen Ende der Kette die chinesischen „Compradores" und die Kleinhändler. Dementsprechend wuchs das Elend in China, doch die Regierung sah sich erst gezwungen einzugreifen, als auch das Währungssystem des Reichs der Mitte aus den Fugen geriet.

Chinas Währung basierte auf Silber und Kupfer. Da sich die Briten nur mit Silber bezahlen ließen, klafften allmählich die Proportionen auseinander. Preise für landwirtschaftliche und handwerkliche Produkte wurden in Kupfer bezahlt, Abgaben waren in Silber zu entrichten. 1838 kam es zu den ersten Aufständen unter städtischen Handwerkern. Am kaiserlichen Hof stritten zwei Fraktionen. Die erste war für eine Aufhebung des Opiumverbots, die zweite für eine rigorose Durchsetzung. Sie siegte, und ihr Sprecher Li Dsö-hsü wurde zum Gouverneur der Provinz Kanton ernannt.

William Jardine hielt diesen Zeitpunkt für angemessen, sich aus dem Berufsleben zurückzuziehen. Im November 1838 übergab er seine Anteile seinem Neffen James und fuhr gen England, mehr als eine Million Pfund Sterling im Gepäck. Dort wurde er zwei Jahre später ins Unterhaus gewählt, doch seine Freude währte nicht lange. Er verweste buchstäblich bei vollem Bewußtsein und schrieb diese Krankheit „irgendeiner verfluchten chinesischen Zauberei" zu.

In Kanton waren zu den Engländern auch einige Amerikaner gestoßen, die ursprünglich versucht hatten, türkisches Opium hier abzusetzen. Dabei waren natürlich zu hohe Transportkosten entstanden, und so hatten sie sich mit den Briten arrangiert und verkauften ebenfalls indisches Opium. Auf zehn Prozent des Geamtumsatzes brachten sie es 1839; einige Franzosen waren sogar mit vier Prozent zufrieden.

Schon im Dezember 1839 war es zu kurzen Unruhen gekommen, bei denen die englischen Opiumhändler in ihren Lagerhäusern festgehalten wurden. Im März 1839 kam dann Vizekönig Li persönlich nach Kanton, und nun erhielt die Blockade System. Am 18. März befahl er den Europäern, sämtliche Opiumvorräte abzuliefern, und vom 3. bis 25. Juni wurden unter seiner persönlichen Aufsicht mehr als eine Million Kilogramm Opium verbrannt.

Die in ihren Faktoreien belagerten Opiumhändler waren über diesen Verlust nicht sonderlich traurig – „eine wahre Sintflut von Stoff", so Matheson, hatte die Preise ungebührlich sinken lassen, und so erhofften sie, „durch Lis Dummheit auf ein angemessenes Anwachsen der Profite". Schlimm war nur, daß sie sich nun ohne Kulis behelfen mußten. Außerdem hatte Gouverneur Elliot von der Company Schadenersatz versprochen, ehe er mit seiner Yacht davonsegelte und in der Nähe von Hongkong, mitten unter Schmugglern, vor Anker ging.

Etwa 30 Schiffe warteten in seiner Gesellschaft auf bessere Zeiten. Nur Kapitän Joseph Pybus von der „Time", der seinen Frachtraum mit Opium ungenügend ausgelastet hatte, beschloß, etwas zu tun.

Sechs Wochen später ließ er seine Opiumkisten an den Kai von Singapore werfen, erzählte den Opiumhändlern die schlimmen Neuigkeiten und segelte fluchend ab, angeblich nach Kalkutta.

Natürlich fielen die Opiumpreise in Singapore ins Bodenlose. Gnadenhalber kauften zwei Freunde des Kapitäns 700 Kisten für je 250 Dollar, und dann tauchte Kapitän Pybus wieder auf. Mit der Ware segelte er gegen den Monsun an Chinas Küste entlang. „Die Time leckte wie ein Korb", schrieb er in sein Tagebuch, doch das Opium verkaufte er für 2500 Dollar je Kiste und setzte sich nach der Tour mit eineinhalb Millionen Dollar zur Ruhe.

Die weiteren Geschehnisse werden in den Geschichtsbüchern als „Opiumkrieg" verbucht. In London hatte Dr. Jardine einige einflußreiche Freunde gefunden, deren ständige Schulden er fallweise beglich und die außerdem, allen Berichten zufolge, auch zu Opium eine durchaus private Beziehung hatten. Einer war Sir Edward Bulwer-Lytton, Staatssekretär im Außenministerium, durch seinen 1834 verfaßten Romanschinken „Die letzten Tage von Pompeji", in dem der opiumtriefende Isis-Kult eine gewisse Rolle spielte, noch heute bekannt. Der wichtigste aber war Sir Henry John Temple Palmerston, gerade Außenminister. Am 1. Oktober meinte Palmerston im Kabinett: „Die einzige richtige Art mit China umzugehen, ist erst einmal kräftig zuschlagen und dann vielleicht in Verhandlungen treten." Die Gentlemen beschlossen, die Kanonenboote loszuschicken.

Im April 1840 fuhren 16 Schlachtschiffe, 20 Transporter und vier Dampfer den Perlfluß hoch, zusammen 540 Kanonen und 4000 Mann. Die Chinesen hatten dem wenig entgegenzusetzen. Einer ihrer Generäle war so mit der Opiumpfeife beschäftigt, daß er den Verlauf einer Schlacht gar nicht mitbekam und erst von den Briten aus seinen Träumen geweckt wurde. Kanton wurde erobert, Shanghai geplündert, die meisten Festungen an den Flußmündungen zerstört, und im August tauchte die Flotte im Pei-Ho-Fluß auf, der nach Peking führt. Gouverneur Li, dessen Prinzipientreue das Chaos zu danken war, fiel in Ungnade, und die Chinesen begannen zu verhandeln. Unterdessen eroberten die gut bewaffneten Opiumhändler noch die Insel Hongkong an der Mündung des Perlflusses.

Palmerston selbst stellte die Verdienste seines Freundes gebührend dar: „Es ist vor allem der Unterstützung und der Informationen, die uns Mr. Jardine freundlicherweise zur Verfügung gestellte hatte, zu verdanken, daß wir unserer Flotte, dem Militär und der Diplomatie in China detaillierte Instruktionen geben konnten, die zu den bekanntlich äußerst befriedigenden Ergebnissen geführt haben." James Matheson allerdings scheint der chinesische Boden etwas zu heiß geworden zu sein: am 10. März 1842 übergab er die Firmenleitung seinen Neffen Alexander und Donald und kehrte nach England heim. In seinem Gepäck sollen drei Millionen Pfund Sterling gewesen sein, und ständige Zahlungen folgten. Gleich nach seiner Ankunft wurde er Mitglied des Unterhauses, ein Jahr später verehelichte er sich, 1850 wurde er von

Queen Victoria geadelt und baute sich ein standesgemäßes Schloß. Am Silvestertag 1878 beendete er im gesegneten Alter von 82 Jahren diese erstaunliche Karriere eines Rauschgifthändlers.

Für die Chinesen allerdings stand die Sache schlimm. Am 29. August 1842 mußten sie den Friedensvertrag von Nanking unterzeichnen, demzufolge sie Hongkong abtreten und fünf weitere Hafenstädte für Europäer öffnen mußten. Opium blieb allerdings auf ausdrücklichen Wunsch der Briten weiterhin verboten. Die Firma Jardine, Matheson & Co. eröffnete in allen Städten Niederlassungen, der Hauptsitz wurde nach Hongkong verlegt, und als stiller Teilhaber fungierte Palmerston. Diese Investition zahlte sich aus: 1855 wurde er zum Premierminister ernannt, holte Bulwer-Lytton zum Kolonialminister, und nach einem reichlich unbedeutenden Zwischenfall wurden die Kanonenboote wieder losgeschickt. Diesmal wurde Kanton geplündert und niedergebrannt, und dasselbe Schicksal erlitt auch der kaiserliche Sommerpalast bei Peking. 1858 mußten die Chinesen alle Häfen unkontrolliert öffnen, alle Ausländer jederzeit einreisen lassen und „die Freiheit des Handels mit allen Produkten" garantieren. An Opium war die Regierung nun mit einer Importsteuer beteiligt.

1880 erreichten die Opiumimporte den Höhepunkt von 6 500 Tonnen. Vizekönig Indiens war zu dieser Zeit pikanterweise Edward Bulwer-Lytton II., in jeder Hinsicht ein Sohn seines Vaters. China aber zählte an die 20 Millionen Süchtige, und der Himmelssohn in Peking befahl, nun auch im Lande Mohn anzubauen.

Ehrenwerte Gesellschaften

Die Hauptanbaugebiete für Mohn in China lagen in den beiden südlichen Provinzen Szechuan und Yünnan und nahmen ein Drittel der Gesamtnutzfläche in Beschlag. Um die Jahrhundertwende waren die Importe aus Indien auf 3 200 Tonnen zurückgegangen; die Inlandsproduktion betrug 22 000 Tonnen. Die Verelendung des Landes war so weit fortgeschritten, daß verhungernde Süchtige zum Straßenbild der Städte gehörten. Die wenigsten ließen es allerdings zu diesem letzten Stadium kommen. Es war gute Sitte, vor diesem „Gesichtsverlust" Selbstmord durch eine Überdosis Opium zu begehen.

Aufgrund ständiger Demarchen der britischen Arbeiterbewegung und erschütternder Schilderungen heimkehrender Missionare setzte Englands Regierung 1893 eine „Royal Commission on Opium" ein, die 1896 ihren Bericht veröffentlichte: Ein Verbot von Opium würde den indischen Staatshaushalt unerträglich belasten und China auch nichts helfen, und im Gegensatz zum weißen Mann seien Asiaten „gegen negative Auswirkungen des Opium weitgehend immun".

Seit 1880 erfolgte nach und nach ein zunehmender Import von Morphin, das ausgerechnet von Missionaren verteilt wurde, die damit die

Opiumsucht heilen wollten. Noch heute heißt Morphin in China „Jesus-Opium", und nach der Niederschlagung des Boxeraufstandes 1900 wurden aus der deutschen Kolonie Tsingtau „zur Heilung von der Opiumsucht" erschreckende Mengen Heroin in das Land geschleust.

1909 wurde wieder einmal ein Verbot des Opiumrauchens erlassen. Wie ernst das gemeint war, illustrierte die allmächtige Kaiserin-Witwe Tzu Hsi persönlich, die sich nie ohne glimmende Pfeife in der Öffentlichkeit zeigte. Vor allem hatte sich an den Küsten schon längst Morphin durchgesetzt. Der Verfall des Reichs der Mitte war in seinen schillernden Fäulnisfarben unübersehbar geworden, und es hatten sich auch schon jene gefunden, die für ein anständiges Begräbnis sorgen wollten.

Ein Gesicht ziert heute noch die Amtsstuben sowohl der Volksrepublik Chinas als Taiwans: der Arzt Sun Yat-Tsen, der 1905 die Volkspartei gründete, die Kuomintang, und ihre drei Prinzipien verkündete: nationales Eigenleben, Demokratie und Existenzsicherung für alle. 1911 kam es zur Revolution; ein Jahr später dankte das Kaiserhaus ab, und Sun Yat-sen rief in Nanking die Republik aus. Er scheint an sich selbst nicht sehr geglaubt zu haben, denn er trat zurück, kaum daß er zum Präsidenten akklamiert wurde, und ließ einem erfahrenen General den Vortritt, der eine strenge Militärregierung etablierte.

Diese Entwicklung war wohl nicht in Sun Yat-sens Staatsplan vorgesehen, denn er organisierte von 1912 an die Kuomintang neu. Diesmal gehörte auch die Ausrottung von Opium zum Parteiprogramm. Eine Bedeutung erreichte die Kuomintang aber lange nicht. 1916 starb der erste Warlord, und im Generalstab begann ein erbitterter Nachfolgekrieg, der zehn Jahre dauerte und China blutig zerriß. Mindestens drei Heere zerstörten das Land mit japanischer und europäischer Unterstützung, und finanziert wurde das Geschäft mit Opium.

Das große Geschäft der Zeit waren „Antiopium-Pillen", deren Rezept für eine Einheit von 10 000 Stück erhalten blieb: zwei Unzen (31 Gramm) Heroin, 1/2 Unze Strychnin, eine Unze Quinin, fünf Unzen Coffein, 48 Unzen Milchzucker und zehn Unzen Zucker. Die Größe des Umsatzes läßt sich aus einer einzigen Order an die I.G.-Farben ermessen, die 1927 an die Grünen fast eineinhalb Tonnen Strychnin lieferten, ohne die einzigen Lieferanten zu sein.

1925 starb Sun Yat-sen, und einen Tag später traten die „Großen Drei" in die Kuomintang ein. Tschiang, der sich als Suns Alleinerbe fühlte, belohnte sie damit, daß er ihre „Antiopium-Pillen" zu einem Teil des nationalen Wiedergesundungsprogrammes erklärte. 1926 vereinigten sich die Gangs unter der Führung des Triumvirates endgültig, und Tu gründete eine eigene Gewerkschaft, die „Allgemeine Fortschrittsvereinigung".

Über die Verbindung Tschiang Kai-scheks zur Grünen Gang gibt es verschiedene Berichte. Die meisten Historiker vertreten die Ansicht, er sei schon seit seiner Jugend volles Mitglied gewesen und von der Gang in die Kuomintang eingeschleust worden. Andere wieder meinen, er habe die Gangs erst entdeckt, als die Kommunisten stärker wurden und er seinen Soldaten nicht mehr vertrauen konnte, daß sie auch auf Arbeiter schießen würden. Das Ergebnis war auf jeden Fall dasselbe: im Februar 1927 begannen die Arbeiter Shanghais einen Generalstreik gegen die ausländische Wirtschaftsmacht und die Generalität. Tschiang, der von den Ausländern unterstützt wurde, kam damit in eine peinliche Situation, denn nun sollte er den Streik niederschlagen, und das hätte ihn beim Volk „Gesicht gekostet". So marschierte er betont langsam Richtung Shanghai und hoffte, die Briten würden inzwischen ihre Kanonenboote loslassen. Die aber warteten auf Tschiang.

Am 21. März stand Tschiang kurz vor Shanghai. In der Stadt schwirrten Gerüchte, die Kuomintang würde die Kommunisten verraten, doch die Führung der KPCh. hielt sich an ihre Abkommen mit Tschiang und unterstützte ihn, ohne die Zeichen am Horizont zu beachten. Denn Tschiang hatte seine Arsenale der „Allgemeinen Fortschrittsvereinigung" geöffnet, „Pockennarbe" Huang hatte bei den ausländischen Firmen drei Millionen Dollar lockermachen können, und während der nächsten Tage füllte sich Shanghai mit Tausenden schwerbewaffneter Gangster. Sie hatten ja nicht nur politische Interessen, sondern auch ein privates Hühnchen mit den Kommunisten zu rupfen, die als Moralisten ihre schönen Opiumgeschäfte störten, und am 12. April 1927 schlugen sie zu. Die Massaker dauerten einige Monate an, und Mao Zedong begab sich mit den Überlebenden der Partei auf den Langen Marsch.

Dieser „dritte Opiumkrieg" hatte erstmals chinesische Sieger. Tu wurde zum Generalmajor der nun völlig pervertierten Kuomintang befördert, außerdem zum Zweiten Gouverneur von Shanghai, und die USA nahmen diplomatische Beziehungen zu ihm auf, indem sie ihn zum Ehrenpräsidenten der in ihrem Besitz befindlichen Shanghai Power Company machten. Im August 1927 verwandelte Tschiang Kaischek das Opiumverbot in ein Staatsmonopol, dessen erste Lizenzträger Tu, Huang und Chang wurden. Die Abgaben waren mäßig, brachten aber der Regierung innerhalb eines Jahres 40 Millionen Dollar.

Die Zeit solcher Staatsmonopole war allerdings schon vorbei, und Tschiang verstieß damit gegen die Geschäftsinteressen der Ausländer, die bei Verboten natürlich höheren Profit machten. Ende 1928 wurde das Opiummonopol stillschweigend aufgehoben, und nun mußten die „Großen Drei" abgefunden werden.

Tu erhielt die Konzession für die neugegründete Staatslotterie, ließ sich 1931 selbst von seiner Sucht kurieren und widmete sich hinfort nur noch seiner Gewerkschaftsbewegung. Seine Nachkommen und die seiner Unterführer spielen heute noch eine wichtige Rolle in Taiwan, sind Gewerkschaftsführer, Fabrikbesitzer, Reeder und Großkaufleute. Zwischen Huang und Chang wurden die illegalen Geschäfte verteilt. Unterführer waren kaum abzufinden, dafür waren die Sippen um so größer. Die Lösung war salomonisch: die Huangs erhielten den Osten inklusive Amerika zugeteilt, die Changs den Westen samt Europa.

Das Reich der Mitte selbst ging bekanntlich verloren. Während der japanischen Besetzung hatten die Geschäfte noch zufriedenstellend funktioniert, doch nun trieb Mao Zedong die ehrenwerten Gesellschaften völlig in die Arme der freien westlichen Welt, indem er den Chinesen eine ebenso radikale wie wirkungsvolle Entziehungskur verordnete.

Hongkong gehört heute zu den Stützpfeilern des freien Westens und ist als Brückenkopf des Außenhandels auch der Volksrepublik China lieb. Die Stadt, die im wahrsten Sinn des Wortes auf Opium gegründet wurde, zeigt die Kinder ihrer Vergangenheit in allen halbwegs verborgenen Winkeln: Chinesen falten ein Stückchen Stanniol zu einer Art Schiffchen, streuen etwas bräunliches Pulver darauf, halten ein Feuerzeug darunter und ziehen den Rauch ein. „Den Drachen jagen", sagt man dazu, und der Drache ist ein altes Symbol für Macht, aber auch das Elend, das sie bewirkt. Das Heroin, das so inhaliert wird, ist von geringer Qualität, braune Klumpen, die eine Zeitlang in den frühen Siebzigern auch in Europa kursierten, wo sie von Zöllnern manchmal für braunen Zucker gehalten wurden und dementsprechend auch hießen oder „Hongkong Rocks". In der Fachsprache heißt der Stoff „Nr. 3", enthält etwa zehn Prozent Heroin und ist eigentlich ein Abfallprodukt.

Das Rauschgift stammt aus dem „Goldenen Dreieck" und wird hauptsächlich über Bangkok eingeschleust. Hongkongs Hafen ist praktisch unkontrollierbar und die mehr als 10 000 registrierten Dschunken erst recht. Schiffe werfen das Gift in wasserdichten Paketen an Bojen ins Meer; Fischerboote bringen diese ans Land, und alles ist bestens organisiert.

Hongkongs Polizei hat schon lange resigniert und beschränkt sich darauf, die Weißen und besseren Kreise der Chinesen vor dem Giftstrom zu bewahren, obwohl sie natürlich genau weiß, daß die Drahtzieher dieser Geschäfte in dieser Gesellschaftsschicht zu finden sind. Als Erfolg verbucht sie, daß von den um 1970 noch gut 15 Heroinraffinerien höchstens zwei in Hongkong geblieben sind. Wieviel sie produzieren, ist nicht bekannt. Ungefähr zehn Tonnen Heroin, vermutet die Drug Enforcement Agency, werden außerdem jährlich durch Hongkong „geschleust". Sie sind von besserer Qualität, Nr. 4, und für Kundschaft in Übersee bestimmt.

Die Firma Jardine, Matheson & Co. hat an diesen Geschäften keinen Anteil mehr. Sie fungiert immer noch als Handelsagentur und erweiterter Familienbetrieb, doch zu ihren Aktivitäten zählen Banken, Reedereien, Werften, etwa ein Fünftel der Industrie Hongkongs, außerdem die Lebensmittelbörse, Exportagenturen und Waffenhandel. Die Firmenzentrale beeindruckt durch Understatement, ist aber so gut gesichert wie das Bonner Bundeskanzleramt. Über ihre Vergangenheit zu sprechen macht den leitenden Herren weniger Schwierigkeiten als denen der Firma Bayer in Sachen Heroin, doch das Ergebnis sagt genausowenig. Man habe sich aus diesen Aktivitäten zurückgezogen, als sie verboten wurden. Aber verboten waren sie doch immer. Tjaaa... Eine Jahreszahl kann nicht genannt werden. Und für weitere Auskünfte steht Dr. Matheson nur zur Verfügung, wenn ich verspreche, den menschenfreundlichen Aktivitäten des Hauses ebensoviel Raum zu widmen wie den anderen. James Matheson zum Beispiel habe 1827 auch die erste englischsprachige Zeitung Chinas gegründet und... „Sorry, über illegale Geschäfte sprechen wir nicht. Und wir machen ja auch keine."

... und noch eine ehrenwerte Gesellschaft

Arbeitgeberverbände, Gewerkschaften und die organisierte Unterwelt beruhen auf dem Prinzip, daß Einigkeit stark macht und ohne Stärke Interessen nicht durchsetzbar sind. Wohlwollende Betrachter der Mafia weisen darauf hin, daß Sizilien Jahrhunderte unter Fremdherrschaft stand und die Mafia als eine Art nationalistische Selbsthilfeorganisation entstand, mit Auswüchsen, versteht sich. Und mit der amerikanischen Dependence sei es nicht anders gewesen.

Für die sizilianische Mafia trifft dies mit Sicherheit nicht zu. Sie entstand aus den Gutsverwaltern der Großgrundbesitzer und diente hauptsächlich der Unterdrückung der Pächter. Daß die Mafiosi von dem so erzielten Profit ein ungebührliches Maß für sich beanspruchten, ist in diesem Zusammenhang nur ein unangenehmer Nebeneffekt. Zu den weiteren Einnahmen der Mafia zählt der „Pizzu", der „kleine Schluck" als Entgeld für eine Leistung, gerne auch als Schutzgebühr übersetzt. Daß Pizzu vor allem als Schutzgebühr vor den Schläger- und Mörderbrigaden der Mafia entrichtet wird, versteht sich von selbst. Funktionsgrundlage ist ein streng hierarchisches System vom Fußsoldaten bis zum Patron, Boß oder Paten, ein Gefolgschaftsprinzip also, das ebenso viele Ähnlichkeiten hat mit der Organisation eines Industrieunternehmens wie dem der Faschisten und Nationalsozialisten. Tatsächlich ist die organisierte Unterwelt eine Gegengesellschaft, ein genaues Spiegelbild der jeweils herrschenden Ordnung und so ein Staat im Staate. Der Boß als Oberhaupt der „Familie" steht wie jedes Staatsoberhaupt stets mit sauberen Händen da, pflegt diplomatische Beziehungen mit anderen Familien, und wenn Geschäftsziele mit diplomatischen Mitteln nicht durchzusetzen sind, kommt es zu Kriegen mit anschließenden Friedensschlüssen. Daß der Staat, dessen Gewaltmonopol dadurch etwas gelöchert wird, aus diesen internen Kämpfen keinen Vorteil hat, liegt am Prinzip der Omerta, der Ehre: Cosa nostra, unsere Sache.

Mit dieser dichten und von außen unangreifbaren Organisation muß eine Staatsmacht leben lernen, sich arrangieren. Bewegungen, deren ideologische Grundlage ein Ausschließlichkeitsdenken ist – also rechts Faschisten, links Kommunisten –, konnten das nie, die pragmatische Mitte stets mit einem gewissen Erfolg. Eine Hand wäscht dann die andere. Der Staat schließt seine Augen vor verbotenen Aktivitäten und bekommt dafür seinen Pizzu: Unlizenzierte Kriminalität wird der Polizei in die Hände geliefert, staatsfeindliche Aktivität ebenso bekämpft wie von der Staatspolizei, Informationen werden ausgetauscht, Übereinkommen – beispielsweise: kein direkter Angriff auf Staatsbeamte, Verzicht auf bestimmte Geschäfte – eingehalten. Organisierte Kriminelle und noch dazu kooperative sind immer noch wünschenswerter als zu keinerlei Koexistenz bereite Terroristen.

So erklärt sich auch die meist friedliche Koexistenz zwischen Staat und Mafia in Sizilien. Berühmte Mafiosi wie Don Calógero Vizzini und Genco Russo sicherten der Democrazia Cristiana die absolute Mehrheit im Lande der Kleinbauern, Pächter und Ausgebeuteten, und Sozialisten und Kommunisten hatten ein schweres, häufig verkürztes Leben. Daran hat sich noch nichts geändert, und der Erzbischof von Palermo und etliche Abgeordnete der DC protestieren nicht einmal, wenn man ihnen enge Kontakte zur ehrenwerten Gesellschaft nachsagt oder sie gar als Mafiosi bezeichnet. Die Regierung in Rom hat mittlerweile auch andere Sorgen und ihre Anti-Mafia-Kommission aufgelöst – zu viele Carabinieri blieben auf der Strecke, wenn sie das gute Einvernehmen zwischen lokaler Polizei und Mafia stören wollten, Staatsanwälte bekamen „den Bauch voll Blei", und vor allem wanderte die Mafia ja mittlerweile in alle Provinzen des Landes aus. Sie ist, so ein Bauer aus dem Mafiosi-Dorf Corleone, „wie Gott – du siehst sie nicht, aber es gibt sie, und sie ist allgegenwärtig".

Dieses System läßt sich natürlich auf die meisten Gesellschaftsformen übertragen, und so ist es eigentlich ungerecht, von mafiosen Organisationen zu sprechen. Es ist schwer, Mafia zu definieren. Für ihre Untertanen ist sie ein Dienstleistungsbetrieb, der das Funktionieren der Feldbewässerung garantiert, geordneten Geschäftsablauf und Einteilung der Geschäftsbezirke, zu leider sehr hohen Abgaben und ohne Ausweichmöglichkeit. Für ihr einfaches Mitglied ist sie ein Arbeitgeber mit strenger Betriebsverfassung und durchaus großzügigem Lohn. Für die mittleren Ränge ist sie ein weitverzweigtes Unternehmen mit berufenen Managern für jede Branche. Für den Boß ist sie ein Konzern mit dem nur selten ideell verbrämten Ziel, möglichst viel Gewinn zu machen, und dieser Zweck heiligt viele Mittel. So bleibt als einziger Unterschied zu legalen Organisationen und Unternehmen, daß sich Geschäftsgegenstände und -methoden meist etwas außerhalb der Legalität befinden und daß, im Unterschied zur gewöhnlichen Kriminalität, stets eine gewisse Zusammenarbeit bei Organen der Staatsmacht angestrebt wird.

In die USA kam die Mafia mit der zweiten großen Einwanderungswelle aus Sizilien zwischen 1900 und 1914. Sizilianer waren billige Arbeitskräfte und genossen in den USA dieselbe gesellschaftliche Einschätzung wie beispielsweise Türken in der Bundesrepublik. Damit wurde die Mafia unentbehrlich: Erfahrene Landsleute erledigten die

Einreiseformalitäten, organisierten Arbeitsplätze und Wohnungen, halfen fallweise mit Krediten und nahmen dafür den üblichen Pizzu. Fast alle einwandernden Nationalitäten hatten solche Interessenvereinigungen, und je geringer die soziale Reputation der Einwanderer war, desto nötiger war das System.

Die erste willkommene Gelegenheit zum großen Verdienst bot die US-Regierung, als sie das Alkoholverbot, das während des Ersten Weltkriegs gegolten hatte, stillschweigend verlängerte. Bootleg und Moonshine hießen die Zauberworte der Zwanziger, Schmuggel und Schwarzbrennen. Die Speakeasis, die illegalen Kneipen, brauchten Verbindungsleute zur Polizei, die Bestechungsgelder aushandelten, und genauso abhängig waren sie von ihren Lieferanten.

Die jüdischen Syndikate waren als erste am Platz. „Dutch" Schultz wurde Teilhaber der kleinen, kanadischen Whiskybrennerei Seagrams und organisierte den Schmuggel nach den USA so perfekt und in solchen Ausmaßen, daß die Firma sofort nach Aufhebung des Alkoholverbots Nummer eins in den Staaten wurde. 1922 mußte er einen Teil der Ostküste an Arnold Rothstein abtreten, der die USA mit schottischer Billigware belieferte. Hinzu kam noch der Gründer von Las Vegas, „Legs" Diamond, der auch einen Großteil der illegalen Glücksspiele in den Staaten beherrschte. Und als 1924 in den USA Heroin endgültig verboten wurde, übernahmen diese Paten ganz selbstverständlich auch dieses neue Geschäft.

Die Italiener hatten nicht soviel zu bieten. Sie beherrschten einen Teil der Prostitution und hielten Ende der zwanziger Jahre einen runden 40prozentigen Anteil am Alkoholgeschäft. Beide Märkte hatten sie blutig erobern müssen, und dafür bekamen sie auch noch eine schlechte Presse: Bei dem in den USA herrschenden Antisemitismus und der hohen Beteiligung von Juden in Presse und Film ist es nicht verwunderlich, wenn die organisierte Kriminalität unter Italienern gern etwas dramatischer dargestellt wird.

Glaubt man der autorisierten Biographie eines der Teilnehmer, kam das kapitalste Gangstertrio des Jahrhunderts auf eine geradezu märchenhafte Weise zusammen: In einer Oktobernacht 1918 hörte ein Schlosserlehring in Manhatten weibliche Hilferufe. Ein eifersüchtiger Sizilianer verprügelte seine Freundin, die er gerade mit einem zwölfjährigen Judenjungen erwischt hatte. Der Lehrling, ebenfalls Jude, schlug daraufhin den Sizilianer, und alle drei wurden Freunde fürs Leben. Der Lehrling: Maier Suchowljansky, geboren 1901 in Polen, in New York seit 1911. Der Knabe: Benjamin „Bugsie" Siegel, geboren 1907 in New York. Der Sizilianer: Carmelo Salvatore Luciano, geboren 1897 in Lercara, in den USA seit 1904, Gelegenheitsarbeiter in einer Hutfabrik für fünf Dollar die Woche.

Zunächst verliefen die Lebenswege getrennt: Luciano wurde Lehrling bei der Cosa nostra und erwies sich schnell als guter Zuhälter, Maier ging zu Rothsteins „Kosher nostra" als Heroinpusher. In diesem Geschäft versuchte sich auch Luciano ab 1928, und das war unerwünscht: am 16 Oktober 1929 fing ihn ein Killerkommando, sperrte ihn in ein Lagerhaus und schlitzte ihm die Kehle. Durch ein Wunder überlebte Luciano und kam mit ein paar häßlichen Narben und dem Spitznamen „Lucky" Luciano davon. Zu diesem Zeitpunkt hatte er bereits 17 Haftstrafen hinter sich, davon acht wegen Rauschgift. Der einstige Schlosserlehrling aber war noch nicht vorbestraft und nannte sich nun Meyer Lansky.

1930 wurde die Prohibition aufgehoben. Für die Unterwelt war das kein großer Verlust; die illegalen Gelder wurden in legale Destillen von Lokalen investiert. Schlimm war allerdings, daß anscheinend eine Jugendbewegung versuchte, mit radikaleren Geschäftsmethoden den Markt zu übernehmen. Unter den alten Bossen, deren Stil noch dem von Firmenpatriarchen á la Krupp glich, grassierte der „Bleibauch" wie eine Seuche. Über 60 fielen in eineinhalb Jahren, und am 16. September 1931 auch der letzte Chef der Mafia sowie etwa 40 Unterführer.

In das Waldorf-Astoria, wo Lucky unter dem Pseudonym Charles Ross residierte, wurden die Überlebenden zur stilvollen Friedenskonferenz gebeten und die USA neu verteilt. „Boß der Bosse" wurde unangefochten Lucky. Bugsie Siegel kümmerte sich um das Glücksspielgeschäft. Alberto Anastasia wurde Generaldirektor der Murder Inc., einer wichtigen Bande, deren Zweigstellenleiter in Chicago, Joe Bonnano, als Beerdigungsunternehmer das Problem unauffälliger Leichenbeseitigung durch Doppeldecker-Särge löste. Finanzchef aber wurde Meyer Lansky, außerdem zuständig für die Beschaffung von Heroin.

Luckys geniale Idee war die Verbindung von Heroin und Prostitution. Süchtige Dirnen waren willige Arbeitskräfte, und vor allem kam der Großteil des Geldes, das ihnen die Firma ließ, so wieder einem anderen Zweig des Unternehmens zugute, vom Gewinn beim Weiterverkauf in Bordellen an Freier ganz abgesehen.

Lansky war nicht weniger genial bei seinem Beschaffungsprogramm. Von sechs Tonnen im Jahre 1929 war die legale Heroinproduktion 1931 auf eine Tonne gesunken, und die europäischen Quellen versiegten langsam: Ende der zwanziger Jahre schloß die Polizei das Waschmittelwerk Luxol in Elberfeld, wo außerdem Heroin produziert wurde. Gleichzeitig ging ein jüdischer Schmugglerring mit Hauptsitz in Wien hoch, der den Nahen Osten und die USA beliefert hatte. Meyer Lansky mußte eine ausgedehnte Weltreise unternehmen, um eine zuverlässige Nachschuborganisation auf die Beine zu stellen.

1935 besuchte er Shanghai, wo er mit den Firmen Huang und Chang handelseinig wurde. Chang lieferte aus seinen Raffinerien, Huang besorgte den Transport und über seine chinesischen Freunde in den USA die Zulieferung.

Um nicht nur von einer Lieferorganisation abhängig zu sein, unternahm Lansky 1936 auch eine Tour durch die Mittelmeerländer. Die sizilianische Mafia schied als Geschäftspartner aus, da mit eigenen Problemen beschäftigt.

Fündig wurde Lansky in Istanbul bei den Brüdern Eliopoulos, die von nun an türkisches Opium aufkaufen ließen und – teilweise schon zu Morphin verarbeitet – nach Marseille transportierten. Dort beherrschten die beiden Bosse Paul Bonnaventure Carbone und François Spirito die aus Korsen rekrutierte Unterwelt, die 1970 mit dem Film „Borsalino" ihr Denkmal gesetzt bekam.

Lansky weilte noch in Europa, als in New York eine folgenschwere Panne passierte. Lucky Luciano hatte seinen Geschäftszweig Prostitution in den letzten Jahren nicht mehr sehr geschätzt, da er sich siebenmal mit Tripper und einmal mit Syphilis angesteckt hatte. Sein Imperium mit über 200 Bordellen und 18 Hundertschaften Prostituierter war unübersichtlich geworden. Und dort ermittelte nun Staatsanwalt Tom Dewey, ein weißer Rabe unter den sonst korrumpierten Offiziellen. Er fand auch drei Mädchen, die unter Polizeischutz bereit waren, über Luckys Geschäftsmethoden auszusagen. Im Herbst 1936 wurde Luciano zu „30 bis 50 Jahren" Gefängnis verurteilt.

Seine Kollegen im Firmenvorstand waren loyal und ließen seinen Platz solange unbesetzt. Auch der Heroinhandel wurde dadurch nicht in Mitleidenschaft gezogen. Die Katastrophe zeichnete sich erst mit Ausbruch des Zweiten Weltkriegs ab. Die Brüder Eliopoulos zogen sich schon in den ersten Kriegstagen aus dem Geschäft zurück und gründeten ein Bankhaus in Athen. Bonnaventura und Spirito trauten den weit entfernten USA auch nicht, sondern kollaborierten mit dem NS-Regime. Die Produktion in Shanghai hatte durch die japanische Besetzung bereits gelitten, und der Nachschub versiegte vollends, als Japan in den Weltkrieg eintrat. 1938 war Heroin im New Yorker Straßenverkauf noch zu 28 Prozent rein gewesen; 1941 nur noch 3 Prozent, und der Preis hatte sich verzwölffacht.

Meyer Lansky reiste nach Mexiko zu Verhandlungen und erreichte, daß dort in den Bergen Mohn angebaut wurde. Doch der Morphingehalt der Pflanzen war niedrig, das Heroin minderwertig. Über Kuba knüpfte Lansky eine weitere Verbindung: Nazis lieferten dorthin das Heroin aus I.G.-Farben-Produktion, doch 1943 riß der Kontakt. 1945 kostete Heroin das 70fache von 1938, und von den gut 300 000 Süchtigen waren etwa 20 000 dem teuren Stroff treu geblieben. Die Zeiten standen schlecht.

Für die Freiheit der westlichen Welt...

Politische Tatsachen werden der Öffentlichkeit bekanntlich nur in kleinen Portionen zugemutet. Bei heiklen Themen erscheint der mündige Bürger als Säugling, das Lätzchen des Vertrauens umgebunden, dem löffelchenweise der Brei verabreicht wird, so fein gehackt, daß seine Bestandteile kaum mehr erkennbar sind, und mit Unschädlichkeitsgarantie. Da sich Politikern aller Couleur zufolge nur so regieren läßt, ist dies gut so in allen Ländern, bestärkt durch die Erfahrung, daß größere Brocken sich gern querlegen und unangenehmes publizistisches Husten verursachen.

Ein Beispiel dafür war im Februar 1946 der Wirbel um die Begnadigung Lucianos „wegen seiner Verdienste im Krieg", den er doch im Gefängnis verbracht hatte. Erschreckt über den öffentlichen Aufschrei schwiegen die zuständigen Stellen ein Vierteljahrhundert über die Art seiner Verdienste, und erst dann, als die Sache niemandem mehr wat, erzählten sie ihre Version.

Zwischen ihrem Kriegseintritt am 11. Dezember 1941 und Ende Mai 1942 hatten die USA direkt vor ihrer Ostküste 272 Handelsschiffe durch deutsche U-Boote verloren. Der militärische Geheimdienst analysierte das Debakel und kam zu folgenden Schlüssen: Es mußte im Abfertigungshafen New York undichte Stellen geben, die das Auslaufen von Geleitzügen den Deutschen meldeten, und es mußte außerdem Amerikaner geben, die von ihren Fischerbooten aus die deutschen U-Boote auftankten, so daß diese ohne Treibstoffprobleme an der Ostküste kreuzen konnten. Die einzige Abhilfe sahen die Herren in einer „vertrauensvollen und gezielten" Zusammenarbeit mit den Hafengewerkschaften. Die aber waren fest in der Hand der Cosa nostra, seit in den dreißiger Jahren die Schlägerbanden der Mafia von Industrie und Busineß als Streikbrecher eingesetzt wurden. Erster Kontaktmann war daher Joe „Socks" Lanza, Geschäftsführer der Fischereiarbeiter-Gewerkschaft. Und er kam auch gleich zur Sache: Wenn die Herren etwas erreichen wollten, mußten sie sich schon an den wahren Boß wenden, eben an Lucky, der zwar schwer bewacht im Gefängnis einsaß, aber völlig ungehindert aus dieser sicheren Zentrale heraus sein Imperium regierte.

So direkt wollte sich der Geheimdienst auch nicht mit der Unterwelt einlassen, und so kontaktierte man Lucianos Anwalt. Moses Polakoff hatte eine erstaunliche Karriere gemacht, die sich nur mit dem amerikanischen Hang zu sportivem Denken auch in Rechtsfragen erklären läßt: Richter, Staatsanwalt, Chef der Kriminalabteilung, Mitglied der Oberstaatsanwaltschaft und seit 1935 Anwalt Lucianos. In diesem Fall, erklärte Polakoff, könne er leider auch nichts ausrichten, sondern nur Meyer Lansky, der gerade Teilhaber der Musicbox-Firma Wurlitzer war und ihre Verleihorganisation leitete. Um Luciano unauffälliger besuchen zu können, müsse er in ein komfortables und nahe gelegenes Gefängnis verlegt werden. Als die Bedingungen erfüllt waren, besuchten Lansky und Polakoff den „Capo di tutti capi" (Boß der Bosse) noch im Mai 1942 und ersuchten ihn um Hilfe. Gegenleistung: Jeder Besuch, den Lucky zu haben wünschte.

Von nun an hielt Luciano im Gefängnis regelrecht hof und übernahm ganz offiziell wieder die Firmenleitung. Auch für das Militär zahlte sich das Gentlemens's Agreement aus – die deutschen U-Boot-Erfolge hörten buchstäblich über Nacht auf.

1946 wurde Luciano begnadigt und als italienischer Staatsbürger am

10. Februar in sein Heimatland verschifft. In einer feudalen Villa bezog er Quartier und stand offiziell unter Hausarrest. Seine Bewacher sahen ihn auch regelmäßig an den Fenstern durch die Vorhänge schauen, ein Tiger im Käfig, dem das erzwungene Rentnerdasein gar nicht behagte. Dementsprechend waren sie erstaunt, als fünf Monate später Luciano aus Rom angereist kam – sie waren einem Doppelgänger aufgesessen.

Mittlerweile hatte Luciano die durch den Krieg unterbrochenen Kontakte gepflegt, neue aufgenommen und seine Firma zu einem multinationalen Konzern ausgebaut. Ein wichtiger Geschäftspartner, ihm durch fünf Firmen in gemeinsamem Besitz verbunden, wurde Sami El Khoury im Libanon, Reeder und einer der führenden Politiker dieses Landes. Er ließ im großen türkisches und persisches Opium aufkaufen und in einem Vorort Beiruts zu Morphin verarbeiten. Zu seinen regelmäßigen Gehaltsempfängern zählte das Direktorium des Flughafens, die Leiter aller libanesischen Zollbehörden und der Chef der Geheimpolizei. Seine Schiffe übergaben die Ware im internationalen Gewässer vor Palermo an Fischerboote, die sie dann unkontrolliert an Land brachten. Ein Teil des Stoffes landete in Mailand bei der angesehenen Pharma-Firma Schiaparelli, die bis 1950 jährlich rund 700 Kilogramm Heroin produzierte, ohne darüber Buch zu führen. Um nicht nur von einem Lieferanten abhängig zu sein, ließ Luciano noch private Raffinerien einrichten. Seinen Chemikern fehlte allerdings der letzte Schliff – im Winter 1946/47 flogen kurz hintereinander bei Palermo drei Labors in die Luft.

Eine geschäftliche Erleichterung für Luciano war, daß seit 1943 auch einige andere Mafiosi aus den USA nach Italien befördert wurden. Der interessanteste von ihnen war wohl Vito Genovese, der noch 1942 dem Duce zuliebe den Herausgeber einer antifaschistischen Italienerzeitung in New York ermorden ließ. Ein Jahr später hatte er die Fronten gewechselt und diente in Neapel als Verbindungsoffizier zwischen US-Hauptquartier und der Zivilverwaltung. 1946 traf er sich mit Lucky nachweisbar siebzehnmal, und am 2. Januar 1947 stellten beide Anträge zur Aufnahme in die Christdemokratische Partei. Der Lucianos wurde allerdings abgelehnt.

Unter diesen Umständen fand sich Lucky in Italien entbehrlich, ließ im März 1947 seine Aufenthaltsbeschränkung aufheben – der bürokratische Weg dauerte nur zwei Tage – und traf einen Monat später in Kuba ein, wo er sofort ein Dauervisum erhielt.

Die Verbindung Meyer Lanskys zu Fulgencio Batista, dem Diktator der Insel, ging schon auf die frühen dreißiger Jahre zurück, als Lansky nach eigenen Worten „die Karibik entdeckte". Von Miami (Florida) aus hatte er in Havanna sechs Hotels errichten lassen, und 1937 übersiedelte er für drei Jahre nach Kuba. Sein Imperium vergrößerte sich ständig: 1938 pachtete er das Kasino des Hotel Nacional für 30 Jahre, 1939 pachtete er die Rennbahn von Havanna im Namen der dem Rokkefeller-Clan gehörenden Chase Manhattan Bank, kaufte auf den Bahamas Paradise Island und fünf Hotels. 1940 erhielt er in Havanna noch die Lizenz für acht weitere Spielkasinos. Dann reiste Lansky ab und setzte als seinen Stellvertreter Santo Trafficante sr. ein, den die Drogenbehörde der USA fortan für den Koordinator der Rauschgiftgeschäfte hielt.

Als Luciano in Havanna eintraf, war Lansky natürlich wieder zur Stelle, und zwei Wochen darauf kam es im Hotel Nacional zu einer imponierenden Gipfelkonferenz. US-Stellen registrierten die Bosse der 16 Mafia-Familien, 42 Unterführer, 18 Gewerkschaftsbosse und mehr als 100 Rechtsanwälte, außerdem, „daß Kuba nun zum Zentrum der internationalen Rauschgiftoperationen gemacht werden soll".

Massiver diplomatischer Druck durch die USA war nötig, daß Kubas Regierung Lucianos Visum strich, und im September reiste Lucky wieder nach Italien. Zuvor hatte er sich noch Reklamationen über schlechte und mangelhafte Lieferungen aus Sizilien anhören müssen, weshalb kurz nach seiner Rückkehr in Palermo 47 Leute an Bleibauch verschieden.

1949 begab sich Lansky in der ersten Klasse eines Luxusdampfers auf eine fast einjährige Europareise. Seine erste Station war Rom, dort verbrachte er vier Wochen bei Luciano. Dann fuhr er nach Zürich, wo ihn John Pullman erwartete und drei Wochen lang bei den Bankiers der Eidgenossenschaft einführte. Für die nächsten zehn Jahre stand Lansky mit einem Dutzend Schweizer Banken in Geschäftsverbindung, ehe er beschloß, auch auf diesem Sektor unabhängig zu werden, und die Genfer „Exchange & Investment Bank" aufkaufte. Ein Abstecher von einer Woche führte ihn dann nach Hamburg, wo ihn „Onkel Joe" erwartete, schon damals der ungekrönte König von St. Pauli. Er schaffte es, bis zu seinem Tod 1979 ohne Vorstrafen zu bleiben und das Geheimnis seines beachtlichen Vermögens mit ins Grab zu nehmen. Dann ging es über Amsterdam und Brüssel nach Marseille, wo Lansky zwei Monate weilte, ehe er nach einem Abschiedsbesuch bei Luciano in die USA heimfuhr.

Am 23. Mai 1951 knackte Marseilles Polizei das erste Heroinlabor, am 18. März 1952 ein zweites, und am 2. Mai 1952 wurden im Hamburger Hafen sechs Kilogramm Heroin gefunden. In den USA war die Zahl der Süchtigen von 20 000 bei Kriegsende auf 60 000 gestiegen.

French Connection

Die Arbeiterschaft der größten Hafenstadt Frankreichs galt immer schon als besonders aufmüpfig und ist heute noch stolz auf diese Tradition, die dem Land mit der Marseillaise ja auch die Nationalhymne bescherte. Zu den weiteren, nicht immer leicht zu genießenden Reizen der Stadt gehören die vielen ethnischen Gruppen aus allen Kolonialgebieten der Grande Nation, deren größte immer schon die Korsen waren. Außerdem: daß in Marseille auch die politischen Extreme zusammenleben, ebenfalls nicht immer friedlich.

In den dreißiger Jahren war ein Spitzname der Stadt auch „das Shanghai Europas", und damit waren die wüsten Geschäfte gemeint, die sich hier mühelos tätigen ließen. Doch auch die politischen Verhältnisse waren so ähnlich, denn im Rathaus hielten sich Frankreichs Faschisten durch die Hilfe der beiden Gangsterbosse Paul Bonnaventura und François Spirito.

Die korsische Unterwelt ist nicht so formell organisiert wie die Mafia, sondern in kleine Zellen. Über diesen kleinen Einheiten gibt es nur noch die „Paceri", die anerkannten Friedensstifter. Sie teilen den einzelnen Banden Reviere und Aufgabengebiete zu, denn auch Marseilles Unterwelt ist nach dem Prinzip einer plündernden Armee aufgebaut. Carbone und Spirito waren die obersten Paceri, außerdem die Heroinlieferanten der Cosa nostra und im spanischen Bürgerkrieg wichtige Waffenlieferanten Francos.

Als die Nazis 1940 Marseille besetzten, wurden ihnen die Gangster unentbehrlich, da sie der Gestapo alle Widerstandskämpfer verrieten.

Auch innerhalb der Resistance hatten viele Korsen gekämpft, vor allem auf ihrer Insel gegen die italienischen Besatzer. Nach Kriegsende zerfiel die Resistance in zwei sich heftig bekämpfende Fraktionen, eine kommunistische und eine antikommunistische, und die Unterwelt schlug sich, wie gewohnt, auf die rechte Seite.

Aus dem Widerstand enstand auch die Sozialistische Partei Gaston Defferres, in der bald die Brüder Guerini Bedeutung gewannen. Antoine, der gute Beziehungen zu den Geheimdiensten Englands und der USA hatte, und der jüngere Barthèlemy, seiner Verdienste im Widerstand wegen Mitglied der Ehrenlegion. Nebstbei waren sie auch die wichtigsten Paceri.

Der CIA hatte zu ihnen mehr Vertrauen als zu der neugegründeten Polizeieinheit CRS, in der viele Kommunisten tätig waren und die sich mehr mit der Unterwelt befaßte als mit den unzufriedenen Arbeitern.

Zum Ärger bestand Grund: Noch 1947 lag der Lebensstandard im Hafen ein Fünftel unter dem der Vorkriegszeit, und im November kam es zu heftigen Unruhen, als sich Defferres Sozialisten mit der neugegründeten Partei de Gaulles verbündeten und die Kommunisten aus der Rathauskoaliton warfen. Die Guerinis schossen persönlich in die Menge der Demonstranten, die den Schwarzmarkt stürmen wollten, während Defferre als neuer Bürgermeister so kühn war zu behaupten, er kenne den Namen Guerini nicht einmal. Dabei war ein Guerini Herausgeber seiner Parteizeitung „Le Provencal". Die Kommunisten riefen den Generalstreik aus.

Das brachte den CIA auf den Plan, denn Marseille war ein wichtiger Landungshafen für den Marshallplan (ERP), der im Zeichen des kalten Krieges Europa gegen den Osten festigen sollte. Der Sozialistischen Partei wurde eine Million Dollar jährlich versprochen, wenn sie eine eigene Gewerkschaft gründete und den Streik niederschlage. Die Guerinis organisierten die nötigen Schlägertruppen, und einen Monat später erlitten die Kommunisten eine blutige Niederlage. Für die nächsten 20 Jahre waren die Guerinis Gesetz in Marseille.

Die nächste Bewährungsprobe für dieses seltsame Bündnis kam im Februar 1950, als sich die Hafenarbeiter weigerten, Kriegsmaterial nach Indochina zu verladen. Ho Chi Minh war ein Gründungsmitglied der Kommunistischen Partei Frankreichs und auch als Kämpfer gegen Frankreichs Kolonialherrschaft noch ein Volksheld. Über einen Mittler ließ der CIA den Guerinis persönlich 15 000 Dollar zukommen, und im März war der Streik niedergeprügelt.

Kurz darauf erschien Meyer Lansky und traf sich drei Monate lang beinahe täglich mit den Guerinis. Von nun an funktionierte die berühmte „French Connection" fast zwei Jahre störungsfrei.

Tatsächlich ist das Charakteristische der „French Connection" die erstmals lückenlose Verflechtung von Unterwelt, Parteipolitik und Geheimdiensten.

Ein solches System kann kaum mehr von außen zerschlagen werden. Es muß sich selbst zerbrechen, an seinen Widersprüchen, die ja bei allen gemeinsamen Profitinteressen bestehen bleiben, an der Umständlichkeit seines Apparats, an der Unvorsichtigkeit der allzu sicher gewordenen Drahtzieher.

Lucky Luciano indessen war eine Touristenattraktion geworden. Er besaß offiziell einige Wäschereien und eine zweifelhafte Bar, und manchmal wunderten sich die Behörden, wovon er immer reicher wurde. Überaus häufig verkündete die Polizei in Pressekonferenzen, der alte Gauner habe sich mit Sicherheit aus den Geschäften zurückgezogen. Tatsächlich glich Luckys Aussehen mit zunehmendem Alter immer mehr dem eines pensionierten Politikers, sorgfältig gepflegt, mit betont feinen Manieren. Ab und an bekam er noch Besuch aus Übersee, und dann beobachteten unauffällige Herren, wer dort in teuren Autos vorfuhr.

Mit Sicherheit zog sich Lucky am 22. Januar 1962 aus dem Geschäftsleben zurück. Vom Flughafen Neapel hatte er gerade seinen alten Freund Michael Gosch abgeholt, der als Regisseur das ehrbare Leben des Capo verfilmen wollte. Man trank einige Espressi in der Cafeteria und erinnerte sich an alte Zeiten. Auf dem Weg zu seinem Auto erlitt der Manager der Unterwelt einen Herzinfarkt.

Ein so banales Ende eines so außergewöhnlichen Lebens wirkt natürlich befremdlich, und so ist immer wieder zu hören, Luckys letzter Kaffee sei besonders gewürzt gewesen. Aber wer hätte dann hinter Gosch gestanden? Es hätte, unter genauer Berücksichtigung aller Liebes- und Haßfaktoren, nur der CIA sein können, der jedoch über so pikante Kleinigkeiten keine Auskunft gibt. So bleibt als unumstrittene Tatsache nur, daß Luciano tot war.

Aus politischen Gründen gab es in Marseille Probleme. Die Guerinis hatten sich mit Gaston Defferres Sozialisten auf Gedeih und Verderb verbunden, und so war es nicht verwunderlich, daß sie mit dem Aufstieg de Gaulles einen schweren Konkurrenten bekamen. Marcel Francisci hatte in den frühen sechziger Jahren aus korsischen Gangstern die Barbouzes organisiert, den Schlägertrupp der gaullistischen Rechten, und sich auch die Oberherrschaft über die Kasinos gesichert. Juwel seines Reichs wurde der „Cercle Haussmann", der feinste Salon von Paris, wo er auch täglich mit Kabinettsmitgliedern zusammentraf. Seine Heroinkarriere hatte er unter Spirito begonnen, und seit 1963 besaß er selbst ein Labor.

Den ersten Ärger mit den Guerinis gab es, als die Brüder am 8. Oktober 1964 der Rauschgiftpolizei förmlich befahlen, die vor Marseille gelegene Villa „Clos Saint Antoine" zu durchsuchen. Man entdeckte ein Labor samt Chemiker, das erste seit 1952, und Francisci, der Villeneigner, konnte glaubhaft beweisen, daß er nicht gewußt habe, wer was während seiner Abwesenheit in seinem Haus treibe.

Es folgten Jahre gezielter Nadelstiche, und die Polizei profitierte auf diese Weise, denn beide Gruppen denunzierten Morphinlieferungen an die Konkurrenz.

Als 1968 in Paris die Studenten die Revolution probten, engagierte der Chef von de Gaulles Inlandsgeheimdienst SAC 5000 Extrahelfer, davon gut 1000 aus der Unterwelt. Viele von ihnen wurden als Besucher der USA mit Heroin gestellt, und auch im engeren Kreis der Randfiguren des Gaullismus gab es fallweise nette Skandale. Zwischen 1970 und 1971 wurden zehn hohe Offiziere des SAC als Heroinschmuggler verhaftet und die Witwe Bonnet, die gerade 53 Kilogramm in die USA verschicken wollte. Ihr Mann war Chauffeur des Präsidenten Pompidou gewesen. Auch Offiziere des Auslandsgeheimdienstes SDECE kamen in die Schlagzeilen. Unter den 30 Fällen des Jahres 1971 war der spektakulärste wohl der von Colonel Paul Fournier, der in den USA mit 45 Kilogramm verurteilt wurde. Gleichzeitig kam erstmals auch in Frankreich Heroin in größeren Mengen auf den Markt. Zuerst wurde es von älteren Händlern unter linken Studenten verkauft, dann breitete es sich einer Seuche gleich unter den ausländischen Minderheiten Frankreichs aus, bis es auch in das bürgerliche Lager einsickerte.

Natürlich unternahm Frankreichs Regierung auch etwas gegen die Heroinproduzenten. Zwischen 1969 und 1972 wurde das Rauschgiftdezernat von Marseille von acht auf 77 Mann verstärkt, und auch amerikanische Experten werden manchmal eingeladen. Ab und an wird auch ein Heroinlabor aufgestöbert, zuletzt am 1. Oktober 1979. Die Verbindung dieser Chemieindustrie zu Marcel Francisci sind ein beliebtes Gesprächsthema der Hafenstadt, doch er selbst wurde noch nie von der Polizei belästigt.

Als die French Connection chaotisch wurde, unternahm Santo Trafficante nach bester alter Sitte eine ausgedehnte Rundreise, ähnlich der Lanskys 1949. Doch 1968 ging sie in andere Richtung, und die Stationen waren Bangkok, Singapur, Hongkong und Saigon.

6. Goldenes Dreieck

Die Schuppen des Drachen

Wer je Gelegenheit hat, in die Berge Nord Thailands zu gelangen, muß ihre Bewohner, die Meo, lieben. Ihre kleinen Dörfer sind Oasen friedlicher Eintracht, in denen es auf Privateigentum nicht so sehr ankommt, und ihre Gastfreundschaft ist einfach überwältigend. Am frühen Abend wird ein riesiger Bottich Reisbier auf den Platz zwischen den Holzhütten gewuchtet, aus dem sich jung und alt mit langen Bambustrinkhalmen bedient. Gäste haben den Vorrang, und am Pegel des Bottichs wird nachgemessen, ob sie auch wirklich am meisten trinken. Für den Fall, daß wir uns am Gemeinschaftspott genieren sollten, sind sogar zwei Gläser da. Ich traue allerdings dem undefinierbaren Belag nicht, der sie tückisch-trüb schillern läßt, und finde Bambus hygienisch.

Die Meo sind arm, sehr arm. Uns zu Ehren aber sind plötzlich sogar US-Zigaretten aus dem fernen Bangkok da, mit braunen Feuchtigkeitsflecken, da lange für diese Gelegenheit gehortet. Und dann kommen Töpfe mit dampfendem Reis, der hier wächst, und ein großer Kessel, in dem auf scharfer Soße Fleischstücke schwimmen. „Was ist denn das?" fragt nach einer Weile mein amerikanischer Kollege und saugt aus einem Knochen das Mark. „Hund", sagt der Dorfälteste und lächelt überwältigend freundlich. Mir fällt die weniger schöne Szene am Nachmittag ein: Wie in solch armen Dörfern üblich, begrüßten uns zuerst ein Rudel Hunde und dann ein Rudel Kinder. Als uns dann auch schon Erwachsene entgegenkamen, sah ich, wie hinter uns ein liebes kleines Mädchen dem dicksten der mageren Köter mit einem kräftigen Prügel eins auf die Nase schlug. Außer einigen dürren Hühnern gibt es hier keine anderen Haustiere. Wir sind satt.

Die Meo stört das nicht. Sie schmatzen, bis nichts mehr übrig ist, und dann wird weitergesoffen. Später, als der Mond aufgeht, werden Pfeifen aller möglichen Formen hervorgeholt, und es riecht nach Tabak und Opium. Der Bierbottich ist umgekippt. Hühner und Hunde bedienen sich am versickernden Naß. Die Hunde schlafen gleich ein, die Hühner schwanken – großes Gelächter. Am nächsten Morgen ist es im Dorf auch noch still, als die Sonne schon hoch am Himmel steht.

Die Meo wurden als Opiumbauern berühmt, und tatsächlich wächst auf ihren Feldern nahezu nichts als Mohn, kleinere Kapseln als sonstwo in der Welt und mit geringerem Morphingehalt als in Asien üblich. Da macht es nur die Menge. Ihre Landwirtschaftsform stammt noch aus der Steinzeit: Ein Stück Dschungel wird niedergebrannt, die Erde gelockert, und das Feld ist fertig. Gedüngt wird nicht. Nach fünf, sechs Jahren ist der Boden erschöpft; dann muß das Dorf wandern und seine Hütten anderswo aufschlagen. 15 Jahre später ist auf den verlassenen Feldern genügend Gestrüpp gewachsen, um erneut niedergebrannt zu werden.

Die Meo leben im oberen Drittel der Berge, wo die Luft etwas trokkener ist und die Abende kühler, und die wild zerklüftete Gegend heißt „Goldenes Dreieck". Der Name klingt romantisch, und auf Bildern sowie im „stern" sieht die Landschaft auch exotisch aus. Doch sie haben soviel mit der Wirklichkeit zu tun wie eine deutsche Bäuerin, die im Hochzeitskleid auf dem Mähdrescher sitzt. Gäbe es eine Statistik der Ausbeutung, würden die Meo an ihrer Spitze stehen, und von dem Opium, das sie bauen, haben sie nahezu nichts.

Sie waren wohl nie Besseres gewohnt. Völkerkundlern zufolge stammen sie aus den Bergregionen Südchinas, die seit Anfang des vorigen Jahrhunderts strenger an das Reich der Mitte angeschlossen wurden. So wurden sie südwärts vertrieben und kamen auch noch in diesem Jahrhundert schubweise in dieses unwegsame Bergland. Die später Kommenden gerieten dabei unter die Herrschaft der früher Gekommenen, und so bildete sich ziemlich zwanglos eine Reihe kleiner Fürstentümer, die aber nie die Herrschaft über die Dörfer einer Bergkette überstiegen.

Im übrigen Südostasien bestimmten mittlerweile Europäer die Geschichte. Burma war britische Kolonie, Malaysia stand unter ihrer Schutzherrschaft; im Osten hatte Frankreich aus den heutigen Ländern Vietnam, Laos und Kambodscha seine Kolonie Indochina zusammenerobert, und Thailand diente als eine Art Puffer, beiden Einflüssen unterworfen. Die Völker waren nicht sehr glücklich darüber und hatten auch kein tatkräftiges Interesse an kolonialer Entwicklung. So strömten chinesische Auswanderer, hauptsächlich aus den Küstengebieten, nach Südostasien, wo sie als Facharbeiter und Kaufleute bald einen höheren Lebensstandard hatten als die Einheimischen. In Annam, dem heutigen Norden Vietnams, gab es schon seit Jahrhunderten chinesische Kolonien, doch zu Beginn des 20. Jahrhunderts breiteten sie sich entlang der gesamten Küste Südostasiens aus: 1910 gab es in Saigon 120 000 Chinesen, in Rangoon 60 000, in Bangkok gar 200 000, in Malaysia stellten sie ein Viertel und in der jungen Stadt Singapur 80 Prozent der Gesamtbevölkerung. Und mit ihnen kam die Opiumsucht.

Den Briten war es recht. Aus ihrem Opiummonopol erwirtschafteten sie durchschnittlich 23 Prozent ihrer Einnahmen aus Südostasien, von denen sie etwa die Hälfte wieder in das Land investierten. Die Straßen, Eisenbahnen und schöne Architektur viktorianischer Gotik wurden so mit der Sucht finanziert.

Die Franzosen machten es ihnen nach, mußten ihr Opium aber mangels eigener Produktion von den Briten beziehen. Das verteuerte den Stoff, und so wurden bald große Mengen aus Yünnan eingeschmuggelt, quer durch das Land der Meo und Yao. So war es logisch, daß sie die Bergstämme dazu animierten, Mohn doch selbst anzubauen – um 1910 begann die Geschichte des Goldenen Dreiecks.

Das Geheimnis, als zahlenmäßig verschwindende Minderheit der ausschließliche Machtfaktor zu sein, hatten die Kolonialmächte von den alten Römern geerbt: teile und herrsche. Im Goldenen Dreieck half ihnen, daß dieses Bergland in ein rundes Dutzend Stämme und Fürstentümer zerfiel. Von Ost nach West waren die wichtigsten die Yao, Meo, Karen und Shan. Die 1,2 Millionen Shan brachten es auf 35 Kleinstaaten, von denen 31 für die Briten Mohn anbauten. Unter den Meo wurden zwei Fürstenrudel bedeutend, die Ly und die Lo.

Es war wie oft in der Geschichte eine Kleinigkeit, die das gebirgige Herz Südostasiens in ein Pulverfaß verwandelte. Der Stammesfürst der Lo beschäftigte einen unbedeutenden Seitensproß der Ly als Sekretär und vertraute ihm so sehr, daß er ihm auch eine Tochter zur Frau gab. Allen Berichten zufolge mußte Ly Foung dem armen Jungen aus dem Märchen geglichen haben, denn die Ly bestritten sogar eine Verwandtschaft und nannten ihn den Sohn eines Kuli. Seine Frau hat er wohl nicht sehr gut behandelt, denn nach einigen Jahren Ehe beging sie mit Opium Selbstmord. Da verstieß der alte Lo seinen mißratenen Schwiegersohn und sagte unvorsichtigerweise auch noch Despektierliches über die Ly im allgemeinen. Das war 1922, und schon 1924 hatten die Franzosen Gelegenheit, die streitenden Stämme durch Umsiedlungen zu trennen. Als der alte Lo starb, hielten sie es für taktisch klug, den Sohn der Selbstmörderin Touby Ly Foung zum Statthalter der Provinz zu ernennen und zum Verwalter des Opiummonopols. Lo Faydang, der rechtmäßige Amtserbe, protestierte, und sein einziger Erfolg war, daß er sogar sein Dorf räumen mußte. Bald sah man ihn im Kreise Ho Chi Minhs, der den Widerstand gegen die Kolonialmächte zu organisieren begann.

Touby Ly Foung war nach französischem Geschmack genau der richtige Mann. Er verzwölffachte die Opiumproduktion innerhalb von zehn Jahren und machte die zahllosen Läden in den Städten – allein in Saigon mehr als 3000 – von allen Importen unabhängig. „Früher war Opium ein Adeliger dieses Landes", notierte ein Kolonialoffizier, „aber nun ist es König". Und man hatte auch Verständnis dafür, daß Touby an seine Opiumaufkäufer nur knapp ein Fünftel der Gelder weitergab, die er aus Saigon vom Opiummonopol erhielt. Schließlich rekrutierte er aus der Differenz eine Privatarmee von rund 6000 Mann, die als „freiwillige Kräfte der Meo" für die Franzosen gegen die Bevölkerung kämpften, als gleich nach Ende des Zweiten Weltkriegs der Befreiungskampf in Indochina begann.

Heute lebt Touby als gepflegter Herr unter anderem Namen in Bangkok. Seine elegante Villa ist gut bewacht, und es ist nicht leicht, an ihn heranzukommen. Natürlich bestreitet er zunächst seine Identität, doch nicht allzu lange, denn ein gemeinsamer Bekannter hat mich eingeführt. Er ist selbst süchtig und spritzt sich zweimal täglich Heroin, „doch nur bescheiden", sieht aber noch verhältnismäßig gut aus. Von alten Zeiten schwärmt er gelegentlich, nur mit Auskünften ist er sparsam.

„Ich mußte einfach einige Gelder zurückbehalten", sagt er. „Schließlich ging es um die Freiheit unseres Landes."

„Meine Aufkäufer in den Bergen waren hauptsächlich chinesische Kaufleute. Wenn sich ein Bauer übervorteilt fühlte, gab er den Chinesen die Schuld, und das vermied Spannungen innerhalb der Meo... Dieses System existiert heute noch so, und das ist ja auch ein Beweis seines Erfolgs... Sie dürfen auch nicht vergessen, daß uns die Franzosen die Waffen für unseren Kampf nicht umsonst gaben. Wir kämpften zwar für sie, aber bezahlen mußten wir."

Wieviel Prozent der Summe die Bauern bekamen, die das Opiummonopol an Ly Foung zahlte? „Ich habe mich nie so dafür interessiert. Natürlich behielten die Zwischenhändler auch einen Anteil ein. Das war ja ihr Recht. Vielleicht bekamen die Bauern ein Zwanzigstel. Aber sie verehrten mich und kämpften für mich."

Letzteres entspricht nicht ganz der Wahrheit. Während Ly Foungs Zeit kam es immer wieder zu Bauernaufständen, die von Söldnern brutal niedergeschlagen wurden. Heute führt Touby diese Exzesse „auf meine ausländischen Offiziere" zurück, die er aus der korsischen Unterwelt rekrutiert hatte.

Die Rechnung Ly Foungs und der Franzosen ging bekanntlich nicht auf. Gleich nach Kriegsende 1945 rief Ho Chi Minh in Hanoi die Demokratische Republik Vietnam aus, und nun begann der neunjährige Guerillakampf zwischen Franzosen und den von General Giap organisierten Viet-Minh. Touby Ly Foung konnte mit seinen Truppen fast durchgehend die strategisch wichtige Ebene der Tonkrüge in Laos halten. 1954 aber entschlossen sich die Franzosen, alles auf eine Entscheidungsschlacht zu setzen. Zum Austragungsort wählten sie die Festung Dien Bien Phu im Bergland zwischen Nordvietnam und Laos, das den schönen Namen „Schuppen des Drachen" trägt. Ihre Überlegung war, daß die Festung nur von den höher gelegenen Bergen aus zu beschießen war, daß der Viet-Minh aber seine Artillerie nicht dorthin hochschleppen könne. Im übrigen vertraute man der Zusicherung Ly Foungs, die Meo seien geschlossen auf französischer Seite.

Hier aber rächte sich die lange Ausbeutung. Lo Faydang hatte unter den Meo schon lange schlagkräftige Guerillatrupps organisiert, und Zehntausende Meo-Freiwillige schleppten das Kampfmaterial hoch, mit dem Dien Bien Phu schließlich zerlegt wurde.

Noch im selben Jahr beschloß in Genf die Indochina-Konferenz, das französische Kolonialreich in die Staaten Laos, Kambodscha und zwei politisch gegensätzliche vietnamesische Staaten aufzulösen.

Das amerikanische Jahrhundert

Die politische Stimmung in den USA gleich nach dem Zweiten Weltkrieg formulierte am zündendsten Henry Luce, der Gründer des TIME-LIFE-Imperiums: Nun, da die etablierten Weltmächte ihre

Schwächen so deutlich gezeigt hatten, seien die USA „mit moralischem Recht die Erben Großbritanniens und Frankreichs" und „aufgrund unserer Sendung der Freiheit verpflichtet, in die Verwirrung ausländischer Abenteuer ordnend einzugreifen". Titel: „Ein amerikanisches Jahrhundert!"

Die Marschrichtung war klar, zumal Andersdenkende zuvor schon ein sozialistisches Jahrhundert gefordert hatten. So brach ein manichäischer Kampf aus zwischen der Lichtgestalt der „freien Welt" und dem „gottlosen Kommunismus", der kalte Krieg. Wie bei jedem totalen Abenteuer entwickelte sich schnell eine eigene Sprache. Verhandlungen wurden „Befriedigungspolitik", Neutralität „Kapitulation vor dem Kommunismus", Gewerkschaftsbewegungen „Gefahrenmomente kommunistischer Infiltration", Befreiungsbewegungen gegen Kolonialherrschaft „kommunistische Aggressionen" und dementsprechend Diktatoren „Garanten der westlichen Freiheit".

Das Ergebnis war nicht nur eine völlige Veränderung des amerikanischen Bewußtseins, das die Worte einer langen demokratischen Tradition ihres Inhalts entleerte, pervertierte und als Knüppel rund um die Welt schwang, sondern auch eine noch nie in der Geschichte dagewesene Polarisierung. Moralische Werte zählten in diesem Kampf, da jeder Bündnispartner willkommen war, nur noch propagandistisch.

In Asien fand die erste Auseinandersetzung mit dem Erzfeind in China statt, wo Tschiang Kai-schek zum Garanten der freien Welt wurde. Die Korruption der Kuomintang wurde den Amerikanern erstmals bewußt, als sich 1949 herausstellte, daß der Generalissimus einen Teil der US-Waffenlieferungen über kurze Umwege an die Volksarmee verkauft hatte. Als der Kampf verloren war, setzte Tschiang nach Taiwan über und errichtete über den Einheimischen der Insel eine stramme Diktatur.

Einen Teil seiner Verbände aus Yünnan aber schlug sich nach Süden durch bis in die Berge der Meo, die nun doch unter die chinesische Herrschaft kamen, vor der sie ein Jahrhundert zuvor geflüchtet waren. Man schrieb 1950, und in Korea begann der dreijährige Krieg um den 38. Breitengrad.

Die Franzosen unternahmen nichts gegen diese Invasion ihres Territoriums. Zunächst einmal hielten ihnen die Kuomintang den Rücken frei gegen die Sozialisten, die gerade in Burma aktiv wurden, vor allem aber erzwangen die USA ihre Duldung. An den Kriegskosten waren die Staaten 1950 schon mit 15 Prozent beteiligt, und 1954 betrug ihr Anteil 80 Prozent.

Die Zeit nach der Indochina-Konferenz 1954 wurde in Südostasien von zwei Faktoren bestimmt: den Interessenkämpfen zwischen den in Vietnam verwickelten Westmächten, von den Geheimdiensten ausgetragen, und von der allumfassenden Korruption ihrer asiatischen Verbündeten. Zwei Worte gewannen dabei Bedeutung: Powerbroker und Troubleshooter, beide schwer zu übersetzen und von einer sehr komplexen Bedeutung.

Der Powerbroker ist in der Tradition asiatischer Korruption eine notwendige Figur, da der Mann an der Spitze immer mit ostentativ weißer Weste dastehen muß, gleichsam als guter Mann, der nur leider nicht weiß, welche üblen Dinge seine Untergebenen tun. Damit sichert er sich moralisch die Treue seiner Untertanen, und im Staatsapparat besorgt dies ganz handgreiflich sein Machtmakler. Das System erinnert ein wenig an das Zweigespann Ebert-Noske zu Beginn der deutschen Republik, und zur Funktion des Powerbrokers gehören: Kontrolle von Polizei und Geheimdienst, Bereitstellung von finanziellen Mitteln für verdeckte Aktionen, Ausschaltung eventueller und wirklicher Gegner und die klassische Form der Korruption, sich aus der Macht weitgehendst zu bereichern.

Die wichtigste Geldquelle für verdeckte Aktionen und für Korruption stand für Vietnam fest, als 1952 der Opiumverkauf verboten wurde und die mehr als 4 000 Läden in Saigon offiziell schließen mußten. Damit begann die Zusammenarbeit zwischen Powerbrokern und der organisierten Unterwelt, die bereits 1954 so etabliert war, daß die verbündeten Gangs auch als Hilfstruppen der politischen Polizei dienten. Die Chiu-Chaus, die auch in den Städten Südostasiens Opiummarkt und Prostitution kontrollieren, wurden so ein wichtiger Machtfaktor, und da dieser Teil der chinesischen Bevölkerung von ihren Opfern als typisch für alle Chinesen angesehen wurde, erklären sich auch manche rassistisch-antichinesischen Exzesse der jüngeren Zeit. Die „Boat-People", die in der westlichen Welt natürlich willkommener sind als Flüchtlinge aus faschistischen Diktaturen, bezahlen letztlich den Preis für die wilde Ehe von Machtintrigen und Unterwelt.

Das Wort Troubleshooter stammt aus dem amerikanischen Slang und bietet zwei gegensätzliche Übersetzungsmöglichkeiten: Unruhe- und Friedensstifter. Angewendet wurde es für Offiziere des französischen Geheimdienstes und des CIA, deren Aufgabe sich grundsätzlich nicht von der des Powerbrokers unterschied, aber in Sachen Zusammenarbeit waren moralische Grenzen gesetzt, was die Öffentlichkeit betraf.

Was heute als Vietnamkrieg verbucht wird, begann 1954 zwischen den Franzosen und Amerikanern. Frankreich hatte wichtige Wirtschaftsinteressen, zumal Südvietnam der zweitgrößte Gummiproduzent der Welt war, und empfand das neue Staatswesen als Erbe seines Kolonialreiches. Auch die USA beanspruchten gewisse Eigentumsrechte an Südvietnam, da sie ja den Großteil des Krieges bezahlt hatten. Ihre Wirtschaftsinteressen waren geringer – die Gummiplantagen Brasiliens sind US-Besitz, und die Vietnams wurden durch die „Entlaubungen" restlos zerstört, was einer Ausschaltung potentieller Konkurrenz gleichkam –, doch Eisenhower war überzeugt, nur die USA könnten die Interessen der freien Welt garantieren. Die Jahre zwischen 1954 und 1963 waren auch ein geheimer Krieg zwischen CIA und französischem Geheimdienst um Südvietnam, von dem die Welt nur die spektakulären Aktionen de Gaulles, beispielsweise die Force de frappe und den Austritt aus der NATO, mitbekam.

Frankreichs Mann war der Kaiser Südvietnams, Bao Dai, Frankreichs Troubleshooter Colonel Roger Trinquier, der zuvor die Provinzen der Meo kommandiert hatte. Opium spielte zwischen den beiden eine große Rolle: Bao Dais Macht beruhte auf der Binh-Xuyen-Gang in Saigon, die das Opiumgeschäft beherrschte. Trinquier hatte sich die Loyalität der Meo nur sichern können, indem er durch die französische Luftwaffe ihr Opium nach Saigon fliegen ließ, wo es die Binh Xuyen zu Geld machten. Trinquier blieb als militärischer Berater Bao Dais in Saigon, offiziell, um den Rückzug der französischen Truppen zu organisieren, in Wahrheit, um ihn zu verhindern. Sein wichtigster Partner wurde der Powerbroker Bao Dais, General Le Van Vien, gleichzeitig Chef der Binh Xuyen. Opiumlieferanten wurden eine Handvoll Korsen, die einige private Fluggesellschaften betrieben.

Die Interessen der USA wurden vom damaligen Colonel und späteren General Edward G. Lansdale vertreten, dem Helden in Graham Greenes Roman „Der stille Amerikaner". Still war er wirklich, und im Unterschied zum Romanhelden beherrschte er auch das gesamte Repertoire der „dirty tricks" des CIA. Kurz nach seiner Ankunft in Saigon, Mai 1954, fand er auch schon seinen Mann: Ngo Dinh Diem, offiziell Premierminister, proamerikanisch, antifranzösisch. Diems Macht war allerdings auf einige Straßenblocks um seinen Amtssitz herum beschränkt, und so war Lansdales erste Maßnahme, den ihm vertrauten Colonel Van Minh („Big Minh") mit einigen Armee-Einheiten nach Saigon zu holen, um die Binh Xuyen zu bekämpfen.

Mit Opium hatte Lansdale noch nichts zu tun. Er hatte zur Finanzierung seiner Geschäfte 8,6 Millionen Dollar Taschengeld mitbekommen, und damit konnten die Franzosen trotz Opiums nicht mithalten. Zwischen April und Mai kam es in Saigon zu heftigen Straßenkämpfen der Pro-Diem-Fraktion mit den Binh Xuyen General Viens, bei denen Diem (und die USA) siegte. Das Nachspiel beschreibt Lansdale: „Einige Hitzköpfe unter den Franzosen begannen nun eine wüste Terrorkampagne gegen die Amerikaner. Nachts wurden Granaten in die Häuser von Amerikanern geworfen; amerikanische Autos wurden gesprengt." Lansdale, der selbst beinahe Opfer eines solchen Attentats geworden wäre, ließ zurückschießen, und im Mai 1955 fuhr US-Außenminister John Foster Dulles nach Paris zu Verhandlungen. Kaiser Bao Dai wurde abgesetzt, Frankreich zog sich endgültig aus Vietnam zurück, und die USA wurden einzige Schutzmacht.

Diem, ein geradezu überfrommer Katholik mit dem Bischof von Saigon in der Verwandtschaft, ließ bald darauf in einer dramatischen Zeremonie einige hundert Opiumpfeifen verbrennen. Glaubt man amerikanischen Quellen, war nun bis in die frühen sechziger Jahre weder in Vietnam noch sonstwo in Südostasien eine Spur von Opium zu finden. Allerdings flogen regelmäßig Flugzeuge aus Taiwan zu den Kuomintang, die das Goldene Dreieck beherrschten. Sie brachten Waffen und Nachschub, und sie flogen auch nicht leer zurück. Als Allan Dulles, Bruder des Außenministers und CIA-Chef, darauf angesprochen wurde, erklärte er, der CIA habe „über solche Flüge oder die Existenz von Kuomintang in diesem Gebieten keinerlei Informationen".

CIA-Resident im Goldenen Dreieck war damals ein gewisser William Young. Der sagte 1978: „Wir standen vor dem Problem, die Meo vor kommunistischer Infiltration zu bewahren. Es genügte da nicht nur, unsere Freunde (die Kuomintang) finanziell zu unterstützen, sondern wir mußten ihnen auch weitgehend bei ihren wirtschaftlichen Problemen helfen, beispielsweise durch unsere Flugzeuge." Der CIA unterhielt drei Fluggesellschaften: Air America, Continental Air Service und Lao Development Air Service. Spätestens 1960 hatten sie beim Volk schon einen anderen Namen: „Air Opium". Die USA hatten in jeder Hinsicht das Erbe Frankreichs angetreten.

Der spätere CIA-Chef Helms nannte einmal in einem abgeklärten Gespräch Opium „nur ein Haar in der Suppe" und wollte damit die Bedeutung der Droge im allgemeinen Kampf gegen den Kommunismus beschreiben. Opium war eher das Gewürz, zumindest für die Verbündeten der USA, eine unerschöpflich sprudelnde Quelle unglaublicher Verdienste, und die Profite wuchsen durch Gesetze von 1956, die Import und Export von Opium verboten. Von nun an brauchte der Schmuggel mächtige Protektion, und die gewährleisteten Heerführer und Politiker der Staaten, die mit den USA befreundet waren.

Diems Powerbroker war sein Schwager, General Nhu, Chef von Polizei und Geheimpolizei. Dessen Partner bei der Bespitzelung der Bevölkerung wurden die chinesischen Syndikate von Saigon. Die einflußreichste Gang waren auch hier „Rote" unter ihrem Boß „Rotnase" Chang, Herren der meisten Opiumhütten und Bordelle in der Hafengegend. Ihren Stoff bezogen sie etwas umständlich über den Landweg aus Laos oder per See über Bangkok. General Nhu konnte da ein Angebot machen: Zu seinen Freunden gehörte eine Handvoll Korsen, die seit der Franzosenzeit zurückgeblieben waren und eine kleine Fluggesellschaft unterhielten. Geschäftsführer war ein Bonaventura Francisci, ein Cousin des französischen Spielpalastkönigs von der „French Connection". Von nun an wurden die Roten per Luft beliefert, dafür machten sie in Saigon potentielle Staatsfeinde ausfindig, und General Nhu kassierte außerdem etwa 15 Prozent des Umsatzes.

Diese Vereinigung von Geheimpolizei und Unterwelt arbeitete sehr effektiv, was die innere Sicherheit der Hauptstadt betraf. Vor allem auf dem Lande aber schuf dieses System offener Korruption dem freiwestlichen Lebensstil wenig Freunde. Da half auch nicht, große Teile der Bevölkerung in konzentrierte „Wehrdörfer" umzusiedeln, die sehr schnell nach demselben System beherrscht wurden wie Saigon. Der Vietcong fand unter diesen entwurzelten Bauern, die sich von einer öffentlichen Vereinigung aus Polizisten und Kriminellen beherrscht sahen, begeisterte Anhänger.

Schon 1961 erkannten die Berater Präsident Kennedys das Problem: Das Regime Diem-Nhu unterdrückte die Kommunisten ebenso gründlich, wie es neue schuf, eine nicht enden könnende Spirale aus Terror und Korruption. Das widersprach der amerikanischen Moral, zumal durch die Weltpresse die schrecklichen Bilder von den Selbstverbrennungen buddhistischer Mönche gingen – eine Todesart, die damals noch neu war. Wiederholt wurde Diem aufgefordert, Nhu zu entlassen und den diskreditierten Polizeiapparat aufzulösen. Der Diktator weigerte sich mangels Alternative, und damit wurde er unbequem. Im Oktober 1963 besuchten auffallend viele vietnamesische Militärs die amerikanische Botschaft, und am 1. November schlugen sie zu. Diem und Nhu wurden exekutiert, die Geheimpolizei fristlos entlassen, und durch die Weltpresse gingen die Fotos der weinenden Madame Nhu.

Überall waren die USA mit ihrem Rezept gut gefahren, stramme Militärdiktaturen zu etablieren. In Vietnam fanden sie dafür nur keinen geeigneten Partner, und so wurden die nächsten zwei Jahre eine endlose Kette von Staatsstreichen und Putschversuchen. Dazwischen, 1964, kam es zum „Zwischenfall von Tongking", der den USA Gelegenheit bot, ihr Militär nun offiziell in Südvietnam einzusetzen und Nordvietnam anzugreifen, und außerdem wurde das Hop-Tac-Programm ausgedacht, das „Zusammenarbeit" hieß und – so Präsident Johnson – „um Saigon einen großen Ölfleck der Ruhe" schaffen sollte. Das hieß: Vertreibung der Bauern und Entlaubung der Plantagen. Um Ruhe in Saigon zu schaffen, reichte das nicht: Am Weihnachtsabend 1964 sprengte der Vietcong den US-Offiziersklub in Saigon und am 29. März 1965 sogar die Botschaft.

Da entsannen sich die Amerikaner schmerzhaft des Systems des seligen General Nhu und begannen, einen Mann zu suchen, der es wiederbeleben könnte. Ihre Wahl fiel auf den Luftwaffengeneral Nguyen Kao Ky und seinen Powerbroker, General Nguyen Ngok Loan. General Loan wurde später weltberühmt, als er vor laufenden Fernsehkameras einen als Vietcong Verdächtigen einfach abknallte, aber das war keine besondere Ruppigkeit, sondern sein normales System. Bereits 1965 hatte er die vier größten der sechs Syndikate Saigons in seinen Apparat eingespannt. Für Francisci und seine Korsen aber war nun kein Bedarf mehr – die Transportprobleme erledigte nun Vietnams Luftwaffe unter gelegentlicher Mithilfe der CIA-Airlines. Die Mithilfe der USA beim Opiumschmuggel geschah unter „Sachzwang". 1964 hatten in Laos die Pathet-Lao die strategisch wichtige Ebene der Tonkrüge erobert, und gegen sie kämpfte nun mit „freiwilligen Hilfstruppen" der Meo-General Vang Pao, nebstbei auch Herr über einige tausend Opiumbauern. Er war ein notwendiger Bündnisgenosse, dem man Gefälligkeiten nicht abschlagen konnte, und dasselbe galt für General Rattikone, den Generalstabschef der laotischen Armee.

Nach einer CIA-Studie Ende der sechziger Jahre setzten sich die Einnahmen der Regierenden in Vietnam und Laos aus folgenden Posten zusammen: erstens Verkauf von Regierungsposten durch Generäle und ihre Frauen, zweitens Bestechungsgelder, drittens Militärkorruption (Diebstähle und Hehlerei von Rüstungsgütern und Fälschung der Soldlisten) und viertens Opiumschmuggel. Punkt vier wurde als der einträglichste angesehen, und an einer weiteren Verbesserung dieser Geldquelle dürften Francisci, damals freier Makler in Saigon, und „Rotnase" Chang entscheidend mitgewirkt haben. Im Oktober 1967 reisten sie für drei Wochen nach Hongkong und anschließend nach Laos. Aus der Kronkolonie hatten sie sechs Chemiker mitgebracht, die sie bei General Vang Pao ablieferten. Bald darauf kursierte in Saigon das erste Heroin.

Die US-Stellen scheinen diese Ausweitung gebilligt zu haben. Zumindest wurde George Roberts, der den vietnamesischen Zoll beaufsichtigte und seine Botschaft mit diesbezüglichen Reports bombardierte, angewiesen, sich nicht „in solche speziellen Fragen" einzumischen. Ähnlich behandelte Lansdale, mittlerweile zum General befördert, Berichte über die persönliche Verwicklung von Ky und Loan in den Großhandel.

Es gab tatsächlich größere Probleme, nämlich die Rivalität zwischen Ky und dem Präsidenten und Chef der Militärjunta, General Nguyen Van Thieu. Sie begann 1967, als Thieu durchsetzen konnte, daß Ky vom Ministerpräsidenten in das einflußlose Amt des Vizepräsidenten aufstieg, und sie dezimierte den engen Kreis um die beiden durch eine Serie von Morden. In einem Report an die Botschaft stellte Lansdale im Mai 1968 fest, daß es offensichtlich um die Kontrolle von Geheimdienst und Unterwelt ging, also um die lukrativsten Geschäfte. Ky war da in einer besseren Position mit seinem Mann Loan, außerdem mit dem Polizeipräsidenten und den Zolldirektoren von Saigon. Thieu hatte seine Leute in der Armee.

Der Vietcong nützte das interne Chaos für seine TET-Offensive, die den Kampf bis in die Stadt Saigon brachte. Damit mußte auch die Entscheidung zwischen Thieu und Ky fallen. General Loan fiel am 5. Mai durch eine schwere Verwundung aus, die ihm angeblich der Vietcong beigebracht hatte. Am 2. Juni traf sich der zweite Stab Kys zu einer Konferenz mit unbekanntem Thema. Anwesend waren: ein Schwager Kys, gleichzeitig Zolldirektor von Saigon; der Militärkommandant der Hauptstadt; Loans Stellvertreter und Nachfolger; der Polizeipräsident; sein Assistent; der stellvertretende Bürgermeister von Saigon; der Bürgermeister, ebenfalls ein Schwager Kys. Um sechs Uhr abends kreiste ein US-Hubschrauber über dem Gebäude und bombardierte es gründlich. Nur der Bürgermeister überlebte schwerverletzt.

Thieu ersetzte einige hohe Offiziere des Geheimdienstes durch seine Leute, der Rest lief zu ihm über. Und das große Geschäft.

Der Vietnamkrieg war für die USA nicht zu gewinnen. Der Grund lag weniger an Kissingers Erkenntnis, daß der Guerilla auf Dauer immer einer konventionellen Armee überlegen ist, sondern an den vietnamesischen Gegebenheiten: der alles umfassenden Korruption, einem Geheimdienst, der einer Effektivität zuliebe offen mit der Unterwelt zusammenarbeitete und der natürlichen Folgen, daß sich die Opfer dieser Politik nach einer Alternative umsahen, und die war der Vietcong. Dagegen halfen weder Entlaubungen noch Napalm – ab 1968 kämpften die USA mit ihren einzigen Verbündeten, einer verrotteten Führung und der organisierten Kriminalität, gegen das gesamte vietnamesische Volk. Diese Pervertierung des „Kampfes für die freie westliche Welt" erfuhr zwei Jahre später ihre konsequente Vollendung: Nun bekämpften ihre Verbündeten auch die USA mit einer perfekten und heimtückischen Waffe – Heroin allerbester Qualität.

Die Moral der GIs in Vietnam hatte schon während der TET-Offensive einen Tiefpunkt erreicht. Die klassische Kombination von Soldateska und Rauschmitteln erlebte im tropischen Klima ihre exotische Variante: Da Alkohol in dem feuchten Klima wie Gift wirkte und außerdem verhältnismäßig teuer war, rauchten mehr als 60 Prozent der GIs das wesentlich billigere Marihuana. In den USA schätzte man diese Entwicklung als sehr gefährlich ein, und im Prozeß um das Massaker von My Lai kam es tatsächlich zu einem Gutachterstreit um die Frage, ob sich Leutnant Calley einige Tage vor dem Blutbad in einem Raum aufgehalten habe, wo Hanf geraucht worden sei, was natürlich für verminderte Zurechnungsfähigkeit spräche... In Vietnam versuchte man, dies Übel dadurch zu bekämpfen, daß regelmäßig alle Räume in den Garnisonen durchschnüffelt wurden. Doch die Lieferanten der GIs hatten auch schon das geruchlose Heroin auf Lager, und 1969 waren bereits runde acht Prozent der Soldaten süchtig. Noch immer wurde das Problem nicht ernst genommen, und die Meinung der höheren Offiziere gab wohl ziemlich zutreffend ein Stabsarzt wieder, der mir 1969 sagte: „Lassen Sie doch den armen Teufeln ihre Freude – keiner von ihnen kommt wieder in die USA."

Im Dezember 1970 tauchten buchstäblich über Nacht vor den US-Garnisonen kleine Mädchen auf. In Bauchläden hatten sie Plastikdöschen mit abgepackten Heroinportionen. Die kosteten zwischen zwei und vier Dollar und waren von noch nie dagewesener Qualität. Wie es sich für ein ordentliches Produkt gehört, hatten sie auch Markenzeichen. Am beliebtesten wurden bei den GIs die Sorten „Double U-O-Globe Brand" und „Tiger and Globe Brand". Im Sommer 1971 zählten bereits mehr als 20 Prozent der GIs zu den regelmäßigen Konsumenten. Vietnams Polizei unternahm trotz wiederholter Aufforderung durch die US-Stellen nichts gegen den Straßenhandel.

Natürlich wußte der CIA über Produzenten und Vertrieb bestens Bescheid. 1968 bis 1970 hatte es im Goldenen Dreieck jedesmal Rekorderntegegeben. Die von 1970 betrug über 1 000 Tonnen. Mehr als die Hälfte davon kam nach Laos, wo sich zwei Männer das ganz große Geschäft teilten: General Vang Pao, der gleich in seinem Hauptquartier das Heroin „Tiger and Globe Brand" herstellen ließ, und General Rattikone, der Generalstabschef der Armee. Sein Opium floß in die Pepsi-Cola-Fabrik vor Vientiane, die Mitte der sechziger Jahre mit großen US-Hilfen aufgebaut worden war und seither noch keine Flasche der Limonade geliefert hatte. Ihr Konzessionsträger war ein Chinese, aber dennoch unangreifbar: Vorsitzende der Gesellschaft waren ein Sohn des laotischen Ministerpräsidenten und General Rattikone. Nach Saigon wurde das Gift von der vietnamesischen Luftwaffe geflogen. Rattikones „Double U-O-Globe Brand" wurde unter der Oberleitung von Thieus Geheimdienstchef General Dang Van Quang vertrieben, außerdem im Geschäft waren: General „Big Minh", fünf Luftwaffengeneräle, die Admiralität und natürlich die höheren Polizeichargen, außerdem immer noch Ky und die überlebenden Seinen.

CIA-Resident Luc Conein und General Lansdale entschieden, angesichts dieses lückenlosen Netzes sei nichts mehr gegen die Droge zu machen, es sei denn, man gäbe den Krieg gleich verloren. Das Heroinproblem wurde zu einer „internen Sache der US-Army" erklärt — gegen den öffentlichen Straßenhandel konnten ohnedies nur noch symbolische Aktionen unternommen werden.

„Rotnase" Chang taucht noch einmal in einem Bericht des US-Amtes für Öffentliche Sicherheit vom 10. Juni 1971 auf, als Heroinlieferant des Luftwaffengenerals Dzu und Geschäftsparter von dessen Vater. 1972 übersiedelte er von Saigon nach Bangkok. 1975 reiste er in die Bundesrepublik, wo er die Familie seines Cousins besuchte. Seitdem pendelt er zwischen Deutschland, Hongkong und Bangkok, in jeder Stadt einige Monate des Jahres verlebend.

1972 waren in Vietnam mehr als 500 000 GIs stationiert, von denen mehr als 100 000 regelmäßige Heroinkonsumenten waren. Einige Kommandanten versuchten, der Sache mit Gewaltaktionen beizukommen: Die Kasernentore wurden für einige Tage geschlossen und Ärzte in Bereitschaft versetzt. Es gab zahlreiche Zusammenbrüche unter den Süchtigen, doch der Haupteffekt war, daß innerhalb der Garnison die Heroinpreise stiegen und dennoch immer Gift vorhanden war.

1974 sagte Edward Kennedy: „Wir kämpfen einen Krieg an zwei Fronten, gegen die Kommunisten und gegen Heroin. Wir sind in der Gefahr, beide Kriege zu verlieren."

Zu diesem Zeitpunkt war nichts mehr zu retten. Vietnam wurde eigentlich schon 1973 aufgegeben, und Heroin spielte bei dieser Entscheidung eine bedeutende Rolle. Die „wahren Freunde der USA", wie sie oft genannt worden waren, fanden komfortable Exile in der freien Welt, Ky in Kalifornien, Thieu bei London. Die meisten anderen der großen Heroinhändler-Generäle verteilten sich auf die Bundesstaaten der USA; General Dzu lebt heute noch unter anderem Namen in der Bundesrepublik. Auf finanzielle Unterstützung sind sie allesamt nicht angewiesen, in ihren Nebengeschäften allerdings auch nicht mehr tätig.

Am 1. Mai 1975 fiel Saigon. Damit war das amerikanische Jahrhundert militärisch beendet. Der andere Krieg geht weiter.

Aftermath

1. Die Pekingente

Der Vietnamkrieg war, wenn schon nicht Kuppler, so zumindest Trauzeuge der Ehe zwischen Heroin und Politik. Es hatten sich Spielregeln entwickelt, die mehr oder minder unfreiwillig – zeitgemäß ausgedrückt: „unter Sachzwängen" – von anderen Staaten übernommen wurden. Präzisiert wurden sie in Südostasien, durch die unverdeckte Vereinigung von Politikern und Gangstern manchmal in Personalunion auf seiten der Partner der USA und durch das zu Nötigungen einladende Angewiesensein der USA auf diese Partner.

Die Geschichte könnte stimmen, die mir ein US-Diplomat erzählte: Ein General bot den US-Stellen einen größeren Posten Heroin zum Kauf an, da er es sonst auf den Straßenmarkt werfen müsse. Er bekam sein Geld, das er natürlich sofort wieder in Heroin investierte... Daß dieses Manöver gleichzeitig auch den Marktpreis der Droge stabilisieren half, von der ja ein verschwenderisches Angebot existierte, liegt auf der Hand.

Verständlich ist auch, daß sich die etablierten Organisationen der Unterwelt diese schöne Gelegenheit nicht entgehen ließen. Die Reise von Santo Trafficante jr. in den Fernen Osten signalisierte schon 1968 die kommende Entwicklung, und in diesem Zusammenhang war es kein Zufall, daß sich gleichzeitig auffallend viele US-Italiener freiwillig nach Vietnam meldeten. Mindestens ebenso bedeutend wie der Straßenverkauf in Saigon wurde nun der Heroinexport in die USA. Seine Ausmaße werden nie bekannt werden, und aus dem Puzzle von Zeitungsmeldungen lassen sich nur einige Methoden entnehmen: zwischen 1970 und 1971 wurden zwei kambodschanische, fünf laotische, sechs vietnamesische und drei thailändische Diplomaten mit Heroinmengen bis zu 40 Kilogramm auf dem Flughafen New York gebeten, dieses Diplomatengepäck doch wieder in ihre Heimat zu schicken. Der Kilopreis von Heroin betrug damals genau das jeweils Sechsfache des Goldpreises, und bei diesen Mengen müssen die Diplomaten wohl schon sichere Abnehmer erwartet haben. Andere Sendungen trugen deutlich die Handschrift der Empfänger: aus den Särgen aus New York stammender Vietnam-Gefallener fischte die Polizei insgesamt mehr als 300 Kilogramm Heroin. Derlei makabre Scherze waren stets die Signatur der Mafia. Noch schwerer zu kontrollieren waren die „Ameisentransporte", Mengen bis zu einem Kilogramm im Handgepäck von Heimkehrern. Immerhin fielen den US-Stellen 1972 bei 2000 Soldaten, die genau gefilzt wurden, fast 400 Kilogramm in die Hände.

Nach Selbsteinschätzung der meisten Polizeistellen wird durchschnittlich ein Fünfzigstel der illegal kursierenden Drogenmengen beschlagnahmt. In den USA schlug die überreiche Heroinflut dementsprechend zu: Aus den Slums der Schwarzen, wo das Gift stets mehr oder minder geduldet war, schwappte es in die Vorstädte des Mittelstandes, auf den Campus der Universitäten, in die Highschools, aus den Städten auf das Land. Von 1969 an verdoppelte sich die Zahl der Drogentoten jährlich, und 1972 sah sich Präsident Nixon veranlaßt, „den totalen Krieg gegen Rauschgift" zu erklären.

Die bisher reichlich zersplitterten und mehr der Hausmacht leitender Beamter dienenden Drogenbehörden wurden straffer organisiert und ein neuen Überbau geschaffen, die Drug Enforcement Agency, DEA, mit weltweiten Befugnissen. Polizei und Zoll wurden verschwenderisch ausgerüstet und 200 Millionen Dollar „für verdeckte Aktionen" bereitgestellt, was immer darunter zu verstehen ist. Therapiemodelle für bereits Süchtige waren nicht vorgesehen, und so war es insgesamt ein Modell nach demselben Schema, das auch in der Vergangenheit schon versagt hatte.

Nixon war andererseits genau der richtige Mann, diesen Krieg wirklich führen zu können. Der ehemalige Klient seiner Anwaltskanzlei Meyer Lansky war zwar in den Ruhestand getreten, doch sein Wort galt noch immer, und des Präsidenten Intimfreund Bebe Rebozo betrieb nebst vielen anderen auch eine Firma, deren Partner Santo Trafficante jr. war. So war es wohl nicht nur die verstärkte Polizei, die – so der später durch Watergate berühmt gewordene Haldeman – „fast ein amerikanisches Wunder" bewirkte: Innerhalb weniger Monate verschwanden die Heroinhändler aus den Vierteln der Weißen und zogen sich wieder in die Slums zurück, wo der Handel heute noch ungestört blüht.

Der Vietnamkrieg wurde bei diesem Krieg kaum erwähnt. Im Fernsehen erklärte der Präsident: „Neunzig Prozent des Heroin kommen aus Marseille und aus türkischen Opiumplantagen." Nur die notorisch ungläubige Washington Post meinte, damit täte Nixon der verblichenen French Connection doch zuviel Ehre an. Und woher das Heroin in Vietnam stammte, war der Öffentlichkeit auch schon längst mitgeteilt worden: vom bösen Feind in der Volksrepublik China. Das war bei diesen Roten ja durchaus logisch.

Die Theorie, daß China den freien Westen durch Heroin vergiften will, bekam in Geheimdienstkreisen schon vor vielen Jahren ihren Namen, der sich auch unter Journalisten bald einbürgerte: die Pekingente. Ausgebrütet hat sie der ehemalige Leiter des Federal Bureau of Narcotics, Harry Anslinger. Seine Karriere begann er als Alkoholpolizist in der Zeit der Prohibition. Als die aufgehoben wurde, drohten zur Weltwirtschaftskrise 180 000 Polizisten arbeitslos zu werden, und da hatte Anslinger die Patentidee, von nun an Hanf verbieten zu lassen, „dieses gefährlichste und mörderischste aller Gifte". 1961, als an seiner Amtsführung auch schon unter seinen Untergebenen Kritik laut wurde, brütete er die Pekingente aus: „Die Schlitzaugen überfluten die Welt mit Rauschgift, um Amerikas Jugend zu vernichten."

Am berühmtesten wurde die Pekingente in ihrer levantinischen Zubereitung, aufgetischt von Mohammed Heikal, dem langjährigen Vertrauten Nassers und Herausgeber der halbamtlichen Kairoer Zeitung

„Al Ahram". In seinem Buch „Das Kairo Dossier" beschreibt er ein Tischgespräch Nassers mit Tschou En-lai, der in Ägypten auf Staatsbesuch war. Tschou soll über die Demoralisierung der US-Soldaten in Vietnam gesprochen haben: „Einige versuchen es mit Opium, und wir helfen ihnen dabei. Wir pflanzen die besten Mohnarten an, nur um Opium für die amerikanischen Soldaten in Vietnam zu erhalten... Wir wollen, daß sie eine große Armee in Vietnam unterhalten, die uns als Geisel dient, und wir wollen sie demoralisieren. Die Wirkung dieser Demoralisierung auf die Vereinigten Staaten wird viel größer sein, als irgend jemand sich vorstellen kann."

Dieses Zitat machte Furore, und es wurde immer öfter zitiert, je mehr die Tatsachen ans Licht zu kommen drohten. Daß der USA Bündnisgenossen gleichzeitig die größten Heroinlieferanten waren, wurde erstmals 1968 im US-Senat erwähnt. 1972 veröffentlichte der ehemalige CIA-Mitarbeiter und Universitätsdozent Alfred McCoy in seinem voluminösen Buch „Die Politik des Heroin in Südostasien" unwiderlegbare Beweise. Damit entstand eine öffentliche Diskussion über Beteiligung und Mitwissen des CIA, die vom angegriffenen Geheimdienst nur mit einem Satz kommentiert wurde: „Diese Methoden finden so nicht mehr statt."

Somit könnte die Pekingente eigentlich vergessen werden als ein journalistisches Stinktier aus der Zeit des kalten Kriegs, begraben in Archiven. Doch sie taucht immer wieder auf.

2. Thailändische Hochzeit

Wie viele Meo es heute noch gibt, ist nicht bekannt. Fest steht nur, daß dieses kleine Volk schrecklich dezimiert wurde: Auf laotischer Seite überlebte nur jeder dritte die Endphase des Vietnamkrieges. Ihre Dörfer wurden von den US-Truppen mit Helikoptern „umgesiedelt", in Ebenen, deren Klima die Meo nicht aushielten, oder sie wurden einfach bombardiert, Verzweiflungstaten einer Armee, die den Krieg gegen kleine Völkerschaften verlor.

Die Kuomintang erkannte die Zeichen der Zeit schon um 1965 und verlegte ihr Hauptquartier westwärts, auf thailändisches Territorium. Damit kamen sie in unmittelbare Nachbarschaft zu den Streitkräften der (ebenfalls illegalen) Shan-Armee und den ebenso ewig für ihr Land kämpfenden Karen. Für alle drei Gruppen blieb die einzige Erwerbsquelle Opiumhandel und -schmuggel, und manchmal kam es nach der Ernte zu „kleinen Opiumkriegen".

Thailands Regierung sah diese Entwicklung zunächst gar nicht gern. Zwar hatte Bangkok ein altehrwürdiges Opiumproblem noch aus der Zeit des königlichen Monopols, doch das war mehr oder minder eine Angelegenheit der chinesischen Minderheit. Außerdem – und das zählte mehr – war Thailand strikt entschlossen, seine formale Neutralität zu wahren. Bei einer offensichtlichen Duldung der Kuomintang war eine Entwicklung wie in Laos oder Vietnam vorauszusehen. Also schickte die Regierung 1966 einige Bataillone los, die Kuomintang zurückzuschlagen. Nahezu die Hälfte der Thai-Soldaten desertierten unterwegs, der Rest lieferte einige Scheinscharmützel mit den wesentlich besser ausgerüsteten Chinesen, und von nun an respektierte man einander. Das Land der Meo wurde Sperrgebiet, nur mit Sondergenehmigung und Reiseführer zu besuchen.

Die Welt erfuhr nichts davon, daß sich in dem Dreieck einige wilde Militärstaaten etabliert hatten, die aus Taiwan und anderen Quellen US-Waffen bezogen, auch sonst nicht schlecht lebten und dies alles mit Opium finanzierten. Erst 1972 erschienen darüber die ersten Berichte im Westen, erst heftig dementiert und dann doch zugegeben.

Einige Kuomintang-Dörfer dürfen heute besichtigt werden. In dem dichten, graugrünen Dschungel sind sie Meteoriten der Zivilisation, Absprengsel der unvorstellbar weit entfernten Städte Taiwans und hier abgeworfen wie ihre Waffen. Saubere Straßen, helle Schulen und Läden gehören zum Bild, in denen Uhren und Radios billiger sind als in Bangkok, ein fröhlicher Reichtum, der in dieser Umgebung allerdings Verdacht aufkommen läßt.

Mae Salong ist eines dieser Herzeige-Dörfer, Hauptquartier der „5. Armee". Der nun bald 70jährige Bürgermeister Yee Tien Lwi ist ihr Kommandant. Die etwa 500 Soldaten geben sich eher friedlich, sie tragen Zivil, und Waffen sind kaum zu sehen. Natürlich auch keine Mohnpflanzen – 1975 bescherte die UNO dem Dorf ein Entwicklungsprojekt und ließ Teeplantagen pflanzen. Sie bringen zwar noch keine Ernte, werden aber als einzige Einnahmequelle angegeben. Einige Meo, die vor unseren Augen in einem der Läden Opium abliefern wollen, werden wütend angefahren.

„Mit Heroin haben wir nichts zu tun", sagt der Bürgermeister-Kommandant, „schon seit vielen, vielen Jahren nicht mehr."

Am Ende der Teefelder teilt sich der Pfad. Nach links führt er in ein dichtes Gebüsch, hinter dem ein Blechdach zu sehen ist und Wasser rauscht. Es riecht befremdlich nach Essig, und zwei gutbewaffnete Wachen vertreten den Weg: „Sorry, hier ist Sperrgebiet."

Zwei Tage später werden aus dem Nachbarhaus des Bürgermeisters weiße Plastiksäcke auf einen Landrover der thailändischen Armee verladen, und auch da ist meine Anwesenheit unerwünscht. Der Wagen gehört zur Garnison Chiang Mai, und als er abfährt, bleibt ein kleines Häufchen weißes Pulver auf der Straße. Man habe Salz geliefert, wird mir erklärt.

Im Goldenen Dreieck werden alle Heroinmarken hergestellt, die „DER SPIEGEL" (35/1979) sehr weitherzig als „chinesische" bezeichnet. Zwei glückverheißende Hasen vor einem Berg werben für „Yong Yee Product". Die Raffinerie liegt auf offiziell burmesischem Territorium und gehört der illegalen Karen-Armee. „Tiger and Globe Brand" stammt von einer Kuomintang-Splittergruppe, die sich 3. Armee nennt und in Tam Ngop haust. Zwei glückverheißende Fische versprechen „Himmlische Freuden" und stammen aus einer kleinen Chinesensiedlung unmittelbar neben dem Luftwaffenstützpunkt Ciangrai. Ebenfalls unter dem Schutz der thailändischen Armee gedeihen zwei kleine Panda-Bären in Chiang Mai, eine auf Wolken blühende Lotosblüte und ein zu einem Knäuel verschlungener Drache, der allerdings für das minderwertige Heroin Nr. 3 steht.

Mein kundiger Führer durch das seltsame Zwischenreich von Unter- und großer Welt wird Herr P. in Chiang Mai, der in mir einen Kunden wittert. Er erklärt mir auch, was „thailändische Hochzeit" bedeutet: „Erinnern Sie sich noch an den einstigen Ministerpräsidenten General Kittikachorn? Man nannte ihn ja einen Diktator, aber er war sehr schlau. Er machte seinen Sohn zum Chef der Drogenbehörde, und er war auch gut Freund mit General Yee."

Diese harmonische Verbindung bescherte „Double U-O-Globe" unter etwa 16 anderen Marken einen Marktanteil von über 50 Prozent. Herr P. hatte seinen Anteil als Zulieferer der Chemikalien. „Für ein Kilogramm Heroin brauchen Sie zwei Liter Salmiak, drei Liter Chloroform, sechs Liter Alkohol, zwei Liter Äther, einen halben Liter Salzsäure, ein Kilogramm Soda, vier Kilogramm Aktivkohle und 1,3 Kilogramm Essigsäureanhydrid. Bis auf die letzteren sind alle Chemikalien einfach erhältlich. Bei Essigsäureanhydrid aber weiß natürlich jeder, worum es geht. Früher haben wir das meiste aus Japan bezogen, doch dann machten die Amis Schwierigkeiten und verlangten eine Kontrolle von Essigsäureanhydrid. Seit 1974 aber beziehen wir alles mühelos aus Thailand." (Herr P. vertritt die thailändischen Tochtergesellschaften eines deutschen Chemiekonzerns mit insgesamt 159 Auslandstöchtern.)

Kann es sein, daß die leitenden Herren seiner Firma nicht wissen, wofür die – so Herr P. – „mehr als 24 Tonnen" Essigsäureanhydrid verwendet werden?

Ende April 1979 ging eine grausige Meldung durch die Presse: Da Thailand den Kampf gegen Heroin verschärft habe, seien Schmuggler dazu übergegangen, Heroin in Kinderleichen nach Malaysia zu transportieren. Man habe die Babys armen Bauern abgekauft, geschlachtet, gefüllt und innerhalb von zwölf Stunden, „damit ihre natürliche Hautfarbe noch erhalten blieb", als schlafend über die Grenze gebracht. Drogenbeamte in Malaysia schmunzeln dabei: „Damit wollen die Thai doch nur sagen, wie gut sie sind. Wozu soll man für teures Geld ein Kind kaufen und sich damit auch noch viel Arbeit antun, wenn ein paar Dollar Trinkgeld überall reichen?"

„Etwa fünftausend Europäer und Amerikaner leben in Bangkok, nur um sich billig mit Heroin vollzuspritzen und endlich zugrunde zu gehen. Aber von diesen Wracks leben noch einmal gut zehntausend Thais. Ist das unser Problem oder das des Westens? Derzeit kommt viel Geld ins Land, um den Mohnanbau zu stoppen. Doch diese Projekte passen nicht zu unserer Mentalität. Die Kuomintang wird Tee verkaufen *und* Heroin. Darauf werden hier alle bestehen, die daran verdienen. Von Tee können höchstens die Bauern leben, aber nicht unser gesamtes politisches System. Wir können ein Viertel der Bevölkerung dem Heroin opfern, wenn dafür ein anderes Viertel besser lebt. Mit Heroin stirbt man besser als an Hunger, und die daran verdienen, sind auf unserer Seite. Die damit verbundene Kriminalität kann man dann als eine Art Steuer sehen. Ich weiß, vom volkswirtschaftlichen Standpunkt klingt das nicht überzeugend. Aber das ist nun einmal unsere Denkweise."

3. Rund um die Welt

Was geschah eigentlich mit den GIs, die in Vietnam außer dem schmutzigen Krieg auch Heroin kennengelernt hatten?

Von 1968 an blieb kaum eine Einheit länger als sechs Monate in Vietnam stationiert. Dieser Zeitraum, hatten die Ärzte errechnet, ist durchschnittlich notwendig, um süchtig zu werden, und da nicht gleich Neulinge an den Stoff geraten, schien der Schaden verhältnismäßig kalkulierbar. Allem Anschein nach war es General Lansdale, der den Vorschlag machte, die GIs aus Vietnam nach Möglichkeit nicht direkt in die USA zurückzubringen, sondern sie erst „in Quarantäne" zu schicken. Das hieß in Klartext: auf ausländische Stützpunkte, möglichst in Länder, wo Heroin keine Rolle spielte und kaum erhältlich war. Außerdem in Länder, die in diesem Zusammenhang weder Unannehmlichkeiten machten noch peinliche Fragen stellten.

Damit kam eigentlich nur die Bundesrepublik in Frage. Kein anderes Land glaubte so sehr an das amerikanische Jahrhundert, keines sonst in Europa hatte sich so bemüht, den „American way of life" mit deutscher Gründlichkeit zu adoptieren.

Die Große Koalition dachte noch nicht an Ostpolitik, und so war Vizepräsident Hubert Humphrey hoch willkommen „als Repräsentant der freien Welt, für die auch wir kämpfen" (Pastor Albertz, damals Bürgermeister von Berlin). Zu seinem Besuch 1967 gehörte auch ein Gespräch über die weitere Stationierung von US-Truppen, ein Punkt, der in Bonn ohne weitere Diskussion abgehakt wurde.

Die ersten Vietnam-Einheiten wurden nach Ausburg und Schweinfurt verlagert und von der dortigen Presse freundlich begrüßt. Die Freude kühlte etwas ab, als innerhalb von sechs Monaten die Kriminalitätsrate um fast 40 Prozent anstieg. Das Wort „GI-Kriminalität" kursierte erstmals in Polizeikreisen. Im Sommer 1968 tauchte in Süddeutschland das erste Heroin auf.

Die ersten Heroinhändler in der Bundesrepublik waren zweifellos GIs, höchstwahrscheinlich nicht organisiert und wohl in die eigene Tasche arbeitend. Beinahe gleichzeitig aber begannen einige Deutsche, mit Morphin zu handeln. Die „Szene" war damals ein buntes Gemisch aus Linken, „Kiffern" und Hippies.

Eine Frage, die sich wohl nie klären lassen wird, ist die nach der ersten Organisation des Heroinhandels in Deutschland. Die bekannte These, Ausgangspunkt sei die chinesische Kolonie von Amsterdam gewesen, ist nicht haltbar. Die ersten Händler*gruppen*, stets in Teams arbeitend, waren ausschließlich GIs. Die Chinesen werden wohl, den Gesetzen des Marktes folgend, nachgezogen haben. Wahrscheinlich ist, daß die Cosa nostra unter den GIs ihre Leute hatte, denn US-Soldaten handelten zumindest in Süddeutschland mit allen verbotenen Drogen, und immer wieder hörte man auch unter Haschisch-Kleinhändlern den Satz: „Ich muß meinen Ami treffen."

4. Haschisch und Heroin oder: der Einstieg

Gegen Ende der sechziger Jahre kam Haschisch zu reichen publizistischen Ehren. Hanf und seine Produkte hatten schon das ganze Jahrzehnt in der „Szene" mehr oder minder reichlich kursiert, waren von nahezu allen Musikgruppen der Popzeit in vielen Songs gefeiert und zur klassischen Droge der Subkultur geworden, die sich später Gegenkultur nannte. Mit der Rezeption der Beatles durch das Establishment stieg auch Haschisch in die besseren Kreise auf, als exotisches Vergnügen, Symbol des sich damals betont jugendlich gebenden Snobismus, und der Stoff in Rudolf Augsteins Koffer anno 1979 ist nur ein verspäteter Lichtstreif aus jener Zeit, wo ein Krümel in den meisten Redaktionsschreibtischen darauf wartete, als Zeichen liberaler Gesinnung hergezeigt zu werden. Sogar in der Bundesrepublik startete damals eine Liberalisierungs- und Legalisierungskampagne, die sich auf ebenso viele Gutachten über die relative Unschädlichkeit des Stoffes stützen konnte wie die Gegner bedenkliche vorwiesen. Das entscheidende Argument für ein Verbot blieb, daß die bereits erlaubten Rauschmittel schon genug Schaden anrichteten und somit reichten.

Für den Drogenmarkt gab es viele Interessenten: Hippies, denen es gelungen war, von ihren Trips nach Afghanistan und Nepal etwas mitzubringen; Versandhandel aus diesen Ländern an gute Freunde; levantinische und persische Geschäftsleute; Seeleute aus aller Welt; türkische Arbeiter mit einem Stück im Gepäck und auch einige jüngere Geschäftsleute aus Deutschland, die über gute Auslandsbeziehungen ganz beachtliche Mengen beschaffen konnten.

Als ich in München lebte, lernte ich einen von ihnen kennen. Er war ein trickreicher Zeitgenosse, der „braunen Afghani" und „roten Libanesen" in erstaunlichen Mengen an Land zog.

Im Februar 1969 erschienen in seinem Büro zwei GIs, die gleich zur Sache kamen: „Sie besitzen derzeit noch 84 Kilo Haschisch." Die Zahl stimmte genau. „Wir bieten Ihnen pro Kilo 2 500 Mark, bar, außerdem

40 000 Abstand, und Sie hören auf." Ein unwiderstehliches Angebot, das er zu seinem Glück sofort akzeptierte.

Ähnliche Besuche fanden zur selben Zeit bei fast allen größeren Haschischdealern der Bundesrepublik statt, und fast alle hatten dasselbe Ergebnis.

Im Sommer 1969 hatte sich der Haschischmarkt entscheidend verändert. Man spürte eine neue, straffe Organisation: In Süddeutschland kursierte ausschließlich „roter Libanese", entlang des Rheins „grüner Türke" und im Norden die schwarzen Sorten.

Zu diesem Zeitpunkt hatte allerdings schon eine bedenkliche Entwicklung stattgefunden: Im September 1969 gab es plötzlich keinen Stoff mehr, bundesweit innerhalb von drei Tagen. „Erntezeit", hieß es, obwohl sie bei Hanf in allen Anbaugebieten variiert, und dieselben Großhändler boten zu regelrechten Einführungspreisen Heroin an, minderer Qualität zwar, doch für 80 Mark das Gramm. 1970 gab es bereits zwei „Erntezeiten", 1971 vier. Jedesmal blieben mehr „Typen", die eigentlich Haschisch haben wollten, an Heroin hängen.

Was der Öffentlichkeit an Informationen zugeteilt wurde, ist bekannt: Haschisch ist die „Einstiegsdroge" zu „härteren" Sachen, speziell zu Heroin. Die Entwicklung der „Szene" scheint dies ja zu bestätigen. In privaten Gesprächen bestätigten Beamten von Rauschgiftdezernaten durchaus, daß dieser Effekt nicht an der Droge Haschisch liegt, sondern an der Marktstruktur. Das Problem sei, daß man im Kampf gegen Haschisch höchst unfreiwillig dem Heroin die Tore geöffnet habe.

Nach allen zugänglichen Informationen geschah folgende Entwicklung: Die erste Phase des kombinierten Haschisch-Heroin-Marktes war eine Angelegenheit organisierter GIs. Ob dabei die Cosa nostra der USA eine direkte Rolle spielte, ist nicht beweisbar, den Methoden nach aber wahrscheinlich. Ab 1972 folgten die ursprünglichen Lieferanten aus dem Goldenen Dreieck ihren ursprünglichen Kunden. Amsterdams quirliges Chinesenviertel wurde zum Zentrum des europäischen Heroinhandels. Der Drogenkrieg 1973, der in Holland und in der Bundesrepublik mindestens 27 Tote forderte, dürfte ein Machtkampf der beiden Fraktionen gewesen sein. Er endete mit einem Friedensschluß nach alter Weise, man arrangierte sich. Später drängten auch andere Gruppen auf den Markt. 1974 trennte sich der Heroinmarkt von Haschisch und überließ es anderen Händlern.

5. Ehrenmänner

Geschichten von Niederlagen sind selten schön, vor allem wenn sie vom Gefühl absoluter Ohnmacht begleitet sind. Diese ist so eine, zusätzlich verbittert durch die Ironie, daß ich später immer mehr erfuhr und zuletzt immerhin genug, um begreifen zu können, warum ich da verlieren mußte.

Zunächst war es für mich nur die Geschichte des Herrn C, von dem ich zuerst durch Herrn Michael Ng in Hongkong hörte. Herr Ng ist Fachmann auf dem Gebiet des Heroinversands, und er erzählte mir, indem er einen potentiellen und auch potenten Kunden witterte, einige Methoden, mit denen er 1979 seine Abnehmer belieferte. Es sind Methoden, wie sie gelegentlich auch in Zeitungsmeldungen auftauchen und die, da es sich bei den als Tarnung verwendeten Artikeln um Massenprodukte handelt, auch kaum kontrollierbar sind. In der Reihenfolge von Herrn Ng, bei „bestens" beginnend: tiefgekühlte Lebensmittel, vorzugsweise Fisch und Krabben, elektronische Geräte und Spielwaren mit Styroporverpackung.

Am besten hat sich, so Herr Ng, Tiefkühlkost bewährt. Heroinsäckchen zwischen 100 und 250 Gramm werden in Wasser getaucht, geeist, dann „am besten mit Tintenfisch oder ähnlich glitschigen Sachen" umhüllt, in Plastik gepackt und nochmals gefroren. Wenn diese Pakete zusammen mit unpräparierten in die entsprechenden Container geschichtet werden, ist nur noch die Reihenfolge genau zu beachten. „Kaum ein Zollbeamter wird eine ganze Sendung verderben lassen, nur um nach Stoff zu schnüffeln, von dem er nicht einmal weiß, ob gerade da was dabei ist."

Da ich mich skeptisch zeigte, führte mich Herr Ng aus einem Büro zwei Stockwerke tiefer in den Kühlraum, wo gerade ein Spezialcontainer verpackt wird. Die Fracht geht an Herrn C. in H. „Mit ihm arbeiten wir schon seit Jahren zusammen, und er hat noch nie Schwierigkeiten gehabt."

In H., wo ich gelegentlich wohne, gehe ich zum Rauschgiftdezernat, von einem Freund begleitet, und erzähle, was ich erfahren habe. Die Beamten hören mir aufmerksam zu, einer macht Notizen, und ich werde höflich verabschiedet. Weiter geschah nichts.

Ich kümmerte mich in der Zwischenzeit um Herrn C. Der gilt unwidersprochen als der reichste unter den 2000 Chinesen der Stadt. Ich habe Schwierigkeiten, an ihn heranzukommen, weniger wegen seiner Leibwächter als aufgrund seines Mißtrauens. Nach umständlichen Rückfragen gibt er schließlich dem Journalisten Auskunft:

„Alles, was ich habe, habe ich durch ehrliche Arbeit verdient. Ich kam 1956 ohne einen Pfennig Geld nach Schweinfurt, wo ich der amerikanischen Garnison Stoffe verkaufte. 1965 kam ich dann hierher. Vier Jahre später besaß ich schon drei Restaurants. Zwei Jahre später kam dann noch ein Export-Import-Geschäft hinzu, wieder zwei Jahre später ein Reisebüro. Und vor einigen Jahren dann dieses Verkaufslokal."

Seine damalige Geschäftsführerin sagte dazu in einer gelockerten Stunde: „Von seinen Geschäften kann er eigentlich nicht leben. Die Restaurants tragen sich gerade selbst, und bei dem Laden muß er froh sein, wenn er in zehn Jahren eine Monatsmiete umsetzt. Aber er hat einige Millionen. Woher, will ich nicht wissen, geht mich auch nichts an."

Herrn Cs Familie zählte, soweit sie 1980 in H. versammelt war, 16 Personen zwischen 7 und 79 Jahre, doch weitere Sippenangehörige leben in Hongkong und Taiwan. „Rotnase" Chang gehört dazu, und ein Bruder von Herrn C ist mit einer Enkeltochter von „Pockennarbe" Huang verheiratet. Aber auch in seiner neuen Heimat ist Herr C eine sehr vielseitige Persönlichkeit mit einem erstaunlich weit gespannten Bekanntenkreis.

Herr S gehört dazu, offiziell nicht mehr als der Betreiber eines Anbahnungslokals, der es lokalen Blättern gerichtlich untersagen ließ, ihn „Paten" der „sündigen Meile" jener Stadt zu nennen.

Herr S gehört mit einigen Herren aus dem gehobenen Zuhälter- und sonstigen Unterweltmilieu einem Geselligkeitsverein an, der von Eingeweihten respektvoll „Kegelclub" genannt wird und – so ein ehemaliges Mitglied – „so eben alles betreibt, was ordentlich Geld bringt".

Wiederum Gerüchte: Vier Mitglieder des Kegelclubs und zumindest zwei der GmbH spielen eine aktive Rolle im Heroinhandel. Zuhälter sind sie natürlich auch.

Mitglieder dieser Vereine hatten bislang noch nie Schwierigkeiten mit der Polizei, ob sie nun als Zuhälter auftreten oder als Zuhälter des Heroinhandels. „Das Klima einer Hafenstadt ist eben rauh", sagt ein Herr des Rauschgiftdezernates, und: „Man kann ja nicht gegen alle Fronten gleichzeitig kämpfen."

Vielleicht lag es daran, daß im Frühling 1980 in den Tiefkühlfächern des Herrn C Tintenfische mit jener Konterbanden-Nummer lagen, deren Verpackung ich beobachtet und dem Dezernat angezeigt hatte. Wobei ich sicher bin, daß hier nicht die präparierten Päckchen lagerten.

Ich hätte vorsichtig sein sollen. Herr C gilt seinen Landsleuten als „der inoffizielle Botschafter Taiwans".

Ich war unvorsichtig. Da ich im Verlauf meiner Recherchen auch einiges über die nicht so offiziellen Geschäftsverbindungen Herrn Cs erfahren hatte, zeigte ich ihn im Sommer 1980 noch einmal beim Rauschgiftdezernat an, d.h. mir wurde strenge Vertraulichkeit und Geheimhaltung meines Namens zugesichert, und ich erzählte den mir bekannten Beamten, was ich über Herrn C wußte. Diesmal wurde auch eine Akte angelegt, die mir schlußendlich über mehr als mysteriöse Wege in die Hände gelangte. Unter „Zusammenfassender Vermerk" durfte ich nicht nur meinen Namen lesen, sondern auch eine für Kriminalisten bei vertraulichen Angaben geradezu stupende Schlußfolgerung: „Es läßt sich nicht leugnen, daß der B sich eingehend mit dem Thema Drogen befaßt hat und somit Kenntnisse über Personen der Szene erlangte. Jedoch liegt aufgrund des derzeitigen Sachstandes der Verdacht nahe, daß eine gewisse Werbung für das Buch betrieben werden soll." Mit einer Zeile stellte der Staatsanwalt weitere Untersuchungen zu diesem Komplex ein.

Mit mir befaßte er sich länger, und was weiter geschah, stand am 29. Juni 1983 in der *Frankfurter Rundschau:* „...ist am Wochenbeginn ein Monster-Prozeß geplatzt: Nach mehr als fünfzig Verhandlungstagen, an denen es um ganze sechzehn Gramm Haschisch ging, lehnte sich der Vorsitzende Richter selbst ab... In dem Mammutprozeß ging es nicht um Mord und Totschlag, es ging nicht einmal um den Besitz von Hasch. Zur Verhandlung stand der Mitbesitz, der ‚geistige Mitbesitz', wie es Prozeßbeobachter ironisch formulierten. (Anm.: Nein, es waren keine Beobachter, es war der Richter selbst.) Angeklagt war Hans-Georg Behr, Journalist, Drogenexperte und auf diesem Gebiet Verfasser einiger anerkannter Bücher wie ‚Weltmacht Droge'. In der Wohnung, die er zusammen mit einem Freund gemietet hatte (Anm.: Eckhard Dück, mein bester Mitarbeiter seit dreizehn Jahren), fanden Polizisten das Haschisch. Beide Mieter wurden angeklagt, obwohl Behr versicherte, nichts von dem Hasch gewußt zu haben, und obwohl sein Freund beteuerte, ein Teil des gefundenen Krauts gehöre ihm, er habe aber Behr, der auch als Drogenberater arbeitet, nichts davon gesagt. Zum Zeugen der Anklage, dem einzigen Zeugen, wurde ein Strichjunge vom H.er Hauptbahnhof, der auch als V-Mann für die Polizei arbeitet. Ein Gutachten bescheinigte ihm, als Zeuge untauglich zu sein. Er sei ein ‚Grenzfall geistiger Behinderung'. In erster Instanz wurde Behr zu 15 600 Mark Geldstrafe verurteilt, von den Prozeßkosten nicht zu reden. Sicher war auch, daß er sich selbst bei geringster Strafe angesichts der Prozeßtage für lange Zeit würde verschulden müssen. In der vergangenen Woche berichtete die ‚Hamburger Rundschau' groß über den Fall, den Behrs Verteidiger Helmut Jipp einen ‚justizpolitischen Skandal' nennt, der einmalig in der Prozeßgeschichte der Bundesrepublik sein dürfte. Der Bericht beschleunigte das Verfahren offenbar in unangenehmer Weise. Der Staatsanwalt, der kürzlich noch auf 40 weitere Prozeßtage aus war, wollte plötzlich alles in drei ganzen Tagen erledigen, für die weder eine Schöffin noch die Verteidigung Zeit hatten. Schließlich nahm der Richter ein Wortgefecht mit Behr zum Anlaß, sich selbst wegen Befangenheit abzulehnen. Er hält eine weitere Prozeßführung nicht mehr für sich zumutbar. Nicht nur Behr fragt sich indes, was Staatsanwalt und Richter bewegt haben mag, in einer solchen Bagatellsache einen derartigen Mammutprozeß zu führen. Fest steht, daß Behr in seinem Buch ‚Weltmacht Droge' auch über H.er Rauschgiftgrößen und Verbindungen zu Politik und Polizei berichtet. Fest steht auch, daß er im einschlägigen Milieu recherchierte und daß ausgerechnet Beamte aus einer Wache seine Wohnung durchsuchten, bei denen Behr Rechtswidriges vermutete."

Der Anlaß war wirklich gering: Ich hatte hinter zwei Zivilfahndern hercherchiert, die nach Aussagen von Prostituierten eine Art „Platzgebühr" im Sperrbezirk kassierten, Spitzeldienste erpreßten und nebenbei auch gelegentlich mit illegalen Rauschmitteln handeln sollten. Nun, drei Jahre klüger, weiß ich, daß derlei nicht so außergewöhnlich ist. Jährlich werden gut zwei Dutzend solcher Fälle vor Gericht verhandelt – wobei die Prozeßdauer stets kurz und eventuelle Strafen stets gering sind –, und in H. gab es über geraume Zeit eine „Sonderkommission zur Ermittlung von Polizeikorruption", die natürlich derlei „kaum" feststellen konnte, aber eine Reihe Zeugen verhörte, die dadurch Schlagzeilen machten, daß sie allesamt sehr bald eines unnatürlichen Todes verstarben. Da bin ich noch glimpflich davongekommen, wenn auch wirtschaftlich über Jahre ruiniert. Ich wurde nur einige Male bedroht, einmal einen halben Nachmittag lang mit einer großkalibrigen Pistole, von Freunden der Herren C und S.*

Daß meine Recherchen doch etwas bewirkt hatten, erfuhr ich durch einen freundlichen Herrn des US-Konsulats. „Wir haben Ihre Sache mit großem Vergnügen verfolgt", sagte er, als er mich „einfach so" auf einen Drink einlud. „Im September 1980 haben wir dann in Hongkong Herrn Ng hochgehen lassen und den Schwiegervater von C, der gerade 46 Kilo Heroin getankt hatte. Mehr war da auch für uns nicht drin – Sie haben anscheinend nicht gewußt, welche Rolle C sonst noch spielt. Unter anderem ist er stellvertretender Vorsitzender der Association of Anti-Communist Chinese in West-Germany and West-Berlin."

„Ist das nicht ein Ableger der World Anti-Communist League?" fragte ich, und mein Gegenüber hob die Augenbrauen. Was ich denn darüber wisse? Nun, die WACL ist ein Kind des kalten Krieges und wurde im Laufe der Jahre ein Sammelbecken extrem rechter Kräfte, in dem unter anderem die Karriere aller süd- und lateinamerikanischen Militärdiktatoren begann. Dann wußte ich noch, daß an ihrem Weltkongreß 1978 der CSU-Bundestagsabgeordnete Graf Huyn teilgenommen hatte.

„Sie werden doch hoffentlich nicht erwarten, daß ich mich dazu äußere, aber Sie scheinen zu verstehen. Es gibt politische Konstellationen, die zu einer gewissen Toleranz zwingen."

„War also das Geschäfsleben Herrn Cs bekannt?"

„Dazu werde ich nichts sagen. Aber was seinen Bekanntenkreis in H. betrifft, war für uns interessant, und das war für uns nicht mehr zu dulden. Wir haben uns eine Weile die Köpfe darüber zerbrochen, wie thailändisches Heroin, dessen Weg wir zu kennen glaubten, in die USA gelangte."

„Heißt das, daß Kuomintang-Heroin über Hongkong nach Europa verschoben wurde, um nicht in die USA zu gelangen?"

„No comment. Sie fragen zuviel. Auf jeden Fall macht C keine solchen Dinge mehr."

„Eine Ahnung über solche Transaktionen gab es schon", sagte ein prominenter Kommunalpolitiker, der mich – ebenfalls „einfach so" – einmal „trösten" wollte. „Und mit etwas Zynismus könnte man ja S als Patrioten bezeichnen – er hat Schaden vom Lande abgewehrt." Er blickte melancholisch über sein Bierglas. „Die Stadt ist bekanntlich auf einem Sumpf gebaut. Und manchmal schlägt dieser Untergrund auch in die obersten Etagen durch. Da helfen keine Fundamente, damit müssen Sie leben lernen."

---

* „Wer über solche Sachen recherchiert, muß eben mit Unannehmlichkeiten rechnen", hatte mein Richter erster Instanz gesagt.

7. Das Supergeschäft

Ameisenstrassen

Wie vertrauenswürdig sind Auskünfte von den Landeskriminalämtern, Abteilung Rauschgift, über das Bundeskriminalamt bis hinauf zum Gesundheits- und Innenministerium? Die offiziellen Zahlen zur Sucht: 1979 waren es 45 000 Abhängige, deren Zahl „allerdings rückläufig ist", 1980 schon 65 000. Mittlerweile – Heroin habe „als Problem abgenommen", erklären die Landesdrogenbeauftragten unisono – wird die Zahl 85 000 gehandelt, wie immer zur Sommerzeit, wenn sonst nicht viel los ist und die Zeitungen den beamteten Verwaltern des Drogenelends die Spalten öffnen. Über den geschätzten Heroinverbrauch sind die Herrschaften vorsichtig geworden. 5,4 Tonnen, wurde noch 1980 erzählt, obwohl interne Schätzungen bereits 10 annahmen. Polizeistellen sind froh, wenn darüber nicht gesprochen wird, denn dann würden die beschlagnahmten Heroinmengen weniger als ein erbärmliches Prozent ausmachen.

Leider haben diese erschreckenden Zahlen einen Nachteil: Sie stimmen nicht. Errechnet werden sie aus den „bereits polizeilich Aufgefallenen" mal drei, und so gut ist unsere Polizei nun auch nicht, siehe die beschlagnahmten Mengen. Drogenberater, Sozialarbeiter und sonst mit Jugend beruflich Befaßte teilen – ob solche Kriterien angebracht sind, sei dahingestellt – etwas differenzierter ein, in „Probierer", „User" (Gelegenheitsgebraucher, etwa dem Quartalalkoholiker vergleichbar) und Abhängige. Und da sie einen anderen Zugang zur Szene haben, schwanken die Schätzungen zwischen 120 000 und 200 000 Menschen, die mehr oder minder regelmäßig mit der Droge zu tun haben. Als Verschlußsache in ministeriellen Schreibtischen ruht seit 1980 die Zahl 160 000, und die deckt sich mit Schätzungen der DEA für die Bundesrepublik. Danach wäre der Heroinverbrauch in diesem unserem Lande mit jährlich 15 Tonnen niedrig angesetzt, eine Zahl, die sowohl einschlägig informierte UNO-Beamte wie DEA-Offiziere für „schön bescheiden" halten.

Woher kommen nun diese Mengen – und vor allem: Wie kommen sie ins Land? Wiederum die offizielle Erklärung, von dem für das Bundeskriminalamt für solche Dinge zuständigen Herrn Straß jährlich abgegeben: Durch immer kleinere „Familien" (auch bei der Polizei hat sich der Mafia-Ausdruck für Gangs eingebürgert), und zwar durch „Asiaten". Die meisten Verhaftungen scheinen diese Theorie zu bestätigen, die in der Fachsprache „Ameisentransporte" genannt wird, denn größere Mengen gehen Polizei und Zoll nur höchst selten ins Netz, und dann sind sie überwiegend durch V-Leute angekündigt, also durch Spitzel.

Beschreibungen solcher Kleintransporte gehören zu den ungebrochenen Vergnügen unserer Presse. Da werden in Berlin, von Ost nach West asylsuchend einreisend, einige Ceylonesen verhaftet, von denen jeder ein halbes Pfund des Giftes verschluckt hat, in Kondome verpackt. Vier bis fünf Menschen sterben jährlich im Umfeld deutscher Zollstationen daran, daß diese Verhütungsmittel doch nicht so haltbar sind wie angepriesen. Bekannt ist auch, daß sich in den Transiträumen europäischer Flughäfen Aktenköfferchen herzlich unbeobachtet tauschen und dann, mit Personalausweis aus EG-Ländern kommend, in die Bundesrepublik einfliegen lassen.

Ob es in der Bundesrepublik organisierte Kriminalität gibt, gehört zu den beliebten Dementi-Themen von Polizei-Pressesprechern, auffallenderweise am häufigsten in Hamburg und Frankfurt, wo daran zu zweifeln nun wirklich kein Anlaß besteht. Jaaa, auf dem Rauschgiftsektor seien „Ansätze bemerkbar", heißt es, daran zu sehen, daß die lokalen Vertriebssysteme augenscheinlich bestens funktionieren und auch durch polizeiliche „Abgriffe" von Kleindealern kaum gestört werden. Die Anfrage der GAL-Abgeordneten Ulla Jelpke in Hamburg, ob es behördliche Erkenntnisse gebe, die auf mehr oder minder etablierten Großhandel schließen lassen, beantwortete der Senat der Hansestadt mit einem ebenso bündigen wie entwaffnenden „Ja". Nur: Erfolge gegen dieses Establishment hatte er bislang keine vorzuweisen. Erkenntnisse reichen eben nicht aus — warum nur? Was ist da?

„Es gibt auch Obergrenzen für polizeiliche Zugriffe", sagt ein resignierter Beamter des Hamburger Rauschgiftdezernats.

„Die Verteilersysteme sind mittlerweile in der Bundesrepublik überall stabil", sagt Bernd Georg Thamm vom Kuratorium der Deutschen Hauptstelle gegen Suchtgefahren. „Viele Importsysteme mittlerweile auch. Das hat andere Gründe als Stümperhaftigkeit der Polizei, aber darüber spricht man nicht."

Wie gesagt: Laut amtlichen Meldungen kommt alles Heroin durch „Ameisen" ins Land, laut amtlicher Schätzung: etwa 1000 Kilogramm pro Jahr. Und woher kommen die anderen 14 000?

Das Geschäft der Pahlevis

Das Exotischste in Asien sind wohl die diplomatischen Kolonien, auf jeden Fall das Fremdartigste. Hier gibt es noch jenen besonderen Status, der im Westen durch die direkten Kontakte der Politiker verlorenging, zeigen die Autos noch stolz Flagge und die Herren bei Empfängen Uniformen, die im vorigen Jahrhundert entworfen wurden. Dank zollfreier Privilegien fehlt es an nichts, und Empfänge sind noch glanzvolle Ereignisse, zumal in islamischen Ländern, wenn in einer stillen Ecke reichlich Alkohol bereitsteht. Hinter dieser Kulisse herrscht allerdings keine Illusion darüber, daß der Diplomatenstand westlicher Länder „zu gehobenen Handelsvertretern" gesunken ist und daß manche Kollegen aus der Dritten Welt das CD italienisch übersetzen: Contrabbandista distinto, zu deutsch: distinguierter Schmuggler.

Unter westlichen Kollegen herrscht in diesen Enklaven ein sehr freier Ton, und unter der Bedingung, über die Quellen Diskretion zu wahren, bekam auch ich einiges aus der Zunft zu hören. Manche Geschichten sind bekannt und gingen durch die Zeitung: einem Botschafter in Paris wurde 1970 ein Koffer mit 40 Kilogramm Heroin abgenommen und 1971 drei Diplomaten 75 Kilogramm; in den Jahren 1972 bis 1978 wurden in den USA bei vier Diplomaten aus Südostasien insgesamt 180 Kilogramm dieses Stoffes entdeckt; allein 1979 fand der Zoll des New Yorker Flughafens aber schon 186 Kilogramm Heroin im Gepäck von fünf Diplomaten. „Höchstens einer von zwanzig Fällen kommt an die Öffentlichkeit", sagt mir ein deutscher Diplomat. „Meist werden die Herren gebeten, dieses Gepäck wieder in ihr Heimatland zurückzusenden, und nach einer Weile werden sie von ihrer eigenen Regierung abgelöst. Sickert ein Fall durch, hat das meist nur einen Grund: Der Diplomat handelte im Auftrag eines Höheren, dem auf diese Weise ein diplomatischer Warnschuß versetzt werden soll. In Entwicklungsländern sind Diplomaten sehr oft mit den Familien der Herrschenden versippt, und wenn sie so etwas tun, dann nie ohne Mitwisser auf höherer Ebene und sehr oft im Auftrag. Für Regierungen des Gastlandes gibt es dann eine peinliche Situation. Es kommt nämlich durchaus oft vor, daß große Fälle aus politischen Gründen toleriert werden müssen, also so getan werden muß, als wisse man nichts."

Ein hoher Schweizer Diplomat in einem der Nachbarländer des Iran erzählte mir, daß es ein durchaus offenes Geheimnis sei, daß der Schah einer der größten Heroinschmuggler war. Auf seinen Reisen in den Westen soll in seinem Flugzeug Heroin bis zu einer Tonne transportiert worden sein. Als er den Iran verlassen mußte (Januar 1979) wurden, so munkelt man, in seiner Villa in St. Moritz mehr als 1400 Kilogramm Heroin entdeckt, Großhandelswert etwa 120 Millionen Franken. Die Heroinproduktion des Iran sei wohl ein Familienbetrieb der Pahlevis gewesen. In Archiven könnten vielleicht einige kleine Notizen darüber zu finden sein. Warnschüsse hätte es seitens der Schweiz mehrfach gegeben, aber direkt hatte man nichts unternehmen können, da der Schah nicht nur Heroin, sondern auch Öl hatte.

In der Öffentlichkeit stellten sich die Pahlevis stets als Vorkämpfer gegen das Opium dar. Der Iran war nicht nur ein klassisches Anbauland des Mohns, sondern auch das des Mittleren Ostens mit den meisten Süchtigen. 1955 verbrauchten zwei Millionen Opiumesser und -raucher mehr als zwei Tonnen pro Tag, und in jenem Jahr ließ der Schah den Mohnanbau im gesamten Iran verbieten. Damit erlag auch der legale Opiumexport, der jährlich gut 40 Millionen Dollar gebracht hatte.

1957 schon soll die Zahl der Süchtigen auf 300 000 gesunken sein, von 7,5 Prozent der Bevölkerung auf eines. In Wahrheit entwickelte sich ein blühender Schwarzmarkt, beliefert aus der Türkei, aus Afghanistan und Pakistan, der jährlich mindestens für 15 Millionen Dollar Gold und harte Währung kostete. 1969 nahm der Iran die Opiumproduktion „provisorisch und unter strengster Kontrolle" wieder auf. Süchtige konnten den Stoff sehr teuer aus der Apotheke beziehen, wobei Raucher die Asche des Vortages abzuliefern hatten.

Der Schwarzmarkt war während der Verbotszeit und danach immer bestens versorgt, was bei einem so ausgeprägten Polizeistaat wie dem Iran eigentlich verwunderlich war. Stets war dabei auch die Rede von „großen Leuten im Hintergrund", die ihn schützten und kontrollierten. Offizielle Zahlen allerdings spiegelten einen unerbittlichen Kampf gegen die Droge: 13 000 Leute wurden allein 1969 deswegen verhaftet, und noch 1978 soll die Belegung der Gefängnisse des Iran zu 70 Prozent aus Rauschgiftverbrechern bestanden haben. Eine Erklärung von Exilpersern 1978: Der SAVAK hinterlegt in den Wohnungen Mißliebiger Opium, um sie unter diesem Vorwand verhaften zu können.

Seit 1968 kursierte in allen Städten Persiens in großen Mengen Heroin Nr. 3, das billige Abfallprodukt mißlungener Raffinationsversuche, auch „Heroin der Dritten Welt" genannt. Das Angebot vergrößerte sich jährlich, und immer wieder fielen in diesem Zusammenhang Namen der Pahlevi-Sippe, vor allem der von Prinzessin Schams, der älteren Schwester des Schahs, und der seiner Zwillingsschwester Ashraf.

In Zeitungsarchiven unter dem Stichwort Pahlevi zu suchen, ist ein schlimmes Schleimbad in Sachen Hofberichterstattung. Das einzige herzeigbare Kaiserpaar der Welt schien ausschließlich Hymnen wert zu sein, und der Glanz färbte auf die gesamte Sippschaft ab. Von Prinzessin Ashraf, der nach Farah meistgenannten Dame, ist zu lesen, daß sie 1966 in der Bundesrepublik weilte und sich besonders für Humanitäres interessierte. 1970 wurde sie für zwei Jahre zur Vorsitzenden der Menschenrechtskommission der UNO gewählt (es gab aber auch schon wüstere Scherze in der Geschichte internationaler Diplomatie), und im Jahr der Frau kämpfte sie weltweit für die Gleichberechtigung der Frauen.

Ein kleiner Zeitungsartikel fällt aus diesem schönen Rahmen. Am 5. März 1972 berichtete die französische „Le Monde", daß Ashraf in Genf „am 17. November 1961 fast einigen Ärger mit den Zollbehörden bekommen hätte. Die Zöllner hätten im Gepäck der Prinzessin mehrere Kilo Heroin gefunden. Die Prinzessin versicherte, der mit ihrem Namen gekennzeichnete Koffer gehöre ihr nicht. Der Schah, der sich damals in Deutschland aufhielt, eilte seiner Schwester zu Hilfe. Der Fall wurde schnell und diskret zu den Akten gelegt."

Prinzessin Ashraf, gerade in Paris weilend, nannte die Sache eine üble Verleumdung und kündigte an, „Le Monde" auf 350 000 Mark Schadenersatz zu verklagen. Das tat sie allerdings dann doch nicht, und „Le Monde" druckte keinerlei Berichtigung oder Gegendarstellung.

Damals war gerade ein anderes Mitglied des Kaiserhauses in jene kleinen Artikel geraten, hinter denen sich oft die großen Skandale verstecken. Prinz Arim Dawalouh war Anfang März 1972 auf dem Genfer Flughafen mit Opium festgenommen worden. Der Schah hielt sich ebenfalls in Europa auf, holte seinen Cousin und Kammerherrn in Genf ab und flog mit ihm zurück nach Teheran. Die Schweizer Behörden hatten über diesen Fall eine Nachrichtensperre verhängt, und als am 18. Mai der notorisch unbequeme Abgeordnete Jean Ziegler im Berner Bundestag eine Anfrage stellte, die in Sachen Rauschgift auch Prinzessin Ashraf nannte und eine in Deutschland lebende weitere Prinzessin, erhielt er zur Antwort, „daß die Zeitungsberichte so nicht begründet sind."

Wie das zu verstehen sei, erklärt der Schweizer Diplomat: „Die Geschichte mit Ashraf und 60 Kilo Heroin spielte sich nicht 1961 ab, sondern 1971, als sie in Sachen Menschenrechtskommission reiste, und der Schah mußte sie auch nicht persönlich herausboxen. Es war ein ‚Warnschuß' an seine direkte Adresse, wie auch die Geschichte mit Dawalouh. Tatsächlich haben sich von da an die Pahlevis mit dem Heroinschmuggel zurückgehalten, zumindest in der Schweiz. Den Schah aber konnte das auch nicht bremsen."

Bei Zahedan in Südostpersien, nahe der pakistanischen Grenze, besaß Prinzessin Ashraf ein großes Anwesen, das sie wohl nie persönlich betreten hat. Es war bestens bewacht, und noch im Frühsommer 1978 war es mir nicht möglich, näher als an den Anfang der Zufahrtsstraße heranzukommen. Ich hatte von dieser Anlage in Pakistan und Afghanistan schon viel gehört, von Opiumgroßhändlern und auch Diplomaten. Übereinstimmend galt sie als größte Heroinraffinerie des Mittleren Ostens, und ihr Leiter soll ein in Frankreich ausgebildeter Chemiker gewesen sein. Tagsüber sah man von dem Anwesen nur die gelbe Ziegelmauer, über die sich kein Gebäude erhob. Am Abend des 14. Mai 1978 brummten dann vier pakistanische LKWs mit planenverdeckter Ladung in die Zufahrtsstraße, wurden von den Wächtern eingewinkt und verschwanden hinter dem großen Metalltor. Ich hatte sie mehr oder weniger erwartet, denn von einem Opiumhändler in Quetta war für jenen Abend eine Vier-Tonnen-Lieferung vorbereitet worden.

Andere Lieferanten für die Anlage lernte ich in Swat und Kandahar kennen. Nach ihren eigenen Angaben wollen sie 1977 insgesamt 31 Tonnen Opium geliefert haben, 1978 noch 28. Das wäre Rohmaterial für etwa 5,3 Tonnen Heroin. Ich nehme aber nicht an, daß ich alle Zulieferer kenne.

Ich habe mich über dieses Thema mit mehreren Deutschen unterhalten, die dazu durchaus etwas zu sagen hätten. Verständlicherweise waren die Kommentare sehr dünn, doch zusammengefügt ergeben sie auch ein Bild. Ein Beamter eines norddeutschen Rauschgiftdezernates hörte mir lange schweigend zu und sagte dann: „Was wollen Sie? Hätten wir jeden filzen sollen, der ein iranisches Konsulat verläßt?" Ein für Drogen zuständiger BKA-Beamter: „Eine Tonne pro Flug erscheint mir etwas zu hoch." Nach langem Schweigen: „Er hätte ja auch ein Vertriebssystem haben müssen." Und nach noch einer Pause: „Über den SAVAK möchte ich hier nicht reden."

In Kreisen der Rauschgiftfahndung war immer wieder von „Persergangs" die Rede, ohne daß je Erwähnenswertes an die Öffentlichkeit kam. Andererseits war die Zusammenarbeit zwischen dem iranischen Geheimdienst und den bundesrepublikanischen Diensten stets ausgezeichnet. Diplomatische Vertretungen haben in der Regel einen mehr oder minder anerkannten Geheimdienst-„Residenten", konsularische häufig. Weitere Geheimdienstaktivitäten finden nach verschiedenen Spielregeln statt, die sich aus dem jeweiligen Bereich ergeben. Das beginnt bei dem Anwerben von Agenten und V-Leuten, „wobei man sich besser nicht erwischen läßt". Freundlichkeit in Sachen Wirtschaftsspionage kennen auch befreundete Geheimdienste nicht, hingegen arbeiten sie gern zusammen, wenn es darum geht, wechselseitige Regierungsgegner aufzuspüren.

„Die Hauptaufgabe von Diensten ist das Sammeln von Informationen", sagte mir ein deutscher Fachmann dieses Gebiets. „Da Persien mit vielem aus Wirtschaft und Militär praktisch nichts hätte anfangen können, war wohl ein wesentliches Gebiet des SAVAK, herauszufinden, wieviel Kaviar Kissinger verträgt und welche Teppichfarbe bei wem am besten ankommt. Unter den Persern in Deutschland gab es viele Schah-Gegner. Da gehörte es also dazu, die richtigen Journalisten in den Iran einzuladen und die CISNU-Studenten genau zu beobachten. Da es sich beim CISNU um eine auch uns politisch unangenehme Gruppe handelte, gab es da gemeinsame Interessen. Manchmal übertrieb der SAVAK ein wenig, wenn er zum Beispiel für Anti-Schah-Demonstrationen Jubelperser engagierte, die dann Schlägereien provozierten."

Ich erwähne zwei iranische Schah-Fanatiker, die in Norddeutschland als Spitzel des SAVAK galten und auch mit Heroin handelten. Einer von ihnen bezog nach dem Machtwechsel im Iran von seinen Landsleuten Prügel.

„Sie werden nicht erwarten, daß ich den SAVAK in direkten Zusammenhang mit dem Heroinhandel bringe. V-Leute sind für jeden Dienst eine teure Sache, und es gibt verschiedene Formen von Bezahlung, auch das Überlassen von Geschäften. Auf bestimmten Ebenen mußten wir manchmal die Augen scheinbar schließen, aber auf der nächsten konnten wir dadurch manchen Schaden verhindern. Wir haben bestimmte Aktivitäten genau beobachtet und manche Geschäfte dann verhindert, wann es uns möglich war, ohne allzuviel Porzellan zu zerschlagen. Wenn Sie so wollen, haben wir oft auch der Polizei viel Arbeit abgenommen, ohne daß wir uns damit rühmen. Sie können das verstehen, wie Sie wollen."

„Kam es vielleicht manchmal vor, daß bei Rauschgifthändlern Heroin einfach verschwunden ist?"

„Auch Waffen."

Nach dem Sturz der Pahlevis ergoß sich eine Flüchtlingswelle seiner Günstlinge auf die Länder des Mittleren Ostens bis Indien. Da die Wochen davor harte Währungen und Gold im Iran auch für die Reichen knapp geworden waren, legten sich viele einen Heroinvorrat an, zumal der Kilopreis des Giftes international genau das Fünffache des Goldpreises betrug, im Iran damals aber nur ein Drittel. Ob, wann und wie der Stoff in Geld umgesetzt wurde, ist nicht zu ermitteln. Zu den Exilpersern in Delhi reisten auffallend viele chinesische Geschäftsleute aus Singapur und Hongkong, und die DEA-Agenten hatten Alarmstufe.

Ein Argument bekam ich immer wieder zu hören: Wenn der Schah und seine Sippe derart in den Heroinhandel verwickelt waren, hätte Khomeini das doch an die große Glocke gehängt. Ein logischer Einwand, der aber ökonomische Gegebenheiten außer acht läßt. Der alte Herr in Ghom verschloß bekanntlich sehr, sehr lange seine Augen vor jedem Aspekt von Opium. Das mag daran liegen, daß der Koran die Droge nicht ausdrücklich verbietet, vielleicht aber auch daran, daß mit seiner Machtergreifung die Bauern ihre große Chance witterten, selbst an dem lukrativen Geschäft teilzuhaben. Wohl nie in der gesamten Geschichte des Iran war soviel Mohn angebaut worden wie im Frühling 1979, und erst zwei Monate nach der Ernte erließ Khomeini seinen Bannfluch gegen die Droge.

In Zahedan erfolgte die Machtergreifung durch die Mullahs schnell und ohne chaotisches Zwischenspiel. Am Abend des 5. Januar 1979 sollen Wächter der Revolution das Anwesen hinter der gelben Mauer besetzt haben, und sie bewachten es so gründlich wie einst das Militär, als ich im Juni einen Opiumtransport dorthin begleitete. Über den derzeitigen Besitzer konnte ich nichts in Erfahrung bringen. Es gibt viele Ayatollahs, und sie haben viele Söhne. Und nicht wenige werden als Ayatollah bezeichnet, nur weil die derzeit eine gewichtige Rolle spielen. Ich hörte verschiedene Namen, aber kaum zweimal denselben. Der Lieferant in Swat meinte, der Betrieb gehöre einer Art Konsortium.

Schlagzeilen machte 1981 der „Krieg gegen Rauschgift", den Sheik Chalkali mit viel Getöse und noch mehr Blutvergießen gestartet hatte. Iranische Freunde, die noch im Lande leben, nahmen das Ganze nicht sehr ernst: „Es hat da einfach in der ersten Revolutionszeit sehr viel Wildwuchs gegeben", sagte einer. „Auch auf dem Heroinmarkt, von Opium ganz zu schweigen. Unter dem Schah war das alles ein Monopol, und das war plötzlich zerkrümelt. Da haben sie eben den alten Schlächter rangelassen."

Pünktlich zu Ausbruch des Iranisch-Irakischen Krieges tauchte in der Bundesrepublik wieder iranisches Heroin auf, erkennbar an der zartgelben Färbung, die eine Spezialität der Raffinerie von Zahedan zu sein scheint. Zu jener Zeit bezog in Düsseldorf, das auch Sitz der Waffenfirma Rheinmetall ist, eine in vielerlei Hinsicht bemerkenswerte Persönlichkeit Dauerquartier. Sadegh Tabatabai spricht hervorragend Deutsch, denn er hat in der BRD studiert und war Funktionär der

CISNU, der schahfeindlichen Studentenorganisation. Da er außerdem mit einer Nichte Khomeinis verheiratet ist, wurde er schnell stellvertretender Außenminister. Warum er dieses Amt plötzlich aufgab und „Sonderdiplomat" wurde, ist nur bruchstückweise bekannt, hat aber auch einiges mit den deutschen Aktivitäten im Iran zu tun. So spielte er als Verhandlungspartner deutscher Diplomaten eine wichtige Rolle, als es darum ging, die als Geiseln gehaltenen US-Diplomaten aus dem Iran freizukaufen. Das ist aktenkundig.

Nicht aktenkundig, zumindest nicht zugänglich, sind eine ganze Reihe der damals getroffenen Vereinbarungen. Ein Diplomatenfreund, der's wissen müßte, erzählt: „Da war unter anderem ein Nebengeschäft, dessen Abschluß die Voraussetzung für den offiziellen Deal war. Die Mullahs hatten fleißig Heroin produzieren lassen, aber das Vertriebssystem der Pahlevis hatten sie ja nicht mehr, und nun saßen sie auf 58 Tonnen. Irgendwie war's schon ein grandioser Zynismus, daß sie die USA dazu zwangen, ihnen das Zeug abzukaufen. Einfach mit der Begründung, die Heroingeschäfte der früheren Herren seien ja auch toleriert worden. Wie dem auch sei – im November 1980 wurden zwei Container ‚Spezialchemikalien' aus dem Iran im Hamburger Hafen angelandet, und dort blieben sie eine Weile liegen. Offiziell waren sie für die Drug Enforcement Administration bestimmt, also die DEA in Washington, aber so einfach wurden sie nicht ausgeliefert. Ich habe einen Teil der Korrespondenz gesehen, und das Amüsante daran ist, daß die Institutionen, die's haben wollten, einander abwechselten. Nach der DEA meldete sich die NIDA, das National Institute of Drug Abuse, und als auch das nicht half, schließlich das Department of Health and Education. Die bekamen das Zeug dann im Mai 1981, deklariert als ‚Chemikalien für Versuchszwecke'. Was weiter damit geworden ist, weiß ich natürlich nicht."

Da er mir außer diesen Informationen auch einige Adressen in Washington gegeben hatte, besuchte ich drei Herren im Dunstkreis des Capitol. Sie waren allesamt nicht sehr erfreut und wollten wissen, woher ich ihre Namen und diese Geschichte hätte. Ich wollte begreiflicherweise eher etwas von ihnen erfahren.

„Es kann sein, daß es da irgendeine Korrespondenz mit dem Hamburger Zoll gab", sagte schließlich ein nachdenklicher Herr bei der NIDA. „Aber durch meine Hände geht sehr viel Post. Ich kann mich daran nicht erinnern."

„Aber es ging doch um sehr viel Heroin, wie ich hörte."

„Also über Heroin handeln doch so viele Briefe... Und bedenken Sie einmal: Was sollten wir damit anfangen?"

„Das war für mich nie von Interesse, denn meinen Informationen zufolge war dieses Geschäft ein Teil des Geiselabkommens."

„Jaaa, da liefen viele Verhandlungen und geschahen viele Vereinbarungen. Man sollte sich da nicht in Details verlieren."

„Die New York Times erwähnte im Dezember 1981, in den schwarzen Slums der Ostküste sei verstärkt iranisches Heroin auf dem Markt."

„Das habe ich auch gelesen, aber was hat das damit zu tun?"

Nur selten finden sich Zeitungsmeldungen zu solchen Themen, und meist sind sie verwirrend. Silvester 1981 stand in kleinen Notizen, in Madrid sei ein Neffe des Schahs an einer Überdosis Heroin gestorben. Polizeiliche Nachforschungen ergaben, daß er den Rest seines Kapitals in seine Vene gejagt hatte. Aber das war doch schon der Schluß eines abgeschlossenen Kapitels.

Von Sadegh Tabatabai konnte man am 9. Januar 1983 Schlagzeilen lesen, in der Folgezeit noch viele. Der Herr war, aus Zürich kommend, auf dem Düsseldorfer Flughafen verhaftet worden, 1,8 Kilogramm Rohopium im Gepäck. Das war irritierend, denn nicht nur dem Bundesnachrichtendienst war bekannt, daß der Herr mit dem Diplomatenpaß in Düsseldorf für die Waffenbeschaffung des Iran tätig war und, dem endlosen Krieg sei Dank, gewaltige Summen bewegte. Auch aus dem nachfolgenden Prozeß konnte ich nicht klug werden, höchstens wieder aus dem Komödienende, das einerseits aus einem Urteil, andererseits aus der Farce bestand, daß Tabatabai dank eines Winks aus dem Außenministerium die BRD einen Tag zuvor verließ.

Die New Yorker Polizei weiß da etwas mehr. Ehe Tabatabai samt Opium in Düsseldorf einflog, hatte er sich in Zürich mit dem 64jährigen Geschäftsmann George M. Perry getroffen, der einst leitender Manager von General Motors war und seither im Waffenhandel tätig. Bei der Züricher Begegnung ging es um Lieferungen von Kriegsmaterial für 2,56 Milliarden Mark. Solche Transaktionen interessierten natürlich auch den CIA und – auf der Exekutiveseite – den FBI. Der FBI wollte sich ohnedies einmal ausführlich mit Herrn Perry unterhalten, denn er schien auch sehr viel über Kokainhandel zu wissen, und dann war da noch eine eigene Akte angelegt worden: „Schmuggel von iranischem Heroin in die USA via BRD." Doch als die dezenten Herren Herrn Perry in dessen feinem New Yorker Hotel aufsuchen wollten, war er verschwunden.

Das war im Januar 1983. Mittlerweile ist Herr Perry wieder aufgetaucht, aus einem kleinen See in New Jersey, drei Kugeln im Kopf und Gewichte an den Beinen. Und diese Handschrift ist ja bekannt.

Türkisches Brauchtum

Am häufigsten gerieten während der letzten Jahre in Verbindung mit Heroin Türken in die Schlagzeilen. Sie erfüllen auch alle Vorstellungen, die gemeinhin beim Bild des Rauschgifthandels aufkommen: eine unverstandene Minderheit in Deutschland, nur als Arbeitskräfte geduldet, unbegreiflich in ihren sozialen Formen, stets in Zusammenhang mit Drogen genannt.

Mohn ist seit fast zwei Jahrtausenden eine Hauptkulturpflanze in dem breiten anatolischen Hinterlandstreifen parallel zur Mittelmeerküste. Zur Zeit der Sultane war Opium der wichtigste Exportartikel, ohne daß der Handel staatlich organisiert war. Kemal Atatürk, der seinem Volk ziemlich gewalttätig europäisches Denken aufstülpte, bestimmte den Zwangsverkauf an staatliche Kontore, doch diese Vorschrift wurde wie die meisten Gesetze nur in sehr beschränktem Maß eingehalten. Interessant ist allerdings, daß Opiumsucht in Anatolien während der letzten 50 Jahre kaum eine Rolle spielte. Opium war und ist fast ausschließlich „cash crop", Handelsware.

Türkisches Opium gilt als das beste der Welt mit einem Morphingehalt bis zu 15 Prozent und ist für die legale und die illegale Produktion von Opiaten stets gleichermaßen gefragt. Daher wurde Opium zwangsläufig zu einem politischen Faktor, der die Beziehungen hauptsächlich zu den USA während der letzten zwei Jahrzehnte entscheidend beeinflußte.

Die immer noch geltende amerikanische These beim Kampf gegen das Gift ist, daß man das Drogenproblem nur in den Anbauländern lösen könne. D.h.: Man propagiere andere „ebenfalls lukrative" Kulturpflanzen und zahle für eine gewisse Zeit „Überbrückungshilfe". Doch bis auf Gebiete des Goldenen Dreiecks sind alle Opiumanbaugebiete Großgrundbesitz. Könnte sich auch ein Wechsel der Bewirtschaftung den finanziellen Verlust des Landbesitzers ausgleichen, die Situation der Pächter würde sich immer verschlechtern. Zudem herrscht in all diesen Ländern ein traditionsreiches System der Korruption, das derartige Lösungen schon in den Anfängen unterläuft.

Die Türkei ist dafür ein schönes Beispiel. Als 1966 Suleiman Demirel an die Regierung des NATO-Landes kam, begann die neue Opium-Diplomatie der USA, die dazu führte, daß bis 1971 die Zahl der zum Mohnanbau berechtigten Provinzen von sieben auf vier sank. Dort lebten immer noch rund 90 000 Familien vom Mohnanbau, und bezeichnend war auch ihre Auswahl: Dort waren die wichtigsten Regierungsmitglieder beheimatet, wie z.B. Demirel, der in Isparta als Sohn eines dieser Großgrundbesitzer aufgewachsen war.

Am 12. März 1971 zwang das Militär Demirel zum Rücktritt und setzte die Regierung Erim ein, unbestritten unter Mitwirkung des CIA. In den USA kämpfte Nixon gerade um seine Wiederwahl, und dabei war das Heroinproblem durchaus ein Thema. Um die Verflechtung von Politik und Heroin in Vietnam nicht zu erwähnen, behalf sich der Präsident mit einer abenteuerlichen Theorie: 90 Prozent allen Heroins in den USA stamme aus der Türkei-Marseille-Verbindung, desgleichen „nahezu alles" in Vietnam. Und Nixon versprach „spektakuläre Erfolge auf dem Gebiet der Rauschgiftbekämpfung". Die amerikanische Botschaft in Ankara erhielt Anweisung, die Regierung Erim unter Druck zu setzen, und am 29. Juni 1971 verkündete der Ministerpräsident, die Mohnernte des Jahres 1972 werde die letzte der Türkei sein.

Hinter den Kulissen begannen nun hektische Verhandlungen. Die Türken hatten ausgerechnet, daß der Verlust durch diesen Beschluß 432 Millionen Dollar betrage, während die Amerikaner auf nur 35 Millionen kamen. Schließlich einigte man sich auf einen Kredit von

80 Millionen, von dem allerdings nur 36 überwiesen wurden, und das Ganze war eines der vielen Manöver, mit denen Nixon seine Wiederwahl im November 1972 sicherte.

Wie zu erwarten, bekamen die Bauern von dem Geld nichts zu sehen, und 1975 zog Demirel mit dem Versprechen in den Wahlkampf, den Mohnanbau wieder einzuführen, natürlich unter strenger Kontrolle. Allerdings hatten weder er noch die Berater von der USAID (United States Agency for International Development) ein System gefunden, wie man mehr als 90 000 Produktionseinheiten drei Wochen lang überwachen will. Die Patentlösung hieß schließlich „Mohnstroh" und bestand aus ungeritzten, vorzeitig geernteten Kapseln, denen das Morphin nur durch eine komplizierte chemische Prozedur entzogen werden kann. Dieses Verfahren hat sich mittlerweile für die legale chemische Industrie eingebürgert, andere Formen der Ernte aber konnte es auch nicht verhindern.

Die politischen Sitten der Türkei sind mit mitteleuropäischen insofern nicht zu vergleichen, da „Bakschisch" dort als anständiges Wort gilt und in der Politik offen ausgesprochen und manchmal auch ausgehandelt wird. Dementsprechend groß ist der Geldbedarf der Parteien, und für kleinere Gruppen ergeben sich daraus immer wieder Finanzierungsprobleme. Abgeordnete zu „kaufen" ist nicht unanständig, aber teuer. Die Regierung ist bei diesem Spiel im Vorteil, da sie gewisse Pfründe überlassen kann, der Opposition stehen aber nur finanzielle Mittel zur Verfügung, da Versprechen für den Fall künftiger Siege nicht ernst genommen werden.

Demirels Regierung von 1975 war eine Koalition von rechts bis ganz rechts. Zwei Parteien gewannen dabei eine immer größere Bedeutung: die „Nationale Heilspartei" Necmettin Erbakans und die „Nationale Bewegungspartei" unter Arparslan Türkes. Erbakan war bis 1977 stellvertretender Premier, Türkes Innenminister; beide stammen aus den klassischen Opiumgebieten, und beide nutzten ihr Amt, ihre Organisationen über die ganze Türkei und auch unter den Türken der Bundesrepublik zu verbreiten.

In Deutschland sind die offiziellen Zentren der beiden Parteien Koranschulen, Kulturvereine, „Brauchtumsgruppen" und Jugendverbände. Es war immer schon bekannt, daß sich Heilsparteiler und vor allem die „Grauen Wölfe" der Bewegungspartei aller Methoden bedienten, die einst die SA einführte, aber die rechten Prügler waren manchen deutschen Stellen ganz willkommen: Sie schlugen ja „linke" Gewerkschaftler unter ihren Landsleuten, sorgten unaufgefordert in den Betrieben für ein harsches Klima strenger Arbeitsmoral, und das Wohlgefallen ging so weit, daß beispielsweise in Hamburg die kommunale Wohnungsbaugesellschaft den Grauen Wölfen ein Geschäftslokal vermietete. Weniger freundlich denken Rauschgiftfahnder über diese beiden Organisationen, denn nach allgemeiner Ansicht lenken sie auch den Heroinschmuggel aus der Türkei nach Deutschland und beherrschen einen großen Teil des Marktes.

Auch hier erfolgte wieder einmal die Diplomatie des Warnschusses. Im Oktober 1978 verhaftete Düsseldorfs Kriminalpolizei ein türkisches Duo mit 3,5 Kilogramm Heroin bester Qualität. Am 1. Juni 1979 kam es zum Prozeß, der gleich spektakulär anhob: Aus Angst vor vier strengblickenden Landsleuten, die eigens zu diesem Prozeß angereist kamen, schnitt sich einer der Angeklagten mit einer Rasierklinge den Hals auf. Der andere war dafür um so geständiger und erzählte, daß ihm Parteichef Erbakan persönlich das Heroin zum Verkauf in Deutschland gegeben habe.

Der Richter verzichtete auf die Frage, ob Erbakan dafür nicht einen Angestellten habe aufbringen können, zumal es für Politiker auch in der Türkei ungewöhnlich ist, Heroin direkt in die Hand zu nehmen. Das Geständnis sollte ja nur betonen, was ohnehin bekannt war: daß sich Heils- und Bewegungspartei überwiegend mit Heroin finanzieren und daß jeder auch den Stoff herstellt.

Mit etwas grimmigem Humor kann man es als einen Prestigepunkt des neuen Nationalbewußtseins sehen, wie es zum Programm beider Parteien gehört, daß die Türkei auch in der Heroinproduktion autark wurde. Erbakans und seiner Partei Aufstieg begann in den Fünfzigern als Zulieferer der Guerinis in Marseille. Als es im Getriebe der French Connection zu knirschen begann, hatte er einen voll ausgebildeten Chemiker, Izzet Sariyar, in einschlägigen Kreisen „Dr. Izzet" genannt. 1967 lief die Produktion der Nationalen Heilspartei an. Lieferungen nach Frankreich erfolgten weiterhin, wie 1972 die Verhaftung des Senators Bayhan mit Diplomatenpaß und 146 Kilo Opium in Frankreich bewies.

1977 schien Dr. Izzet genügend fachkundigen Nachwuchs eingearbeitet zu haben, denn er zog sich aus der Produktion zurück und siedelte in die Bundesrepublik über, wo er ausgerechnet als Koch „ein neues Leben beginnen" wollte. Im Februar 1978 wurde er in Frankfurt verhaftet. Seine Vernehmung verlief sehr diskret, was verständlich ist, bedenkt man ein weiteres Detail aus seinem Lebenslauf: der gute Mann war viele Jahre lang der beste V-Mann der US-Drogenfahndung DEA. Ein hoher BKA-Beamter: „Die arbeiten immer mit den Größten zusammen." Geradezu gigantisch war auch Izzets Mitteilungsdrang bei seiner Vernehmung: er nannte zwei konkurrierende Gangs der BRD und gab die Adressen etlicher Heroinlabors in Kurdistan. Über sein weiteres Schicksal ist nichts zu erfahren.

Auch die Bewegungspartei bekam einen Warnschuß ab, als in Berlin der Nachtklubbesitzer Ismael Cakir samt seiner Leibgarde von Grauen Wölfen verhaftet wurde. Er galt als größter Heroinhändler dieser Stadt.

Die Methoden des Schmuggels und des Vertriebssystems sind mittlerweile gut bekannt, aber auch so raffiniert, daß es schwer ist, sie abzustellen. Es ist das alte System der Ameisenstraße, von Parteimitgliedern durchgeführt. Als Vertriebszentren dienen Reisebüros, manchmal auch Nachtklubs. Auf den Markt geworfen werden auf einmal höchstens Mengen bis zu fünf Kilogramm, und der Bedarf ist so groß, daß sie innerhalb eines Tages abgesetzt sind.

Es ist auch keine kriminelle Organisation für dieses System nötig – die politische ist straff genug. Es bleiben dennoch viele Fragen:

Es muß bundesrepublikanischen Stellen spätenstens 1972 bekannt gewesen sein, daß Heils- und Bewegungspartei, die manchmal auch Vertriebszentren waren, ihre Aktivitäten mit Opium und Heroin finanzieren. Dazu gab es nicht nur genügend Erkenntnisse der Interpol und ähnlicher Organisationen, sondern immer wieder auch Hinweise durch deutsche und türkische Journalisten.

In den letzten Jahren gab es in der Türkei durch Terrorüberfälle hauptsächlich dieser beiden Organisationen mehr als 2500 Tote, in Berlin den ersten Anfang Januar 1980. Es war auch kein Geheimnis, daß die Grauen Wölfe eine Terrororganisation sind – dennoch konnte Türkes im Oktober 1978 in der Dortmunder Westfalenhalle eine üble Hetzrede vor 12 000 Anhängern halten. Es ist bekannt, daß die Grauen Wölfe in Deutschland als „Föderation Demokratischer Türkischer Idealistenvereinigungen in Europa" auftreten und daß 1972 ein politischer Mord in Norderstedt bei Hamburg auf ihr Konto geht.

Dennoch wurde von bundesrepublikanischen Stellen bisher nichts Ernsthaftes gegen diese beiden Organisationen unternommen. Sie wurden auch – von den beiden oben erwähnten Ausnahmen abgesehen – nie in Zusammenhang mit Heroinhandel genannt. Die bislang in Deutschland wegen Heroin verhafteten Türken waren fast ausnahmslos Mitglieder eines der Parteiverbände, aber für die Öffentlichkeit hieß es immer nur – bewußt? – vage: „Türken".

Hängt es damit zusammen, daß beispielsweise der Verfassungsschutz bis zumindest 1979 seine V-Leute unter den Türken ausnahmslos aus diesen Kreisen rekrutierte? Hängt es damit zusammen, daß es Versuche gab, die Grauen Wölfe beim Metallarbeiterstreik als Streikbrecher gegen Türken einzusetzen?

Deutsche Behörden machen eine seltsame Figur, wenn es um innenpolitische Fragen bei Türken in Deutschland geht. Bekannte Heroinhändler aus Kreisen dieser Partei können ungehindert ihren Geschäften nachgehen. Keine der deutschen Städte bildet da eine Ausnahme.

Hat dieses seltsame Spiel Hintergründe, die in dem Zusammenspiel von Wirtschafts- und politischen Interessen liegen?

„Der Kampf gegen Rauschgift war bisher keine vorrangige Aufgabe des Staates", sagte dazu ein hochrangiger Verfassungsschützer. „Das kam erst 1979. Bislang hatten die beiden Parteien auch gewisse Annehmlichkeiten, da sie unter ihren Landsleuten für Ordnung sorgten. Aber Schonung bei ihren illegalen Aktivitäten können sie künftig nicht erwarten."

Das Vaterland durfte ruhig sein, denn das Problem wurde auf eine andere Weise – vorübergehend – gelöst. Nicht überraschend übrigens, denn ein Militärputsch lag schon in der milden Aprilluft des Jahres 1980, als in Istanbul gerade der Fall des Polizeidirektors Zahig Avcibasioglu diskret beschmunzelt wurde. Der Herr war, just eine Woche vor seiner Beförderung zum Chef der türkischen Rauschgiftbehörde, mit 13 Kilo Heroin erwischt worden und hatte im ersten Schreck gestanden, mindestens 170 Kilo verschoben zu haben. Als dann im Herbst das Militär zuschlug, stellten sich auch die meisten Heroinproduzenten auf eine diesmal länger dauernde Diktatur ein. Um die Chemikalie herzustellen, sind respektable Mengen erstklassigen Trinkwassers und Elektrizität nötig. Beides ist in Anatolien überschaubare Mangelware, und wer sich nicht dem neuen Monopol anschließen wollte, mußte wieder zurück zur einfacheren Produktion des Rohstoffs Morphinbase.

Der Rückmarsch aus der Heroinautarkie führte zur Wiederholung historischer Konstellationen. Bereits am 8. Juni 1980 hatte Italiens Polizei bekanntgegeben, sie habe im norditalienischen Schloß Cereseto ein Heroinlabor ausgehoben. Als Chemiker arbeitete ein Herr aus Marseille, die Morphinbase stammte aus der Türkei. Drei bis vier solcher Meldungen pro Jahr gehören seither zum Plansoll gezielter Rauschgiftverfolgung, meist in Sizilien handelnd, stets mit dem Hinweis auf türkisches Morphin versehen. Geschichte scheint also doch wiederholbar. Vielleicht aber auch hat sie nur nicht aufgehört.

Afghanistan Godhaafis

Fragt mich jemand, warum mir Afghanistan eines der liebsten Länder ist, gerate ich in Verlegenheit. Ein bettelarmes Land, das nie seine Menschen ernähren konnte, in dem ein Drittel seiner Bevölkerung mit Viehherden und zugigen schwarzen Zelten herumzieht, was im Sommer ja noch romantisch sein mag, im Winter aber unmenschlich ist. Und dabei sind die Nomaden noch verhältnismäßig reicher als die Bauern, denen nur jede dritte Ernte genügend Korn bringt, und der Regen kam die letzten Jahre nicht einmal so oft. Eine Handvoll Städte, belebte Basare und stets schlafende Verwaltungsbauten, deren Beamte gut genährt sind und sonst an nichts interessiert, ein Staatsapparat, mit dem verglichen Drohnen nützliche Tiere sind. Die Landschaft: Wüste, brutal abgeholzte Berge, Steppe.

Natürlich sind es die Menschen, die das Land so liebenswert machen, die Afghani. Allerdings gibt es gar keine Afghani, sondern Pathanen, Belutschen, Turkmenen, Usbeken und noch ein halbes Dutzend anderer Völkerschaften, allesamt strenggläubige Muslims und schrecklich konservativ. Als Frau in diesem Land geboren zu werden ist schlimmer denn als Hund, denn unter denen gibt es ja noch die berühmten Windhunde, die gehätschelt werden und mit Achtung behandelt. Die Frauen von Nomaden gehen zwar stolz unverschleiert, aber zu sagen haben auch sie nichts, und die Männer sind allesamt schöne Gockel, pathetisch, heroisch, mit Vorurteilen bepflastert, reaktionär, und das alles zusammen gibt eine Mischung von derartiger Herzlichkeit, wie sie sonst kaum auf der Welt zu finden ist.

Das Deutsche Reich, ungefähr gleichzeitig mit Afghanistan entstanden, genoß im Hindukusch immer große Sympathien, und die wuchsen, als Deutschland großen Wert auf arische Abstammung legte. Als Arier verstehen sich auch Pathanen und Belutschen, und so sahen sie in Deutschen immer ihre Blutsbrüder. In Hitlers Gefolgschaft gab es Pläne, die wilden Krieger als eine Art fünfte Kolonne in den Weltkrieg einzuspannen, aber die Sache zerschlug sich zum Glück der Afghani. Den USA war nach dem Krieg das Land zu arm und uninteressant, und so geriet es allmählich in die Einflußsphäre der Russen. Die wenigen westlichen Investitionen kamen aus Deutschland − ein Werk der Firma Hoechst bei Kabul, ein Staudamm, einige Projekte der Kleinindustrie − und auch ein wenig deutsches Wesen, Abteilung Kultur: eines der ersten Goethe-Institute entstand in Kabul, und gutsituierte Afghani schickten ihre Söhne auf die deutsche Schule.

1973 konnte der König sich nicht mehr behaupten. Eine Hungersnot hatte die Landbevölkerung schrecklich dezimiert, und es drohte zu einem chaotischen Aufstand zu kommen. Während König Zahir eine Auslandsreise unternahm, rief sein Cousin Daud die Republik aus, höchstwahrscheinlich nach einer Anregung aus Moskau. Das einzige, was sich im Land änderte, war allerdings nur, daß nun der Usurpator den Königspalast bewohnte.

Der Machtwechsel Ende April 1978 wurde in der sowjetischen Botschaft von Delhi geplant. Hafizullah Amin, damals General der Armee, war nach Italien „zu ärztlichen Untersuchungen" gekommen, hatte aber nie ein Spital aufgesucht. Bald sprach sich in der diplomatischen Kolonie herum, daß in Afghanistan ein Putsch bevorstehe. Der einzig Ahnungslose zwischen Moskau und Indien dürfte Daud gewesen sein, von einem westlichen Diplomaten zwar gewarnt, aber von Moskau in Sicherheit gewiegt. Taraki und Amin waren nicht höflich genug, darauf zu warten, daß er eine Auslandsreise unternehme.

Die erste Phase der damaligen Regierung in Kabul erregte im Westen kaum Aufmerksamkeit, obwohl Taraki fast alle afghanischen Traditionen auf den Kopf stellte. Eine Maßnahme war, das Brautgeld abzuschaffen, das während der letzten Jahre so angewachsen war, daß sich kaum mehr ein junger Mann verehelichen konnte. Bald folgte gemeinsame Schulpflicht für Jungen und Mädchen, eine Reform, die weniger als Bildungspolitik Aufsehen erregte − es hätte ohnedies erst nach etlichen Jahren genügend Schulen gegeben − als durch den Versuch, Frauen und Männer gleichberechtigt erscheinen zu lassen. Dann wurden die Großgrundbesitzer durch eine Landreform verärgert und die Mullahs durch kräftiges Beschneiden ihrer Privilegien.

Vom mitteleuropäischen Standpunkt aus gesehen war an all diesen Reformen nichts Unvernünftiges. Für traditionsbewußte Afghani aber war dies gotteslästerliche Revolution. Vor allem schätzte Taraki sein Volk falsch ein: Wo er an „klassenkämpferisches Verhalten" appellierte, verletzte er das tiefverwurzelte Treuedenken zwischen Herren und Knechten, und das Schlimmste war, daß er offen mit Rußland sympathisierte. Er hätte auch mit Persien flirten können, und es wäre dieselbe Katastrophe gewesen – da beide Länder Großmachtpolitik betrieben, galten sie als übelste Feinde des afghanischen Selbstbewußtseins.

Mullahs und Großgrundbesitzer hatten es da leicht. Die Abschaffung des Brautgelds erklärten sie ihren nun freigelassenen Untergebenen damit, daß die Neuen die Frauen entwerten wollten und die Männer beschämen, die nun nicht mehr viele Jahre Schulden für eine Frau auf sich nehmen durften. So absurd das Argument klang, so wirkungsvoll wurde es.

Viele Gruppen afghanischer Aufständischer entstanden, und die weitere Tragödie des armen Landes machte weltweit Schlagzeilen.

Eine andere Geschichte ist die des afghanischen Mohnanbaus. Auch er hat Tradition und war schon immer eine Geldquelle der Großgrundbesitzer und eine Pachterleichterung für die Bauern. 1952 versuchte Afghanistan vergeblich, als Opiumproduzent in die Konvention der Vereinigten Nationen aufgenommen zu werden. Da dies von den USA abgelehnt wurde, ratifizierte Afghanistan die Sache nicht. Das meiste Opium wurde von nun an nach Persien geschmuggelt, ein kleiner Teil auch nach Pakistan als Ergänzung zur dortigen Produktion. Ein Suchtproblem gab es im Lande kaum, denn die klassische Droge war Haschisch, und die Mohnfelder blieben bis 1978 fast unverändert groß.

Der dritte Faktor liegt auf pakistanischem Gebiet: Darha in Waziristan, eine kleine Stadt im „Tribal Territory" südwestlich von Peshawar. Darha heißt in der Sprache der Pathanen einfach Ort, und der Ort Darha ist ein besonderer: die Stadt mit dem wohl schwunghaftesten Wirtschaftsleben Pakistans, rund 15 000 Einwohner, Umsätze von mindestens einer Milliarde Mark jährlich, nach anderen Auskünften eher mehr. Und das in einem Wüstennest, dessen Wasser so verseucht ist, daß ein Fünftel der älteren Menschen an Bilharziose leiden und jeder Zehnte erblindet.

Sichtbar ist, daß Darha ein gewaltiges Schmuggelzentrum darstellt. In heruntergekommenen Lehmhütten findet sich das Angebot unserer Wohlstandsgesellschaft: synthetische Gewebe aus Europa und Japan in dicken Ballen, alles an Hi-Fi-Elektronik, sorgsam in Plastik verpackt, Uhren, Schmuck, ja sogar Riesenposten Kühlschränke, ohne daß jemand sagen will, wie diese Schätze in die Wüste kommen und wer sie kauft.

Auf den zweiten Blick ist Darha die Waffenschmiede Asiens. 80 kleinere und mittelgroße Betriebe haben sich in Lehmhütten eingerichtet, und die Produktion ist erstaunlich vielseitig. Kopien westlicher Pistolen und Gewehre werden in Serie hergestellt, auf den zweiten Blick zwar als Fälschung erkennbar, dafür aber äußerst preiswert. Zwei Betriebe haben sich auf Maschinenpistolen und -gewehre spezialisiert, zehn Familien reinigen verbrauchte Patronen und füllen sie neu, und einige Firmen haben sich auf Spezialitäten eingestellt. Da gibt es Kugelschreiber, mit denen man seinen Verhandlungspartner erschießen kann, vier Millimeter flache Briefbomben, Granaten für die Hosentasche, Feuerzeuge, aus denen stecknadeldünne Projektile mit vergifteter Munition geschossen werden können, Bomben in Gestalt einer Damenhandtasche, als Aktenköfferchen und als Buch, raffinierte Selbstschüsse, an jedem Gartentor unauffällig montierbar... Die meisten Betriebe verfügen über einen beneidenswerten Maschinenpark, durchweg neuwertig und zum Großteil aus der Bundesrepublik stammend. In den Lagern wartet Spezialstahl aus vieler Herren Länder auf seine Verarbeitung, darunter welcher mit den drei Ringen von Krupp und auch mit den Zeichen der österreichischen Böhlerwerke. Es sind Betriebe mit internationalen Beziehungen, und wie es sich für größere Firmen gehört, leben in Darha nur die Arbeiter und Betriebsleiter. Die Besitzer gehen in Karatschi, Rawalpindi und Islamabad ihren Geschäften nach, und dann gibt es noch stille Teilhaber: Herren aus Pakistans Militärjunta.

Darha ist aber nicht nur die größte Waffenschmiede Asiens, sondern auch ein unglaublich reich assortiertes Waffenlager. In mehr als 17 langen Schuppen lagern europäische und osteuropäische Produkte. Wenige Kalaschnikows sind darunter, einige tschechische MPs und MGs, sehr viel mehr italienische und französische Produkte, Schweizer und österreichische Sturmgewehre, aber dieses ganze Angebot ist nur ein kleiner Fleck der Palette. Etwa vier Fünftel der Waffen stammen aus der Bundesrepublik, G-3-Halbautomatische vor allem, HK 33, und dazu wird eine verschwenderische Menge Munition gelagert, firmenverpackt und ordnungsgemäß exportiert.

Und außerdem gibt es in Darha noch zwei Heroinraffinerien.

Von Swat, wo ich im Frühsommer 1979 der Opiumernte zusah, sind es nach Darha etwa sechs Stunden mit dem Auto. Mein Weg dorthin war etwas länger und hätte wohl nie stattgefunden, wäre mir nicht in Swat auch ein Lehrerpaar von der deutschen Schule in Kabul begegnet, zu dessen Freunden auch Afghani mit Beziehungen zu den Rebellen gehörten. Aus Afghanistan ergoß sich gerade ein Strom Flüchtlinge über die offene Grenze nach Osten. Von Peshawar nordwärts bis hoch in die Berge warteten sie in armseligen Lagern, daß die Zeiten in ihrem Land besser würden, und das Warten war schrecklich. Den Nomaden ging es besser, sie waren gewohnt, mit Zelten und Vieh umherzuziehen.

Die afghanischen Bauern aber hatten buchstäblich nichts. In Zelten aus Pappkartons kamen die reicheren unter, die anderen nur unter Bäumen, es gab nichts zu essen, und die Kinder starben wir die Fliegen. Die Welt nahm diese furchtbare Tragödie nicht zur Kenntnis. Alles Mitleid galt den Boat-People und dem gequälten Volk von Kambodscha. Für die Afghani blieb da nichts übrig. Sie wurden nicht einmal gezählt. „Mehr als 200 000" war die einzige Angabe, die ich von amtlich-pakistanischer Seite erfahren konnte, und Pakistan selbst war die Sache so peinlich, daß weder Journalisten noch Fernsehteams in diese Lager gelassen wurden.

Kaum eine Familie war vollzählig in den Jammer geflohen. Die älteren Söhne waren in Afghanistan geblieben, „bei den Gerechten", und sie kamen nur manchmal auf Besuch. „Zur Erholung", sagten sie, und man sah ihnen an, daß sie die brauchten. Ihren Verwandten brachten sie stets etwas Geld, und nach einigen Tagen zogen sie wieder in ihr Land, in den Guerillakrieg.

Auf den wenigen Fotos, die im Westen veröffentlicht wurden, tragen die afghanischen Rebellen bizarre alte Waffen. Die Gruppe, die ich in Ghaddai traf, war besser bewaffnet. Von den 26 Mann hatten sechs G 3s, an deren Holzschaft noch das Brandmal der kaiserlich iranischen Armee erkennbar war, und 17 hatten nagelneue G 3s, eindeutig aus der Bundesrepublik. Die Fälscher in Darha legten auf so leicht übersehbare Kleinigkeiten wie das amtliche Beschauzeichen keinen Wert. Munition hatten sie nach ihren Angaben pro Gewehr etwa 2000 Schuß. Einiges konnte ich sehen: Firma Walther, fabrikverpackt. Zwei dürre Esel schleppten die Kisten. „Wir kommen gerade aus Darha, und nun geht es heim", sagte ihr Anführer, und ich durfte mit.

Der Grenzübergang war einfach, ein Schleichweg über den Hügel, und am nächsten Morgen ging es auf halber Berghöhe in das Tal des Kunar hinab.

Mit Amir Mansuur, dem Anführer unserer Karawane, konnte ich mich sogar auf deutsch unterhalten, denn er hatte es in Kabul nahezu akzentfrei gelernt. Die anderen waren Bauernsöhne aus der Gegend nördlich von Jalalabad, und sie gehörten zu einer der 17 Rebellengruppen, deren Anführer sich noch immer auf kein gemeinsames Vorgehen einigen konnten.

„Du sollst sehen, daß wir hier nur für unsere Freiheit kämpfen", sagte er einmal, als wir an unsere Säcke gelehnt Rast hielten. „Wir lassen uns nicht von diesen Knechten Moskaus beherrschen. Der Kommunismus will die ganze Welt unterjochen, und ihr im Westen sollt uns dankbar sein, daß wir euren Kampf führen. Wir opfern uns auch für eure Freiheit."

„Und was versprecht ihr euch selbst davon?"

„Wir wollen, daß alles wieder so wird, wie es einmal war, denn das war gut so. Wir wollen wieder Herren unseres Landes werden, denn ein Pathane läßt sich von niemandem beherrschen. Lieber stirbt er, aber nie kampflos."

Unsere meisten Gespräche verliefen so, und über das Opium, daß wir mit uns schleppten, fiel nie ein Wort. Erst als wir in dem LKW saßen, der unsere Fracht von Ghaddai nach Darha brachte, versuchte ich, auf dieses Thema zu kommen.

„Was bleibt uns denn anderes übrig?" fragte Amir. „Wir brauchen Waffen, und wir haben kein Geld. In Darha nehmen sie nur Theriak in Zahlung." Er gebrauchte das persische Wort für Heilmittel, um den heiklen Begriff zu vermeiden. „Wie haben schon letztes Jahr allen Bauern befohlen, dieses Jahr nur noch Mohn zu pflanzen. Dafür stehen sie unter unserem Schutz, denn die neue Regierung will ihnen ja auch das verbieten."

„Bekommen die Bauern dafür bezahlt?"

„Ein wenig wohl. Es ist ja auch ihr Beitrag für unseren Kampf."

Ich frage: „Und wieviel bekommen die Bauern dafür?"

„Das weiß ich nicht. Wir haben ihnen versprochen, die Pacht zu senken, wenn wir unser Land wieder befreit haben."

„Geben sie den Theriak freiwillig her?"

„...Nicht immer. Aber wir sind stark."

„Und was wird nächstes Jahr? Habt ihr daran gedacht, daß sie vielleicht die Felder nicht bestellen, wenn ihr ihnen alles wegnehmt?"

„Sie werden ihre Felder bestellen. Wir sind stark. Und wir werden ja siegen."

Amir liefert 1400 Seer Opium an. 1260 Kilogramm. Dafür bekommt er 800 000 Rupien berechnet. Jeder seiner Leute bekommt davon 2000, Amir als Führer das Vierfache. Der Geschäftsführer glänzt vor Freundlichkeit, als er Amir in den Lagerraum bittet, wo er sich für etwas über 148 000 Mark bedienen darf.

Die Leute von Darha sind Weißen gegenüber nicht sehr freundlich, und da hilft auch nicht, daß mich ein Gefährte unseres Marsches begleitet. Zwei Häuser neben dem Waffenlager riecht es scharf nach Essig, und zwei Wachen mit Gewehren stehen davor. Sie nehmen drohende Haltung an, als ich mir den Stoß leere Plastikkanister neben dem Haus ansehen will. Immerhin kann ich lesen: „Acetic anhydride" und „Hoechst Ltd., Pakistan".

Wenig später bitten uns Amirs Geschäftspartner zum Tee. Beide sehen erschöpft aus wie zwei, die sich gestritten haben und dann doch wieder versöhnt. Die Gewehre sind teurer geworden und die Munition auch. „Es herrscht einfach mehr Nachfrage, als wir zugeliefert bekommen", sagt Iqbal Afridi. „Jede Woche kommen sieben oder acht Karawanen aus Afghanistan, und alle wollen sie ausländische Waffen. Als wäre unsere Produktion nichts wert. Dann kommen manche mit russischen Gewehren, die sie erbeutet haben, und wollen sie hier verkaufen. Aber die Dinger sind ja nichts wert, weil die Munition dazu fehlt. Bei den meisten anderen Typen haben wir dieselben Probleme, und wir können auch nicht immer die passenden Patronen herstellen. Die einzigen, wo es keine Probleme gibt, sind die Deutschen. Da klappt einfach alles bis hin zur Munition. Ich bewundere Ihr Land."

Nach einer Weile: „Sind Sie nicht auch an Geschäften ineressiert?"

Er holt ein kleines Säckchen aus seinem Schreibtisch. „Allerbeste Qualität. Ab Darha 12 000 Mark pro Kilo. Aber ich kann auch die Lieferung besorgen. Das kommt dann etwas höher, ist jedoch ohne Risiko. Sie sollten wiederkommen."

Ich verspreche es. Später sehen wir im Hof zu, wie der LKW beladen wird. 30 G 3 der ehemals kaiserlichen iranischen Armee, 40 nagelneue G 3, zwei Maschinengewehre — „HK 33" sagt Amir —, 12 000 Schuß

Munition. Die Kisten tragen noch die deutsche Aufschrift, nur nachlässig überpinselt.

„Es ist eigentlich reine Freundlichkeit von mir", sagt Iqbal Afridi. „An den Waffen verdiene ich wirklich nichts. Aber ich mag diese Jungen und stehe voll auf ihrer Seite."

„Und die Bezahlung?"

„Ich kann ihnen doch nicht die Waffen für diesen Preis geben, wenn ich nicht an dem anderen verdiene. Das werden Sie doch auch verstehen. Ich bin ja nur ein winziges Glied in einer langen Kette. Jeder will überall in der Welt an was verdienen."

Abschied mit Umarmung nach Pathanenart, der LKW startet.

„In einem Monat komme ich wieder, insch' Allah", ruft Amir.

„Godhaafis!"

Godhaafis. Von allen Abschiedsgrüßen der Welt ist dieser wohl der schönste, der Gruß der Karawanen im Hindukusch: Laß deiner Seele Flügel wachsen. In meinem Hotelbett weine ich vor Wut. Welch ein Szenarium für eine Revolution und eine Gegenrevolution. Ein Revolutionskomitee, dessen Ziele dem Volk zutiefst unverständlich und hassenswert sind, Aufständische, die für den guten Zweck die Bauern mehr denn je berauben, ehrbare Waffenhändler und ehrenwerte Heroinlieferanten. Amir ist ein liebenswerter junger Mann, und wir wurden bei unserer Tour wirklich Freunde. Seine Soldaten – wir haben manchmal herzlich gelacht, jeder hatte eine beneidenswerte Portion Humor – und wir schleppten schwer an dem Opium. „Wir werden siegen", versicherten sie sich gegenseitig gut hundertmal pro Tag, und doch war ihr Feldzug nur ein Raubzug. „Wir werden alle sterben", sagten sie manchmal auch, aber auch dabei lachten sie.

Was sich in diesem armen Land ereignete, ist bekannt. Rußlands Invasion ließ die Welt ihr Herz für Afghanistan entdecken. Aber was ist denn von Afghanistan geblieben? Ich kann diesem geliebten Land keinen Nachruf halten.

Der neue Opiumkrieg

Für ein schwedisches Fernsehteam erstürmte im März 1979 Pakistans Polizei eine Heroinraffinerie. Diese Bilder wurden im Sommer auch vom ZDF gesendet, und ein Foto erschien zweimal schon im SPIEGEL. Die Vorgeschichte dieser Bilder hörte ich in Islamabad vom Pressesprecher der Drogenfahndung. „Wir haben das sehr sorgfältig vorbereitet und genauso aufgebaut, wie es ja immer beschrieben wird. Das Ganze sollte ja möglichst natürlich wirken. Nur das Haus war ein bißchen unglaubwürdig, da es nicht einmal einen Brunnen hatte. Aber wenn Sie wollen, können wir für Sie auch so etwas arrangieren."

Heroinlabors sehen anders aus, wie richtiggehende chemische Betriebe, reichlich Elektrizität und Wasser sind notwendig, sichere Aufbewahrungsräume für die gefährlichen Chemikalien und jede Menge Geräte. Wer das teure Heroin Nr. 4 herstellen will, muß ein ausgesprochener Fachmann sein.

Das größte Labor Pakistans liegt in Ghadoum, etwas östlich von Swat, ebenfalls im Stammesgebiet. Es produziert fast so viel wie die beiden in Darha und bezieht sein Opium aus Swat und Buner. Sein Leiter ist ein freundlicher Pakistani, der in Köln Chemie studierte und deutsch mit Kölschem Zungenschlag spricht. Er beschäftigt drei weitere Chemiker, sieben Assistenten und zwei Lagerarbeiter. Die Anlage umfaßt acht Gebäude und, etwas entfernt, die Wohnhäuser der Beschäftigten. Der Direktor ist sehr aufgeschlossen und zeigt mir sogar einige Betriebsräume. „Sie sehen, es sieht hier aus wie in einem deutschen Chemielabor."

Er hat recht, nicht nur, was die peinliche Ordnung betrifft. Im Lager stehen Flaschen, Gläser und Kanister mit Chemikalien deutscher Firmen. „Einige Kleinigkeiten beziehen wir von den Engländern, das meiste aber von den Deutschen. Die haben erstens reineres Zeug und außerdem besseren Service. Man bekommt alles ganz reibungslos, und Hoechst hat ja jetzt auch ein Verkaufsbüro in Peshawar."

„Wissen die deutschen Firmen, wofür sie liefern?"

„Sie fragen nicht, und ich werde es ja nicht zur Rede bringen. Sagen wir mal so: Sie können es einfach nicht wissen. Allerdings kann sich auch ein Anfänger in Chemie aus einer Bestelliste ausrechnen, wofür das Zeug ist."

Sein einziger Vorgesetzter ist nur noch General Zia ul-Haq, der derzeitige Staatschef, und der ist nach alter Tradition Asiens in keinerlei dunkle Geschäfte persönlich verstrickt.

Die erste Raffinerie in Darha wurde 1976 eingerichtet, die zweite 1978. Beide zusammen verarbeiteten 1979 etwa 150 Tonnen Opium. Der Betrieb in Ghadoum entstand 1977 nach dem Sturz Bhuttos. In seinem ersten Betriebsjahr produzierte er über drei Tonnen Heroin, 1978 schon über sieben, und im Frühsommer 1979 waren bereits 130 Tonnen Opium angeliefert, Rohmaterial für etwa 14 Tonnen Heroin. Bei den Preisen, die vor Ort gelten, entspricht das einem Umsatz von 168 Millionen Mark für dieses eine Labor, für alle drei etwa 360 Millionen. Nach Abzug aller Unkosten bleiben dabei immer noch 355 Millionen Profit.

So viele Schnitzel kann auch ein Generalstab nicht essen, der schon Schwierigkeiten hat, das amtsübliche Bakschisch zu verdauen. Wozu wird dieses Geld verwendet, frage ich in Islamabad einen Herrn, der es wissen könnte, doch er stellt mir eine Gegenfrage: „Glauben Sie nicht auch, daß wir bald die Atombombe haben?"

Einer der Herren, die durchaus Bescheid wissen, sagte mir: „Offiziell wird in Pakistan weder die Atombombe noch Heroin hergestellt. Und da es das eine nicht gibt, gibt es auch nicht das andere. Ist das nicht logisch?" Einen noch sardonischeren Witz machte ein anderer Herr: „Der Westen hat ja unsere Entwicklungshilfe drastisch zusammengestrichen, als bekannt wurde, daß wir mit Indien mithalten wollen (in Sachen Atombombe). Es gibt aber auch, wenn Sie so wollen, ganz andere Formen, sich mit westlicher Hilfe zu finanzieren." Und über das Heroingeschäft ganz allgemein: „Der Produzent macht dabei einen guten, aber nicht den größten Profit. Das Zeug hat den Vorteil, daß es über weite Wege geht, an denen alle Geschäftsfreunde gut mitverdienen können. Das hilft dann auch dem Produzenten – man wird ihm nichts Übles wünschen."

Wohin aber geht das Heroin? Am 2. Juni 1979 rüstete Iqbal Afridi vier LKWs aus. Der mengenmäßig kleinste Teil der Ladung war Heroin, kompliziert verpackt. Das Gift war in festen Plastiksäckchen zu 420 Gramm eingeschweißt. 50 solcher Päckchen kamen in einen Sack aus Kunststoffgewebe, der versiegelt wurde und mit Plastikbändern verschnürt, daß er ein schönes Rechteck bildete. Darüber kam eine Lage billigster Baumwolle, ungesponnen, zwei neue Jutesäcke, vernäht, und drei Lagen alte Säcke. 40 derartige Pakete waren vorbereitet und sollen zusammen 840 Kilogramm Heroin enthalten haben. Ähnlich sorgfältig verpackt waren 240 andere Säcke, die Waffen enthielten, hauptsächlich Produkte aus den Spezialwerkstätten Darhas. Handfeuerwaffen sollen nicht dabeigewesen sein. Über diese verhältnismäßig kleinen Säcke kamen große mit Baumwolle, und am Abend fuhr der Konvoi los. Die Route führte über Peshawar, Rawalpindi, Lahore, Multan und Sukkur nach Quetta und von dort auf einer Piste südwärts über Kalat und Panjgut zu der kleinen Fischersiedlung Pasni an der Arabischen See. Insgesamt gab es Aufenthalt an neun Checkposts, und die „Schutzgebühr" – in der Sprache der Pathanen „Waghat", etwas wie Wegzoll – soll jeweils 5000 Rupien betragen haben. Ich konnte aber keine Übergabe beobachten.

Am 8. Juni wurden die LKWs bei Pasni von zwei Dutzend Männern erwartet. Die Wagen blieben etwa 200 Meter vom Strand entfernt stehen. Sie waren schnell entladen. Die Baumwollsäcke wurden an Ort und Stelle gestapelt, die anderen zum Strand getragen. Um vier Uhr nachmittags ankerte ein augenscheinlich neues Motorschiff etwa 150 Meter vor der Küste, und ich mußte mich zurückziehen. Fast drei Stunden lang pendelten nun acht Fischerboote zwischen Schiff und Strand. Sie brachten mehr Säcke, als Iqbal geliefert hatte, etwa 500. Knapp nach Sonnenuntergang entfernte sich das Schiff, und beim Licht von Petroleumlampen wurden die LKWs beladen. 60 Baumwollsäcke blieben als Trinkgeld bei den Fischern, der Rest wurde über dem Frachtgut verstaut. Noch in derselben Nacht ging die Rückfahrt los. Was transportiert wurde, konnte ich nicht sehen, doch nach allem, was ich erfuhr, war es ein buntes Angebot: einige Kisten schottischer Whisky waren darunter, Goldbarren und vor allem Waffen, wie mir versichert wurde, „gute, deutsche Gewehre".

Von anderen Stellen erfuhr ich dazu folgendes: „Von der pakistanischen Südküste führt eine Schiffsroute nach Dubai, die andere nach Kuwait. Beide sind alte Schmuggelstrecken, und früher erfolgte der

Verkehr mit Daus, den alten arabischen Küstenschonern. Seit 1975, genauer seit dem Ausbruch des libanesischen Bürgerkriegs, besorgen das Geschäft noch schnellere und moderner ausgerüstete Motorboote. Waffen wurden immer schon aus Pakistan in den Nahen Osten gebracht, und bis 1977 auch sehr große Mengen Morphinbase. Das Heroinlabor war in Dubai, ein anderes in einem Vorort von Beirut. Als dann Pakistan selbst Heroin herstellte, wäre es fast zu einem kleinen Opiumkrieg mit Dubai gekommen, denn die Araber bestanden auf der Abnahme von Morphinbase und wollten das Heroin nicht weiterleiten. Die Pakistani haben sich Ende 1978 schließlich durchgesetzt. Die Labors in Beirut und Dubai arbeiten nicht mehr, die Hintermänner von Beirut sind nach wie vor aktiv im Geschäft."

„Natürlich sind die Hintermänner genau bekannt, aber Heroinschmuggel spielt bei ihnen nur eine sekundäre Rolle, eher die eines Finanzierungsmittels. Sie dürfen nicht übersehen, daß Waffen die entscheidende Ware sind. Über Dubai wurde lange Zeit ein Teil der PLO versorgt, doch aus dem Heroin-Zwischenhandel haben sich die Palästinenser schon Anfang 1978 zurückgezogen. Das mag damit zusammenhängen, daß sie auf internationaler Ebene ernst genommen werden wollen und daher mit einer mehr oder weniger weißen Weste dastehen. Damit ist Dubai als Heroinroute uninteressant geworden. Es ist aber immer noch ein Nachschubposten für Waffen, da dort ja nicht nur die pakistanische Produktion umgeschlagen wird, sondern auch Sendungen aus Ostblockländern. Seit es aber zwischen der PLO und Syrien Schwierigkeiten gibt, versuchen die Palästinenser, ihre Ostblockwaffen loszuwerden. Sie dürften mittlerweile auch andere Lieferanten gefunden haben."

„In Kuwait gibt es zwei Handelshäuser, die der libanesischen Falange zugerechnet werden. Dorthin ging auch das Schiff, das Sie erwähnten. Die eine Firma heißt Nur-Beg. Es ist erstaunlich, wie es ihnen immer gelingt, alles dorthin zu bekommen, wo es landen soll. Auf der Landkarte liegen da Saudiarabien, Jordanien und Syrien dazwischen, wenn Sie also wollen, jede Menge politischer Gegensätze. Doch die Strecke ist fast nur Wüste und praktisch Niemandsland. Außerdem gibt es ja das Sprichwort: Der Feind meines Feindes... Bestimmte Transaktionen werden zweifellos gedeckt. Sagt Ihnen der Name Sami El Khoury etwas?"

„Der Morphinlieferant?"

„Seit seiner Freilassung hat er sich selbst aus solchen Geschäften zurückgezogen. Nur: der derzeitige Chef der Falange ist mit einer seiner Cousinen verheiratet, zwei seiner Brüder spielen bei den christlichen Milizen eine wichtige Rolle, außerdem zwei Schwager. El Khoury ist heute im Waffenhandel tätig. Er war einer der Geschäftspartner des österreichischen Waffenhändlers Weichselbaumer, der mit Deckung seines Verteidigungsministers Waffen nach Syrien verschieben wollte, wofür Minister Lütgendorf die fehlende Munition auch noch aus Bundesheerbeständen ‚zur Verfügung' stellte. Nun — Weichselbaumer und El Khoury sind sehr vielseitige Männer. Auf jeden Fall wurde auch die Falange beliefert, und woher das Geld für solche Geschäfte kommt, fragen anständige Europäer ja lieber nicht."

Einige weitere Mosaiksteinchen aus verschiedenen Gesprächen und aus eigenen Beobachtungen: Am 21. Juni 1979 fuhr ein LKW mit einigen Gemüsesteigen durch den schmalen Streifen des Südlibanon, der sich seit April jenes Jahres „freier Libanon" nennt und mit israelischer Unterstützung von Major Haddad kontrolliert wird. Haddads Milizen stoppten den LKW kein einziges Mal, und nach wenigen Stunden erreichte er die israelische Grenze, die bei Metulla mit einem doppelten Stahldrahtzaun gesichert ist. An der israelischen Grenzstation stand der Wagen etwa eine Minute, dann rollte er unkontrolliert weiter. Unter den Gemüsesteigen — ein etwas seltsamer Importartikel für ein Land, das die beste Landwirtschaft des Nahen Ostens aufweist, lagerten in pakistanischen Säcken nahezu 800 Kilo Heroin. Das Auto gehörte einem Vertrauten, nach anderen Auskünften einem Cousin Beschir Gemeijils, dem Chef der christlichen Milizen des Libanon.

Dazu hörte ich folgende Erklärung: „Israel hat natürlich im Libanon ganz besondere Interessen, die eine gewisse Zusammenarbeit mit den christlichen Milizen verständlich machen. Mossad, der israelische Geheimdienst, wird zu den effektivsten seiner Art gezählt. Auf jeden Fall können derartige Transporte nicht ohne Wissen höherer Stellen geschehen, und da es in Israel kein Rauschgiftproblem gibt, jedenfalls nicht unter Israelis, ist anzunehmen, daß das Zeug geschleust wurde. Als Abnehmer kommen nur wenige Länder in Frage. Mit den meisten EG-Ländern hat Israel sehr gute Beziehungen, und die verschiedenen Geheimdienste gelten als befreundet. Das schließt jedoch nicht aus, daß bei bestimmten Sachen die Freundschaft aufhört."

Außerdem wurde mir bedeutet, ich solle einmal unter „Big Joe" Amiel nachsehen, seine Geschichte passe in diesen Zusammenhang. Amiel war im März 1975 in Frankfurt verhaftet worden, nachdem er von seiner Frankfurter „Sabra"-Bar aus mehr als ein Jahr Heroingeschäfte in größerem Stil betrieben hatte. Zehn weitere Israeli wurden ebenfalls verhaftet, darunter ein im Siebentagekrieg hochdekorierter Fallschirmjäger. Als im Herbst 1975 Amiel in der hessischen Strafanstalt Dieburg Hofgang hatte, flog eine Strickleiter über die Mauer, und „Big Joe" konnte in einem Sportwagen entkommen. Erst im Spätsommer 1979 wurde er in Argentinien verhaftet. Den Gerichtsakten zufolge soll er das Heroin in Amsterdam von Chinesen erworben haben, nach anderen Informationen zwar in Amsterdam, aber nicht von Chinesen. Außerdem soll seine Bar zumindest eine Anlaufstelle für den Mossad gewesen sein, der in Deutschland weilende Palästinenser genau beobachtete.

„Amiel ist natürlich, von etwas Lokalkolorit abgesehen, kein großartiger Fall, aber er zeigt ein gewisses System. Die Zeiten, wo eine einzige Organisation den gesamten Markt kontrollieren konnte, sind bekanntlich auch in der Wirtschaft vorbei. Es gibt derzeit drei Bürgerkriegs-Schauplätze, die ungeheure Mengen Heroin freisetzen. Bei den Kurden und Afghani wird das Opium im Land hergestellt, in den Libanon kommt das Geld durch den Zwischenhandel. Sie können davon ausgehen, daß nahezu die Hälfte aller verschobenen Waffen aus dem Westen ihren Weg durch den Libanon nehmen und ebenfalls etwa die Hälfte des pakistanischen Heroins."

Im übrigen, meint der Herr zum Abschied, solle ich bei solchen Nachforschungen auch bedenken, daß ein Maskieren der eigenen Geschäfte gewissermaßen Erfolgsvoraussetzung sei. „Wenn Sie einen Freund unterstützen wollen, müssen Sie das ja nicht öffentlich tun. Über verschlungene Wege können Sie viel mehr bewirken."

Mittlerweile sind so abenteuerliche Touren durch Pakistan, wie ich sie noch erlebte, auch überflüssig geworden. Sie werden seit Sommer 1981 von den orangen Container-Lastwagen der pakistanischen National Logistic Cell erledigt, ganz unromantisch zwischen den Häfen von Karachi und Peshawar, und da die Firma ein Armee-Unternehmen ist, sind auch keine Kontrollen mehr zu befürchten. Der Fuhrpark bestand 1982 aus 460 LKWs, ausschließlich deutschen und italienischen Produkten. Für 1983 war ein Zuwachs um 100 Wagen geplant, für 1984 einer um 120. Daß sie zur Küste stets unbeladen fahren, hat noch niemand behauptet.

Gelegentlich und sehr diskret wird darauf hingewiesen, daß es noch einiges zu verbessern gibt. Am 8. Dezember 1982 versprach Reagan, die US-Militärhilfe für Pakistan gründlich zu erhöhen, und durfte im Gegenzug von Pakistans Präsident Zia hören, nun werde endlich energisch gegen die illegale Heroinproduktion durchgegriffen.

„Anscheinend ist den Militärs ihr Monopol aus der Kontrolle geraten", vermutete ein in Islamabad stationierter BBC-Korrespondent, und darauf deutet auch, daß Pakistans Zoll am 2. März 1983 ganze 421 Kilo Heroin aus einem Tanklaster fischte, der einem „freien Unternehmer" gehörte. Zwei Monate später wurde am Khyber-Paß Scheich Juamir verhaftet, der zwar schon jahrelang als lokaler Opiumkönig galt, aber mit der Einrichtung einer Raffinerie seine Grenzen weit überschritten hatte. Dennoch, die am 17. Oktober 1982 für Drogenhandel eingeführte Todesstrafe hatte er nicht zu befürchten – gegen Zahlung von 2,5 Millionen Mark Kaution wurde er eine Woche später wieder auf freien Fuß gesetzt.

„In Pakistan wird dank der neuen Regierungsmaßnahmen kein Heroin mehr produziert", sagte der Regierungssprecher am 1. Juni 1983, nachdem noch drei Monate zuvor „mit Besorgnis" festgestellt worden war, daß sich die Sucht epidemieartig unter den Einheimischen ausbreite.

Am 8. Juni 1983 erklärte Herr Straß vom Bundeskriminalamt, die Heroinimporte in die Bundesrepublik seien wieder angestiegen. Der Großteil des Giftes stamme aus Pakistan.

Im Dschungel

Je näher die Droge Europa kommt, desto mehr verlieren sich ihre nachprüfbaren Spuren in einem Dschungel aus Gerüchten und Fehlinformationen. Das liegt zunächst einmal an der Unüberschaubarkeit des Marktes, auf dem sich zu viele Produzenten, Zwischenhändler, Bekämpfer und Zulieferer tummeln, und wo, wer da ein anderes System als nur die Profitsucht finden möchte, nur allzu leicht Verschwörungstheorien unterliegt. Es kommt aber auch daher, daß Schwarzer Peter unter Erwachsenen ohne Karten gespielt wird und daß zu den Voraussetzungen von Regierungs- und Polizeisprecher-Karrieren eben diese Fähigkeit zu gehören scheint. Außerhalb der Bundesrepublik, wo auch 1983 noch an „Ameisentransporten" festgehalten wird (nur mit dem Unterschied, daß diese Ameisen nun schon Mengen von 40 Kilogramm aufwärts schleppen), entwickelten sich im Lauf der letzten Jahre Rituale von Schuldzuweisungen, die hinsichtlich der verwobenen Personen an Drehbücher der oberen Hollywood-Preisklasse erinnern.

Die höchstbesetzte Operninszenierung des alten Dramas „Connection" bescherte Italiens Polizei 1982 der staunenden Öffentlichkeit, und das aufgebotene Personal war so exklusiv, daß dabei der relativ dünne Handlungsfaden fast nicht mehr wahrnehmbar ist. Der Mai 1981 bot der Halbinsel eine Reihe sensationeller Schlagzeilen: Der angesehene Bankier Michele Sindona, dessen Verbindungen zur Mafia eigentlich nie ein Geheimnis waren, wurde in den USA wegen verschwundener 3 Milliarden Dollar zu 25 Jahre Gefängnis verurteilt. Vier Jahre aus ähnlichem Grund faßte in Mailand ein Roberto Calvi, Chef der „Banco Ambrosiana". Da dieses Institut dem Finanzimperium der katholischen Kirche zugerechnet wurde, durfte Herr Calvi jedoch auf freiem Fuß bleiben. Dann flog eine exquisite Vereinigung freimaurerischen Charakters auf, die Loge P 2, und über die dabei zutage getretenen Verflechtungen zwischen Mafia, Politik und Busineß stolperte die christdemokratische Regierung Forlani. Und dann war da auch noch das Attentat auf den Papst, verübt von dem bislang unbekannten Türken Ali Agca. Außer dem Zeitpunkt des Wonnemonds hatten die Ereignisse so viele weitere Gemeinsamkeiten, daß Italiens Staatsanwaltschaft und Polizeibehörden noch 16 Monate lang mindestens 60 Seiten starke „Kurzinformationen für die Presse" herausrücken konnten.

Zum Beispiel über Herrn Sindona: daß er die christdemokratischen Politiker Andreotti und Fanfani über Jahre geschmiert hatte, aber auch Richard Nixon für seinen Wahlkampf eine Million Dollar schenkte (was peinliche Erinnerungen an Nixons Karriere-Anfänge wachrief); daß er seit 1942 für die Geheimdienste der USA gearbeitet hatte; daß er die Heroingelder der Mafia und der mit ihr innigst verwobenen P 2 gewaschen hatte... daß sein Sturz einen Bandenkrieg in Sizilien auslöste, der mindestens zwanzig Menschen ins Jenseits und drei Heroinlabors in die Hände der Polizei beförderte. Da spielt es fast keine Rolle mehr, daß er auch engste Kontakte zum Chef der Vatikanbank, Bischof Marcinkus, unterhielt.

Die unterhielt ja auch Herr Calvi, dito zu P 2 und zur Mafia. Der sorgte im Sommer 1982 für Schlagzeilen, als er unter Londons Blackfriars-Bridge erhängt aufgefunden wurde, 40 000 Mark in Devisen und 20 Pfund Steine in den Taschen. Nur Scotland Yard glaubte an Selbstmord, zumal die ominöse Brücke ja „Schwarzbrüder" hieß und sich die Brüder der P 2 ebenso nannten. Aber solche Anzüglichkeiten gehören auch zum Stil der Mafia, deren Gelder zu waschen eine der Pflichten Herrn Calvis war.

Während sich noch die verschiedenen Behörden bemühten, dieses Netz zu entwirren (wobei natürlich politisch heikle Knotenpunkte sorgsam umgangen werden mußten), meldete sich der bislang schweigsame Papst-Attentäter aus dem Gefängnis und lieferte nicht nur eine Unzahl neuer Fäden, sondern endlich auch einen eindeutigen Drahtzieher, noch dazu einen, dem man ungestört alles Schlechte dieser Welt zutrauen darf.

Also der Reihe nach: Ali Agca saß wegen eines anderen Attentats in einem der Gefängnisse Istanbuls ein. Von dort konnte er durch die Hilfe eines Herrn Oral Celik fliehen, einem bekannten Kopf der rechtsradikalen „Türk-Föderation", und der brachte ihn nach Sofia in das Hotel „Vitosha", Bulgariens absolute Luxusabsteige. Dort traf Agca seinen sonst in der Schweiz wohnenden Landsmann Beschir Celenk, von dem Italiens Staatsanwaltschaften vermelden, daß er „seit Jahren im Waffen- und Rauschgifthandel eine bedeutende Person" sei. Herr Celenk soll Herrn Agca einige römische Telefonnummern gegeben haben, außerdem den Auftrag, den Papst zu erlegen. Für insgesamt 3 Millionen Mark, von denen Agca „mindestens die Hälfte" kassiert haben will.

Spätestens hier wird die Geschichte etwas wirr, denn Herr Agca schweigt darüber, was er mit dieser doch stattlichen Summe tat. Und unmittelbar nach dieser einträglichen Begegnung fuhr er nach Frankfurt zum dortigen Statthalter von „Türk-Föderation" und „Grauen Wölfen", Musar Cedar Celebi, um sich mit etwas Geld aushelfen zu lassen. Der reichte ihn in die Schweiz weiter, zu Omer Bagci, der ihm die Tatwaffe gab, natürlich ohne zu wissen, wer in ihr Visier geraten solle.

Nun endlich fuhr Agca nach Rom, und dort traf er drei Bulgaren, die er – wie geheimdienstlich üblich – nur unter Decknamen kennenlernte, die ihm jedoch – geheimdienstlich zumindest stümperhaft – ihre echten Dienst-Telefonnummern gaben und ihn außerdem – in Geheimdienstkreisen zumindest einmalig – in ihren Wohnungen und sogar in der Botschaftsresidenz trafen. Von dort ging's im Dienstwagen auf den Petersplatz zu einer Generalprobe und dann, zwei Tage vor dem Attentat, zu einer weiteren. Auch zur Premiere, am 13. Mai 1981, will Agca im Dienstwagen vorgefahren sein.

Die drei Bulgaren, von denen Agca sprach, wurden als Geschäftsführer der „Balkan Air" identifiziert (und inhaftiert), ferner als Kassier und Militärattaché der bulgarischen Botschaft. Damit war die „Sofia Connection" geboren, auf die sich die westliche Presse mit Begeisterung stürzte, ohne allerdings aus der ganzen Geschichte klug zu werden. Vielleicht deshalb half Agca am 8. Juli 1983 noch etwas nach und nannte nun endlich den wahren Anstifter: den KGB, den Geheimdienst der Sowjetunion, als dessen Beauftragte sich seine bulgarischen Partner vorgestellt haben sollen. Das mögliche Motiv hatte schon ein Jahr zuvor eine US-Journalistin für „Readers Digest" recherchiert. Demzufolge habe der Papst an Breschnew geschrieben und gedroht, im Falle eines Verbotes der polnischen „Solidarität" werde er sofort in sein Heimatland zurückkehren. Leider nur findet sich ausgerechnet dieses Schreiben nicht in der leicht überschaubaren, weil sehr dürftigen Korrespondenz zwischen Vatikan und Kreml.

Bulgarien dementierte wütend diese neue „Bulgarian Connection", wobei auch der Hinweis nicht fehlte, daß Bonns damaliger Innenminister das Transitland 1979 „unseren besten Verbündeten im Kampf gegen das Rauschgift" genannt hatte. Am 16. Dezember 1982 schoß dann noch die offizielle Agentur „Sofia-Press" nach und weit über das Ziel hinaus – da behauptet nämlich der Generaldirektor der Zollbehörde, Nikolai Nikolow, in den letzten drei Jahren seien in 35 Fällen insgesamt 102 415 Kilo Heroin sichergestellt worden, immerhin das Dreifache dessen, was die höchsten Polizeischätzungen vom Transit durch Bulgarien insgesamt annahmen.

Die Überprüfung einiger von Agca genannter Namen führte die Polizei jedoch auf eine Spur, die zu verfolgen sie eigentlich schon aufgegeben hatte. Ebenfalls 1980 waren nämlich insgesamt 140 Kilogramm Heroin gefunden worden, ein Teil davon in Weinbergen des Herrn Herbert Oberhofer aus Bozen, welcher jedoch rechtzeitig flüchten konnte und bei deutschen Rechtsradikalen auftauchte, der andere in der Trienter Pension Carlo Koflers, der ebenfalls keine Aussage lieferte, weil er unmittelbar nach seiner Verhaftung in seiner Zelle durch einen Stich ins Herz verschied. Langsam ließ sich rekonstruieren, was da geschehen war: Ein syrischer Staatsbürger namens Henry Arsan hatte in Mailand eine Export-Import-Firma betrieben, die sinnigerweise in einem Haus der Banco Ambrosiana (Leiter: Herr Calvi) untergebracht war. Importiert wurden Heroin und Morphinbase aus der Türkei, exportiert wurden Waffen, die aus den USA über die Bundesrepublik nach Italien gelangt waren und von dort in die Türkei, zu Kurden und zu mullahfeindlichen Organisationen des Iran geleitet wurden. Die nötigen finanziellen Transaktionen – bei 2,5 Milliarden Mark angegebenem Jahresumsatz ein für jede Bank reizvolles Geschäft – liefen über Herrn Calvi und die Vatikanbank. Das Morphin wurde in Sizilien weiterverarbeitet und ging – wieder über die Bundesrepublik – in die USA. Verwoben in die komplizierten Geschäfte waren auf jeden Fall Herren des CIA, der DEA, der italienischen und bulgarischen Geheimdienste, deutsche und türkische Rechtsradikale sowie die klassischen süditalienischen Organisationen Mafia und Camorra, die solche Geschäfte auf dem Festland betreiben.

Italiens Justiz handelte vorsichtig, wie es sich bei einem so komplizierten Komplex gehört. Um keine allzu deutlichen Zusammenhänge aufzuzeigen, wurde beschlossen, wegen der Waffen- und der Drogengeschäfte getrennt zu verhandeln. Der Drogenprozeß in Trient endete am 14. April 1983 mit 28 Verurteilungen, wobei sich das Strafmaß zwischen 18 Jahren und 8 Monaten bewegte. Außer Arsan saßen noch ein Jugoslawe, ein Bulgare und ein Türke als Vertreter des Auslandes auf der Anklagebank. Weder die sizilianischen Abnehmer noch die Weiterverteiler konnten ermittelt werden. Und ob der mit der Sache innigst verbundene Waffenschieberprozeß je stattfinden wird, steht nicht einmal in den Sternen.

„Denken Sie an Lianen im Urwald", sagte einer der ermittelnden Staatsanwälte. „Sie schlingen sich von Baum zu Baum, ein ineinandergreifendes Netz, und manche Bäume werden nur davon aufrecht gehalten. Wenn Sie unvorsichtig sind und einen dieser Stränge kappen, nur weil Sie gerade ihn sehen, kann es geschehen, daß ein riesiges Waldstück über Ihnen zusammenbricht. Wir stehen hier auf sicherem Boden – Freunde im Westen, Partner und Feinde im Osten. Aber da ist ein Netzwerk, das läuft über unsere Köpfe hinweg. Und vielleicht hält gerade das den Dschungel in Ordnung, daß wir uns darin noch bewegen können."

Wenn man sie über Jahre zu hören bekommt, nervt diese poetische Sprache, in die sonst sachliche Menschen jedesmal verfallen, sobald es um bestimmte Zusammenhänge geht. Es scheint in unserer rational konditionierten, von Sachzwängen bestimmten und auf Vernunft aufgebauten Gesellschaft Tabuzonen zu geben, die vorsichtiger umschrieben werden als die Mysterien der Antike. Und gerade jene, die aus vernünftig motivierten Gründen der Droge den Krieg erkärt haben, scheinen manchmal auch über ein verbotenes Wissen zu verfügen, das sie zwar – aus welchen schlechten Gewissensgründen auch immer – zu vorsichtigen Andeutungen bewegt, das Entscheidende jedoch hartnäckig verschweigen läßt.

Als Ali Agca so überaus geständnisfreudig war, befand er sich in demselben Gefängnis wie „Don" Raffaele Cutolo, der unbestrittene Chef der neapolitanischen Camorra und Herrscher über eine Reihe italienischer Gefängnisse, in denen Unliebsame durch einen Stich ins Herz (voriegend per Schraubenzieher) versterben. Cutolo stand damals im Verdacht, einer der großen Drahtzieher des italienischen Heroinmarktes zu sein – ein Anklagepunkt, den Vizegeneralstaatsanwalt Romolo Pietroni sofort nach Agcas Aussage fallenließ. Am 5. August 1982 schließlich durfte Cutolo das Gefängnis verlassen und eine komfortable Verbannungsstätte auf der Insel Asinara beziehen – Staatsanwalt Pietroni nahm ein Gutachten sehr ernst, das dem Gangsterboß bescheinigte, „gesundheitlich labil und nur beschränkt zurechnungsfähig, müsse er weiter hinter Gittern sitzen. Als Gutachter diente dem römischen Kassationsgericht Professor Semerari, ein Freund Cutolos und bekennender Neofaschist. Die schöne Geschichte hat leider noch ein trauriges Nachspiel: Am 12. Januar 83 wurde Staatsanwalt Pietroni „wegen allzu großer Verflechtung mit der Unterwelt" seines Amtes enthoben, und am 1. April suchte die Polizei Professor Semerari, nachdem er angekündigt hatte, etwas über die delikaten Kontakte zwischen Politik und Camorra erzählen zu wollen. Zu solchen Enthüllungen kam es nicht mehr — des Professors Kopf steckte, sorgfältig abgeschnitten, in einer Plastiktüte.

Italienische Zustände? Am 2. November 1982 landete das neugegründete Dezernat für Bandenkriminalität in Hamburg einen von Pressegetöse begleiteten „großen Schlag". Wieder einmal wurde — nebst anderen — der bislang 43mal vor Gericht freigesprochene W.S. verhaftet, außerdem ein leibhaftiger Regierungsdirektor... Die Liste der zur Last gelegten Vergehen war beachtlich, und neben organisierter Zuhälterei und organisiertem Falschspiel tauchte auch „organisierter Rauschgifthandel im Großen" auf. Doch die Staatsanwaltschaft der Hansestadt sorgte mit einer sonst nicht gerade üblichen Akribie dafür, daß von all der polizeilichen Kleinarbeit nichts übrigblieb als der Besitz eines gefälschten Bootsführerscheins.

In einen Dschungel begibt sich auch, wer darüber nachforschen will, wie beispielsweise Essigsäureanhydrid in die Heroinlabors gerät. Als ich die erste Auflage dieses Buches vorbereitete, hatte ich ein längeres (von Freunden mitstenographiertes) Telefonat mit Herrn Schmitt, dem Pressesprecher des Pharmakonzerns Merck. Demzufolge wissen Hersteller oft gar nicht, wozu ihre Produkte dienen. Herr Schmitt, Originalton: „Wir wissen immerhin erst seit 1975, daß damit auch... Unsinn getrieben wird. Und seither passen wir auf..." Wie dieses Aufpassen geschieht, vermochte Herr Schmitt nicht zu sagen. Er deutete jedoch auch „dunkle Kanäle" an, „zum Beispiel Apotheker, die das Zeug literweise verkaufen." Als im Februar 1980 die türkische Regierung die Beschlagnahme von 20 000 Litern illegal importiertem Essigsäureanhydrid bekanntgab — waren die etwa literweise in Apotheken gekauft worden? —, war von Aufpassen nicht die Rede. Vielmehr nannte Herr Schmitt dieses Produkt „eine ganz normale Industriechemikalie, so gebräuchlich wie Kochsalz", ein Vergleich, von dem er sich später distanzierte.

Herr Prof. Dr. Dietmar Gericke, zu denselben Zwecken bei der Firma Hoechst tätig, sandte dem Österreichischen Fernsehen, das mich diesbezüglich interviewte, folgendes Fernschreiben: „...Essigsäureanhydrid ist ein organisches Basisprodukt, das als unentbehrlicher Rohstoff bei der Herstellung von Zelluloseazetat, zahlreichen Pharmazeutika und anderen Produkten verwendet wird. Die Problematik der evtl. mißbräuchlichen Benutzung ist uns seit langem...bekannt. Dies ist auch einer der Gründe, weshalb wir Essigsäureanhydrid *nur an uns bekannte Verwender* verkaufen und uns *bei den wenigen Wiederverkäufern* die Endabnehmer nennen lassen. Alle deutschen Hersteller stehen über den Verband der chemischen Industrie mit den zuständigen Bundesbehörden (verschiedene Bundesministerien und Bundeskriminalamt) seit geraumer Zeit ständig in Kontakt."

Schön wär's, wenn's so wäre. Zwar hatte mir die Firma Merck dasselbe versichert, doch für eine (wirklich nicht launige) Fernsehdemonstration konnte ich, gegen Barzahlung und unter Angabe eines eindeutig nicht existierenden Firmennamens, von ihrer Hamburger Niederlassung einen größeren Posten unkontrolliert und unbefragt erwerben. Und es bleiben noch andere Fragen. Pakistan beispielsweise stellt weder Zellulose noch -azetat (= Kunstseide) her. Fragt sich keiner der für den Vertrieb verantwortlichen Herren, wie Tonnen dieser doch sehr speziellen Chemikalie in Gegenden kommen, wo es überhaupt keine registrierte Industrie gibt?

Nach dem Erscheinen von „Weltmacht Droge" hat sich die UNO der Sache angenommen. Der Internationale Suchtstoffkontrollrat INCB veröffentlicht seither jährlich auch die Beschlagnahmen von Essigsäureanhydrid, und mit schöner Regelmäßigkeit ist zu lesen: „90 Prozent aller beschlagnahmten Mengen stammen von einer einzigen Firma aus der Bundesrepublik Deutschland." Der SPIEGEL nannte auch den Namen: Merck.

Im Bundestag startete, ebenfalls nach Lektüre dieses Buches, der CDU-Abgeordnete Hennig eine Anfrage zum Thema. Er bekam auch eine schöne Antwort, in der alle Herstellerländer aufgelistet wurden. Was verschwiegen wurde: Überall sonst sind Produktion und Vertrieb der Chemikalie unter strenger Kontrolle, und zwar per Gesetz. Nicht so in der Bundesrepublik, laut Aussage des ehemaligen Bundesministers Graf Lambsdorff „aus prinzipiellen Gründen der freien Marktwirtschaft". Und unsere Freiheit muß uns, wir wissen es, auch Opfer wert sein, in diesem Fall weltweit.

Vor diesem Hintergrund hat sich ein übles Ritual von Schuldzuweisungen auf allen Ebenen eingespielt. Die opiumproduzierenden, heroinraffinierenden Länder weisen auf die Lieferanten der dazu außerdem nötigen Chemikalien, diese auf jene, und dafür ist die UNO ein stilvoller Austragungsort. Politiker verweisen auf die organisierte Unterwelt (von der interessanterweise noch manche Landeskriminaldirektionen der Bundesrepublik überzeugt sind, daß es sie gar nicht gibt), und dort wird nicht einmal hinter vorgehaltener Hand jenen Politikern gedankt, die aus welchen Gründen auch immer ihre Geschäfte besorgen. In einem DEA-Büro bekomme ich eine lange Liste von Diplomaten und Geheimdienstmitarbeitern gezeigt, die zumindest ephemer am Heroinkarussell mitdrehen, im Bundeskriminalamt Wiesbaden sind ebenfalls erschreckend lange von DEA-Agenten und V-Leuten, die in Zusammenhang mit Heroinhandel auffielen.

US-Behörden schätzen den jährlichen Heroinumsatz in Gods own country auf rund 30 Milliarden Dollar, BKA-Beamte den der Bundesrepublik auf „mindestens" 3 Milliarden Mark. Keine große Zahl, verglichen mit den Umsätzen von Alkoholika und Pharmaka, aber es kommen ja noch einige Posten hinzu. Abhängige Frauen, die sich durch Prostitution finanzieren, müssen mindestens das Doppelte jenes Betrages, der ihnen für ihre Sucht bleibt, an Zuhälter abliefern; Einbrechern bleibt dank der Gesetze des Hehlermarktes nicht einmal ein Fünftel. Alles in allem, meint ein ungenannt bleiben wollender Beamter des BKA, müsse man damit rechnen, daß die Droge jährlich Geldmengen von etwa 12 Milliarden Mark in Bewegung setze, von denen 10 bis 20 Prozent ins Ausland versickerten. „Doch der Rest verschwindet ja nicht wie das Gift aus den Venen der Fixer, das wird angelegt. Und es wird von Typen aufgebracht, die im übrigen keine Chance auf dem Arbeitsmarkt oder sonstwo haben. Es klingt schrecklich zynisch, aber man könnte auch sagen: Die Fixer sind ein Teil der Volkswirtschaft geworden, zumindest auf dem Konsumgütersektor, denn dort wird das von ihnen aufgebrachte Geld hauptsächlich investiert."

Für nicht zynisch gehalten werden wollte auch der Herr von der DEA, der mir in seinem durch Klimaanlage tiefgekühlten Islamabader Büro fast einen ganzen Nachmittag seiner kostbaren Zeit und fast eine halbe Flasche Whisky opferte. Wir unterhielten uns zunächst über den Weg der G 3s nach Pakistan, der wundersam war wie die Wege Allahs. Eine Hamburger Waffenfirma verkaufte sie an die Herrn Arsans in Mailand (hier muß ich – leider ohne jeden Stolz – erwähnen, daß Herrn Arsans' Firmen bereits in der Erstauflage von „Weltmacht Droge", 1980, erwähnt wurden, aber erst im Frühling 1982 in das Visier der Staatsanwaltschaften gerieten, während gegen ihre bundesrepublikanischen Partner nicht einmal ermittelt wurde). Von dort gingen sie an die Falange im Libanon, von dort nach Kuwait und weiter nach Pakistan.

Und ich erzählte, was ich dazu von italienischer Seite gehört hatte: „Manche Waffenfirmen haben Beziehungen zur international organisierten Unterwelt. Zwischen der Unterwelt und dem Staat gibt es manchmal Übereinkünfte, die größeren Schaden verhindern. In Frankreich funktionierte das zur Zeit de Gaulles mit den Korsen von Marseille. Auch in Italien kann es so was geben. Wir hätten sonst schon eine unvorstellbare Heroinflut."

Der Herr von der DEA nickte nachdenklich. „Wenn Sie jemanden mit Waffen beliefern und der mit Heroin bezahlt, müssen Sie entscheiden, was für Sie wichtiger ist: die politische Macht, die Sie mit Ihren Waffengeschäften gewinnen, oder das Rauschgiftproblem, das Sie sich damit einhandeln."

„Die Verhältnisse sind klar. Manche Geheimdienste haben sich da der Illusion hingegeben, dieser Kelch würde an ihnen vorübergehen und das Heroin ließe sich in anderen Ländern absetzen. Das mag noch vor zehn Jahren der Fall gewesen sein, doch die Welt ist auch in dieser Beziehung sehr klein geworden. Spätestens seit Vietnam beobachten alle wichtigen Geheimdienste sehr genau auch alle größeren Bewegungen auf dem Drogenmarkt. Es wird immer noch geschleust, aber es wird auch geblockt. Der DEA wurde nicht zuletzt dafür gegründet, zu verhindern, daß Heroin in die USA kommt, an dessen Entstehung die USA nicht direkt beteiligt ist. Heroin wird heute nur aus Wirtschaftsinteressen hergestellt. Wer viel einkaufen will, muß viel zahlen, und für arme Länder ist das billigste Zahlungsmittel Heroin. Es ist eine harte Währung, die im eigenen Land hergestellt werden kann."

„Da die Welt klein geworden ist, gibt es so was wie eine ausgleichende Gerechtigkeit – das Heroin wird dort zu Geld, wo das Geld ausgegeben wird. Bis dorthin wird geschleust, aber dann landet es in einer Sackgasse. Es ist kein Zufall, daß die wirtschaftlich stärksten Länder auch die mit dem größten Heroinproblem sind. Ein Grund dafür mag sein, daß bestimmte Gesellschaftsformen zur Sucht verlocken. In diesem Zusammenhang aber kommt es auf einen anderen Punkt an: Kein Land möchte den Preis für die Geschäfte eines anderen zahlen. Da passen alle auf. Und so landet das Heroin in der Regel dort, wo das Geschäft gemacht wurde."

Nach einer Weile: „Das klingt schrecklicher, als es ist. Das heißt ja nicht, daß der gesamte wirtschaftliche Wohlstand damit verbunden ist zu tolerieren, daß auch Heroin in das Land kommt. Von der gewöhnlichen Kriminalität abgesehen, die den Markt vor Ort besorgt, aber aus eigener Kraft nur Bruchteile der benötigten Mengen beschaffen könnte, gibt es nur einen Wirtschaftszweig, der in weiten Bereichen mit Heroin bezahlt wird. Volkswirtschaflich ist er kaum von Bedeutung, aber er hat die beste Lobby, und das ist eben die Waffenindustrie. Da die Bundesrepublik auch auf diesem Gebiet eine führende Industrienation sein möchte, dürfen sich die Deutschen über manche Folgen nicht wundern. Das hängt zusammen. Seit dem Ende des Opiumkrieges waren Rauschgiftprobleme eines Landes stets hausgemacht. Die USA bezahlen damit ihre Weltmachtpolitik, und nun bezahlen Deutschland und Japan ihre wirtschaftliche Macht. Man kann nicht einem Bettler etwas verkaufen wollen und verhindern, daß er sich das Geld auf eine unschöne Weise beschafft."

Fast zufällig trafen wir uns knapp vier Jahre nach diesem Gespräch in Hamburg wieder, wo er nun Dienst tut.

„Haben Sie das Gefühl, daß sich seither etwas verändert hat?" fragte ich ihn.

„Haben Sie's?" kam's eher amüsiert zurück.

„Eigentlich nein", mußte ich sagen.

„Einiges hat sich doch verändert. Weltweit werden immer noch jährlich zwischen 150 und 180 Tonnen Nr. 4 produziert, aber es hat gewisse Umschichtungen gegeben. Ein Teil des Ganzen, sagen wir: um die acht Prozent, wird schon vor Ort geblockt, das heißt, die produzierenden Länder haben jetzt selbst ein großes Suchtproblem. Außerdem haben sich die Deutschen verbessert, das heißt, es kommt – über welche Kanäle auch immer – wieder verstärkt Heroin in die USA. Deshalb bin ich ja jetzt auch hier. Sonst haben Sie recht. Die Polizei beschlagnahmt immer noch maximal ein Prozent des Stoffes, und das alte Gestrüpp ist, höchstens mit einigen neuen Köpfen und Beziehungen, auch geblieben. Diese ganzen wilden Verflechtungen, von denen ich oft nicht weiß, ob ich ihr Feind bin oder ein Teil von ihnen. ‚Das Rauschgift bekämpfen' sagt sich so leicht. Man will ja nur eventuellem Schaden vorbeugen, und nicht einmal das immer. Versuchen Sie einmal, diesen ganzen Wegen zu folgen und daraus eine Linie zu konstruieren – Sie werden bei einer paranoiden Verschwörungstheorie landen, einfach deswegen, weil Sie davon ausgehen, daß es ein gewisses Bewußtsein gäbe, das Handel und Handlungen bestimmt. Gerade auf diesem Gebiet aber gibt es die erstaunlichsten Koalitionen, die irrwitzigsten Partnerschaften, von nichts anderem zusammengehalten als von der Sucht nach dem großen Geld. Der Drogenmarkt ist im Grunde ein Wirtschaftszweig wie jeder andere, nur eben ungeheuer profitabel. Und damit wird er für eine ganze Reihe anderer Wirtschaftszweige ein akzeptabler, notwendiger Partner. Ich hätte Sie damals in Islamabad am liebsten warnen wollen. Sie haben einfach über die Droge und ihre Verflechtungen recherchiert, aber ihr Netz ist weiter, als sie dabei sehen können. Und deshalb ist der Drogengroßhandel und seine Hintergründe kein Thema. Waffen und Heroin, Chemieindustrie und Heroin – kommt so was auf, ist das höchstens eine Dreizeilenmeldung. Busineß as usual. Es gibt ja noch ganz andere Skandale. Sie haben da über ein Tabu recherchiert. Sehen Sie sich doch um – bis auf die kaputten Fixer ist doch alles eine saubere Welt, kleine Schatten inbegriffen."

Herr Wolf Plewka, Chef des Hamburger Rauschgiftdezernates, erklärte: „Waffengeschäfte in Zusammenhang mit Rauschgift werden immer wieder vermutet, sind aber nicht bekannt." Auch ein dicker Aktenordner, in dem nur deutsche Gerichtsurteile in diesem Zusammenhang gesammelt wurden, soweit sie in der Presse Widerhall fanden, kann ihn nicht davon abbringen. Für ihn gibt es an der ganzen Heroinkatastrophe nur einen Schuldigen, denn ohne den gäbe es ja auch kein Heroin: den Abhängigen.

8. Vorhof der Hölle

Vorbemerkung

Über das Geschäft mit der Sucht gibt es kaum Literatur. Gelegentlich werfen mehr oder minder umfängliche Reportagen Streiflichter auf einzelne Glieder der langen Kette, und die wirken dann seltsam isoliert: der „Opiumkönig" Kun Sa in Thailand, ein Heroinschmuggler in Berlin – nichts, was ihnen gemein ist, außer vielleicht die Droge. Dafür ergoß sich eine Lawine Bedrucktes über das Ende dieser Unglückskette, die Abhängigen. Seltsam: Sie werden als eine Art Einheit gesehen, und in Trivial- wie Amtsmund heißt es immer „die" Fixer, „der typische" Abhängige, und zur Illustration gibt es die unzähligen Fallbeschreibungen, mit denen sich Gemeinplätze pflastern lassen.

Die oft behaupteten „Drogenwellen" finden in Zeitschriften und in der Literatur statt, wo die Abhängigkeit zu einem dunklen Land der unbegrenzten Möglichkeiten für Autoren wird, die dann als Goldgräber im Elend auftreten. Die jüngste literarische Heroinwelle wurde durch „Christiane F." ausgelöst, und nachdem auch noch das allerletzte Regenbogenblättchen seine Fixer den gruselnden Lesern ausgebreitet hatte, wurde es wieder still um die Sache, als sei sie damit erledigt. Doch schon „Christiane F." zeigte die ganze Problematik solcher „Reports". Nachdem Berlins Drogenbeauftragter Heckmann das Werk emphatisch begrüßt hatte, mußte er bald eine besondere Art von „Christiane F."-Tourismus feststellen, und mittlerweile kennen Drogenberater zahlreiche Jugendliche, die erst durch dieses Buch „auf die Nadel" kamen. Ach nein, nichts an „Christiane F." stimmt, nicht einmal der oft gerühmte Originalton. So gedrängt und aufregend, wie es da steht, ist der Alltag Abhängiger nun wirklich nicht. Er ist einfach trostlos, ein monotoner Fluß aus stumpfem Warten und stumpfem Glück, in dem die Betroffenen manchmal sehenden, manchmal betäubten Auges in ein totes Meer treiben. Derlei entzieht sich der Beschreibung und auch dem Markt. Welches Bild der von Abhängigen haben möchte, zeigte am widerlichsten die Verfilmung von „Christiane F.", in der nun wirklich in jeder Hinsicht an die ekelhaftesten Spannergefühle appelliert wurde und an den in diesem unseren Lande mehr als nur latenten Faschismus, nicht nur Abhängigen gegenüber, sondern auch gegen Ausländer und alles, was sonst nun im Namen der „Wende" abgeschafft werden soll.

Immer wieder fragen mich seither Eltern: „Mein Kind nimmt wahrscheinlich Drogen – prostituiert es sich nun?" Sucht und Prostitution sind sehr oft miteinander verbunden und für Frauen oft die einzige Möglichkeit, sich zu finanzieren. Doch für beide Geschlechter gibt es über lange Zeit andere Möglichkeiten, vom Schnorren bis zum Weiterverkauf der Drogen. Im Grunde müssen alle „Reports über die Sucht" mit großer Vorsicht genossen werden, auch die schwer lesbaren wissenschaftlichen. Abhängigkeit hat so viele Erscheinungsformen, wie es Abhängige gibt. Daher möchte ich auch auf „Psychogramme" Abhängiger verzichten und lieber einige Aspekte aufgreifen, die gemeinhin in derartigen Darstellungen zu kurz kommen.

Drogenproblem

„Wir gehen davon aus, daß wir... das Drogenproblem nicht lösen können. Wir kriegen es auch nicht in den Griff. Was wir machen können, ist, daß wir lernen können, mit dem Drogenproblem zu leben."
(Bernd-Georg Thamm, Deutsche Hauptstelle gegen Suchtgefahren, 1977.)

Beide Worte und erst recht ihre Kombination sind seit einigen Jahren nicht nur in Fachkreisen schick. Das Wort „Problem" hat dabei einen bestimmten, festumschriebenen Reizwert – wenn einem schon etwas Aufregung wert ist, muß es eben ein Problem sein, und wenn's zu diesem Grund erst herbeigeredet werden muß wie „passive Gewalt", um das nicht nur sprachlich pervertierteste Beispiel zu nennen.

Schwieriger wird's beim Begriff „Drogen", denn nicht nur der Volksmund, sondern auch Pädagogen und sogar Wissenschaftler verstehen darunter nur allzuoft „illegale Rauschmittel". Der wissenschaftliche Begriff „Drogen" jedoch meint alle Stoffe, die das Gefühl und damit auch das Bewußtsein des Menschen verändern können. Ab diesem Punkt darf gestritten werden, und die Wissenschaft hat bislang kein System gefunden, nach dem sich die einzelnen Drogen präzise einordnen lassen.

Wissenschaftlich wären dafür die Toxikologen zuständig, die „Giftgelehrten". Ihr Ahnherr, der deutsche Jude Louis Lewin, versuchte vor rund hundert Jahren eine grobe Einteilung nach der Wirkweise der einzelnen Stoffe. Unter *Euphorica* oder Seelenberuhigungsmittel zählte er Opiate und Kokain, er registrierte *Hypnotica* oder Schlafmittel, *Excitantia* oder Erregungsmittel – wozu auch Kaffee, Kakao, Tee und Tabak gehören –, *Inebrantia* oder Berauschungsmittel – von Alkohol bis zu Benzindämpfen – und schließlich *Phantastica*, die Sinnestäuschungsmittel – Nachtschattengewächse, Kakteen wie Peyotl, Pilze vom Fliegenpilz bis zu Psilocybin und schließlich Cannabis, also Hanf. Diese Einteilung gilt mit gewissen Variationen heute noch, obwohl sie sich längst als problematisch gezeigt hat. Die „seelenberuhigende" Wirkung von Opiaten beispielsweise entspringt ihrer Natur als schwerste Betäubungsmittel, die den Organismus in eine Art Todeszone führen, in der für andere Sorgen einfach keine Kraft bleibt.

In jüngerer Zeit wurde daher versucht, zwischen „harten" und

„weichen" Drogen zu unterscheiden, wobei die Suchtstoffe als „hart" gelten. Es wäre schön, wenn dem so einfach wäre. Versteht man unter Sucht nur die körperliche Abhängigkeit, also die schmerzhaft verspürte Notwendigkeit, immer wieder bestimmte Dosen einer Droge zu nehmen, so hält diese Definition schon nicht, sobald Alkohol und Nikotin zu den „weichen" Drogen gerechnet werden. Immerhin wird Alkohol für jeden vierzigsten Bürger der Bundesrepublik zum tödlichen Suchtgift, und an die Unzahl schwer suchtpotenter Pharmaka darf dann gar nicht gedacht werden. Diese Unterscheidung ist wissenschaftlich unhaltbar, aber sie wurde auch, nun ja, von Politikern erfunden.

Aus derselben Ecke kommt die in den USA erfundene und hierzulande dankbar aufgegriffene Tendenz, zwischen „ethischen" und „anderen" Drogen unterscheiden zu wollen. Als „ethisch" gelten dabei alle, die „gesellschaftlich akzeptiert" sind und „deren Wirkung mit den allgemeinen Tendenzen der jeweiligen Gesellschaft übereinstimmt". Das klingt zunächst einmal nicht schlecht, zumal ja unsere Leistungsgesellschaft jede Menge „ethischer" Drogen konsumiert. Zu ihnen gehören Tranquilizer wie Valium, die Streß erträglich machen sollen, Aufputschmittel von Kaffee bis zu Amphetaminen und verschämt als „Appetitzügler" verkauften Präparaten, die einen wieder in das richtige Streßtempo katapultieren, Alkohol, der die Gesellschaft gesellig machen soll, und ein breites Angebot der Pharmaindustrie, das werbewirksam als chemische Feineinstellung bei Gesellschaftsproblemen empfohlen wird. Böse ausgedrückt: Ethische Drogen sind alle, die den Staatsbürger für die Verwaltung pflegeleicht machen. Böse weiter gefragt: Und wo hört bei den ethischen Drogen die Ethik auf? Bei Mißbrauch, heißt die erlaubte Antwort. Und wo fängt der Mißbrauch an? Die Pharmaindustrie kann das schön definieren: sobald ein Medikament nicht seiner erklärten, sondern einer Nebenwirkung wegen genommen wird, beispielsweise ein Appetitzügler als Aufputschmittel oder eine Spalt-Tablette als verstärkendes Treibmittel in der Bierflasche von Alkoholikern. Doch gerade dieser Mißbrauch macht einen Großteil der Umsätze aus und ist augenzwinkernd mit einkalkuliert. Und da (angebliche) Leistungssteigerung und (angebliches) Abschaltenkönnen zu den Tugenden unseres Gesellschaftssystems gezählt werden, gehörten dann ja auch Kokain und Opiate zu unseren ethischen Stützen. Verschrieben wurden sie aus diesen Gründen ja lange genug.

Auch Mediziner und Pharmazeuten bleiben bei solchen Definitionsfragen ohne Antwort. Die meisten als Rauschmittel bezeichneten Drogen haben auch therapeutischen Wert, wobei oft die Rauschwirkung den Heilprozeß fördert. So gilt, Heilung gegen Rausch zu wägen und bei suchtpotenten Mitteln zwischen der möglichen Suchtgefahr und der erhofften Wirkung zu entscheiden.

Es gibt keine für mehrere wissenschaftliche Disziplinen geltende Definition des Begriffs „Drogen". Ihre vernunftbeeinflussende Wirkung scheint auch in die Theorie durchzuschlagen und führt oft zu Verwechslungen von Tatsachen und Wunschvorstellungen (= Moral).

Doch vielleicht ist die Hoffnung auf objektive Forschung so optimistisch wie die auf Züchtung des eierlegenden Wollmilchschweines. Wissenschaft lebt davon und damit, im Auftrag zu forschen, und da müssen – von Objektivität kann ja nicht einmal ein Asket leben – die Interessen der Auftraggeber berücksichtigt werden.

Für Gesetzgeber und Regierung gibt es drei Kategorien Drogen, was auch für die Forschung zu drei verschiedenen Maßstäben führt. Wird eine Droge von der Pharmaindustrie als mögliches Heilmittel ins Kalkül gezogen, muß höchstens ihre *Schädlichkeit* nachgewiesen werden, bzw. daß der mögliche Nutzen den möglichen Schaden aufwiegt. Daß dies nicht immer gründlich bedacht wird, zeigen zahlreiche Arzneimittelskandale, in denen das Bundesgesundheitsamt noch nie eine schöne Figur machte. Bei der Begutachtung als Rauschmittel ist die *Unschädlichkeit* nachzuweisen, was aufgrund der vernunftbeeinflussenden Rauschnatur eigentlich unmöglich ist. Daraus kann sich beispielsweise bei Opiaten, Kokain und Amphetaminen die schizophrene Situation ergeben, daß legal hergestellte Pharmaka direkt vorm Apothekentor zu Rauschgift werden. Und schließlich gibt es noch die Kategorie der Genußmittel, deren Schädlichkeit als erwiesen angenommen, aber nicht zuletzt der Steueraufkommen wegen auch in Kauf genommen wird. Schlimmstenfalls muß, wie bei Zigaretten, das Gesundheitsrisiko in der Werbung mit erwähnt werden. Bei Alkohol, wo die Schäden noch größer sind, wagt noch kein Beamter so weit zu denken.

Dieses System sieht höchstens auf den ersten Blick vernünftig aus, und da hilft auch kein Hinweis auf eine Tradition. Es gibt keine unschädliche Droge, aber auch keine nur schädliche. Einer der ältesten Grundsätze der Medizin heißt: *Dosis facit venenum*, die Menge entscheidet, ob etwas Gift wird. Es kommt auch nicht nur auf die Droge an, sondern mehr noch auf die Person, die mit ihr zu tun hat.

Dadurch aber werden alle Kategorien relativ, wird, böse gesagt, der Willkür Tür und Tor geöffnet, freundlich: dem fürsorgerischen Ermessen. Der Grundbegriff des Gesetzgebers bei Drogenfragen heißt „Volksgesundheit" und stammt aus der NS-Zeit. Was er bedeutet, wurde seither nicht diskutiert.

Der Pharmaindustrie wird selbstverständlich unterstellt, daß diese Volksgesundheit ihr noch über die Bilanz ragendes Ziel sei; auch der nichtmedizinischen Drogenindustrie wird geglaubt, daß sie diese Volksgesundheit nicht schädigen möchte. Alle anderen Drogen sind verboten, nicht zuletzt mit der lakonischen Begründung, daß der Schaden durch die erlaubten groß genug sei.

Vor diesem Hintergrund muß Bilanz gezogen werden, und sie sieht für die Bundesrepublik deprimierend aus:

ALKOHOL: „anerkannte Gesellschaftsdroge" (Berlins Drogenbeauftragter Heckmann, der das auch gerne „Genußmittel" nennt. *Jahresumsätze:* 46 bis 50 Milliarden Mark, davon Steueraufkommen (nur direkte Alkoholsteuer): 6,4 Milliarden. *Gesundheitliche Probleme*: 1,5 Millionen arbeitsunfähige Alkoholkranke; 25 Prozent aller stationären Psychiatrieaufnahmen alkoholbedingt; jährlich mehr als tausend mißbildet Geborene durch Alkoholkonsum werdender Mütter. *Todesfälle:* laut Krankenkassen jährlich rund 60 000, nicht eingerechnet Arbeits- und Verkehrsunfälle bei Alkoholkonsum. *Kriminalität:* Rund 60 Prozent aller Straftaten werden unter Alkoholeinfluß begangen, wobei Gerichte den Rauschzustand meist „mildernd" berücksichtigen.

NIKOTIN: „Genußmittel". *Jahresumsätze:* ca. 12 Milliarden Mark, davon Steueraufkommen: ca. 8,6 Milliarden. *Gesundheitliche Probleme:* Schädigung der Erbsubstanz; hohe Krebsgefahr (vor allem Lungenkrebs); jährlich ca. 500 mißbildet Geborene durch Tabakkonsum werdender Mütter. *Todesfälle:* laut Krankenkassen jährlich rund 20 000, nicht gerechnet vorzeitiges Ableben. *Kriminalität:* keine.

VERSCHREIBUNGSPFLICHTIGE PSYCHOPHARMAKA (suchtpotente): *Jahresumsätze:* nicht zu ermitteln. Anhand einzelner Präparate ergeben sich jedoch Verschreibungsgewohnheiten. So wurden 1981 insgesamt 1,5 Milliarden „Seelentröster" auf rund 64 Millionen Rezepten verschrieben, davon allein 126,6 Millionen Tabletten und Kapseln des Tranquilizers „Libratil". In Wahrheit dürften die Umsätze jedoch wesentlich höher sein, wie sich am Beispiel des Präparats „Adumbran" zeigt: 30 Millionen Stück wurden von Ärzten verschrieben, jedoch 412,5 Millionen Stück verkauft (der Differenzbetrag ist in den 1,5 Milliarden nicht enthalten). *Gesundheitliche Probleme:* mindestens 500 000 schwer Pharmaabhängige (Krankenkassenschätzung), davon zwei Drittel Frauen. Aufgrund von Abhängigkeit arbeitsunfähig: mindestens 300 000. *Todesfälle:* Verschiedene Schätzungen nennen 20 000 bis 40 000 pro Jahr, dabei nicht gerechnet Selbstmorde, bei denen durch zu langen „Glückspillen"-Mißbrauch die sich anbahnende Katastrophe nicht wahrgenommen wurde. Rentenversicherungen schätzen, daß infolge übermäßigen Medikamentenkonsums ein Drittel aller Rentner „um mindestens zwei, drei Jahre" früher stirbt. *Kriminalität:* Überfälle auf und Einbrüche in Apotheken, Rezeptfälschungen, wobei Gerichte die Abhängigkeit in ca. 50 Prozent der Verfahren „mildernd" berücksichtigen. Bei Opiatabhängigen, die auf diese Weise zu Ersatzstoffen gelangen möchten (Polizeijargon: Allesschlucker), wird die Abhängigkeit stets „strafverschärfend" beurteilt.

ANDERE PHARMAKA: vor allem Schmerzstillmittel, Appetitzügler. *Jahresumsätze:* ca. 20 Milliarden Mark, davon nach Krankenkassenschätzungen „mindestens ein Drittel mißbräuchlich". *Gesundheitliche Probleme:* nur minimal geringer als bei Psychopharmaka. *Todesfälle:* wie oben. *Kriminalität:* nicht ermittelt.

CANNABIS: Haschisch, Marihuana, Hanf. Streng illegales Rauschmittel. Bereits Abbildungen von Hanfblättern wurden als „Drogenwerbung" indiziert oder beschlagnahmt. *Jahresumsätze:* Die Schätzungen über Konsumenten differieren zwischen Polizei und der Deutschen Hauptstelle gegen Suchtgefahren sowie den Drogenberatungsstellen zwischen 2,5 und 5 Millionen. Für jährlich ca. 290 Tonnen (von denen die Polizei 1982 rund 64 beschlagnahmte) werden rund 3 Milliarden Mark bewegt. Die Staatseinkünfte durch Bußgelder bzw. Geldstrafen werden nicht publiziert. *Gesundheitliche Probleme:* Tierversuche mit extrem hohen Dosen legen die Vermutung gesundheitlicher Risiken nahe, doch konnten solche bei Feldstudien in Ländern, wo Hanfkonsum Tradition hat, nicht bestätigt werden. Generelle wissenschaftliche Beurteilung: Abhängigkeitsgefahr wesentlich geringer als bei Alkohol; insgesamt etwa so schädlich wie Tabak. *Todesfälle:* bislang kein einziger bekannt. *Kriminalität:* jährlich mindestens 40 000 polizeiliche Ermittlungen, davon 75 Prozent wegen „geringer Mengen" in den Deliktbereichen Konsum und Erwerb bzw. Besitz; jährlich rund 30 000 Strafurteile mit zum Teil sehr hohen Strafen (z. B. zwei Monate Gefängnis für 0,7 Gramm in Hamburg) aus „Abschreckungsgründen". „Anschlußkriminalität" oder „Beschaffungskriminalität" sind nicht bekannt, d.h. eine über den Drogenkonsum hinausgehende Kriminalität konnte nicht festgestellt werden.

ILLEGALE OPIATE: *Jahresumsätze:* ca. 6 Milliarden Mark. *Todesfälle:* Für 1982 wurden vom Bundeskriminalamt 383 angegeben, dabei jedoch nicht enthalten: Selbstmorde aufgrund von Abhängigkeit, Unfälle unter Opiateinwirkung, frühzeitige Todesfälle. *Kriminalität:* jährlich rund 20 000 polizeiliche Ermittlungen mit nahezu ebenso vielen Strafverfahren, wobei die Gerichte die Abhängigkeit stets „strafverschärfend" beurteilen, gelegentlich als „selbstverschuldete Körperverletzung" (OLG München). Auch bei der „Anschluß-" und „Beschaffungskriminalität" gilt die Abhängigkeit als „strafverschärfend".

Vor dieser düsteren Bilanz flüchten sensible Zeitgenossen natürlich gerne in Moralismen: „Ja müssen denn überhaupt Drogen genommen werden? Wäre es nicht schön, wenn man überhaupt ohne Drogen lebte?"

Darauf gibt es leider nur eine bittere Antwort: Die Drogenproblematik hat nichts mit Moral zu tun. Seit es die Menschheit gibt, werden Drogen konsumiert und gibt es Drogenkatastrophen. Und unter welchen Voraussetzungen sich Drogenkatastrophen häufen, ist ebenfalls lange bekannt: gesellschaftlicher Druck (z. B. als ziemlich einzige Aussicht Arbeitslosigkeit), autoritäre Staats- und Familienstrukturen, Unsicherheit und Hoffnungslosigkeit, kurz, was die „Scene" schon lange als „no future" umschreibt.

Elendsbürokratie

Was wären unsere Probleme ohne ihre Verwaltung! Da das Drogenproblem ein äußerst komplexes ist, sind damit – soweit es illegale Opiate betrifft – auch eine ganze Reihe Institutionen befaßt, und sie haben das Feld so weit gefüllt, daß sie kaum mehr anders können als einander gegenseitig auf die Zehen zu treten, und das aus allen möglichen und unmöglichen Anlässen. Wo sich schon mit den Adressen ein mittelstarkes Telefonbuch füllen ließe, wird es bei Sachfragen qualvoll eng, und die Antworten widersprechen einander gründlich.

Für Drogenaufklärung, -vorbeugung etc. pp. ist – von kirchlichen Institutionen und zahlreichen e.V.s einmal abgesehen – im Namen des Bundesministeriums für Familie und Gesundheit die in Köln angesiedelte „Bundeszentrale für gesundheitliche Aufklärung" zuständig. Zwischen ihr und den meisten Drogenberatungsstellen schwelt seit Jahren ein gelegentlich lautstarker Kleinkrieg, der sich regelmäßig an den Produkten des Hauses entzündet, und da muß ich schon dem Masochismus Respekt zollen, mit dem sich verantwortliche Beamte gelegentlich von ihren Schreibtischen an die Diskussionsfront begeben, um schließlich nie mehr sagen zu können als: „Wir finden diese Broschüre ja auch nicht gelungen."

Eine hieß „Vorbeugen ist besser als Drogen" und wurde halbmillionenfach verteilt. Sie versprach „Erziehungstips für Eltern zum Thema Drogenmißbrauch" und enthielt so erstaunliche Kernsätze wie: „Mittlerweile gibt es eine ganze Reihe sehr guter Fachbücher über Erziehungsfragen, die Sie in öffentlichen Büchereien ausleihen oder aber im Buch*geschäft* kaufen können." Und gar: „Soziale Arbeit hilft weiter als Weltschmerz... Wenn Ihr Sohn oder Ihre Tocher unzufrieden sind mit der gesellschaftlichen Situation... gehen Sie... mit ihnen zu politischen Veranstaltungen, zu Stadtverordnetensitzungen oder *sehen Sie gemeinsam Bundestagsdebatten an*." Welches von Unsicherheit und Mißtrauen bedrückte, jugendliche Herz würde danach nicht sofort staatsbejahend und glücklich schlagen?

Auf vehemente Ablehnung durch Drogenberatungen und Therapeuten stieß darauf ein rosarotes Faltblatt, das viel Panik unter Eltern verbreitet hatte. Da stand zwar: „Sichere Anzeichen gibt es nicht", aber sofort darauf: „Drogenmißbrauch oder Abhängigkeit kann sich äußern in... psychischen *Störungen* wie Überempfindlichkeit, Mißtrauen, Ängstlichkeit, Stimmungsschwankungen von ‚himmelhochjauchzend' bis ‚zu Tode betrübt', leichter Ermüdbarkeit, Interessenlosigkeit bis zur Apathie, Lern- oder Leistungsschwierigkeiten, Leistungsabfall in der Schule, in der Ausbildung und am Arbeitsplatz... plötzlicher Lösung von Freundschaften..." In einem medizinischen Ratgeber für Familien aus der Jahrhundertwende lese ich über fast wörtlich dieselben Symptome, sie seien Anzeichen für „das fleischliche Verbrechen der Onanie" und sie könnten noch für sehr viel mehr genommen werden, denn sie sind Kennzeichen der Pubertät, und die ist von allen Altersstufen die schwierigste.

„Kaum eine Drogenberatung hat dieses Blatt verteilt", klagte der verantwortliche Beamte. „Wir haben es dann über Schulen an die Eltern geschleust." Warum dem so sein mußte, wußte er nicht. Hier gehe es doch um Vorbeugung, also um „Prävention".

Dieses schöne Zielwort hat eine ganze Reihe von Vereinen auf ihre Fahnen geschrieben, gemeinnützig, versteht sich, und wer sich durch dieses Gestrüpp von Vereinen begibt, wird dahinter einige wenige Persönlichkeiten finden, in Fachkreisen gerne „Drogengurus" genannt, die sich auf diese Weise fast uneinnehmbare Machtpositionen in der Drogenpolitik geschaffen haben.

Beispielsweise stellte sich Dr. Kleiner von der Karl-Bonhoefer-Nervenklinik Berlin beim Bundestagshearing zum Betäubungsmittelgesetz so schwungvoll vor: „Meine Damen und Herren! Ich bin Nervenarzt, in Besonderheit Jugendpsychiater, Psychotherapeut und arbeite in einer Klinik. Ich betreibe seit etwa zehn Jahren einen gemeinnützigen Verein, der es sich zur Aufgabe gemacht hat, wissenschaftliche Erkenntnisse in einem Informationskreis zu verbreiten. Ich bin Gründungsmitglied und Vorstandsmitglied der Deutschen Gesellschaft für Suchtforschung und Suchttherapie. Es mag Sie beruhigen, daß ich traditionell in einigen Details anderer Meinung bin..."

Nun waren die Zustände in der Entzugsabteilung von „Bonnies Ranch" (so der Berliner Scene-Ausdruck für die Klinik) schon öfter Gegenstand unschöner Zeitungsartikel, doch der „Informationskreis Drogenprobleme e. V." ist nicht zu unterschätzen. „Das ist auf diesem Gebiet der Multiplikator Nummer eins", sagt Bernd-Georg Thamm, „und natürlich sorgt Kleiner dafür, daß nur verbreitet wird, was ihm paßt." Und natürlich sitzt Dr. Kleiner auch im Vorstand der Deutschen Hauptstelle gegen Suchtgefahren.

Wie man sich so Prävention vorstellt, veröffentlichte Hamburgs Gesundheitsbehörde: „Ein Förderkreis von *Banken, Versicherungen*, medizinischen Institutionen, *Ölfirmen und der Handelskammern* half nicht nur bei der Finanzierung, sondern *gab in der Diskussion wertvolle sachliche Anregungen*. Von einer *Werbefirma mit Erfahrung in der Vermarktung von Produkten für Jugendliche* wurden... Wir entschieden uns für eine Musikveranstaltung in der Form eines Festivals für Schülerbands, das durch den Auftritt prominenter Gäste aus der Unterhaltungsbranche bereichert werden sollte. Als tragende Slogans wurden die Aussagen ,Drogen kosten Deine Freiheit – wir nehmen keine' und ,Ich bin oben ohne Drogen' *erarbeitet*... Frank Elstner und der Pressesprecher der Hamburger Ärztekammer... führten durch das Programm. Frank Zander zelebrierte in einem längeren Auftritt... Das Thema Drogenmißbrauch wurde in den Ablauf lose eingeflochten: Hamburgs Gesundheitssenatorin Helga Elstner beantwortete diesbezüglich Fragen von Jugendlichen und Kaplan Flury aus der Schweiz stellte seine ,No Drugs'-Bewegung vor... Von 293 befragten Schülern besuchten 86 das Festival..."

Nun ist mittlerweile bekannt und aktenkundig, daß Jutetaschen mit dem Aufdruck „Drogen – nein danke!", Plakate wie „Du machst Dich kaputt – Dein Dealer macht Kasse", und was sonst so an Nippes und Ramsch produziert wird, an wirklich Drogengefährdeten um Lichtjahre vorbeigehen, denn die sind für derlei nicht ansprechbar und haben andere Sorgen. Dennoch fiel den mit der Vergabe diesbezüglicher Gelder Befaßten immer noch nicht die Absurdität auf, daß hier mit denselben Mitteln *gegen* Konsum geworben wird wie sonst *für*.

Mit dem Vorsatz, aus Fehlern zu lernen, begab sich 1982 das Bremer „Referat für Angelegenheiten des Drogenmißbrauchs im Schulpsychologischen Dienst" an die Präventionsfront: „Weder die Methode der Abschreckung noch die der warenkundlichen Sachaufklärung hatten bei den neugierigen Jugendlichen eine Distanzbildung zum (potentiellen) Drogenkonsum zur Folge. In beiden Ansätzen präventiver Arbeit spiegelt sich eine zentrale Fehleinschätzung des Drogenproblems wider: die Fixierung auf die Drogen selbst. Beide Strategien gehen vom Stoff aus, betonen seine Gefährlichkeit. Beide Ansätze lassen außer acht, daß Sucht als Symptom auf tieferliegende, verborgene Probleme in der Persönlichkeitsstruktur und -entwicklung verweist. Mit dieser Einschätzung rückt die Frage nach den Motiven, die Frage nach den Ursachen für Drogenkonsum und -mißbrauch in den Vordergrund. Zudem ist deutlich, daß es sinnlos ist, Drogenprävention auf die illegalen Drogen zu konzentrieren; denn damit wird verschleiert, daß Drogenabhängigkeit ein ‚normales' gesellschaftliches Problem darstellt..." Vor dem Hintergrund dieser Einsicht wurde versucht, für Schulen und Eltern Material zusammenzustellen. „Viel Hoffnung, daß es was bewirkt, haben wir nicht", sagt einer der Mitarbeiter. „Aber das Wort Prävention hat sich in den Köpfen der Politiker festgesetzt. Daß es auf dem Sektor Drogen Wichtigeres zu tun gäbe, Effektiveres, wollen sie nicht begreifen. Immer heißt es nur: Bitte vorbeugen."

Mit der Verwaltung des Drogenelends ist mittlerweile ein Dschungel von Institutionen befaßt. Von den vielen e.V.s, kirchlichen und sonstigen Institutionen einmal abgesehen, drängen sich hier an Regierungsstellen: Sozialbehörden, Gesundheitsbehörden, Schulbehörden, Jugendämter und schließlich Polizei und Justiz. Da kann es leicht zu Interessenkollisionen kommen, vor allem zwischen Strafverfolgung und Resozialisierung.

„Wenn man seine Aufgabe ernst nimmt", sagte ein Drogenbeauftragter, der resigniert aus seinem Amt ausschied, „findet man sich ganz schnell zwischen allen Stühlen. Also muß man sich auf die Seite der Stärkeren schlagen, Verwaltung, Polizei und Justiz, und deren Politik decken. Wenn man sich dabei aber etwas Gewissen bewahrt hat und etwas von dem, was man davor dazu wußte, kann man bald nicht mehr schlafen."

Einige der Konflikte illustriert der Fall des Hamburger Drogenbeauftragten Eckhard Günther. Anfang der Siebziger dachte er einmal laut über „geschlossene Vorbeugelager im Grünen" für drogengefährdete Jugendliche nach, doch seither ist er milder geworden und versteht sich als liberal. Dennoch machte er während der letzten Jahre in der regionalen Presse keine gute Figur, denn über seine Amtsführung wurden hauptsächlich Kräche mit den therapeutischen Vereinen berichtet. In vielen Artikeln listete das „Hamburger Abendblatt" auf: „Der Kampf gegen das Rauschgift wird immer mehr zu einem Kleinkrieg zwischen den verschiedenen praktisch und politisch Verantwortlichen... Die verschärfte Situation formulierte ein maßgeblicher Mitarbeiter des Drogenprojekts ‚Jugend hilft Jugend' so: ‚Die Koordinierungsstelle des Senats erfüllt ihre Aufgaben nicht. Im Gegenteil, sie blockiert die praktische Arbeit.'... Die Therapiekosten sind in Hamburg bisher von der Sozialhilfe getragen worden. Jetzt sei... geplant, die Kosten auf die Rentenversicherer und die Krankenkassen abzuwälzen. Das habe ‚verheerende Auswirkungen für die Betroffenen': Den sozialtherapeutischen Wohngemeinschaften stehe dann eine medizinische Leitung bevor, mit der die Rauschgiftabhängigkeit nicht mehr vorrangig als soziales Problem behandelt werden könne... Diese Entwicklung laufe auf ‚Massenverwahrunterkünfte' hinaus, die vor allem nach wirtschaftlichen Kriterien ausgerichtet seien... Die bisher vorliegenden Untersuchungen des Hamburger Drogenbeauftragten seien unseriös und hielten einer Überprüfung nicht stand."

Natürlich hielt Eckhard Günter all diese Kritik für „reinen Quatsch", sorgte aber behördenintern für einige Erlässe, die in der Presse „Ein Maulkorb für Hamburgs Drogenberater" genannt wurden. Daß es in Hamburg kein brauchbares Material über Drogenabhängigkeit gäbe, sei Schuld der Kulis an der Drogenfront, die ihm eben mißtrauten. Und im übrigen könne man ja ohnedies „auf diese Spinner" verzichten, denn Herr Günther leistete Geburtshilfe für ein neues Therapieprojekt namens „Do it!" Das arbeitet mit Polizei und Justiz nach deren Vorstellungen zusammen und macht somit genau, was von den sozialtherapeutischen Gemeinschaften stets abgelehnt wurde, weil dies zu einem Vertrauensdefizit zwischen Therapeuten und Klienten führe. Doch solche Sorgen sind nicht die Herrn Günthers: „Das wird bald keine Rolle mehr spielen, ob solche Leute den Therapeuten vertrauen oder nicht. Sie werden einfach keine andere Wahl mehr haben."

Wie gesagt: Die Konflikte sind vorprogrammiert, und die Fronten sind starr. Die Drogenbeauftragten sind Sprachrohre für die offiziellen Zahlen zur Drogenpolitik. Dafür werden sie von Drogenberatern, die aus ihrer Praxis ein anderes Bild haben, gerne auch „Lügenbeauftragte" genannt. Die meisten üben sich – zu Ihrer Ehre sei's gesagt – weitgehend in Zurückhaltung und versuchen auch, zwischen den Stellen gegensätzlicher Interessen (z.B. Therapie und Justiz) gerade noch tragbare Kompromisse auszuhandeln.

Als „Profilneurotiker" der Zunft gilt auch unter Kollegen Berlins Wolfgang Heckmann, wegen seiner gewagten Thesen und „Anregungen", die ihm aufgrund ihrer Exotik stets Zeitungsnotizen sichern. Sogar Ärzte, die ja dadurch einige Beschäftigung bekämen, fanden seinen Vorstoß des Jahres 1983 „haarsträubend": Herr Heckmann schlug vor, an Berlins Schulen regelmäßig und obligatorisch Urinkontrollen für alle Schüler über zwölf Jahre durchzuführen, um eventuellen Drogengebrauch aufspüren zu können.

So weit, so schlimm. Und noch niemand konnte sagen, das Drogenelend sei durch diese vielen Aktivitäten geringer geworden.

Verfahrene Fronten

Eltern, deren Kinder „an der Nadel hängen", können mit einigem falschen Mitleid rechnen, aber nicht mit Trost. Das alte deutsche Sprichwort, daß alles an der Kinderstube liegt, schlägt als quälende Peitsche zu, verstärkt durch selbstquälerische Fragen: Was haben wir bloß falsch gemacht? Wann hätten wir es merken sollen, vielleicht gerade noch rechtzeitig verhindern? Wo haben wir nicht aufgepaßt? Und: Wir haben doch nur das Beste gewollt.

Es ist nicht nur das herzzerreißende Beobachtenmüssen, wie ein geliebter Mensch langsam und qualvoll zugrunde geht, sondern es sind auch diese uralten Fragen, an denen die Eltern Süchtiger fast ebenso leiden wie der Süchtige an seinem Leid und denen keine Ehe ohne tiefgreifende Risse standhält. Schließlich – und das ist nicht nur der Grundton hämisch-mitleidsvoller Nachbarschaft, sondern auch der vieler Politiker – ist das Elternhaus selbst an diesem Jammer schuld. Es hat versagt.

Manchmal schlägt die Verzweiflung aggressiv nach außen um, kann der sanftmütigste Vater brüllen, man solle doch endlich alle Türken aus dem Land prügeln, kann Henning Venske im „stern" vorrechnen, wie viele Polizisten, wieviel Geld gegen Terroristen eingesetzt werden, gegen wie viele Terroristen, und was gegen die Rauschgifthändler getan wird, gegen wie viele, im Namen wie vieler Opfer. Dieser spezifische Aspekt im Verhalten von Eltern Süchtiger mag politisch unwillkommen sein, wenn einmal öffentlicher Aufwand gegen öffentlichen Schaden vergleichend gerechnet wird, alles andere ist bequem und regierbar. Denn die Verzweiflung schlägt nur gegen den Verzweifelten oder gegen eine andere, ungeliebte Minderheit, die als Sündenbock angeboten wird. Der Jammer ist mehr als hautnah. Wer kann da noch objektiv fragen, ob die Ursachen dieser Flut von Elend nicht in bestimmten Strukturen unseres Gesellschaftssystems liegen? Es ist verständlich, daß nur das Nächstliegende gesehen wird, der Kleinhändler und sein allernächster Hintermann, weiter wird nach diesem hochkomplizierten, hochverfilzten Gewebe nicht gefragt, und das macht die Sache regierbar.

Es wird versucht, den Zorn und die Verzweiflung von Angehörigen Süchtiger auszubeuten. Das beginnt bei großen Parteien, die hier ein großes Stimmpotential mit Recht-und-Ordnung-Parolen ködern wollen, und reicht bis zu Splittergruppen wie der rechtsradikalen Europäischen Arbeiter-Partei, die sich mit einer „Anti-Drogen-Koalition" profilieren will. Ist es schon ein Skandal, wie rechte Grüppchen versuchen, auf dem Elend von Hunderttausenden ein faschistisches Süppchen zu kochen, so steht dem das Verhalten mancher Etablierter nicht nach.

In kaum einer Frage wird der mündige Bürger seit Jahren so konsequent belogen wie beim Rauschgiftproblem, und das beginnt bei öffentlichen Erklärungen über die Ursachen der Sucht. Als ein Beispiel für viele muß Hamburgs Drogenbeauftragter Eckhard Günther zitiert werden: „Am Beginn der Drogenkarriere stehen häufig Abenteuerlust und Übermut, nicht Arbeitslosigkeit und Schulstreß. Häufig greifen die jungen Leute auch zum Heroin, weil sie von anderen Drogen, LSD oder Haschisch, zuviel erwarteten und von der Wirkung enttäuscht sind." Entweder hat er aus Arbeitsüberlastung die Untersuchungen nicht gelesen, die von der Bundesregierung und auch seiner Behörde in Auftrag gegeben wurden und genau das Gegenteil feststellten, und auch nicht die Untersuchung des BKA, die feststellte, daß von den derzeit Süchtigen nicht einmal mehr die Hälfte zuvor andere Drogen probiert hatten, oder hier handelt es sich um eine gezielte Desinformation, die verhindern soll, das Suchtproblem in Zusammenhang mit anderen gesellschaftlichen Problemen zu sehen.

Es wird bei allen Zahlen gelogen, die mit der Sucht zu tun haben. Das beginnt bei den veröffentlichten über Süchtige (für den Dienstgebrauch werden ganz andere verwendet), und das endet bei der Bekanntgabe, wie viele Todesopfer die Droge gefordert hat. „Welche Stadt will schon die mit den meisten Toten sein?" sagte ein Beamter eines Rauschgiftdezernates. „Wir rechnen höchstens die, die man mit der Nadel im Arm findet." Selbstmörder, Unfallopfer, Heroinleichen in Gefängnissen, an Hepatitis und ähnlichen Fixerkrankheiten Verstorbene werden in anderen Statistiken geführt.

Auch stimmen die Angaben nicht, wenn es um die Heilung Abhängiger geht, also um Therapieplätze und -kosten. Rund 1800 Therapieplätze gibt es in der Bundesrepublik, und das wäre schon bei den offiziellen Abhängigenzahlen eine skandalöse Proportion. Daß somit auf 47 Abhängige ein Therapieplatz kommt, wird damit begründet, daß eine „Langzeitbehandlung mit Erfolgschancen" zwischen 80 000 und 100 000 Mark koste.

Das muß man einmal nachrechnen. Bei dem in der internationalen Psychiatrie als optimal angesehenen 1:1-Verhältnis zwischen Therapeuten und Klienten wären das bei einer 18monatigen Behandlung für jeden der beiden 2780 Mark monatlich. Damit könnten sie bequem eine Mietwohnung bestreiten und eine großartige Intensivtherapie durchführen. Doch so sind die Verhältnisse nicht. Bundesdurchschnittlich ist das Verhältnis 12:1, und Therapeuten sind keineswegs Empfänger fürstlicher Gehälter. Wer amtliche Angaben über Therapiekosten betrachtet, wird immer wieder auf Fehlbeträge stoßen, aber vielleicht wird in diese Kosten auch der gesamte ministerielle Apparat mit eingerechnet. Was dann pro Jahr ausgegeben wird, von bundes- und kommunalpolitischen Fingern der öffentlichen Hand, sind runde 12 Millionen. Dafür könnte das Verteidigungsministerium nicht einmal einen halben Phantomjäger kaufen.

Es gibt derzeit bekanntlich viele „Sachzwänge", die ungeheure Geldmittel verschlingen, von der „Nachrüstung" als Verhandlungsbasis angefangen und „Zivilschutz"-Vorbereitungen auf das Überleben eines Krieges, nach dem die Überlebenden die Toten beneiden werden. Und wir haben alle die Lektion des Kanzlers gelernt, daß der Staat nicht mehr geben kann, als er nimmt, und da dies der Haushaltspolitik auch eines normalen Haushaltes entspricht, wird das so auch geglaubt, von den Renten angefangen über Sozialleistungen, Chancengleichheit durch Bafög bis hin zu Rehabilitation von Gesellschaftskatastrophen. Daß sich derlei immer mehr dem Verständnis der Bevölkerung entzieht, wird neuerdings mit der „Sprachlosigkeit der Politik" erklärt, als läge es an der Darstellungsweise und nicht am Wesen.

Das Heer der Abhängigen scheint kein „Sachzwang" zu sein und in der Politik nur als kriminell der Rede wert. Gnädigstenfalles kann man es als Zynismus nehmen, wenn die Zurückhaltung der öffentlichen Hand in Sachen Therapie mit der „hohen Rückfallquote" begründet wird, als lohne es ohnedies nicht, für diesen Abschaum etwas zu tun.

Bisher bilden weder die Abhängigen noch ihre Angehörigen eine Lobby, von Ansätzen wie dem Kasseler Junkie-Bund abgesehen. Doch sie bräuchten eine, eine starke. Wie von den Alkoholikern, die immerhin an einer erlaubten Droge krank wurden, wendet sich erst recht bei den „unerlaubten" Drogen die „gesunde" Gesellschaft ab. Sie erklärt dieses Leiden, das man ja auch als eine Art Berufserkrankung der Hochleistungsgesellschaft sehen kann, zur Privatsache, an der die Opfer „selbst schuld" sind. Und um sie besser ausgrenzen zu können, muß die Erkrankung der Abhängigkeit zu einer möglichst chronischen Krankheit zurechtgelogen werden, zu einer natürlich „ansteckenden" Seuche (das hört man ja von fast allen Politikern), gegen die nur Knast hilft oder seine Dependance, die Psychiatrie.

Vorerst gibt es einige Vereinigungen von Eltern Abhängiger. Sie widmen sich wechselseitiger Lebenshilfe und Aufklärung. Auf politischem Gebiet fordern sie meist strengere Bestrafungen der faßbaren Händler, was aus ihrem Leid heraus verständlich ist. Den Abhängigen wird damit aber nicht geholfen, und entscheidende Forderungen zu den Komplexen Entkriminalisierung, Therapie und Rehabilitation wurden bislang noch nicht gestellt. Dabei bräuchten Abhängige ihre Eltern dringender als je in ihrem Leben, nicht mehr als ihre Eltern – die Lösung von der Abhängigkeit muß auch mit der Lösung anderer Abhängigkeiten einhergehen –, aber als ihre Anwälte. Sie haben zu wenige.

Kraftgesetz

Als Christiane F. vom Straßenstrich in die Bestseller-Listen sprang, entdeckten natürlich auch die Politiker dieses Thema neu. Zudem feierte ja das Betäubungsmittelgesetz sein fünfzigjähriges Jubiläum, und so gab das Bundesgesundheitsministerium einen neuen Gesetzentwurf aus. Da man Feste auch billig feiern kann, war damit federführend nur ein Mann befaßt, Dr. Oskar Schröder, und er vermerkte schon im Entwurf, daß der neue Problemlösungsversuch, wenn er schon nichts bringt, auch nichts kostet:

„Einmalige Sachkosten von 50 000 DM und jährliche Kosten von 350 000 DM für Personal und Einrichtungen beim Bundesgesundheitsamt werden durch erhöhte Einnahmen des Bundesgesundheitsamtes auf Grund der Kostenverordnung nahezu ausgeglichen. Ländern und Gemeinden entstehen keine Kosten."

Auch die „Lösung" des Problems wird gleich auf der ersten Seite beschrieben, da man nicht erwarten kann, daß alle Abgeordneten alle Gesetzentwürfe lesen:

„*Ausdehnung der Straftatbestände* auf das Verherrlichen des Rauschgiftmißbrauchs und die Finanzierung von Rauschgiftdelikten. *Erhöhung der Höchststrafe* für besonders schwere Fälle von 10 auf 15 Jahre. *Bildung von Verbrechenstatbeständen*. Abgesehen von *Strafe wie bisher* bei Bezug und Erwerb geringer Mengen zum Eigenverbrauch – *erweitert* auf die Einfuhr geringer Mengen. Herabsetzung des Strafrahmens bei Verbrechen in minderschweren Fällen mit der Möglichkeit, nur auf *Geldstrafe* zu erkennen. Strafmilderung für Bandenmitglieder, durch deren Informationen Straftaten der Bande verhindert werden können."

Daß da einiges von den Terrorismusgesetzen abgeschrieben wurde, ist klar. Am meisten Wirbel machte der Begriff „Verherrlichung", der schnell durch den nicht weniger schwammigen „Verleitung" ersetzt wurde, und dabei wurde übersehen, daß wieder einmal der Kronzeuge durch das Hintertürchen in den Gerichtssaal zu schleichen versucht, der staatlich gedeckte, weil sangesfreudige Verbrecher. Und wer die Situation von Süchtigen auch nur etwas kennt, wird sich fragen, ob Politik wirklich nur sprachlos geworden ist oder ob nicht auch andere denkwichtige Organe angegriffen wurden: Woher soll ein Abhängiger eine Geldstrafe zahlen können, wenn nicht durch auf unmoralische bis kriminelle Weise erworbene Mittel?

Aus der Begründung:

„Der Kern des geltenden Betäubungsmittelrechts, vor allem des Betäubungsmittelgesetzes in der Fassung der Bekanntmachung vom 10. Januar 1972, besteht aus nahezu fünfzig Jahre alten Vorschriften."

Wurde nicht damals schon dasselbe gesagt und vorläufig endgültig reformiert?

„Diese sind in der Sache heute zum großen Teil überholt, lückenhaft und veraltet wegen der gravierenden Entwicklung des Drogenproblems... Die *Unterscheidung* zwischen sog. „harten" und „weichen" Drogen hat sich auch in der Zwischenzeit seit der Bekanntmachung des BtMG 1972 *nicht* als *erforderlich* und vertretbar erwiesen... zumindest kann die Unschädlichkeit (Anm.: von Cannabis) nicht nachgewiesen werden... Als *Regulativ für eine Differenzierung* steht den Gerichten die *Ausschöpfung des Strafrahmens* nach beiden Seiten zur Verfügung."

Es folgt eine deprimierende Geschichte eines Reformversuchs:

„Im Referenten-Entwurf vom März 1979 war eine Differenzierung zwischen Heroin einerseits, das in der Drogenszene z.Zt. eine herausragende Rolle spielt, und allen anderen Betäubungsmitteln andererseits erwogen worden. Gesetzestechnisch bot sich dafür ein Anknüpfungspunkt, weil der Referenten-Entwurf zugleich – in der Absicht, mehr Rechtssicherheit zu errreichen – anstelle der unbestimmten Rechtsbegriffe ‚geringe Mengen‘ und ‚nicht geringe Menge‘ den Bestimmungsbegriff der sog. ‚Verbrauchseinheit‘ und die mengenmäßige Festlegung der ‚Verbrauchseinheit‘ und die mengenmäßige Festlegung der Verbrauchseinheit für jedes Betäubungsmittel vorsah. Aufgrund der Ergebnisse der Diskussion über diese beiden Fragen des Referenten-Entwurfes wurden schließlich beide Punkte jetzt wieder fallengelassen. Gegen eine Änderung der geltenden unbestimmten Mengenbegriffe und gegen die Schaffung des Begriffs der Verbrauchseinheit ergaben sich folgende durchschlagende Bedenken: *Die Rechtspraxis* (Gerichte und Staatsanwaltschaften) *plädiert* mehrheitlich *für die Beibehaltung des bisherigen Systems, das inzwischen zu einer gefestigten Rechtsprechung geführt habe...* Die Feststellung von Verbrauchseinheiten im *Einzelfall* erfordere *standardisierte* Untersuchungsverfahren, sei *zeitraubend* und *kostenträchtig...*"

Man lese das Unbegreifliche bitte noch einmal, vor allem als Angehöriger von Suchtkranken, für die dem Staat anscheinend nichts zu billig ist.

„Eine *Differenzierung* in den Strafrahmen des Gesetzes auf Grund unterschiedlicher Gefährlichkeit der einzelnen Betäubungsmittel *soll* nach alledem *nicht stattfinden*."

Damit hat das Gericht sowohl bei Hanf aus dem eigenen Garten als auch beim einfachen Süchtigen nur drei Möglichkeiten: Es kann ihn zu Gefängnis verurteilen oder, bei Geldstrafe, zu Beschaffungskriminalität oder Prostitution.

„Auf die Änderung der Bezeichnung ‚Betäubungsmittel" wird verzichtet. Zwar hat sich in den deutschen Übersetzungen der internationalen Übereinkommen weitgehend die Bezeichnung ‚Suchtstoffe‘... durchgesetzt... Andererseits wäre die Bezeichnung ‚Suchtstoff‘ bzw. ‚Suchtmittel‘ mindestens genauso unzutreffend, da z.B. auch Alkohol ein Suchtstoff ist.

Bei der Anhörung des Bundesratsausschusses zu dem Gesetz zeigte sich bereits ein wenig von dem, was es anrichten würde: „...sind weder die ‚Verführungstheorie‘ noch die ‚Abschreckungstheorie‘ noch die ‚Einstiegstheorie‘ im sozialwissenschaftlichen Sinne haltbar oder für die Praxis relevant." (Thies Pörksen, Drogenhilfe Tübingen.) „Der Unterschied zwischen der Problematik der schwer psychisch und körperlich Abhängigen, also der Opiatabhängigen und den leicht körperlich oder nur psychisch Abhängigen, ist so groß, daß für diese beiden Gruppen besondere Regelungen getroffen werden müssen. Eine einheitliche Regelung schafft in der Praxis mehr Probleme, als sie löst, beide im Strafverfahren und in der Therapie: siehe die Erfahrungen in den USA." (Dr. Karl J. Deissler, Luzern.) Sogar Dr. Kleiner, sonst weiß Gott kein Kritiker der herrschenden Drogenpolitik, versuchte, die Volksvertreter zum Nachdenken zu animieren: „Ich möchte empfehlen zu bedenken, ob das englische Modell einer Drei-Gruppen-Einteilung nicht optisch, aber politisch zu übernehmen wäre. Ich habe sehr viele Diskussionen mit jungen Leuten gehabt, die immer wieder kritisieren: Die Gesellschaft stellt Hasch neben Opiate, und dann wird zum Opiumkonsum verführt! ... Man sollte wohl doch überlegen, ob nicht eine Einteilung in zwei oder drei Gruppen sinnvoll wäre, damit auch ein bißchen mehr Rechtsgleichheit in deutsche Lande einzieht." Deutlich wurde auch Ingo Warnke von der Therapie-Einrichtung Synanon, Berlin: „Härtere Gesetze, höhere Strafen, mehr Kontrolle, mehr Polizeieinsätze scheinen mir eine Entwicklung in eine falsche Richtung zu sein. Alle diese Maßnahmen produzieren die Tatbestände ständig mit, die sie bekämpfen."

Noch hätten die Abgeordneten nachdenken können, auch über das Problem, daß in diesem Gesetz nicht nur die Drogen, sondern auch die kriminalistischen Tatbestände und ihre Gewichtigkeit wie Kraut und Rüben durcheinandergeworfen waren. Doch sie hörten lieber so waghalsige Theorien wie die von Herrn Beer, Landeskriminalamt München: „Der Kampf gegen die illegalen Drogen ist nur zu gewinnen, wenn *die Nachfrage* eingedämmt und so nahe wie möglich *an den Nullpunkt zurückgeführt* wird." Und weil dieses traurige Hearing die Stunde der Scharfmacher war, wurde auch die Warnung überhört, die der Chef der Drogenabteilung im Bundeskriminalamt in zweifelhaftes Lob verpackt hatte: „Die Polizei müßte an sich mit diesem Gesetz sehr zufrieden sein; denn die Akzente liegen... entschieden auf verschärfter Strafandrohung. Ich muß aber aus meiner mehr als zehnjährigen Praxis ganz klar sagen, daß diese verschärfte Strafandrohung... unter Umständen eine nicht gewünschte Nebenwirkung haben könnte. Es muß vor allen Dingen verhindert werden, daß eine zusätzliche Kriminalisierung im Bereich der kleinen und mittleren Rauschgiftkriminalität, insbesondere beim drogenabhängigen Täter, also dem Opfer entsteht."

Nein, nichts dergleichen wurde verhindert, und der parlamentarische Gesetzeshandel endete damit, daß auf Forderung der CDU gerade der *untere Strafrahmen* noch um ein Jahr erhöht wurde. Dann mußte versucht werden, wie stets in sich der Logik und dem Verstand entziehenden Fällen, das Unding mit einem flotten Slogan dem Volk ums Maul zu schmieren.

Der Slogan hieß in diesem Falle „Therapie statt Strafe". Da sich nicht einmal zwei Politiker darüber einig wurden, was der Sinn dieser Worthülse sein könne, tauchten bald die aberwitzigsten Spiele mit dem Mittelwort auf. Bundesdrogenbeauftragter Franke erklärte im ZDF: „Das Prinzip heißt: Therapie *vor* Strafe." Die CDU forderte „Therapie *und* Strafe!" Und schließlich wollte da auch die CSU nicht übersehen werden: „Therapie *als* Strafe".

Heraus kam schließlich nach weiterem Bergekreißen der Paragraph 35 des Werkes: „Ist jemand wegen einer Straftat zu einer Freiheitsstrafe von nicht mehr als zwei Jahren verurteilt worden und ergibt sich aus den Urteilsgründen oder steht sonst fest, daß er die Tat aufgrund einer Betäubungsmittelabhängigkeit begangen hat, so *kann* die Vollstreckungsbehörde mit *Zustimmung des Gerichts des ersten Rechtszugs* die Vollstreckung der Strafe oder eines Strafrestes unter der *Maßregel* der Unterbringung in einer Entziehungsanstalt *für längstens zwei Jahre* zurückstellen, wenn der Verurteilte sich wegen seiner Abhängigkeit in einer seiner Rehabilitation dienenden Behandlung befindet oder zusagt, sich einer solchen zu unterziehen, und *deren Beginn gewährleistet ist.*"

Das Gericht *kann*, mehr nicht, aber das galt doch sonst für jede Strafaussetzung zur Bewährung. Hier aber müssen die etlichen tausend Abhängigen, die jährlich verjustiziert werden, auch noch einen Therapieplatz nachweisen können – woher nehmen und nicht stehlen? Und diese Kann-Möglichkeit gilt nur für Strafen bis zu zwei Jahren. Da aber gleichzeitig der Strafrahmen drastisch hochgeschraubt wurde, nutzten die Gerichte die Gelegenheit, sich nur noch an der Obergrenze zu orientieren. Axel Vogt, Richter in Hamburg, hat dafür gewichtige Gründe: „Der Gesetzgeber verpflichtet den Richter unzweideutig, die Strafen entsprechend anzuheben." Und wie die Staatsanwaltschaften den neuen Paragraphen verstanden, dokumentierte Herr Martin Slotty aus Hamburg: „Strafaussetzung zur Bewährung kommt *auch* zukünftig bei Drogenabhängigkeit *in Betracht*, wenn auch möglicherweise *etwas seltener als bisher*."

Als das Gesetz am 28. Juni 1981 im Bundestag beraten wurde, quollen die deutschen Gefängnisse von „Rauschgifttätern" über. Sie machten insgesamt und bundesweit 27 Prozent aller Strafgefangenen aus. In Untersuchungsgefängnissen für Frauen stellten sie gar 60 Prozent, bei Jugendlichen in U-Haft immer noch 50 Prozent. Es saß also jeder zweite Jugendliche wegen Verstößen gegen das Betäubungsmittelgesetz ein, und nicht ganz ein Drittel aller Betäubungsmitteltäter wegen Opiatabhängigkeit. Um so leerer war dafür an jenem Sommertag das Hohe Haus unserer Völkervertretung. Vor gähnenden Restabgeordneten brachte der diensthabende Präsident ein Scherzchen an: Eine Vorlesung und Diskussion des Gesetzes sei doch wohl „aufgrund der hohen Alphabetisierung des Hauses überflüssig": Da sich auch da noch niemand regte, galt es als einstimmig beschlossen.

Seit dem 1. Januar 1982 gilt in der Bundesrepublik das repressivste Drogengesetz der Welt, soweit sie sich „frei und westlich" nennt.

Polizei, Mythos und Sisyphos

Das Hauptinteresse in der Auseinandersetzung zwischen Gesellschaft und der Droge gilt seit dem Opiumgesetz von 1929 der Polizei, spezifisch den Rauschgiftdezernaten. Mit der steigenden Drogenflut wurden die Dezernate personell erweitert und mit Errungenschaften bestückt, die geeignet sind, das Herz eines Krimilesers höherschlagen zu lassen: V-Leute, Haschischhunde, Heroinhunde und schließlich „verdeckte Fahnder".

Doch die Problematik wird schon bei den vierbeinigen Amtshilfen haarig, die so publikumswirksam an aus Asien kommenden Gepäckstücken entlanggeführt werden. Da Haschisch stark riecht, scheint der Hundeeinsatz verständlich. Beamte räumen allerdings ein, daß „der Haupteffekt der Hunde der ist, daß bei ihrem Anblick mehrere Leute auffallend nervös werden. Sobald das Zeug nur etwas besser verpackt ist, sind die Hunde eine Pleite." Heroinhunde gehören völlig in den Bereich des Mythos, da die Droge in reinem Zustand geruchlos ist und nur bei unsachgemäßer Bearbeitung leicht nach Essig riecht. So besteht ihr Haupteffekt darin, durch ihr Auftreten zu bezeugen, daß etwas gegen die Droge unternommen wird. Einen Nebeneffekt haben unsere vierbeinigen Freunde und Helfer jedoch auch. Ihn erfuhr ich, als ich wissen wollte, warum zu diesem Zweck vorzugsweise Schäferhunde angeschafft werden, deren Geruchssinn bekanntlich nicht besonders entwickelt ist. „Nun ja", sinnierte ein Hamburger Beamter. „Man kann sie ja bei Demonstrationen auch gut zum Beißen einsetzen."

Das meiste an polizeilicher Aufrüstung gegen die Droge geschah in den letzten Jahren mit einem nicht mehr verschämten Seitenblick auf ganz anderen Nutzen. Was an Ausweitung polizeilicher Machtbefugnisse, manchmal frontal gegen rechtsstaatliche Prinzipien verstoßend, anderen politisch unliebsamen Gruppen gegenüber nicht durchsetzbar war – Verletzung von Brief- und Telefongeheimnis, „Lauschangriffe", Bruch des Datenschutzes, „vorsorgliche Überwachung" –, war als „Krieg gegen Rauschgift" stets widerspruchslos durchsetzbar. Die Eigengesetzlichkeit der Bürokratie ist bei der Polizei besonders ausgeprägt: Mehr Effizienz ergibt sich (scheinbar) aus mehr Personal plus mehr Mittel plus mehr Befugnisse (und wenn die Mittel knapp sind: die kosten – finanziell – am wenigsten). Man braucht also nur mehr Macht, und da unsere repräsentative Demokratie eine Repräsentanz der Administration geworden ist – man beachte nur den Anteil der Beamtenschaft unter den Volksvertretern –, wird sie nur allzu kritiklos gewährt. Als wäre die einzige Alternative zu den Schwächen einer Demokratie, die ja meist Freiheiten sind, ein Polizei- und Überwachungsstaat.

Es lohnt sich zu rekonstruieren: Als 1979 die Herointoten aus den Zeitungen quollen, wurde das Bundeskriminalamt auch auf dem Rauschgiftsektor aufgestockt. In den frühen Siebzigern war es von einer ursprünglich wenig bedeutenden Koordinierungsstelle zwischen den Landeskriminalämtern zur wichtigsten Polizeistelle geworden, in Verbindung mit der Terrorismusbekämpfung und den dafür initiierten Computer- und Überwachungsprogrammen. Dem damaligen BKA-Chef wurde gelegentlich sein „Computerfetischismus" vorgeworfen.

Doch keines seiner Programme wurde je gestrichen, denn Herold konnte seine Vorgesetzten stets von der „präventiven" Möglichkeit umfassender Datensammlungen überzeugen und sah die Rolle der Polizei bereits als „Sozial*ingenieur* von morgen". Originalton:

„Was ich anstrebe, ist die Polizei als *gesellschaftliches Diagnoseinstrument*. Stellen Sie sich mal vor, was uns da zuwachsen würde: Auf Knopfdruck kann ich Zusammenhänge feststellen – wie Fingerabdruck und *Vererbung*. Körpergröße und Verbrechen... Drogen, kurz: wie Menschen zu etwas kommen." (Hier muß an die berühmt-berüchtigte Lombroso-Theorie erinnert werden, derzufolge es den an seiner Schädelform bereits erkennbaren „geborenen Verbrecher" gibt.) „Ich kann ständig wie ein Arzt – deshalb das Wort *gesellschaftssanitär* – den Puls der Gesellschaft fühlen und mit Hilfe rationaler Einsichten unser Rechtssystem dynamisch halten... Das heißt: die Ersetzung des bisherigen Maßstabs des Strafrechts, das sich orientiert am Eigentumsschutz, durch ein Prinzip der Sozialschädlichkeit. Als *Kopplungsstelle* zu einem dynamischen gesellschaftlichen Prozeß *müßte die Polizei* sagen: „Gesetzgeber, siehst du, hier ist ein sozialschädlicher Tatbestand, da mußt du eine *Normglocke* drübersetzen, und hier ist noch einer... Die Polizei ist als ein kybernetisches System zu konstruieren, das *von sich aus* wirkt" (Trans-Atlantik 11/80).

Hier machte sich die Exekutive allzu deutlich zum Manipulator des Gesetzgebers, und Dr. Herold wurde aus dem Verkehr gezogen. Weniger deutlich ausgesprochen ist das jedoch längst der Fall, und stets, wo es im Zweifel um demokratische Grundrechte hätte gehen sollen, folgten die Gesetze den Perfektions- und Allmachtsvorstellungen der Exekutive. Und was polizeiliche Möglichkeiten auf dem Sektor Rauschgift betrifft, ist Orwells 1984 bereits wesentlich länger aktuell als ein solches Kalenderjahr.

Im Computerprogramm „PIOS Rauschgift" wurden alle Personen gespeichert, die irgendwann irgendwo (und nicht nur in der Bundesrepublik) wegen *irgendeiner* Rauschgiftsache in irgendeine Akte gerieten, und sei es irrtümlich. Alle auch „möglichen" Täter sind auf Band, an allen Grenzstationen sowieso und auch sonst. Wer beispielsweise aus Holland kommend irgendwann einmal mit einem Gramm Haschisch erwischt wurde, darf lebenslänglich auf sorgfältigste Durchsuchung hoffen, und das schon jetzt gut eingespielte System wird durch den maschinell ablesbaren Ausweis perfekt. Hamburger Gerichte gehen noch weiter und melden „Rauschgiftfälle", vom haschischrauchenden Lehrling angefangen, den Arbeitgebern. Auf daß, wer einmal in eine Akte geriet, womöglich lebenslänglich gebrandmarkt sei.

Aber nicht nur Maschinen, sondern auch James Bond hielt seinen Einzug in den Polizeiapparat.

Über den verdeckten Fahnder schreibt Arthur Kreuzer, der 1972 sein Richteramt in Hamburg aufgab, um über Drogendelinquenz zu forschen, und nun an der Universität Gießen lehrt:

„Das jüngste Kind der Kriminalpolizei – der Untergrundfahnder in

der Drogenszene – ist zugleich eines ihrer fragwürdigsten Instrumente. In ihm wird die Methodenannäherung (Anm.: zwischen Kriminalbeamten und Kriminellen) am sichtbarsten. Der Untergrundfahnder übernimmt äußerlich Rollen der Subkultur. Je erfolgreicher er sein will, um so stärker muß er Verhaltensmuster der Subkultur übernehmen, einschließlich delinquenter Formen. Kaum denkbar wäre ein Untergrundfahnder, dem es gelingt, sich in eine Rauschmittelkommune einzuschleichen und dort längere Zeit zu observieren, ohne Drogen zu konsumieren, Geschäfte zu vermitteln und selbst zu tätigen. Die Problematik wird am deutlichsten in verständlichen Forderungen, dem Untergrundfahnder freien Raum zu schaffen, ihn nicht durch Dienstanweisungen zu beengen, ihn etwa im Verfassungsschutz oder dem Militärischen Abschirmdienst auszubilden, ihn nach konspirativen Regeln arbeiten und seinen Kollegen gegenüber unbekannt bleiben zu lassen, mit reichlich Geld, falschen Pässen, atypischen Waffen usw. auszustatten. Im einzelnen können folgende Konfliktbereiche in der Tätigkeit des polizeilichen Untergrundfahnders ausgemacht werden: Der in den Untergrund eingeschleuste Polizist stiftet unmittelbar andere zu deren strafbarem Tun an, wenn er Einzelaktionen auslöst, um Zugriffe zu ermöglichen; er trägt aber auch mittelbar durch seine Beteiligung am Scene-Leben zum Verhalten der anderen bei. Er muß also nicht nur manches Strafbare im Vorfeld schwerer Fälle ‚übersehen', sondern sogar dazu beitragen und selbst mitmachen. Dies alles als rechtlich durch übergesetzlichen Notstand oder durch fehlenden Vorsatz gedeckt zu sehen hieße, rechtliche Konstruktionen zu pervertieren und die Arbeitsweise des erfolgreichen, länger tätigen Untergrundfahnders erheblich zu unterschätzen. Mag die Tätigkeit des Untergrundfahnders notwendig sein und bislang volle Rückendeckung in der Justiz finden, sie bewegt sich de lege late doch weitgehend am Rande der Illegalität... Schließlich sind Rückwirkungen auf das allgemeine polizeiliche Arbeiten zu befürchten. Der junge polizeiliche Untergrundfahnder wird nicht selten vom Abenteuerdrang inspiriert sein. Parallelen zur Spionage und Spionageabwehr liegen auf der Hand. Abgesehen von seinem eigenen erheblichen Sicherheits- und beruflichen Risiko ist nicht auszuschließen, daß er die nötige rechtliche und funktionale Distanz und Unabhängigkeit gegenüber dem Gegenstand seiner speziellen Aufgabe verliert... Solche Gefahren werden unter Eingeweihten als so ernst erachtet, daß man auf einer Fachtagung von der Notwendigkeit sprach, spezialisierte Untergrundfahnder vor ihrer Rückführung in andere Dienstaufgaben für die übliche polizeiliche Tätigkeit zu ‚resozialisieren'."
(A. Kreuzer, „Drogen und Delinquenz", Wiesbaden 1975).

Ein Thema, das nur äußerst selten in der Öffentlichkeit zur Sprache kommt, ist die erwachsene Form des alten Spieles „Räuber und Gendarm", nämlich die Personalunion. Es gibt wenige Berufe, die eine derart starke Verführung zur Kriminalität enthalten, wie der des Polizisten. Da dieses Wissen jedes Vertrauen in die öffentliche Sicherheit beeinträchtigen würde, wurde es tabuisiert. Das geht dann so weit, daß in keinem Krimi und in keinem Film der Täter zur Polizei gehören darf. In der Praxis geschieht dies relativ oft, obwohl nur wenige, schwerwiegende Fälle (und auch da nicht alle) bekannt werden. Bekannt wurden unter anderen jene braven Funkstreifenpolizisten in Berlin, die so lange immer als erste an Einbruchsorten waren, bis sie von Kollegen beim Einbrechen ertappt wurden, oder jener Beamte, der in seiner Freizeit mit Heroin handelte und schließlich in Nordrhein-Westfalen einen zahlungsunwilligen Kunden erschoß. Eine leider sehr voluminöse Mappe meines Archivs sammelt nur gerichtsnotorische, in die Zeitungen gelangte Fälle. Groteske sind darunter, wie der jenes Frankfurter RD-Beamten, der für den Betriebsausflug seiner Kollegen wirkungsvolle Haschischplätzchen buk, aber ihre Mehrzahl liest sich deprimierend langweilig – jedes Jahr gut ein Dutzend Fälle, in denen Beamte als überführte Heroinhändler von ihren Kollegen verhaftet werden mußten. So was ist natürlich keine bundesrepublikanische Spezialität, sondern wurde auch bei Scotland Yard festgestellt, und Belgiens oberster Rauschgiftfahnder wurde, der Höhe seines Amtes entsprechend, als Heroingroßhändler verhaftet. Dennoch: Hier zeigen sich Notwendigkeiten zur Einschränkung blinden Vertrauens in Amtspersonen.

„Diese Fälle sind nicht große Ausnahmen", sagt ein hoher Polizeibeamter, „sondern, leider, eher typisch." Die häufigste Kriminalität bestehe aber in Korruption, in dem bestochenen Dulden krimineller Handlungen, einer Versuchung, „der aus naturgegebenen Gründen am häufigsten Polizisten in den Vergnügungsvierteln und in Rauschgiftangelegenheiten erliegen". Auf „zehn solcher Fäll" käme höchstens einer andersartiger Kriminalität. In Rauschgiftangelegenheiten weisen verständlicherweise Untergrundfahnder den höchsten Anteil auf, gefolgt von untreuen Schreibtischbeamten. „Es gibt einfach die Versuchung, beschlagnahmtes Gift aus den Tresoren zu strecken und die dabei gewonnene Menge wieder auf den Markt zu bringen. Da es sich in diesen Fällen immer um Delikte mit einigen Tätern handelt, sind sie schwer zu kontrollieren." Mit einem aus Geheimdienstkreisen übernommenen Ausdruck sagt man von so gestrauchelten Kollegen: „Die sind ausgebrannt." Wird ihr Fall bekannt, bleibt er „bei 99 Prozent in der Behörde". Man behilft sich mit disziplinarischen Maßnahmen und einer Art innerbehördlicher Justiz. „Schmutzige Wäsche muß man ja nicht öffentlich ausbreiten."

Aber selbst von diesen Sündenfällen abgesehen, hat die bisherige Polizeitätigkeit einschließlich aller Geheimdienstmethoden einen entscheidenden Mangel: Sie bleibt ausschließlich auf die kleinere bis mittlere Ebene der Drogenkriminalität beschränkt. Bezeichnenderweise fällt auch einem so scharfen Beobachter wie Kreuzer als organisierter Drogenvertrieb nur eine „Rauschgift-Kommune" ein, die, wenn nicht nur als Endverbraucher, so doch höchstens als Kleinhändler fungieren kann. Darüber, und das ist die nächste zugängliche Ebene, gibt es den mittleren Verteiler, doch selbst von dem aus faßt nach polizeilicher Einschätzung die Kette mindestens noch 15 Glieder, ehe man zum Importeur gelangt, und so weit in die Hierarchie wurde noch kaum vorgestoßen.

Sehr drastisch drückte das ein im Dienst verzweifelter Beamter aus: „Zu 70 Prozent fassen wir kleine Kunden, die ihre Ware mit anderen teilen. Wenn wir Glück haben, kommen noch 25 Prozent Tante-Emma-Läden dazu, mit mehr Glück als System eine Konzernfiliale, sagen wir: in 0,5 Prozent der Fälle. An den zentralen Einkauf aber sind wir noch nie gelangt, geschweige denn an dessen Zulieferer oder gar die Produzenten."

Und selbst diese düstere Bilanz ist gezinkt, studiert man den nur auf Anforderung zur Einsicht gegebenen Teil der jährlichen Kriminalstatistik. Danach entfallen mit schöner Regelmäßigkeit, alle polizeilich registrierte Drogenkriminalität als 100 genommen, mehr als 80 Prozent auf Hanf, also auf Haschisch und Marihuana, und davon wieder (von 100) 80 auf den Besitz geringer Mengen. Bei den Opiaten, die knapp 18 Prozent aller Rauschgiftkriminalität ausmachen, entfallen jährlich rund 83 Prozent auf Besitz geringer Mengen, 15 Prozent auf Kleinhandel, 1,9 Prozent auf Handel bzw. Besitz von Mengen unter 100 g, und nur jeder 2000. Fall (insgesamt also einer von 10 000) betrifft Handel von Mengen über einem Kilogramm.

„So Große sind ja gefährlich", erklärt ein Beamter im Ruhrgebiet. „Und im übrigen bringen sie auch nur einen Punkt auf der Kriminalstatistik."

Also wird die Bilanz mit „Fliegenschissen", so der Amtsjargon, geschönt, und Beamte räumen gerne ein, daß „die ganze Sache schon fast ein Verwaltungsproblem geworden ist". Vorrangige Aufgabe der Polizei scheint zu sein, der Öffentlichkeit den Anblick des Elends zu ersparen und die „Scene", sobald sie irgendwo sichtbar wird, in eine andere Ecke abzudrängen, natürlich nicht, ohne dabei auch „kräftig abzufischen", so wieder der Polizeijargon. Im Rheinland, in München, Hamburg, Frankfurt und Berlin hat sich daher „ein Wanderzirkus" etabliert, dessen Spielregeln mir ein Berliner Beamter erklärte: „Als der Bahnhof Zoo zu bekannt wurde, haben wir saubergemacht, und die Scene wanderte auf die Potse (Anm.: Potsdamer Straße). Dort regten sich dann die Zuhälter auf, daß ihnen die Junkies die Kunden vertrieben. Also wurde aufgeräumt, und das meiste wanderte freiwillig nach Kreuzberg. Dort waren ja auch die meisten Hausbesetzer, und das hatte den Vorteil, daß wir uns bei der Beobachtung zwischen den einzelnen Dezernaten ablösen konnten. Das war schon eine Diensterleichterung. Aber dann fingen ausgerechnet die Chaoten an, sich gegen die Junkies zu wehren, also zogen die wieder auf die Potse. Wenn wir die Scene abfischen wollen, müssen wir uns natürlich auch danach richten, ob in den Gefängnissen gerade wieder Platz ist. Da gibt es ja schon einige Abteilungen, zum Beispiel für Türken, die selbst an der

Nadel hängen. Wir wissen natürlich immer, wenn irgendwo Zellenraum frei wird, und dann greifen wir uns ein paar..."

Die seltsamste Rolle spielen in diesem System die V-Leute, also Zuträger aus der Scene. Ihre Motive können unterschiedlich sein, vom verhafteten Fixer, der von der Zusammenarbeit Straferleichterung im eigenen Verfahren erhofft, über mit Geldbelohnung Geköderte bis zu einer Gang, die sich der Konkurrenz entledigen will. Die Polizei ist auf Tips angewiesen und muß in manchen Fällen strafbare Taten ihres V-Mannes tolerieren. Über die moralischen Konflikte, die dabei entstehen, weiß die Öffentlichkeit wenig. Der Stoßseufzer eines Beamten sagt schon eine Menge: „Ich werde das Gefühl nicht los, daß wir nur als Marktregulativ eingesetzt werden."

Es ließ sich nicht vermeiden, daß die V-Leute auch in das Visier von Gerichten und Staatsanwaltschaften gerieten. Zu lange waren Fehlurteile aufgrund von „Aussagen aus zweiter Hand" zustande gekommen, weil sich die V-Leute einer Vernehmung durch Gerichte entzogen und nur – oft unhaltbare – Beschuldigungen in Akten hinterließen. 1982 erließ daher Hamburgs Innensenator als erster Landesinnenminister Richtlinien für den Umgang mit V-Leuten, die allerdings als vertrauliche Verschlußsache behandelt werden. Daß ähnliches auch in Hessen eingeführt werde, versuchten die dortigen Rauschgiftbeamten mit einem spektakulären Auftritt in der Öffentlichkeit zu verhindern: Solange auf diesem zugegeben heiklen Gebiet „solche Rechtsunsicherheit" (was natürlich das genaue Gegenteil ist) bestehe, sähen sie sich außerstande, etwas gegen den Rauschgiftgroßhandel zu unternehmen. Sie hätten Angst, selbst kriminell zu werden. Scheinbar reichte ihr Pflichtbewußtsein bislang aus, kriminellen Umgang mit Kriminellen als saubere Polizeitätigkeit zu sehen.

Manche Erfolge, die nicht einmal öffentlich verbucht werden, beruhen fast ausschließlich auf einer engen Zusammenarbeit zwischen Polizei und Unterwelt, die dann natürlich ebenfalls organisiert sein muß. Ein Beispiel ist Hamburg, die Stadt mit der „etabliertesten" Unterwelt in der Bundesrepublik, wo auch die wichtigsten Köpfe des sonst auf Unauffälligkeit Wert legenden Gewerbes stattbekannt sind. Die Situation ist in gewisser Hinsicht jener der Mafia in Sizilien nicht unähnlich, und das hat auch seine Vorteile. Obwohl über den Hamburger Hafen viele Heroinimporte und auch -exporte nach den USA und Kanada laufen, hat die Droge hier stets den höchsten Preis von Deutschland – während das Gramm im Einzelhandel in Berlin oder Frankfurt um und unter 200 Mark kostet, ist in Hamburg der Preis bei 400 „eingefroren". Wer je Heroin unter diesem Fixpreis auf den Markt werfen wollte, „flog auf". Weil viele Süchtige in Städte mit billigerer Versorgung abwandern, bleibt die Scene klein und überschaubar. Der Nachteil ist ebenfalls offensichtlich: Es gibt einen „gedeckten" Markt, auf dem einige Gangster ungestört ihren Geschäften nachgehen können.

Ein solcher Fall ist geradezu pikant – ein iranischer Teppichhändler und ehemaliger SAVAK-Offizier, dessen Beteiligung am Heroinhandel vielen Journalisten dieser medienreichen Stadt bekannt ist, dessen Name auch gelegentlich in Polizeikreisen fällt und bei dem seit Jahren alle darauf warten, daß er sich „absetzt" oder daß er „hochgeht". Ein Grund für diese auffällige Schonung könnte sein, daß dieser Mann – so ein Polizeibeamter – „Sachen erzählen könnte, gegen die eine Bombe ein Frühstücksei ist". Doch ähnliche Fälle gibt es in fast allen Städten. Ein schon grotesker ereignete sich in Frankfurt, wo ein von Frau Staatsanwalt Werner dem Rauschgiftdezernat als V-Mann anvertrauter Herr Siebzehner sich als Waffenschieber kapitalen Ausmaßes entpuppte. „Das Besondere daran", sagt ein Beamter, „war die Größe des Falles, außerdem die dabei handelnden Personen. Sonst war es das normale Schema F ganz alltäglicher Betriebsunfälle. Aber was wir hier an schwarzen Schafen und dunklen Flecken haben, ist nicht einmal ein Hauch dessen, was Sie in New York erleben können, wo der Reihe nach die Leute wegen Korruption gefeuert werden müssen."

Nachdem dort die gesamte „spezielle Drogenabteilung" wegen Heroinhandels verurteilt werden mußte, wurde 1973 die DEA gegründet, die Drug Enforcement Administration, dem Justizministerium unterstellt. Ihre Erfolge lassen sich sehen, und die Ansicht der Experten trifft wohl zu, daß die Heroinmengen, die aus Angst vor der DEA nicht mehr in die USA geschmuggelt werden, nun in Europa auf den Markt gelangen. Ab und an wurde allerdings auch gerichtsnotorisch, daß V-Leute der DEA im europäischen Heroingroßhandel aktiv sind. Doch die DEA ist mit einer Polizeitruppe nicht mehr zu vergleichen; Organisation und Methoden wurden von Geheimdiensten übernommen, ebenso viele erfahrene CIA-Agenten. Die DEA arbeitet weltweit und kooperiert mit vielen befreundeten Rauschgift-Fahndungstruppen. Was in den vierteljährlich und luxuriös gedruckten Informationsschriften nicht steht, sagte mir ein Beamter sinngemäß in einem vertraulichen Gespräch:

„Personell sind wir wohl die am wenigsten korrupte Einrichtung auf diesem Gebiet, doch auch uns brennen immer wieder Leute aus. Auch das höchste Gehalt, das bezahlt werden kann, ist ja nur ein Pflaster gegen das Geld, das man mit Heroin verdienen kann, wenn man bei uns arbeitet. Wir hatten etliche Fälle von Doppelagenten, und wir haben bestimmt noch einige, über die wir nicht Bescheid wissen. Das Hauptproblem aber ist, daß in manchen Ländern die Heroinproduktion auf höchster Ebene gedeckt wird. Da können auch wir nichts dagegen tun. Wir können höchstens vor manchen Transaktionen warnen. Die DEA wird falsch gesehen, wenn sie als internationale Kampftruppe gegen das Gift herausgestellt wird. Sie ist eine Institution der USA, und ihre Aufgabe ist vorrangig, den Fluß der Droge in die USA zu verhindern. Wenn sich der Strom andere Wege sucht, werden wir zwar beraten und warnen, das eigene Hemd aber wird uns immer das nächste sein."

Die Wunder, die aus einer engen Zusammenarbeit zwischen der DEA und dem BKA unter Herrn Erich Straß erhofft werden, müssen also wohl unter diesem Gesichtspunkt gewertet werden. Für Rauschgiftahndung gilt dasselbe wie für Geheimdienste: Man kann zwar befreundet sein, aber im Ernstfall muß jeder für sich allein arbeiten, und es gibt auch Interessengegensätze.

Und die Bilanz aller Polizeiarbeit, sofern sie nicht Drogenabhängige betrifft, sondern den Markt: Nach Selbsteinschätzung wird jährlich weniger als ein Prozent der kursierenden Heroinmenge beschlagnahmt.

Wer jedoch polizeilich aufgefallen ist, landet in der Regel bei der Justiz, von der Hamburgs Staatsanwalt Martin Slotty stolz sagt: „Das Reaktionsmittel der Justiz bleibt im wesentlichen die Repression. Das Ziel: mit Mitteln der Repression zu erreichen, daß die Entstehung von Sucht verhindert wird." Nun landen aber vor den Gerichten, sobald Opiate anstehen, zu 95 Prozent selbst Abhängige — doch dieser Widerspruch stört nicht: „Bei dieser Aufgabe, Sucht zu verhindern, sieht sich die Justiz ebenso wie bisher schon die Polizei *allein auf weiter Flur*... Solange dieser Zustand nicht beseitigt wird — und da so etwas mit Geld verbunden ist, sind kurzfristige Veränderungen kaum zu erwarten —, ... werden also Polizei und Justiz weiterhin *vorranmarschieren* bei der Bekämpfung von Suchtentstehung."

Hier soll nicht die Einsamkeit des Staatsanwalts in Fragen Drogenabhängigkeit kritisch bedauert werden, doch diese Sätze sind einfach schrecklich: Sie spiegeln die Nabelschau der Verfolger, die Ärzte, Therapeuten und Sozialarbeiter einfach „auf der anderen Seite der Front" (Slotty) vermuten und, wäre es nur rechtlich möglich, mit den Abhängigen und ihren Anwälten in einen Topf werfen möchten. In den letzten Jahren, vor allem seit Gültigkeit des neuen Betäubungsmittelgesetzes, sind auf diese Weise unerträgliche Zustände entstanden, in denen die Konflikte zwischen „helfenden Berufen" und Justiz in aller Brutalität auf dem Rücken der Abhängigen ausgetragen werden.

Zu zitieren ist Amtsrichter Axel Vogt, Hamburg: „Das Gesetz *bevorzugt* mit seiner Regelung betäubungsmittelabhängige Straftäter. Ich lasse dahinstehen, ob diese Bevorzugung zu vertreten und von den Ergebnissen her im Vergleich mit anderen Tätergruppen sinnvoll ist. Der betäubungsmittelabhängige Täter hat, anders als andere Verurteilte, die Wahl, wenn auch nicht die freie Wahl, *zwischen* Strafvollstreckung und Therapie. Diese Wahlmöglichkeit wird zudem erheblich dadurch eingeschränkt, daß der Beginn der Therapie, und zwar einer *erfolgversprechenden* Behandlung, vorausgesetzt wird. Bei der Anrechnung der Therapie ist erforderlich, daß der Klient in der freien Gestaltung seiner Lebensführung *erheblich eingeschränkt* wird. Beginnt der Verurteilte die *Behandlung* nicht oder bricht er sie ab, ist die Strafe oder Maßregel wieder zu vollstrecken, da der Grund für die Bevorzugung weggefallen ist. Den Abbruch haben die behandelnden Personen oder Einrichtungen *unverzüglich* mitzuteilen."

Nun gehört es nicht zu den Aufgaben eines Richters, über Therapeutik nachzudenken. Doch dann sollten auch solche Sätze unterbleiben. Therapie bei Abhängigen heißt: Vorbereitung auf ein *freies* Leben, notabene zuerst einmal ein drogenfreies. Wie Freiheit „unter erheblichen Beschränkungen" erlernt werden kann, ist Herrn Vogts Geheimnis, das er jedoch mit vielen, allzu vielen Kollegen zu teilen scheint. Aber in deutsches Justizdenken scheinen solche Alltäglichkeiten nicht zu passen: Ein Therapieklient rennt davon. Am nächsten Tag, wieder mit klareren Gedanken, kommt er reumütig zurück. Würde er jetzt, wie die Justiz befiehlt, „unverzüglich" gemeldet, ging's ab ins Gefängnis, und die Chancen, ihn noch einmal zu Drogenfreiheit zu animieren, sind gleich Null.

Natürlich weiß das Herr Vogt, und so fährt er fort: „Viele Sozialarbeiter halten die Androhung des Vollzuges der Freiheitsstrafe bei Therapieabbrüchen und die Meldepflicht für einen Irrweg... Der von Sozialarbeitern in diesem Zusammenhang verwendete Freiheitsbegriff *überzeugt nicht. Ihr Klient, unser Straftäter, der seine Freiheit nicht sinnvoll gebraucht* hat, ist dadurch, daß er sich süchtig gemacht hat und daß er straffällig geworden ist, offensichtlich nicht freier geworden..."

Daß die Aufgabe der Justiz Sinngestaltung für Freiheit sei, habe ich noch nicht gehört. Peggy Parnass wies bis zur Erschöpfung auf abgehobene, lebensferne Rechtspraxis hin und auch auf die ungebrochene Kontinuität, nicht nur an Selbstherrlichkeit, die unsere bundesrepublikanische Rechtspraxis aus der Nazizeit mitgenommen hat – schließlich hat ja, man sehe diesbezügliche Urteile, auch der übelste Volksgerichtshof-Richter *nur* Recht gesprochen. Gerhard Mauz nannte einmal den Strafprozeß „eine schrecklich erwachsene Form des Spieltriebs", Kindern vergleichbar, die Fliegen durch Ausrupfen der Beine exekutieren. Derlei weisen die Sprecher der Justiz natürlich weit von sich, ebenso wie die Erklärung von Sozialarbeitern, den ursprünglichen Slogan „Therapie statt Strafe" umgedreht zu haben. Die bislang gefällten Urteile zeigen aber: Es gilt Strafe statt Therapie.

Als das Betäubungsmittelgesetz beschlossen wurde, hörte man das Versprechen, Mitte 1983 würde veröffentlicht werden, ob es sich, die Abhängigen betreffend, vorläufig bewährt habe. Vielleicht haben sich die Politiker nur versprochen – es gibt keine Bestandsaufnahme. Von Ärzten, Therapeuten und Anwälten wird das Gesetz nach wie vor eisig abgelehnt. Aus der Justiz ist zu hören, es habe sich bewährt, „was man schon an den vermehrten Urteilen und höheren Strafen ersehen kann".

Für die Abhängigen sind Gesetz plus Justizpraxis eine Katastrophe, zumal sich selbst progressive Richter als „Instrument" verstehen, „Leidensdruck zur Therapiemotivation" zu erzeugen. Arthur Kreuzer meint, viele von der Droge Losgekommene hätten „dem Knast gedankt". Doch er übersieht dabei, daß es nicht nur Berufs-Ex-Alkoholiker gibt, die sich öffentlich äußern und Jesus oder einem Verein danken, daß er ihnen ihr Leben geschenkt hat. Es gibt auch berufliche Ex-Junkies, die davon leben, überall ihre Abhängigkeit zu erzählen, nur: Sie sind nicht typisch, wenn auch die einzigen, die sich der Öffentlichkeit zeigen. Wer seine Abhängigkeit überwunden hat, wird über sie schweigen, schon um nicht immer von dieser düsteren Zeit seines Lebens verfolgt zu werden. Eine Therapie unter Strafandrohung kann nur erfolgreich sein, wenn sich das richterliche Gebot mit dem eigenen Willen trifft, von der Droge loszukommen. Wird ein Therapieversuch nur aus Angst vor dem Knast unternommen, ist er meist nicht erfolgreich, und man trifft sich dann vor Gericht wieder, mit einer um neue Fälle angewachsenen Akte. Daß dieser Tatbestand im Mund von Politikern als Argument mißbraucht wird, daß Therapie nur wenig Chancen habe, ist eine andere Sache. Schlimmer ist, daß die meisten Süchtigen einmal doch im Gefängnis landen und sich Gefängnisse für sie als Ort sicherer Verwahrung ungefähr so eignen wie eine Bar für einen Alkoholiker.

Nirgendwo in der Bundesrepublik sind Drogen so frei erhältlich, wenn auch zu sehr hohen Preisen, wie in ihren Gefängnissen. Die Gründe für die Existenz dieses Freimarktes hinter Gittern sind ähnlich vielfältig wie für den Markt außerhalb. Sie liegen in der hoffnungslosen Überbelegung veralteter Anstalten, in der aus der Unterwelt in die Häuser mitimportierten Hierarchie der Häftlinge – bei der Süchtige allerdings zuunterst rangieren –, am Personal... Jede Vereinigung, die sich mit Strafgefangenen beschäftigt, kann von Fällen berichten, wo sich Süchtige im Gefängnis zu Tode spritzten, wo Süchtige mangels Hilfeleistung im Gefängnis verreckten (und dieses Wort ist in diesem Fall noch ein mildes). Daß diese Gruppen sich nicht an die Öffentlichkeit wenden, liegt einzig daran, daß ihnen sonst jegliche weitere Arbeit mit den Inhaftierten untersagt würde.

Dieser Abschnitt will keine „umfassende und ausgewogene Darstellung" der Problematik Sucht-Legislative-Judikative-Exekutive sein. Vielleicht ist das auch gar nicht möglich, denn wer in diese Problematik einmal tiefer eingedrungen ist, bekommt ihre Widersprüche so schmerzhaft mit, daß er höchstens unter Drogeneinwirkung kühl bleiben könnte. An öffentlichen Darstellungen staatlichen Wirkens fehlt es nicht. Daß die hier erwähnten Probleme dabei nur selten zur Sprache kommen, liegt nicht nur an der Schamhaftigkeit staatlicher Stellen, sondern auch daran, daß danach nur selten gefragt wird, und da ähnelt der mündige Bürger Morgensterns Baron Korff:

„... weil, so schließt er messerscharf, nicht sein kann, was nicht sein darf."

Lauter hoffnungslose Fälle?

Ein hoher Politiker soll im Zusammenhang mit Abhängigen in der Kabinettsrunde gesagt haben: „Denen ist ohnedies nicht zu helfen. Sollen sie sich zu Tode spritzen, dann ist das Problem vom Tisch." *Si non e vere, bene e trovato*, der Satz spiegelt eine Sichtweise etlicher Politiker.

Man muß nicht erst den internationalen Heroinhandel und den möglichen Anteil der Bundesrepublik dafür als Beweis heranziehen, es genügt, den staatlichen Umgang mit den Opfern der Sucht zu beobachten, und da helfen keine gegenteiligen Beteuerungen: Diesen Opfern will nicht geholfen werden. Sie sind die legitimen Erben der Aussätzigen des Mittelalters – man versucht, die „gesunde" Gesellschaft vor ihnen zu bewahren, man isoliert und vergißt sie. Sie gelten, oft kaum weniger zernarbt und schorfig als ihre Geistesbrüder finsterer Zeiten, als hoffnungslose Fälle, und die mit ihnen zu tun haben, Sozialarbeiter, Psychologen und auf Drogenkranke spezialisierte Ärzte, teilen weitgehend ihre Außenseiterstellung – Aussätzigenbetreuer der Gegenwart. Wir haben immer noch das ungebrochene Instrumentarium des Mittelalters, durch Computer perfektioniert, und in Sachen Sucht auch die Sippenhaft. Die Angehörigen der Drogenopfer sind in ihrer Nachbarschaft isoliert wie einst die der Aussätzigen, und erst der Todesfall sichert ihnen, nach angemessener Quarantäne, Mitgefühl, dann aber meist als falsches Mitleid. Die Seuchenhäuser des Mittelalters fanden ihre Nachfahren in den Spezialgefängnissen für Abhängige, damals wie heute in sicherer Entfernung außerhalb der Stadtmauern. So hofft man, diesen unheimlichen Virus unter Kontrolle zu bekommen, und es wäre gut, dabei einmal an die Geschichte der mittelalterlichen Pest zu denken: Erst Jahrhunderte später stellte sich heraus, daß diese Seuche von Ratten übertragen wurde und ihre Ursache im Schmutz und in der üblen Hygiene der Gesellschaft hatte.

Sind wir weiter?

Die Heilungschancen Abhängiger werden der Öffentlichkeit gegenüber stets als gering dargestellt, weitgehend auch aus denselben mittelalterlichen Gründen: Es ist einfach billiger, sie abzuschreiben. In einem Ministerium wurde genau aufgelistet, wieviel Arbeitslosengeld, medizinische Kosten usw. ein Jugendlicher verursacht, der keinen Ausbildungsplatz findet oder darüber hinaus aus psychischen oder physischen Gründen behindert ist. Genauso pedantisch wie diese Kostenaufstellung ist auch die andere, wieviel Schaden er als Süchtiger bis zu seinem Tod an der Droge verursachen könnte und wieviel davon die Versicherungen zu tragen hätten. Die zweite Rechnung kommt billiger. Und es gibt in den Kreisen Abhängiger ein Wort für ihren Zustand: Selbst-Endlösung. Es entstand aus demselben Humor wie der Ausdruck „Goldener Schuß" für die letzte Spritze.

In Wahrheit sind die Heilungschancen Abhängiger weitaus größer. Sie sind bei der Droge Heroin ein Vielfaches höher als bei der Droge Alkohol. Der „trockengelegte" Alkoholiker muß tagtäglich auf seinem Weg, in jeder Zeitung unzählige Werbeanzeigen für Alkohol sehen, und er darf dieser Verführung nicht erliegen. Ihm wird überall, wo man über seine Krankheit nicht Bescheid weiß, ganz selbstverständlich Alkohol angeboten, und dann folgt meist ebenso zwangsläufig ein grausames Spiel: Er wird erklären müssen, warum gerade er nicht trinken *darf*, daß er mit dieser Droge *nicht umgehen kann*, wird auf peinliches Mitleid stoßen oder auf peinigendes Unverständnis, man wird von ihm als psychisch Krankem innerlich abrücken.

Leichter hat es da der Medikamentenabhängige, der von seiner Droge loskommt. Er wird zwar auch mit der Werbung für die Droge konfrontiert, aber verhältnismäßig selten, und man wird ihm nicht auf Empfängen beispielsweise Valium anbieten. Im Unterschied zum Alkoholiker ist er selten in seiner Arbeitsfähigkeit eingeschränkt, und den meisten Kollegen fällt die Krankheit gar nicht auf.

Für Heroin wird nirgendwo Werbung betrieben. Der „clean" (sauber) Gewordene muß nur die Scene meiden, denn dort wird gerade dem Abgesprungenen Heroin so gern angeboten wie dem Alkoholiker ein Schnaps. Die immer noch an der Nadel hängen, neiden dem Abtrünnigen nicht nur insgeheim seine Willensstärke, und für sie ist es ein Triumph persönlicher Selbstaufwertung, ihn wieder zu verführen. Das ist keine böse Absicht, sondern eine Eigengesetzlichkeit in der Verzweiflung der Sucht.

So einfach, wie das klingt, ist es natürlich nicht. Bei allen drei Formen der Sucht ist die Entgiftung, also die Phase des körperlichen Entzugs, eine schmerzliche Erfahrung und trifft nirgendwo so qualvoll den innersten Seelenkern wie beim Heroinsüchtigen. Es gibt zwei Schulen. Die eine vertritt den schmerzhaften, durch kein Linderungsmittel gemilderten Entzug („Fühle nur deinen Schmerz, fühle nur dein Zittern, das hat die Droge aus dir gemacht. Spür's, damit du dich nie mehr so erniedrigen wirst"). Die andere Schule versucht, den Übergang weitgehend schmerzlos zu gestalten, mit Opiaten einschließlich mancher Morphingaben, mit Apomorphin oder auch mit Akupunktur. Rolling-Stones Gitarrist Keith Richard, der schon wirklich alle Entzugsmethoden versucht hat, bevorzugt die Akupunktur. Das aber besagt nichts, denn er wird eine Entziehungskur nach der anderen absolvieren, solange er der Droge nicht aus eigenem Willen entsagt. Beide Schulen des Entzugs werben mit ihren Erfolgen, und ihre Mißerfolge werden von der Gegenseite vorgerechnet. Insgesamt scheint der „harte Entzug" eine höhere Erfolgsquote zu haben; allerdings sind beim Abwägen zwischen beiden Schulen viele Punkte zu berücksichtigen.

Unsere Psychiatrie entstand aus den Exorzismus-Riten der christlichen Medizinmänner, und einiges erinnert noch an diesen Ursprung. Sie sind nicht immer von Schaden, und bei seelischen Erkrankungen – zu denen die Sucht zählt – hat sich in der Anfangsphase des Heilungsprozesses ein Quantum „Magie" meist bewährt. Es geht dabei also um Rituale und Fetische, das Ablegen von Schmuckstücken aus der „Fixerzeit", das Wechseln bestimmter Kleidungsmoden und immer und überall um Haareschneiden. Diese Rituale bilden oft eine seelische Stütze, der Haarschur bei der Aufnahme in Mönchsorden vergleichbar, womit der bisherigen Welt äußerlich sichtbar entsagt wird. Aus diesen Gründen gehören sie zur Einleitung jedes Entzugs, zur Aufnahme in eine neue Gemeinschaft, wobei der alten Fixergemeinschaft fast feierlich abgeschworen wird. Manche Therapiemodelle greifen das Ritualvokabular mittelalterlicher Mönchsorden bis zur Kutte auf, z.B. Synanon in Berlin, wo zum Einheitshaarschnitt auch Einheitskleidung verpaßt wird. Erst dann beginnt der körperliche Entzug.

Einen Fehler machen viele Therapeuten: Sie ordnen diese Phase mehr dem medizinischen Bereich zu und behandeln nach den entsprechenden Genesungsregeln: viel Ruhe, wenig stören, die Sache den Kranken weitgehend mit sich allein abmachen lassen. Das gilt für Vertreter des harten und des sanften Entzugs. Fast durchweg werden die Kranken zu lange sich selbst überlassen, und hier liegen die Wurzeln vieler Mißerfolge. Nach meiner Erfahrung hat sich ein „harter Entzug mit medikamentöser Stützung" am besten bewährt. Der Schmerz muß erlebt werden, *bewußt* erlebt werden, wo er aber in alle Denkfähigkeit überflutende Größe ausufert, wird ein sorgsam gering dosiertes Opiat (z.B. Codein) verabreicht. Der Kranke muß in jeder Phase ansprechbar bleiben. Daß er es nur bedingt ist, liegt in der Natur der körperlichen Entziehung. Doch in dieser Phase können die wohl wichtigsten Gespräche geführt werden, liegt das Bewußtsein des Kranken weit offen, und das hat den Vorteil, daß er – für ihn selbst völlig ungewohnterweise und auch unfreiwillig – zu sich selbst völlig ehrlich ist. Dieser Zustand der Selbstehrlichkeit ist der entscheidende Unterschied zu dem des Süchtigen und kann in einer späteren Phase kaum so nachdrücklich bewußt gemacht werden. In diesem schwierigsten Zeitabschnitt des Ohne-Droge-Seins kann der Kranke am ehesten lernen, ohne die Droge zu leben, nicht in Details, aber im Prinzip. Denn ohne sie leben heißt: Schmerz ertragen, mit Schmerz leben können und *wollen*, ohne zum bewährtesten Schmerzstillmittel der Geschichte zu greifen. Die Trennung von „klinischem Entzug" und Therapie hat da nach meiner und einiger Kollegen Beobachtung einen schwierigeren Ausgangspunkt, da zum Wesen der Genesung gehört, schwere Erfahrungen zu verdrängen.

Der Entzug schaltet im Menschen ähnlich einer lebensgefährlichen Erkrankung ein „Notprogramm" ein, vergleichbar auf weiten Strecken hohem Fieber: Der Kranke kann sich kaum erinnern, „was da alles war". Diese Erfahrung nahmen viele Therapeuten als Argument, erst später einzusetzen. Doch auch in diesen schwierigsten Augenblicken ist der Kranke aufnahmefähig, braucht den Beistand des Therapeuten, und manche während dieser Zeit gemachten „Klarstellungen" wirken tiefer als der sprichwörtliche „posthypnotische Auftrag". Eine solche Methode setzt allerdings voraus, daß sich *ein* Therapeut um *einen* Klienten kümmern kann, und sie verlangt höchsten persönlichen Einsatz. Doch alle weiteren therapeutischen Schritte werden danach wesentlich leichter: Das Vertrauensverhältnis zwischen den beiden Kräften ist dann ein festes, und für den Kranken „kann es ja gar nicht mehr schlimmer kommen".

Die von den Therapeuten mehr oder minder freiwillig gelassene Lücke – sozialtherapeutische Wohngemeinschaften beispielsweise müssen ja aus vielen Gründen auf Entzugseinrichtungen verzichten – nahmen manche Mediziner zum Anlaß, ihre Kompetenzen etwas über Gebühr zu erweitern. Es ist die alte Kernfrage, an der sich Streit entzündet, ob nämlich Abhängigkeit eine Krankheit ist (chronisch) oder eine (heilbare, vorübergehende) Erkrankung. Die „Medizinierung der Abhängigkeit" ist zu Recht ein Alptraum vieler Therapeuten, denn Abhängigkeit ist (vom Medizinischen abgesehen) ein psychologisches Problem und damit, seit der Diversifizierung von Medizin und Psychologie, ein dem Psychologen zuzuordnendes, zumal ja Abhängigkeit ihre auslösenden Faktoren in sozialen Gegebenheiten hat. Leider gibt es vor allem in der Psychiatrie einen Geltungsanspruch, der am liebsten alle Welt vereinnahmen möchte – und wenn schon, dann wenigstens die Abhängigen. Nun sind psychiatrische Anstalten die Knäste der ärztlichen Kunst und zur Unterbringung Abhängiger – von eventueller Entgiftung abgesehen – nicht besser geeignet als die säkularen. Ein freies Leben ist dort nicht erlernbar.

Unheilvoll ist andererseits die Tendenz, mit der sich Krankenhäuser zunehmend wehren, Entzugswillige aufzunehmen. „Die wollen sich ja nur herunterdosieren lassen", sagte ein Chefarzt zur Begründung. Ich hätte ihn am liebsten wegen unterlassener Hilfeleistung angezeigt: Auch eine Herunterdosierung bewahrt vor mehr körperlicher Zerstörung, vor mehr Beschaffungs- und anderer Kriminalität.

Im übrigen ist zu bedenken: Etwa die Hälfte aller, die je mit Heroin zu tun hatten, hört nach einigen Malen von selbst auf, weil die Gefährlichkeit der Sache erkannt wird. Weitere 30 Prozent schaffen es *with a little help of some friends*. 10 bis 15 Prozent sind jedoch therapiebedürftig, und dann bedarf es, von der Entgiftung abgesehen, oft mehrerer Anläufe.

Eine Therapie besteht – grundsätzlich – aus vielen kleinen Schritten, aus vielen Gesprächen und einem oft unendlichen Verschleiß an Argumenten. Ein neues Bewußtsein ist zu gewinnen, und das geschieht nur durch Einsicht, nicht durch Einsehen. Die Ideologie der Sucht ist zu zerpflücken und – wesentlich schwerer – ein Verständnis für die fremde Ideologie der „Gesunden" aufzubauen. Der Natur der Sache nach wird es immer ein *kritisches* Verständnis sein – der einst Abhängige wird ja in genau der Gesellschaft unter genau den Verhältnissen leben müssen, in denen er krank wurde. Das Verhältnis zur Droge kann der ehemals Süchtige leicht klären: Er weiß, daß er von ihr die Finger lassen muß, daß er zwar glaubte, mit ihr umgehen zu können, daß aber sie mit ihm umging, daß sie stärker ist als er und er ihr respektvoll aus dem Weg zu gehen hat. Eine neue Beziehung zur Gesellschaft zu finden ist schwerer.

Der fast ausschließliche „Rückfallgrund" ist, daß sich zwar der Süchtige verändern wollte und verändert hat, aber in eine unveränderte Umwelt tritt, die mit einer höheren Wachstumsrate als die Inflation härter geworden ist. Mittlerweile fällt selbst dickhäutigen Beobachtern auf, wie sich das Klima der Bundesrepublik während der letzten Jahre verändert hat. Viele ehemals Drogenabhängige, die dem kalten Wind mit dünngescheuertem Nervenkostüm und ohne Droge ausgeliefert sind, frieren unerträglich. Es ist bezeichnend, daß in Gesprächen mit ehemaligen Abhängigen immer von einem „verlorenen Wärmegefühl" die Rede ist, das ganz körperlich klingt, aber seelisch gemeint ist. Es dauert Jahre, eine einigermaßen robuste Konstitution zu bekommen, und ohne seelische „Fettpölsterchen" kann auch der sich gesund Fühlende nicht lange auskommen, ob nun dieser Winterspeck aus dem Warenhaus oder aus einigen Mitmenschen gespeist wird. Vielleicht sind bestimmte Gesellschaftsformen wirklich nur noch etwas für wetterharte Segler, denn die Bundesrepublik bezahlt ihren unendlich langen Aufschwung mit der höchsten Quote seelischer Erkrankungen in der Geschichte des deutschen Volkes.

Ich weiß nicht, wie später einmal unsere Zeit beurteilt wird, in der wir bis über den Hals in Sachzwängen und Wellen stecken und in der die „Drogenwelle" nur eine ist. Ich will es auch nicht wissen, denn für mich waren Futurologen immer nur Handlinienleser mit wissenschaftlichem Vokabular. Aber die Sucht wird in nicht allzu ferner Zeit als eine einfache gesellschaftliche Erkrankung gesehen werden, als eine Art schwerer Sozialgrippe. Es würde uns helfen, jetzt schon so zu denken.

Robert L., Rückblick eines Falles

Seine Geburt war eine Tragödie. Die Mutter verblutete, und das Baby erlitt eine Hüftgelenk-Luxation, die in dieser Situation verständlicherweise nicht beachtet wurde. Als sie unübersehbar war, wurden auch noch verschiedene Diagnosen gestellt. Manche Ärzte hielten sie für eine spastische Schädigung, manche erkannten sie, und der ratlose und alleinstehende Vater gab allen recht. Die Folge davon war eine Serie Operationen, die als Ergebnis eine unbehebbare Gehbehinderung zeitigten und eine Spastikern angemessene Erziehung, die in diesem Fall natürlich katastrophal war. Das Weitere entstammt dem Versuch eines Rückblicks, der im Spätherbst 1979 entstand. Er setzt mit Heimerlebnissen ein:

„1969 nach den Sommerferien kam ich dann in ein Internat... Dort hatte ich meinen ersten Kontakt mit Haschisch. Im Herbst 1970 kam ich zurück nach Hamburg und kam dann gleich ins Rauhe Haus. Mir fiel es nicht schwer, schnell Kontakte zu den ‚richtigen' Leuten aufzunehmen. Schon nach drei Wochen hatten wir eine kleine Clique von Kiffern. Mein Interesse an der Schule und den dortigen Lehrplänen wurde von Monat zu Monat geringer. Zum anderen hatte es sich so ergeben, daß ich voll damit ausgelastet war, die Kameraden in Internat und Schule mit Haschisch zu versorgen.

Kurz nach Silvester, also 1971, wollte ich meinen ersten Schuß machen. Ich hatte in der Zwischenzeit einige Junkies kennengelernt und sie oft beobachtet, sie allerdings niemals gesehen, wenn es ihnen schlechtging. Mein Eindruck war eher gut, und teilweise bewunderte ich die Jungs wegen ihrer ‚ruhigen und ausgeglichenen' Art. Aber immer, wenn ich einen darauf ansprach, daß ich auch gerne einmal drükken würde, flippten sie total aus und machten mich schrecklich an. Ich war dann immer ziemlich eingeschüchtert und überlegte, ob die verrückt geworden sind. Einerseits pumpten sie sich bis obenhin voll und meinten dann, wie gut und befriedigend das ist, und wenn ich sie dann fragte, war es plötzlich der letzte Dreck, wovon ich die Finger zu lassen habe. Irgendwas stimmte da nicht!

Anfang 71 wurde mir dann der erste Schuß gemacht. Ich hatte den Typen so lange genervt, bis er seine Ruhe haben wollte und mir den Schuß nur gab, damit ich mein Maul halte. Eine Situation, in die ich später selbst noch gebracht wurde. Zuerst hatte ich wahnsinnige Angst, zog dauernd den Arm weg, ich hatte als Kind schon viele Spritzen bekommen und auch immer Angst gehabt, allerdings mehr vor den Ärzten als vor den Spritzen. Der Typ fragte mich dann noch einmal energisch, ob ich jetzt will oder nicht. Ich wollte. Das Gefühl oder die Wirkung kann ich heute gar nicht mehr so genau beschreiben. Ich war sehr glücklich, freute mich über alles und war nett zu jedermann. Das war's. Die Droge, nach der ich schon lange gesucht hatte.

Die erste Zeit sprach ich mit keinem Menschen darüber. Ich wurde nur manchmal etwas verwundert angeschaut, weil es mir immer so gut ging und ich so ausgesprochen nett war. Von Natur aus bin ich eher pessimistisch und habe vieles, wenn nicht alles schwarz gesehen. Dann habe ich es eines Nachmitags meinem besten Freund erzählt. Der fiel aus allen Wolken und flippte auch total aus. Ich hielt ihn für einen ängstlichen Spießer. Kurze Zeit später wurde ich von den Erziehern ins Gebet genommen. Alle waren richtig aufgeregt, und die Elke, eine Praktikantin, fing sogar an zu heulen. Ich verstand nicht, wovon die überhaupt sprachen, und war immer nur der Meinung, daß alles Quatsch war.

... Ich hatte in der Zwischenzeit aufgehört zu drücken. Die Jungs wollten mir nichts mehr geben, und Geld hatte ich keines. Also rauchte ich wieder oder nahm Speed, am liebsten AN 1 oder Ritalin. An das Drücken dachte ich nicht mehr. Ein weiterer Punkt, der mir wieder bestätigte, daß die Erzieher und einige Freunde Blödsinn erzählt hatten: ein Schuß und immer süchtig. Für mich war das alles Unsinn. Erst im Sommer 72 fing ich wieder an zu drücken. Ich hatte rausbekommen, daß man Ritalin auch schießen konnte. Im Rauhen Haus waren wir damals ca. 11 Leute, die mit Spritzen Erfahrung hatten, und jeder wollte die anderen übertrumpfen. Es gab auch genug Mittel aus der Pharma-Industrie. Irgendeiner hatte beim Arzt die ‚Rote Liste' geklaut, und nun waren wir auf dem allerneuesten Stand, Insider sozusagen.

1973 kamen dann die Stones nach Hamburg. Ich war von früh an fanatischer Stones-Fan und wußte durch die Medien von ihrer Vorliebe für Drogen. Für mich war es ganz klar, nicht nur bei dem Konzert zu sein, sondern auch so zu ‚fühlen'. Ich trieb bei Oma Geld auf, dann kaufte ich mir ein Päckchen und ließ es noch drei Wochen bis zum Konzert liegen. Ich mußte es jeden Tag ansehen, aber ich blieb eisern – wieder ein Beweis, daß ich noch nicht süchtig war. Ich wurde immer mehr davon überzeugt, es nie zu werden, und stellte mir manchmal schon die Frage, ob es Sucht überhaupt gibt.

Im Herbst 73 fing es dann richtig an. Meine Oma hatte sehr viel Verständnis, und ihr Portemonnaie war für mich immer offen. Ich hatte zu der Zeit eine gute Connection und kassierte auch einiges für Vermittlungen. Dann brannte es im Rauhen Haus. Action, Polizei, Kripo und und und. Es gab großen Ärger wegen meiner Spritzbestecke, und kurze Zeit später wurde ich aus dem Rauhen Haus geschmissen. Eine große Reinigungsaktion.

Ab dem Zeitpunkt wohnte ich wieder bei meinem Vater. Ich wurde auf einer Handelsschule angemeldet, aber dort hielt ich es nur ein halbes Jahr aus. Ich ging unregelmäßig hin, da mir die Leute alle auf die Nerven gingen. Ich fing wieder an zu drücken.

Eines Morgens, als ich aufwachte, ging es mir ganz anders. Es hatte mich erwischt. Mir gingen alle Erzählungen und Warnungen von Erziehern, Freunden, meinem Alten und den alten Junkies durch den Kopf. Dann verdrängte ich den Gedanken an Sucht wieder. Aber es wurde immer schlimmer. Ich hatte jetzt vielleicht wieder drei oder vier Monate durchgedrückt. Es war nicht mehr von der Hand zu weisen. Jetzt war ich richtig angespannt, Geld aufzutreiben, danach den Stoff... Und dann dachte ich oft immer noch, daß das eigentlich nicht sein kann.

Eigentlich hatte ich mich mit allem abgefunden. Es ging mir eher wieder gut. Ich wurde immer genügsamer. Ich brauchte nur wenig zu essen, blieb also ‚schön schlank', und da standen ja die Leute drauf. Zum anderen der Sex – nach und nach ließ das Interesse nach. Ich hatte mit Frauen immer Ärger gehabt. Ich war also ganz zufrieden, daß es keine Geilheit mehr gab. Auch die Gedanken an Sex verschwanden aus meinem Kopf. Es gab nur Geld, Gift, ‚cool sein' und die Stones.

... Jetzt kam es schon öfter vor, daß man zu mir sagte, ich sei arrogant oder überheblich. ‚Du denkst wohl, du bist der Größte' und so weiter. Zeitweise war ich auch der Meinung, der Größte zu sein.

Mit ‚normalen' Leuten hatte ich nichts mehr zu tun. Mein ganzer Bekanntenkreis war bis auf zwei, drei Leute an der Nadel. Es kam auch immer öfter vor, daß man irgendwo rausflog, weil man kleine Augen hatte. Die kleinen Augen sind ein Kapitel für sich. Sie sind das äußere Erscheinungsbild vom Tod. Durch die Pupillenverengung entsteht für den Betrachter der Eindruck der Unbeweglichkeit. Die Augen sind starr und kalt.

Jeglicher körperlicher Kontakt war mit zuwider, auch Händeschütteln und jemandem die Hand auf die Schulter legen. Ich ließ auch nicht zu, wenn mich jemand berühren wollte.

1976 zog ich das erste Mal bei meinem Vater aus und wohnte mit einem Freund in einem Motel in Billstedt. Unser Anfangskapital bestand aus 400 DM, einem alten Tonband und den Kleidern, die wir trugen. In der Regel standen wir am späten Nachmittag auf und planten dann strategisch den weiteren Tagesablauf, der sich allerdings in den drei Monaten niemals änderte. Dann machten wir uns einen Schuß, soweit das Gift vorhanden war. Jetzt war man ‚ruhig und ausgeglichen' und konnte über die Finanzen nachdenken. Das endete meist in wilden Auseinandersetzungen mit dem Schlußsatz: ‚Was rege ich mich eigentlich so auf, ich bin doch nicht süchtig, ich hab' das doch gar nicht nötig.'

Gegen Abend oder kurz vor Mitternacht machten wir uns dann auf den Weg zum Gewinde, einer ehemaligen APO-Kneipe, die inzwischen auf die Ansprüche und Gesellschaftskreise der Junkies abgestiegen war... In der Kneipe traf sich alles, was sich besonders kaputt oder ausgeflippt glaubte, dazwischen Massen von Ausländern, überwiegend Araber, Molukker. Dann und wann gab's richtige Filmschlägereien. Ich hab' dann immer gesehen, daß ich auf die Toilette komme und mir schnell noch was wegdrücken kann, bevor die Bullen eintreffen...

Es gab natürlich auch andere Zeiten und Seiten. Dann saß man im Gewinde und wartete. Warten ist für den Fixer das halbe Leben. Meistens saßen wir um den großen Stammtisch, Beine übergeschlagen, Hände gefaltet, und starrten ins Leere. ‚Gleich kommt einer wieder.' Man wußte ganz genau, daß einer kommt – er hat ja gesagt, daß er in einer halben Stunde zurück ist. Es waren schon zwei Stunden vergangen, aber wenn einer fragte: ‚Er kommt gleich.' Mißtrauen. Man traut grundsätzlich niemandem. Jeder Mensch ist darauf aus, dich zu linken oder dir was Schlechtes anzutun. Die ganze Welt ist schlecht, und du bist die einzigste Person, die es gut meint und keinem was Böses wünscht, und dann haben es alle auf dich abgesehen.

Du wartest immer noch. Es sind schon vier Stunden vergangen, und der Wirt wird schon sauer, weil keiner was trinkt. Erstens hat keiner Geld, und zum anderen will man sowieso nichts trinken, nur Kaffee, und der ist schon wieder teurer geworden... Dann der große Moment: der Typ kommt zurück. Alle springen gleichzeitig auf, jeder will als erster bei ihm sein. Man drängelt sich gegenseitig weg. ‚Komm, ich kenn' ihn besser, mein Problem ist wichtiger, ich warte schon etwas länger als du' usw. usw.

Wenn man das Gift dann hatte, war es meistens zuwenig, weil der Typ sich zuviel abgemacht hatte. Dann ging immer ein wahnsinniges Gelaber los. Trotzdem drückte man sich sofort sein Päckchen weg und ging selber noch mal los, weil man eine viel bessere Connection hat, die vorhin nicht da war oder irgendein Spruch in der Art.

Die Connection ist auch so eine Sache. Man bekommt schon nach einer Weile ein komisches Verhältnis zu seinem Dealer. Neben dem Gewinde wohnte eine Zeitlang ein Typ – 19 Jahre alt, Halbitaliener, Vati entsetzlich viel Geld –, und er machte mit Vatis Geld gute Geschäfte. Nach einiger Zeit stellte sich heraus, daß er auch linkte und Mädchen anfixte.

Wir waren sieben Leute. Eine gerechte Zahl in unseren Augen, gegen den Typen mal vorzugehen. Wir besorgten einen VW-Bus und fuhren hin. Als wir oben waren, klingelten wir, und Imbiß-Achim meldete sich. Der Typ machte die Türe auf, und wir stürmten in die Wohnung. Zunächst packten wir ihn, und Kalle und Peter machten ihn mit Handschellen am Stuhl fest. Die Füße wurden dann mit Klebeband geschnürt. Die Handschellen hatte Kalle auf dem Kietz in einem Sado-Laden aufgetrieben; sie waren, glaube ich, der größte Schock für den Typen.

Zuerst brachten wir Stereo und Fernseher in Sicherheit, also in den Bus, dann Sessel und Teppich. Als alles raus war, dekorierten wir die Wände mit den Lebensmitteln aus seinem Kühlschrank. Bei der Suche nach dem Gift gingen wir richtig fachmännisch vor. Man hatte es ja auch oft schon bei den Bullen gesehen.

Wir wünschten ihm, einen Affen zu schieben, etwas, was man sonst niemandem wünscht.

Ich hatte zu der Zeit auch schon mehrere kleine Äffchen geschoben, war allerdings immer der Meinung, das seien die größten gewesen, die es gibt. Man kann sich wahnsinnig in den Entzug reinsteigern. Jeder ist der Meinung, daß es bei ihm am härtesten gewesen sei.

Am schlimmsten sind die Gedanken, die man auf einem Affen bekommt. Es dreht sich alles nur ums Gift. Die Vorstellungskraft verdoppelt sich – ‚wenn und man könnte oder sollte...'

In der zweiten Stufe geht es dann los: ‚Jetzt hör' ich auf, jetzt ist Schluß. Ich mach' mich doch nicht kaputt, außerdem kann ich noch aufhören, ich bin ja nicht süchtig.' Andererseits: ‚*Einen* Schuß sollte man noch machen. Das ist ja *unmenschlich*, so abrupt aufzuhören. Aber wo kriegt man was her...'

Dritte Stufe: Ich gehe in der Wohnung auf und ab. Es sind bestimmt noch Tabletten im Haus. Suchen. Dann die Idee! Ich hab' ja noch die Filter von der letzten Woche. Suchen. Mir fällt ein, daß ich sie schon vor Tagen gedrückt habe. Wieder auf dem Bett liegen, an die Decke starren. ‚Was mach' ich jetzt?' Wieder hoch. Suchen... Zwischendurch sitze ich in der Küche auf dem Fußboden und weine, weil mir nichts mehr einfällt.

Mein Alter kommt. ‚Was ist denn mit dir los? Warum heulst du denn? Wie siehst du denn überhaupt aus?' Ich heule noch mehr, kriege jetzt auch noch Magenkrämpfe.

Mein Alter hat nie was gemerkt. Oder besser: er hat Angst gehabt. Er hat sowieso sein ganzes Leben Ärger gehabt, und jetzt das noch – nee, das wollte er nicht wahrhaben."

Das Verhältnis Vater-Sohn war bei den L.s ein denkbar kompliziertes. Nach dem Tod von Roberts Mutter hatte sich der Vater noch einmal verheiratet, doch die Ehe scheiterte bald. Seitdem lebte Roberts Vater nahezu nur für seinen Beruf, und Robert war sein „Ein und Alles". Der Sohn litt darunter, und zu seinem Vater entwickelte er eine extreme Haßliebe. Mit 16 besorgte Robert einen Revolver und stand damit eine ganze Nacht neben dem Bett seines schlafenden Vaters. Er wollte ihn nicht ermorden, sondern „herausfinden, ob er was merkt". Zu seinem Glück wachte der Vater nicht auf. Sonst wäre der Sohn wohl in Panik geraten, und die Katastrophe unvermeidbar gewesen.

Auch als alles schon längst vorbei war, weigerte sich sein Vater lange einzusehen, daß sein Sohn süchtig gewesen sei.

„Kurze Zeit später wurde ich mit zwei Freunden von Bullen vorm ‚Madhouse' angehalten und durchsucht. Bei mir fanden sie einen Löffel und bei den beiden anderen zwei Gramm Heroin. Auf die Domwache und ab! Eine halbe Zelle, raus! Zack! Foto! – Wieder zurück! – Eine Stunde – Wieder raus! – Der Doktor fragt, ob wir Gelbsucht oder Geschlechtskrankheiten haben oder Mittel brauchen. Als ich sage, daß ich nichts brauche, wird er sauer. Ich solle nicht den Helden spielen, und er wisse, daß es solchen Typen wie mir dreckig gehen kann. – Wieder zurück..."

Beim Verhör sagt Robert, er spritze „nur Vitamine". Er erhält eine Serie harter Schläge auf den Hinterkopf, beharrt aber darauf, nur Vitamine zu spritzen.

„...‚So. Und nun? Was soll ich mit dir machen?' Sein Kollege meinte immer nur: ‚Was denkst du dir dabei?' Genau wie mein Alter. Dann kam einer mit Kaffee. Und wieder von vorn. ‚Wir haben Zeit. Wir können dich so lange hierbehalten, wie wir wollen, usw.'

Gegen drei Uhr fuhren wir mit einem blauen Rekord nach Hause. Mir wäre fast das Herz in die Hose gerutscht. Mit jeder Ampel kam mein Alter näher.

Wir gehen die Treppe hoch, einer vor mir, drei hinter mir. Ich schließe die Tür auf. Der eine Bulle macht Licht im Flur.

Mein Alter: ‚Robert?' ‚Ja.'

Ein Bulle: ‚Wir sind von der Polizei, Herr L.'

Mein Alter: ‚Polizei? – Moment, ich komme.'

Die Bullen suchen in meinem Zimmer. Mein Alter kommt. Die Bullen erzählen ihm, daß sie mich mit zwei ‚Heroin-Händlern' aufgegriffen haben. Heroin. Das konnte mein Alter nun doch nicht glauben. Und gleich vier Beamte... das sei ja wie bei der Gestapo, meinte mein Alter.

Die Bullen suchen und kramen. Bett hoch, Matratzen raus, Bücher aus dem Regal, Schrank auf, Teppich hoch. Ich stehe in der Tür. Ein Bulle hat mich immer im Auge und meint, sie nähmen mich mit, er sei sicher, daß ich mehr wüßte, als ich sagen würde. Ich solle schon mal Zahnbürste und Handtuch holen.

Zwei Bullen unterhalten sich mit meinem Alten im Wohnzimmer, die anderen gucken in der Küche in den Kühlschrank. Dann wieder alle in mein Zimmer. ‚Da muß doch was sein!' Immer wieder.

Nach mehr als einer Stunde gehen sie dann ohne mich. Mein Alter sagt: ‚Darüber sprechen wir morgen', und verschwindet in seinem Schlafzimmer. Ich warte, bis er sicher schläft und mache mir dann einen Schuß. Die Bullen hatten sich die Zigarettenpapierchen auf meinem Tisch nicht genau genug angesehen, und ich mußte mich auf den nächsten Tag vorbereiten.

Es war grausam. Mein Alter machte sich am meisten Sorgen um die Nachbarn. Was die denken sollten...

Ich drückte immer mehr. Ich lernte einen Typen kennen, mit dem ich mich anfreundete. Er war Maler, seine Frau Fotomodell. Sie verdiente 1500 bis 1700 Mark pro Tag. Man drückte immer. Und wenn aus irgendwelchen Gründen kein Stoff aufzutreiben war, soff man. Oder wenn man Hilde breitschlagen konnte, ließ man aus Frankfurt mit der Eilsendung was schicken... Es kam aber auch vor, daß Hilde meinte, wir seien sowieso nicht süchtig und es ginge nicht, daß wir die ganze Kohle verdrücken, sie müsse ja auch an später denken. Solche Auseinandersetzungen endeten immer chaotisch. Spätestens am nächsten Tag wurde dann was geschickt.

... In der Zwischenzeit arbeitete ich als Schlafwagen-Betreuer. Nach ein paar Fahrten stellte sich heraus, daß noch mehr Junkies auf dem Zug waren. Wir holten den Stoff dann aus Italien. Ich sah zu, daß ich die ‚guten' Fahrten bekam — Verona, Genua, Rom oder besser noch Bozen, Meran, Villach. Da fuhren nur betuchte Rentner hin, und man hatte nach der Fahrt für zwei oder drei Päckchen Trinkgeld gemacht.

Nach sieben Wochen war ich dann soweit, daß ich nicht mehr fahren konnte. Der Job hatte wieder sein Ende gefunden, und ich hing wieder bei Harald und Hilde rum, zwei, manchmal vier Schuß am Tag. Es war bestimmt auch mit Langeweile. Ich hatte nichts zu tun. Aufstehen, was drücken, Musik hören, dann los. Den ganzen Tag über bei Harald sitzen, drücken — mal Schach gespielt oder er hat gemalt. Sonst nichts.

Eines Morgens wurde mir dann bewußt, daß es so nicht weitergehen kann. Entweder bin ich bald im Eimer, oder die Bullen kommen, oder das Heroin ist aus irgendeinem Grund einmal alle. Ich bekam Angst. Andererseits wußte ich nicht, wie ich aufhören soll. Zuerst wollte ich mich runterdosieren, bei jeder Ration etwas weniger nehmen. Das haute natürlich überhaupt nicht hin. Ich belog mich selbst am laufenden Band. ‚Morgen fang' ich an.' Immer morgen.

Und dann war es alle. Harald und Hilde waren für drei Wochen nach Frankreich gefahren. Geld hatte ich auch nicht. Ich war nahe an einem Nervenzusammenbruch. Durch eine Freundin bekam ich dann Codein-Compretten.

Ich schluckte täglich 10 bis 15 Stück, immer drei auf einmal. Wenn ich dann noch etwas Gin trank, ging es mir besser. Auf jeden Fall war mir warm, und ich hatte genug Selbstvertrauen, in die ‚Öffentlichkeit' zu gehen. Ich versuchte natürlich immer noch, irgendwo einen Druck aufzutreiben, aber in der Zeit war in Hamburg auch gerade Ebbe.

An einem Abend Anfang Dezember ging ich zu der Freundin, um wieder Codein zu holen. Am Hauptbahnhof wollte ich Zigaretten kaufen. Im Kiosk traf ich einen früheren Bekannten, der längere Zeit im Osten lebte und wieder mal in Hamburg war. Er lud mich auf ein Bier ein, und nach wenigen Minuten merkte er, was mit mir los war. Wir sprachen lange über das Drücken und die Umstände, und am Schluß sagte er, ich solle ihn mal besuchen. Voraussetzung: große Pupillen, sonst brauche ich nicht zu kommen. Am nächsten Tag ging ich hin.

Bis Februar verbrachte ich jeden Tag mit ihm. Inzwischen sind wir ganz gute Freunde geworden, und mein Bekanntenkreis hat sich dadurch total verändert. Wenn man nicht mehr drücken will, muß man alle bekannten Junkies aus seinem Kopf streichen.

Die ersten Monate habe ich dann wahnsinnig viel gesoffen, überwiegend Gin und Bier. Ich brauchte immer noch die innere Wärme von irgendwelchen Mitteln. Jetzt trinke ich höchstens ein Bier am Abend. Haschischrauchen habe ich für längere Zeit eingestellt. Manchmal rauche ich jetzt wieder, zur Entspannung, aber nicht, um Probleme oder unangenehme Vorkommnisse zu verdrängen. Wenn es mir nicht gutgeht, rühre ich überhaupt nichts an. Das einzig Wichtige beim Aufhören ist:
– man muß es wirklich wollen
– man darf nicht das Gefühl haben, in die Gesellschaft ‚zurückgegliedert' zu werden
– man muß lernen, Unangenehmes zu schlucken."

In der allerersten Phase mußte sich Robert angewöhnen, alle Insider-Ausdrücke aus seinem Wortschatz zu streichen. Daß er für Heroin nicht mehr „Stoff, H (Ädsch)" oder ähnliches sagte, sondern Heroin, half der inneren Distanzierung. Seit einem halben Jahr kann Robert ohne jedes Sehnsuchtsgefühl an die Droge denken. Vieles von ihrer Wirkung hat er vergessen.

Seit einigen Monaten arbeitet er in einem Jugendzentrum. Er ist dort sehr beliebt. Seine Vorstellungen über seine Zukunft sind noch nicht sehr ausgeprägt. „Ich habe viele Jahre überhaupt nichts mitbekomen und muß erst lernen, mich umzusehen." Sehr oft denkt er daran, einmal Sozialarbeiter zu werden.

Zu seinem Vater hat er nun ein lockeres, freundlich-distanziertes Verhältnis. Seine Freundin ist ein Schatz.

9. Kein Ausblick. Kein Ausblick?

Für mich hat der Kampf gegen Rauschgift denselben Stellenwert wie der Kampf gegen den Terrorismus.
(Bundesinnenminister Gerhart Baum, 1979)

Für mich hat der Kampf gegen Rauschgift denselben Stellenwert wie der Kampf gegen den Terrorismus.
(Bundesinnenminister Friedrich Zimmermann, 1983)

Ich habe das Gefühl, daß unsere Gesellschaft verschiedene Fragestellungen nicht zuläßt.
(Gerhart Baum zum Problem, 1980)

Es gibt in dieser Beziehung keine offenen Fragen.
(Friedrich Zimmermann zum Problem, 1983)

Seit ich anfing, was zu rauchen,
Hat die welt mir den rücken gekehrt,
Ich weiß nicht: was soll ich tun,
Erst schnupfte ich, dann kam ich auf die nadel,
Und mein körper begann langsam zu zerfallen,
Nichts blieb mir übrig, in dieser welt zu tun,
Denn die drogen machen, daß ich auf der straße sterbe.
Hasapiko, griechisches Volkslied 1934, zitiert aus „Rembetika",
gerhardt verlag, Berlin 1979)

Zur Philosophie der Droge

1. Sprache als Bestandsaufnahme

Es ist verführerisch, Themen eines Jahrzehnts zu suchen. Eigentlich spielt es keine Rolle, ob ein Jahr eine Null führt, doch die Versuchung ist groß, zwischen die Nullen Leitmotive zu packen. In den Schlagworten der Politik, wo Jahrzehnte die nach Legislaturperioden nächste Hammergröße sind, sehen sie auf Regierungsseite so aus: „Aufschwung für die Sechziger-Jahre", „Sicher in die 70er Jahre", „Sicherheit für die 80er Jahre". Aufschwung ist noch dynamisch, Sicherheit restriktiv. Sicherheitsparolen spiegeln die „Volksmeinung" ebenso wie Sandburgen an Urlaubsstränden — Einigelung, Rückzug in befestigte Höhlen, auch in der Sicherheitsarchitektur öffentlicher Bauten ersichtlich. So gesehen wird Politik für alle, die an der Macht fraktionsweise teilhaben, zu einem unendlichen Abwehrkampf des Establishments gegen Angriffe. Daher werden die wahren Themen eines Jahrzehnts die der Bedrohung. Für die fünziger Jahre ware das die Rote Gefahr aus dem Osten, für die sechziger der Aufstand der Jugend gegen festgefügte Ordnungen – mitgetragen von den Bürgerrechtskämpfern der USA, Vietnamverweigerern und -demonstranten, den Beatles und Rolling Stones, der APO und der Pille –, für die siebziger Radikale und Terroristen. Für die achtziger Jahre scheinen die Themen der Bedrohung schon festzustehen: Energie und Rauschgift.

Doch dieses politische Spiel, Bedrohung – Sicherheitsversprechen, wird nur von einem Teil der Bevölkerung mitgetragen und (so die Demoskopen in der Sprache der Hundezüchter:) „angenommen". Es überzeugt nicht einmal unbedingt eine Mehrheit, und das Gefühl einer Beengung durch Sicherheit scheint zuzunehmen, je mehr Sicherheit gegeben wurde. „Keine Experimente" reichte einmal zu einem absoluten Wahlsieg. Doch „Sicher in die 70er Jahre" wollte die Mehrheit schon nicht mehr, sondern lieber „Mehr Demokratie wagen".

Der Aufbruch war optimistisch und wurde bald als Bedrohung dargestellt. Zu hören war, mehr Demokratie mache ein Land „unregierbar", eine „Tendenzwende" wurde herbeigeredet, es kam der Radikalenerlaß, wurden etablierte Freiheitsrechte im Namen innerer Sicherheit drastisch beschränkt. Es wurden an Orwells „Gedankenverbrechen" aus 1984 erinnernde Tatbestände geschaffen, von „Verherrlichung" bis „Sympathisanten", für unorthodoxe Meinung bis unausgewogene Kritik. „Ausgewogenheit" und „Mitte" und „Sachzwang" wurden neue Begriffe der deutschen Sprache. Am Ende des Jahrzehnts gab es unter den gegensätzlichen Machern der Politik insofern Einigkeit, daß keiner den Sicherheitsparolen eine der Verheißung entgegenstellen wollte oder konnte.

Da hilft auch nicht, von „Wende" oder „geistig-moralischer Erneuerung" zu sprechen. Der Volksmund hat dies schon längst zu „Geimowe" verkürzt, und die „Lehrstellengarantie" des Kanzlers wurde nur noch mit einem müden Lächeln und hinterhältigen Briefen mit der Bitte um die entsprechende Stelle kommentiert. Vor- und Nachrüstung erzeugen außer gewaltloser Verzweiflung, die ja nun nach der Wende vom Bundesinnenminister auch klar als Gewalt erkannt wurde, nur noch dumpfe Kriegsangst. Und wer sich nach den angeblich heilen Zuständen der Fünfziger sehnt, möge nicht das damalige Heer der Opiatabhängigen vergessen – „Morphinisten" hießen sie damals –, die zum kalten Krieg gehörten, dessen Aufwärmung angeblich unserer Sicherheit dient, der inneren wie der äußeren.

Doch an einem großen und überwiegend jungen Teil der Bevölkerung gehen diese Sicherheitsparolen vorbei, wenn sie nicht gleich schmerzhaft treffen wie die „Regelanfrage". Der Preis der umfassenden und durch Computer immer mehr perfektionierten Sicherheit ist ein dumpfes Unbehagen, eine dunkle Ahnung, daß etwas nicht weiterläuft, ein unartikuliertes Endzeitgefühl, das die Fettlebe des Augenblicks den Orgien am Ende des Römischen Reiches vergleichbar macht, und dazu gehört auch der immer zwanghaftere Griff zu Drogen.

Bisher sind dafür erst Hilfsworte zu hören: „Unbehagen an den Parteien", „Staatsverdrossenheit", „Sprachlosigkeit der Politik", „Sachzwänge", „Teilnahmslosigkeit der Jugend". Von den etablierten Politikern wird es ab und an erwähnt, aber mehr als eine Tatsache, mit der man leben müsse wie der Muslim mit dem Kismet. Die nichtetablierte Politik versucht Auswege unter dem Stichwort „alternativ" zu finden, konnte sich aber bisher auf kein Programm einer Verheißung einigen.

Es scheint ein Tabu zu geben, Unlust an dieser Gesellschaft als Unlust zu benennen, ähnlich wie bei seelischen Erkrankungen.

Unsere Sprache wird nur sehr selten daraufhin untersucht, ob nicht unbemerkt Wesentliches in ihr deutlich wird.

In den ersten zwei Jahrzehnten der Bundesrepublik erlebte die deutsche Sprache eine Flut neuer Fremdworte, nahezu ausnahmslos aus dem angloamerikanischen Wortschatz und technologischer Art. Managen wurde sogar eingedeutscht, Egghead übersetzt, und alle Worte hatten überwiegend positive Bedeutung: Boß, Computer, Input, Output, Crisis Management... Worte aus dem Bereich menschlicher Gefühle aber wurden zu knappen, vieldeutigen Begriffen zusammengezogen („Bock haben" oder nicht, für alle vielfältigen Möglichkeiten von Lust oder Unlust, alles Gefühl später zu „feeling"). Modesprache, vor allem der Jugend, wird selten analysiert. Die wichtigsten Worte der Siebziger: „total" (seit der NS-Zeit nicht mehr verwendet), „cool", „geil", „korrekt", auf höherer Ebene: „sachlich", „rationell", „nüchtern", „ausgewogen". Nur die Werbesprache schien sich anderer Bedürfnisse zu erinnern und kreierte unzählige Wortverbindungen mit „Traum-".

Auch die angloamerikanische Sprache übernahm Worte aus der deutschen, seltsamerweise fast durchgehend negativer Bedeutung: „Kitsch" (anbiedernde Volks„tümlich"keit), „Ersatz" (für Form statt Inhalt), „Zeitgeist" (als obrigkeitlich angeordnete Denkweise), „Gemütlichkeit" (für gezwungene Ungezwungenheit), „gründlich" (für Pedanterie) und „Berufsverbot". Begriffe unserer täglichen Umwelt werden in anderen Sprachen zu Worten mit negativer Bedeutung. Außer mit dem traditionellen Mißtrauen gegen Deutsch-Teutsches ließe sich das auch damit erklären, daß hier Ursachen des dumpfen Unbehagens erfühlt werden, das bei uns immer mehr Menschen immer hemmungsloser zu Drogen greifen ließ.

2. Kriegspropaganda

Dem Rauschgift wurde der Krieg erklärt. Als Armee dienen die bewährten Truppen der Polizei, verstärkt durch Neumobilisierte und Reserven, durch erweitertes Kriegsrecht flankiert und mit Propaganda moralisch aufgerüstet. Wer diese Sprache zu martialisch findet, lese in „Kriminalistik" von der „Dardanellenfront" oder in der „Neuen Juristischen Wochenschrift" von der „Heimatfront", an der die Justiz „voranmarschiert". Altes und neues Kriegsmaterial kommt voll zum Einsatz, von Hundestaffeln bis zu Elektronengehirnen, nur eine Sanitätstruppe scheint bei diesem Krieg entbehrlich. Es fehlt, immer noch und immer mehr, an Sozialarbeitern und Therapeuten. Und das liegt einfach daran, daß sie von den hartgesottenen Kämpfern „der anderen Seite" zugerechnet werden.

Wie jede Kriegspropaganda ist auch die gegen Rauschgift grell und kritischen Gemütern leicht durchschaubar. Fast alle Anti-Drogen-Plakate sind eine unfreiwillige Werbung. Das mag darauf zurückzuführen sein, daß sie von Werbeagenturen geschaffen wurden, pawlowsch darauf erzogen, *für* ein Produkt zu werben und nicht *gegen*.

Die Phantasielosigkeit der Anti-Werber ist erschreckend. Zu Heroin fällt ihnen nur ein, daß die Droge tötet, und immer wieder ein Totenschädel. Doch nur für unsensible Vertreter eines erfolgreichen, lebensbejahenden, hier und heute glücklichen Establishments ist ein Totenschädel abschreckend. Wer von der Droge wirklich gefährdet ist, kennt ihn anders: als Schlüsselanhänger, als Emblem auf der Lederjacke, aus den geliebten Horrorcomics, als Requisit der Geisterbahn und Popkultur. Dieser Tod droht nicht, er verharmlost. Schlimmer noch: Er fasziniert. Wer an der lebenssprühenden Kaufhausmoral nicht glücklich wird, findet eine Alternative in diesem schaurig-schönen Tod, der nur Eltern erschreckt. Doch nicht einmal für die Anti-Drogen-Werbung werden ehemals Abhängige oder Sozialarbeiter mit Erfahrung an Drogenabhängigkeit konsultiert. Die Propaganda wird von Ministerialbeamten und Werbefachleuten bestimmt, deren einziges Drogenproblem gemeinhin Alkohol und Valium sind.

In den Anti-Drogen-Kampagnen, die doch Gefährdete ansprechen sollen, feiert die „gesunde" Gesellschaft ihre eigene Angst vor der Sucht. Das aber verringert bei allen, die dem Gesellschaftssystem distanziert bis ablehnend gegenüberstehen, die respektvolle Angst vor der Droge.

Auch die Darstellung in den Medien verlockt. BILD-haft ist immer wieder von der „Todesdroge" die Rede, und bei Beschlagnahmen nennt die Polizei aus schlichter Profilierungssucht abenteuerlich hohe Werte. Das lockt. Die nach derselben Methode geschürte Konsummoral – „Es war schon immer etwas teurer, einen besonderen Geschmack zu haben" – schlägt auch dort durch, wo sie nicht erwünscht ist.

Am gefährlichsten ist die immer wieder hör- und lesbare Behauptung, daß „Heroin sofort süchtig" mache und „eine Spritze reicht". Diese Panikmache bewirkt ihr Gegenteil. Auch Heroin macht erst nach längerer Dosierung abhängig, dann aber gnadenlos. Bis dahin vergeht jedoch etliche Zeit, und dann glaubt keiner mehr, daß es ihn treffen könne, da sich die überall gehörte Warnung augenscheinlich als unwahr erwiesen hat.

Die Problematik der Sucht läßt sich in Kurzfassung nicht darstellen, und vielleicht müßte man bei der Ethymologie des Wortes dafür in den verschiedenen westlichen Kulturkreisen beginnen, um ihr auf die Spur zu kommen. Frankreich und England kennen den Begriff „addiction" – man hat sich, sinngemäß, einer Sache (mit Leib und Seele) verschrieben. Hier steht die Droge im Vordergrund, ähnlich wie beim Begriff „Abhängigkeit", der bei Betrachtung des doch sehr dynamischen Prozesses reichlich passiv wirkt, den ich jedoch – nach vielen Diskussionen mit Therapeuten ihren Sprachgewohnheiten folgend – übernommen habe. Das Wort „Sucht" kommt von „suchen" – doch was wird gesucht?

Was haben diese Menschen gemeinsam, die ihr Leben vor dem Fernseher verleben, in Automatenhallen und Kneipen vor den Glücksautomaten, bei allem Ekel vor der eigenen Unförmigkeit immer hemmungsloser Süßigkeiten verschlingen oder von ihnen verschlungen werden, in Alkohol stürzen? Zunächst einmal das Gefühl einer im Wortsinn unsäglichen, unartikulierbaren Leere, die mit *irgendeinem Mittel* gefüllt werden will, da das Selbst fehlt. Von diesem Mangel an Selbst lebt die Warentauschgesellschaft, die ja jede Menge Ersatzprodukte verhökert, aber auch unsere repräsentative Demokratie, vor allem in den Trivialbildern vom „Staat als große Familie".

Untertanenideale, aus vielen praktischen Gründen jahrhundertelang gezüchtet, unabdingbar für ein Leben in immer enger werdender Gesellschaft: sich zufriedengeben mit wenigem, abschalten, von Welten träumen, deren Exotik einem verschlossen ist oder die zu erreichen mit zuviel oder unerlaubtem Aufwand verbunden wäre... „Junkies" und solche, die mit dem Gedanken daran spielen, verachten diese Denkweise als „Spießermentalität". Fragt man sie jedoch nach ihren Idealen, kommen genau dieselben Werte heraus, nur eben ein wenig ver-rückt: die Droge gibt (scheinbar) alles, was sonst an Ersatzbefriedigungen in Warenhausregalen lagert und von der Freizeit-*Industrie* angeboten wird, und hinzu kommt ein „Outcast"-Gefühl, ein masochistischer Kitzel derer, die sich so chancenlos, ungeliebt fühlen, daß sie lieber gleich „Abschaum" sein wollen; die das Gefühl einer zerstörten Seele durch die Zerstörung des Körpers – zunächst rotzig, später apathisch – sichtbar machen.

Beim Junkie „greift" die Anti-Drogen-Werbung, und sie greift furchtbar. Das Gegenteil von „gut" ist bekanntlich „gut gemeint", und die dümmsten Sätze tragen die furchtbarste Frucht. Dazu gehört der Nimbus von Haschisch als „Einstiegsdroge", der immer wieder vorgebracht wird, als gäbe es gegen Hanf sonst nichts Bedenkliches zu sagen, und den Frankfurts RD-Leiter der „Frankfurter Rundschau" geradezu abwitzig diktierte, nämlich: „Immer mehr Heroinabhängige benutzen Haschisch als Einstiegsdroge." Wie das? Sind sie heroinabhängig, und brauchen sie, der Dusche vor dem Schwimmbad vergleichbar, erst eine gänzlich anders wirkende Droge, um sich an das Gift zu wagen? Es ist wahr: Etwa 60 Prozent aller Heroinabhängigen haben Erfahrungen mit Haschisch. Aber auch: Nicht einmal 5 Prozent aller mehr oder minder regelmäßigen Cannabis-Konsumenten *denken* auch nur an Heroin. Die Szenen unterscheiden sich so gründlich wie die Wirkungen der Drogen, und das einzige, was sie verbindet, ist die Kriminalisierung. Für Opiatgefährdete ist Hanf die erste *illegale* Droge, und da sich ihre Wirkung von der Rauscherwartung enttäuschend unterscheidet, wird sie bald auch „links liegen" gelassen zugunsten einer, die das individuelle Rauschgefühl scheinbar perfekt befriedigt. Wer zum Junkie tendiert, ist bei Hanf einfach an die falsche Droge geraten, wenn ihm auch dieses mittlerweile „illegale Alltagsmittel" (Thamm) den Schritt in die Kriminalisierung bescherte. Doch die oft zitierten „Drogenkarrieren" beginnen nicht mit Hanf, sondern weit früher: an der Hausbar und der Hausapotheke, wo das Gefühl des „Zugeknalltseins" erlernbar ist, das Heroin so perfekt gibt.

Zu Heroin verführt der schrecklich-exotische Nimbus, den Wohlmeinende der Droge verpassen zu müssen glauben. Für jemand, der für sich ohnehin nur „no future" sieht, ist das genau jenes Mittel, das Profil und Individualgefühl zu bescheren scheint. Und dann wird die Wirkung der Droge verspürt, beginnt ihre Eigengesetzlichkeit.

Wird sie wahrgenommen, ist es zu spät, denn die erste Erfahrung der Sucht ist der erste „Affe", das erste schmerzhafte Entzugssyndrom, in der jede Körperzelle nur noch nach dem Stoff zu gieren scheint. Der Tod ist nicht das Problem der Sucht. Der scheint dann eher als Erlösung. Die Qual der Sucht ist das Leben bis zu diesem Endpunkt, stinkend, gehetzt, zwischen erbarmungslos hohen und erbarmungslos tiefen Seelenzuständen wüster treibend als eine Achterbahn, nur noch durch die Droge „ausgeglichen", verarmend, immer menschenunwürdiger werdend.

Es ist die Qual, ursprünglich nahestehende Menschen daran mitleiden zu sehen, ohne für sie Gefühl aufbringen zu können, da alle diese Energien benötigt werden, sich selbst weiterzutreiben. Die Lust am Tod bei der eingestandenen Mutlosigkeit zu diesem Schritt. Angelockt worden sein von dieser Aussicht; sie ganz nah im Auge, zu erschrecken und keinen Weg mehr zurück sehen.

Wer zu Heroin greift, weiß ganz genau, wohin es führt. Die ersten Male ist auch Sehnsucht dabei nach diesem Nichtziel: eine Art Spiel mit dem möglichen Tod (der durch die unterschiedlichen Qualitäten des angebotenen Giftes meistens als „Betriebsunfall" möglich ist), russisches Roulette. Dann wird die Droge zu einer Angelegenheit der Individualität: Ich werde damit umgehen können, werde der einzige sein, der nicht an der Nadel hängt, sondern an dem die Nadel hängt. Dann ist eines Tages die Droge stärker geworden, und es bleibt die bedingungslose Kapitulation. Dann gehen alle Wertvorstellungen von Persönlichkeit in die Konkursmasse. Nur noch die Droge ist da, und nichts zählt hinter dieser Nebelwand. Und diese wird immer wieder nur durch die Droge durchbrochen, durch den immer kürzer werdenden Zipfel Paradies, den sie schenkt.

Es gibt eine klassische Situation: Ein Junkie wird von einem Neugierigen angesprochen, ihm doch bitte, bitte „einen Schuß" zu setzen. Er ist entsetzt, sträubt sich und tut es dann doch, die eigene Niederlage vor Augen und – auch das bewußt – das einsame Elend mit einem mehr teilend, an dem er weiter keinen Anteil nehmen wird.

Der Reihe nach gehen über Bord: Geruchssinn, Geschmackssinn, Tastsinn, Sexualität, alle Gefühle. Es bleibt: warten, warten, sich aufrappeln, um die Droge kriechen, betteln, sich erniedrigen, kurz träumen, warten...

Wer von der Nadel runterkommt, gewinnt in längeren Zeiträumen fast alle verlorenen Sinne wieder, und er wird auch diese dunkle Zeit seines Lebens vergessen. Der „sauber" gewordene Abhängige braucht für sein Selbstwertgefühl die Vorstellung, nicht in den allerletzten Sumpf getaucht zu sein. Je größer der Abstand zur Droge, desto unmöglicher wird es, sich ihrer Verzweiflung noch peinigend genau zu erinnern, und als Riegel vor diesem Höllentor dient die Hoffnung, es für sich endgültig abgeschlossen zu haben.

„Junkies" sind verhinderte Spießer, ihre „Bedürfnisse" dieselben wie die der von ihnen so verachteten „Kleinbürger", nur eben mit einem anderen Mittel „erfüllt", dessen Preis (zumindest für eine Weile) in Kauf genommen wird, der scheinbaren „Andersartigkeit" wegen. Und zu dieser Droge wurden sie durch Werbung verführt, die mit „Abschreckung" lockt.

Die Anti-Propagandisten verschließen sich dem, nicht zuletzt deshalb, weil sie dann ja auch einmal darüber erschrecken müßten, wie wenig sie ihre eigenen Sehn-*Süchte* von jenem offensichtlichen Abschaum unterscheiden. Weder sie noch ihre Auftraggeber haben versucht, dieses Wissen von Abhängigen oder Geheilten in ihre Arbeit einbringen zu lassen, auch aus dem Überlegenheitsgefühl heraus, den an Sucht Erkrankten als „unmündig" anzusehen. Und Unmündigen wird der Mund verboten.

3. *Paradies und Ordnung*

Je sichtbarer in unserer wohlgeordneten Gesellschaft die Spur der Droge wird, desto häufiger taucht die resignative Frage auf, ob sie nicht „Schicksal" unserer Gesellschaft sei.

Jahrtausendelang haben Menschen mit dem Opium gelebt. Es war immer Medizin *und* Rauschgift, Gift, wenn nicht Medizin. Ein Fluchtmittel, das dann mörderisch wurde, wenn es zur Flucht mißbraucht wurde, das dann seine Machtbestätigung von den Unterworfenen wollte.

Die Droge ist eine Macht. Sie will herrschen, sie will angebetet werden. Sie will Unterwerfung, und sie belohnt dafür wie jede Macht. Es gehört zum Grundselbstverständnis des Menschen, einer Macht unterworfen zu sein, von den zu Göttern erhobenen Witterungen des Frühmenschen bis zu unserem Staat. Auch wenn Menschen sie ausüben, dient als Legitimation ein abstraktes Prinzip wie „so ist es einmal", und das ist der Philosophie der Droge nicht unähnlich. Im Unterschied zur Droge zerstört die Macht der Demokratie nicht ihre Untertanen. Oder nur: nicht so sichtbar? Wer sich diese Frage stellt und sie ehrlich zu beantworten sucht, wird den Süchtigen eher verstehen.

Wie kommt es, daß gerade in der Wohlstandsgesellschaft die Droge eine solche Macht wurde, daß sie täglich ihre Opfer fordert? Kann es sein, daß die schreckliche Macht der Droge manchem immer noch menschlicher erscheint als unsere Gesellschaftsform mit ihren erlaubten Rauschgiften? Ist es möglich, daß unsere – die überwältigende Mehrheit glücklich machende – Gesellschaft einige so verzweifeln läßt, daß sie die chemische, absolute Macht der Droge für menschlicher, ehrlicher halten als unsere zur freien Selbstbestimmung, freien Marktwirtschaft deklarierten Herrschaftsrituale?

Jeder Staat, jede Gesellschaftsform hat ihre erlaubten Drogen, die unsere Wirklichkeit erträglicher machen sollen und daher „ethische Drogen" heißen. Sie greifen angeblich nicht an, sondern machen fit für den nächsten Alltag, und schlimmstenfalls schalten sie Seelenzustände samt ihren Trägern endgültig aus. Die erlaubten Drogen sind in unserer Gesellschaft Alkohol und Psychopharmaka. Volksgesundheitliche Fürsorge macht aus den anderen unerlaubte, von harmlosen bis zu höchst gefährlichen.

Eine Gesellschaft schaffen zu wollen, in der kein Bedürfnis nach Drogen mehr herrscht, ist eine Utopie, die schon daran scheitert, daß jedes neue System auch die Schäden das alten erbt.

Es muß erlaubte Drogen geben, und es wird verbotene Drogen geben. Beide werden ihre Opfer fordern, die verbotenen mehr, denn die ihnen Ausgelieferten werden auch zum kriminellen Opfer der jeweils herrschenden Ordnung. Diese Unterscheidung ist ein grundsätzliches Kennzeichen jeder Machtausübung, von der Familie angefangen. Wer auch nur einen Augenblick die Reize des Erlaubten in Frage stellt, kann denen des Verbotenen verfallen.

Ist die Droge ein Ausdruck des Generationskonflikts? Ein herzlicher Witz im „playboy" zeigte ein altgewordenes Hippie-Pärchen, das am Eßtisch sorgenvoll auf seinen mit Krawatte und Anzug trotzenden Sohn blickt: „Was haben wir bloß falsch gemacht?" Ist es nur das? Ist das Drogenproblem nur die verweigernde Antwort auf das Vorbild der Wiederaufbau-Generation (mit Betonung auf Wieder, denn es wurde ja nichts Neues aufgebaut, sondern das Bewährte wieder, diesmal mit freiheitlich-demokratischem Grundverständnis)? Wird diese Frage bejaht, dürfen wir nach bewährter Tradition die Hilflosen unserer Glücksbegriffe über Bord gehen lassen, als Opfer, die der Fortschritt so fordert, von der Brutalität unseres Rechtsbewußtseins nicht angesprochen, nur abgeurteilt, als verlorene Söhne und Töchter, bei denen nur reumütige Rückkehr „einen Hammel wert" ist.

Die Droge ist wohl kein Generationsproblem, sondern der Blutzoll an die grundlegende Vorstellung vom Paradies, von Harmonie, von einer Empfindungswelt, die sich negativ ausdrückt: schmerzlos, unverkrampft, unkompliziert, oder böse positiv: cool, gelassen, hart im Nehmen, gerade. Sind wir Menschen, weil wir in wenigen Momenten eine Ahnung dieser Paradiese erfühlen? Wenn ja, geben sie Drogen gründlicher, und wer über den Dingen stehen will, wird unter ihre Macht fallen. Die Drogen lauern zwischen der Paradieshoffnung und der Wirklichkeit, die durch diese Hoffnungen erst so schwer erträglich wird.

Hier muß allerdings die Frage gestellt werden, ob unsere Wirklichkeits*vorstellung* etwas mit Wirklichkeit zu tun hat. Seit dem Humanismus kennt das christliche Weltbild, das bis dahin alles Denken des Menschen aus göttlichen und teuflischen Einflüssen ableitete, auch den Begriff der Vernunft. Durch sie, heißt es seither, unterscheidet sich der Mensch vom Tier, und nur noch auf die Vernunft des Menschen wird gesetzt, wo geherrscht wird. In der Französischen Revolution wurde sogar ein Tempel für die „Göttin der Vernunft" errichtet, und ihre Rituale waren die ersten in der Geschichte der Religionen, die ohne eine Droge auskamen. Die Parolen der Französischen Revolution sind heute quer durch alle Ideologien Programm, auch der Vernunftglaube wurde ungebrochen übernommen. Daß dabei der Glaube oft an Vernunft und zumindest Menschlichkeit vorbeigeht, zeigen einige böse Neubedeutungen des lateinischen Wortes für Vernunft, z.B. „rationalisieren" für die Abschaffung von Arbeitsplätzen.

Bei dem Stellenwert, den Vernunft in unserem Wissen einnimmt, ist es nicht sehr verwunderlich, daß andere Grundzüge des Menschen erst Jahrhunderte später entdeckt wurden. Es ist noch keine 100 Jahre her, daß Sigmund Freud den Einfluß der Psyche auf das menschliche Verhalten entdeckte und Lewin den der Drogen. Diese Erkenntnisse erscheinen, vom Standpunkt der Vernunft aus gesehen, als unerwünscht. In politischen Überlegungen spielt die Psyche, also die Seele des Menschen, nur in Wahlkampf- und Strategieplänen eine halbwissenschaftliche Rolle, und der menschliche Hang zu Drogen ist ein zu bekämpfendes Übel.

In der Architektur feierte die von der menschlichen Wirklichkeit abgeflogene Vernunft ihren unmenschlichen Triumpf im Bauhaus-Denken. Wir leiden heute unter den wüst nach Lineal weitergebauten „neuen Wohnungen des neuen Menschen", an den Schuhkarton-Wohnungen, Trabantenstädten und Bauklotz-Bürohäusern, denn diese „vernünftige" Architektur ging – unbestritten – am Menschen vorbei.

Vernunft ist nur *ein* Faktor menschlicher Wirklichkeit. Mit ihr und oft auch gegen sie gibt es noch die irrationale Macht der Gefühle und die magische Macht irgendeiner Droge. Die beiden letzteren Faktoren sind nicht „regierbar", da sie die unverwechselbare Eigenpersönlichkeit jedes Menschen bilden. Wir müßten sie aber als Grundlage unserer Gesellschaft miteinbeziehen, wenn Politik nicht in kalten Vernunftshöhen am Menschen vorbei gemacht werden will.

Die politisch ignorierten Mächte rächen sich. Während auf edler Vernunftbasis nüchterne Politik gemacht wird, nehmen die seelischen Erkrankungen und Drogenprobleme mörderisch zu. Als Universal-Lösungsmittel aber wird immer noch immer nur Vernunft empfohlen. „Gefühle sind nicht erlaubt, hier zählt nur nüchterne, abwägende Vernunft..." Für Träume sind die Konsumwerbung zuständig, die Kirchen und die Unterhaltungsindustrie. So ist Vernunft, vom Menschen losgelöst, unmenschlich geworden. Die Selbstzerstörung der Spezies Mensch jedoch kann ihre Vorbilder in der durch Vernunft zerstörten Umwelt selbstbemitleidend-anklagend mühelos finden.

Offene Karten

„Haben wir das Problem Drogenabhängiger im Vorfeld der Kriminalpolitik, nämlich in Familie, Erziehungswesen und Sozialpolitik zu orten, so bedeutet dies gleichzeitig, daß die Kriminalpolizei nur sehr begrenzt hilfreich sein kann. Dennoch greift man in der öffentlichen Meinung und Politik gern auf kriminalpolitische Instrumente angesichts derartiger Probleme zurück; man verkennt deren sehr begrenzte Wirksamkeit, dies zumal in Wahlkampfzeiten."
(Arthur Kreuzer: „Das Drogenproblem und Grundstrategien einer Drogenpolitik", in: „Suchtgefahren", 3/79)

Wer heute noch auf Erfolge „harter" Drogenpolitik hofft, möge sich das tragische Beispiel New York ansehen, wo es Rockefeller 1973 versuchte. Drei Jahre später wurde der stramme Marsch ruhmlos abgeblasen – die Zahl der Toten hatte sich verdreifacht.

Hier hilft auch kein Perfektionieren des vorhandenen Instrumentariums, denn das seit 50 Jahren damit geschaffene Ergebnis ist ein Trümmerhaufen, überflutet von einem Heer Abhängiger und immer mehr Kriminalisierter. Zwar mag es im Zeichen der „Wende" praktikabel erscheinen, darauf zu setzen – die „heile" und „schaffende" Gesellschaft grenzt sich ja immer brutaler von den „anderen" ab, seien es nun Rentner, Sozialhilfeempfänger oder Arbeitslose, und da bräuchte man hier nicht einmal mehr ein Lippenbekenntnis zu sozialer Reintegration –, doch die Tatsachen zeigen, daß nur das Gegenteil von dem erreicht wurde, was als Ziel angegeben war. Hier hilft nur das ehrliche Eingeständnis, an allen Fronten gescheitert zu sein, keine Frontbegnadigung mehr, nur noch Kapitulation, und danach kein Wiederaufbau, sondern nur ein ganz neuer Anfang.

Es ist sinnlos, weiter so zu tun, als sei das Desaster Staatsgeheimnis. Seine Hauptursache ist ja, daß es von Anfang an selbst an der allerprimitivsten Ehrlichkeit gefehlt hat, in allen Punkten. Es muß eine Stunde der Wahrheit geben, und sie wird für alle Betroffenen schrecklich sein, doch danach kann es nur besser werden.

Zunächst einmal müssen Fragen beantwortet werden, die scheinbar zynisch und absurd klingen, aber vor dem Hintergrund des Elends gestellt werden müssen: Können wir es uns leisten, auf die Abhängigen, so wie sie derzeit handeln und behandelt werden, zu verzichten?

Die moralische Antwort wurde immer schnell und vorschnell gegeben, und daher muß jene angedeutet werden, die wichtiger ist: Kriminalisierte Abhängige sichern nicht nur Arbeitsplätze – von der Polizei über die Justiz bis zu den „helfenden" Berufen –, sie sind auch volkswirtschaftlich von Bedeutung – außer rund 6 Milliarden Mark für das Gift setzt die „Beschaffungskriminalität" noch einmal mindestens 4 Milliarden um, Neuanschaffungen für entstandene Verluste nicht gerechnet, und dieses Geld verschwindet nicht wie das Gift in den Venen, sondern es wird „angelegt", „investiert" – und sie haben einen politischen Stellenwert, der oft und gerne ausgebeutet wird. Sie sind Bestandteil der „economia sommersa", der abgetauchten Wirtschaft, die auch auf anderen Gebieten Maßstäbe setzt, z.B. bei Schwarzarbeit am Bau, und die cum grano salis zu jenen Idealen der freien Marktwirtschaft paßt, die gerade wieder als Alternative zum Sozialstaat propagiert wird.

Zweifellos: Das sind düstere Überlegungen, doch sie sind nicht zynischer als die von Rentenversicherern, die gar nicht heimlich nachgerechnet haben, daß ohne die vorzeitigen Todesfälle durch Medikamentenmißbrauch die Kassen noch schlimmere Finanzprobleme hätten.

Also: Brauchen wir die Abhängigen, um an ihrem Elend weiter profitieren zu können, oder soll versucht werden, ihnen zu helfen? Wenn man letzteres bejaht – und dieses Ja dürfte von den politischen Stellen nicht aus publizitätskosmetisch behandeltem Mund kommen –, ist zunächst einmal der Umfang der Katastrophe aufrichtig zu sichten und in seinen wahren Zahlen bekanntzugeben. Beschönigen hilft nicht mehr, das Problem ist zu groß.

Es ist Abschied zu nehmen von der liebgewordenen These, das Drogenproblem sei ein importiertes und nur in den Anbauländern des Mohns zu lösen. Selbst UNO-Fachleute geben zu, daß „Agrarumstellung auf andere einträgliche Produkte" nicht funktionieren *kann*, da Opium pro Feld 2000 Dollar bringt, der nächsteinträgliche Tabak aber nur 460. Auch der manchmal erörterte Plan, einfach die ganze Welternte aufzukaufen, würde nur einen ins Gigantische ausufernden Mohnanbau bewirken. Solange Opium gefragt ist, wird Mohn angebaut werden, und die Anbauländer werden wechseln, aber nie weniger werden und stets am Rand von schwelenden Kriegen und in Gegenden mit bürgerkriegsähnlichen Zuständen liegen. Das Drogenproblem ist keines der Dritten und Vierten Welt, es ist eines unserer Industriegesellschaft und kann nur hier angegangen werden.

Sang- und klanglos zu begraben ist das Märchen, der internationale Drogenhandel sei ein Geschäft von Gangs, „Ameisen" und „Familien". Das ist er ebensowenig wie das einziger, weltumspannenden Mafia. Der Drogenmarkt ist ein hochverflochtenes Gewebe verschiedenster Interessen mit vielen legalen und halblegalen Winkeln und Beteiligten, vielfältig wie die legale Marktwirtschaft und von denselben Mechanismen wie Profitinteressen gesteuert. Er ist ein Filz krimineller, politischer und industrieller Interessen, so fein ausgewogen, daß eine Gruppe die andere deckt und alle – bis auf die Opfer natürlich – im Rahmen ihrer Interessen absahnen. Wer dagegen angehen will, muß erst einmal die gesamte Struktur offenlegen, einschließlich eventueller Eigenbeteiligung.

Zu untersuchen, auf höchster und öffentlicher Ebene, sind also:

1. Die Verbindungen zwischen Waffenhandel und Heroingeschäften, angefangen bei den eigenen Geschäften in Ländern mit Mohnanbau. Sollte der Bundesnachrichtendienst über solche Dinge keinerlei Informationen haben, kann er sie jederzeit beim Internationalen Institut für Friedensforschung SIPRI in Stockholm holen, und beim International Narcotic Control Board der UNO in Wien wird man auch gerne behilflich sein. Auch Journalisten können mit Material dienen – seit der Erstausgabe dieses Buches sind derartige Seitenblicke an Kriegsschauplätzen kein solches Tabuthema mehr wie zuvor, und sogar deutschen Gerichten ist derlei bereits bekannt, wenn auch noch nicht der Polizei, z. B. in Hamburg. Es gibt ehrlicherweise nur zwei Gründe für solche Geschäfte: wirtschaftliche Interessen der Produzenten und/oder über das eigene Land weit hinausreichende politische des Staates. Tatsache ist, daß deutsche Abhängige politische Bewegungen (bei Goethe hieß das noch): „hinten irgendwo in der Türkei", in Kurdistan, im Libanon (einschließlich Israel) und in Fernost mitfinanzieren. Geschieht das aus politischen Interessen der Bundesrepublik, muß auch die Frage gestellt werden, wieviel Heroin das den Deutschen wert ist. Geschehen diese Geschäfte aber nur aus der Profitsucht von Herstellern und Händlern, sind sie aus volksgesundheitlichen Gründen zu unterbinden. Der Bundesnachrichtendienst arbeitet weltweit und soll deutsche Interessen wahrnehmen. Auch hier ist eine Aufgabe.

2. Die (unfreiwillige) Begünstigung von Organisationen und Personen, die in den Heroingroßhandel verstrickt sind, durch Organe des Staates und einzelne Politiker. Diplomatische Eiertänze wie der des Außenministeriums im Fall Tabatabai verschleiern nur die Sachlage – wenn schon solche Geschäfte (aus welchen Gründen auch immer) geduldet werden (müssen), dann sollen dies auch die Bürger wissen. Es ist mehr als zynisch, sich auf politischer Ebene mit dem Heroingroßhandel abzufinden und das Drogenelend Abhängiger zu deren selbstverschuldeter Privatsache zu erklären. Zu untersuchen ist auch das Zuträgersystem der Polizei sowie auf diesem Gebiet mögliche Deckungen und Verflechtungen mit der Unterwelt. Mögen auch die verschiedenen Dezernate jammern, ihr V-Leute-System sei ihre wichtigste Arbeitsgrundlage: Tatsache ist, daß trotz oder wegen dieser polizeilichen Grauzonen der Drogenmarkt nicht abgenommen hat, sondern zunahm.

3. Die Produktion und der Handel bestimmter Chemikalien bei sämtlichen deutschen Chemiekonzernen und allen ihren internationa-

len Tochtergesellschaften. Falls die verantwortlichen Vertriebsmanager nicht wissen sollten, wie Tonnen spezieller Chemikalien ihrer Produktion in Gegenden mit keinerlei registrierter Chemieindustrie gelangen, sollte auch hier der Bundesnachrichtendienst als Auslandsaufklärungsorgan der Bundesregierung nachforschen. Die CDU hat wiederholt erklärt, dieses Problem angehen zu wollen. Hier ist Gelegenheit, die oft zitierte „Glaubwürdigkeit" zu beweisen.

Das wäre der erste Schritt, der getan werden muß. Der zweite erfordert behutsame gesetzgeberische Maßnahmen für die künftige Entwicklung des Drogenmarktes. Auch hier müssen am Anfang liebgewordene Gewohnheiten aufgegeben werden, da sie versagt haben. Es ist ein obszöner Zustand, daß sich die Justiz stets hinter dem Rücken des Gesetzgebers versteckt und der hinter der „Rechtspraxis" und daß tagtäglich Abhängige gerichtlich zerstört werden, mit der Begründung eines „Abschreckungseffekts", der nachweislich noch nie irgendwo stattgefunden hat.

Zu fordern ist eine *Entkriminalisierung ohne Legalisierung* der Abhängigen, ausgehend von den gegebenen Verhältnissen, die teilweise erst durch die Gesetzgebung entstanden sind. Aus dem noch nie klar formulierten Betäubungsmittelgesetz wären zwei zu machen, eines für *Naturdrogen* und eines für *chemisch aufbereitete*. Diese Unterscheidung würde auf jeden Fall weiterhelfen als die sehr beliebige zwischen „weich" und „hart".

Zu reden ist also auch über Hanf und seine Verarbeitung. Die derzeitige Gesetzgebung kriminalisiert 3,5 (BKA) bis 5 (DHS) Millionen meist jüngere Cannabis-Konsumenten, ohne daß bisher in der gesamten Geschichte der Drogenforschung auch nur ein Todesfall durch diese Droge nachgewiesen werden konnte, und den Nimbus der „Einstiegsdroge" halten mittlerweile nur noch jene hoch, die an Vorurteilen hängen wie der Fixer an der Nadel. Auch der Markt ist zumindest auf der Kleinhändlerebene nicht derselbe, und die Szenen haben sich völlig getrennt. Wir werden lernen müssen, auch mit Haschisch zu leben, und da es das geringere Übel ist, sollte man es dementsprechend behandeln.

Einige Staaten der USA erreichten, daß durch eine teilweise Duldung von Marihuana das Heroin wieder in die Slums zurückgedrängt wurde. Will man größere Erfolge, muß gesetzgeberisch behutsam vorgegangen werden. Hanf zu legalisieren, ist sinnlos – Import und Großhandel sind bestens etabliert, und jene Kreise würden ihre Geschäftsaktivitäten auf andere illegale Produkte verlagern. Entkriminalisiert müßten jedoch die Endverbraucher (und damit auch der Kleinhandel, denn irgendwoher muß die Sache ja bezogen sein) werden, die ja nun wirklich keine ernst zu nehmende „Gefahr für die Volksgesundheit" sind. Die Niederlande, Italien und Spanien haben damit vorzeigbare Erfolge erzielt. Auch das Delikt „Anbau" müßte entschieden anders formuliert werden, schon um die derzeit grassierende Hysterie zu beenden. Angesichts unserer Drogenmisere nehmen sich bestimmte

Lächerlichkeiten zynisch aus, so der Aufruf des Schleswig-Holsteinischen Landeskriminalamtes, Spaziergänger mögen doch bitte auf Hanfpflanzen achten, oder gar die polizeiliche Ernteaktion in einem Frankfurter Kleingarten, wo ein aus Schlesien stammendes Ehepaar einige bereits trockene Mohnkapseln zur Samengewinnung für Kuchen stehen hatte und was schließlich als „Aushebung einer *Opium*pflanzung" der Presse verklärt wurde. In vierzehn Hamburger Richtergärten, ausnahmslos von Drogenrichtern, konnte ich im Frühling 1983 die traditionelle Zierpflanze *Papaver orientalis* (Türkenmohn) blühen sehen, obwohl auch deren Anbau nun streng verboten ist. Zweifellos werden sich die Herrschaften, würde bei ihnen je die Polizei einfallen, auf Verbotsirrtum berufen und mangelnde Kenntnisse der Botanik. Andere Bürger würden sie ebenso selbstverständlich verurteilen, denn Unkenntnis schützt vor Strafe nicht.

Zweifellos: Bei Hanf (also: Cannabis, Haschisch, Marihuana und was für exotische Namen noch dieser alten Pflanze angetan werden) scheiden sich die Geister, doch die derzeitige Praxis ist nicht haltbar. Das BKA schätzt rund 200 000 Verstöße pro Tag gegen die diesbezüglichen Bestimmungen, von denen nur jeder 2433. ein vom Gesetz gefordertes Polizeinachspiel hat. Wer hier von Verhütung oder Verhinderung sprechen will, hüte sich vor Lächerlichkeit. Die Prohibition hat – wie so oft – versagt.

Damit blieben die chemisch aufbereiteten Drogen zur Neuordnung. Die bekannten illegalen (Heroin, Kokain, LSD) und in den Anhängen zum Betäubungsmittelgesetz aufgeführten Drogen sind nur ein Teilaspekt des Komplexes, da viele hoch suchtpotente Pharmaka durch setzeslücken frei auf den Markt fließen. Zu bedenken ist außerdem: Viele Opiate sind in der Hand des Arztes hervorragende Medikamente, deren Ersatzprodukte ausnahmslos mehr Nachteile aufweisen, und sie gehören in die Hand des Arztes. Auch für Abhängige sind Ärzte und Therapeuten eher zuständig als die Polizei. Es müßten also auch hier die Abhängigen und Kleinhändler (denn nahezu jeder Abhängige betätigt sich auch gelegentlich als Kleinhändler) entkriminalisiert werden. Ab einer bestimmten Größenordnung jedoch muß der illegale Handel mit chemisch aufbereiteten Drogen aufs strengste verfolgt werden und richterlich nach der Schwere der Gefährdung von Leben beurteilt, also mit bis zu 30 Jahren Strafe.

Außerdem müßte die wuchernde und nur durch winzige Auflagen gezügelte Drogenwerbung reguliert werden. „Trockene" Exalkoholiker müssen tagtäglich an Riesenwänden Alkoholwerbung vorbeigehen, die mit „Lebensgefühl" verführen, und in den Publikumszeitschriften wird für mehr Schmerztabletten geworben, als je in der Menschheitsgeschichte Schmerzen gab, für mehr Appetitzügler, als es Bäuche gibt, und auch für Unmengen Psychopharmaka. Derlei gehört in Fachzeitschriften und sonst nirgendwohin, und da mögen Apotheker um ihre Existenzgrundlage bangen, doch die Verschreibungspflicht müßte wesentlich erweitert werden.

Voraussetzung für solche Gesetze ist, gleichzeitig ein Sofortprogramm für alle Abhängigen zu entwickeln. Sie müssen nicht nur entkriminalisiert werden, sondern auch aus dem Dunstkreis des Schwarzmarktes geholt werden. Ähnliche Programme gibt es in einigen Ländern, z.B. England, und aus ihren Schwachstellen kann gelernt werden. Abhängige können den Stoff in Apotheken beziehen, und es gibt in Großbritannien nur mehr etwa 30 000 „illegale" Junkies. Diese Zahl als Zeichen des Versagens dieser Politik zu nehmen ist angesichts unseres Problems ein Zynismus, und dabei wird auch verschwiegen, daß England davor fast 300 000 kriminalisierte Abhängige hatte.

Denkbar wäre also, daß alle Abhängigen, die sich innerhalb eines bestimmten Zeitraums melden, von den Gesundheitsämtern monatlich auszustellende „Bezugskarten" mit kalendertagsmäßig abzuschneidenden Marken erhalten. Ihre Verschreibung erfolgt durch einen Arzt, der das Vertrauen des Abhängigen genießt und das zu verschreibende Mittel samt Dosierung feststellt. Die Ausgabe erfolgt in Apotheken, und damit kein neuer Schwarzmarkt entsteht, müßte die Einnahme vor Ort erfolgen. Es wäre also in bestimmten Apotheken an die Einrichtung einer kleinen Koje zu denken. Das ist zwar nicht schön, aber notwendig. Schließlich hat auch Heroin wie alle Opiate in der Apotheke angefangen, und ihre Zurückführung dorthin würde den Opiaten auch ihren exotischen Reiz nehmen. Das hilft zwar nicht mehr dem Abhängigen, bewahrt aber andere vor zuviel Neugier. Und der verschreibende Arzt hat auch eine individuell zu treffende „Herunterdosierung" des Abhängigen zu bestimmen.

Ein anderer Fall sind die immer noch lebenden Abhängigen aus dem Zweiten Weltkrieg. Es sind durchweg ältere Herren, und ihr Alter wird dadurch besonders qualvoll, daß kaum mehr ein Arzt ihnen die notwendigen Gifte zu verschreiben wagt, so daß auch sie nun in die Kriminalität gezwungen werden. Ihnen kann getrost eine für wenige Tage reichende Ration nach Hause mitgegeben werden. Heilbar sind sie kaum.

Alle diese ärztlichen Maßnahmen und auch die erforderlichen Medikamente müßten als sozialer Kostenfaktor verstanden werden. Wer da schreit, dies koste zuviel Geld, möge bedenken, wieviel Geld damit aus dem Schwarzmarkt gezogen würde.

Zweck dieser Maßnahme darf jedoch nicht sein, bei einer Entkriminalisierung stehenzubleiben. Es sollte nur darum gehen, den Abhängigen sofort aus seinem kriminellen Dunstkreis zu holen und seiner schlimmsten Probleme zu entheben, bis er sich entweder durch ambulante Beratung zu einem drogenfreien Leben durchrappelt oder eine Therapie begonnen werden kann.

Das heißt, auch für die Therapie müssen neue Wege und eine neue ökonomische Grundlage gefunden werden. Die bislang vorhandenen Modelle sind nicht einmal ein Tropfen auf den heißen Stein. Es gibt nicht *eine* Therapie für Opiatabhängigkeit, denn die Abhängigen sind untereinander zu verschieden. Es gibt zwar ein *Ziel*, nämlich Leben ohne die Droge, doch dahin müssen *viele* Wege möglich sein, und ein Abbruch bei einem Therapiemodell heißt nicht, daß nicht das nächste wirkungsvoll greifen könnte. Durch die zunehmende Medizinierung der Sucht und die Errichtung spezieller Drogengefängnisse sind in jüngster Zeit gerade die erfolgreichsten Modelle auf eine Art Abschußrampe gedrängt worden, nämlich die sozialtherapeutischen Wohngemeinschaften. Seit kraft Gesetz Therapie geradezu eine Angelegenheit der Justiz geworden ist, wird Therapie leider als eine Art Strafvollzug betrachtet, und Richter wie Staatsanwälte sehen beispielsweise in Norddeutschlands erfolgreichstem Modell „Jugend hilft Jugend" wegen des engagierten Auftretens für Abhängige gelegentlich „Bündnisgenossen von kriminellen Süchtigen".

Es wird vielleicht zu überlegen sein, ob man nicht die alte Methode fallenläßt, die einzelnen Suchtformen nach ihren *chemischen* Ursachen getrennt zu behandeln. Für den Entzug ist das zwar wichtig, nicht aber für die Therapie. Da zählt das persönliche Motiv, und das ist bei Alkoholikern, Opiat- und Medikamentenabhängigen erstaunlich ähnlich und nur in manchen Erscheinungsformen verschieden. Denkbar wären also auch innerhalb bestimmter Generationsschwellen therapeutische Gruppen, die in ihrer Zusammensetzung das gesamte Suchtproblem unserer Gesellschaft spiegeln. Das hätte den Vorteil, daß nicht jeder *sein* Leiden für das schlimmste hält, und da wird der Heroinabhängige mühelos erfahren, daß die Verführung zum Rückfall für den Alkoholiker die größte ist.

Bliebe ein Paket kriminalistischer Maßnahmen gegen den Schwarzmarkt. Die Polizei allein ist dabei überfordert, denn die Struktur der Drogengeschäfte ist eine andere als die sonstiger Kriminalität, wenn mit ihr auch in Teilbereichen verwoben. Die bisherige Rauschgiftfahndung erinnert an Dorfgendarmen, die Wirtschaftskriminelle ausheben wollen. Hier müßten die Geheimdienste Amtshilfe leisten. Auf anderen Gebieten findet sie ohnedies statt.

Es würde sich lohnen, für einen vorgegebenen Probezeitraum neue Wege einzuschlagen. Alle bisherigen führten ja nur zum gegenwärtigen Desaster. Nach vier, fünf Jahren müßten weitgehende Erfolge zu sehen sein. Diese Geduld müßte man nach einem halben Jahrhundert der Mißerfolge aufbringen. Und dann bliebe noch ein Wichtiges zu tun: alle Daten aller Abhängigen, die zwei Jahre ohne die Droge zu leben gelernt haben, wirklich zu vernichten.

Das ist kein Patentrezept, und es wurde auch nicht wie das Betäubungsmittelgesetz als Einmannbetrieb erarbeitet. Es ist unangenehm, da es einen weit über die Norm gehenden Aufwand an administrativer Sensibilität, gesetzgeberischer Sorgfalt, persönlichem Einsatz und finanziellen Mitteln erfordert. Da soll aber erst ein Nationalökonom kommen und vorrechnen, wieviel Aufwand uns dieses Problem wert sein dürfe. Gegen ihn würden alle Prinzipien der Menschlichkeit stehen.

Persönliches Nachwort

Es werden mir Fragen gestellt werden. Sie wurden mir auch schon gestellt, und ich muß versuchen, sie zu beantworten.

Ob ich selbst Drogen genommen habe, vor allem Opium und Heroin.

Ja. Meine Voraussetzungen waren allerdings nicht die typischen. Ich nahm Heroin in einer ärztlichen Praxis, da ich die Erlebniswelt der Droge erfahren wollte. Mein Freund war zwar vorsichtig in der Dosierung, doch ich spürte, was in der Sprache der Subkultur „feeling" heißt: Ich fühlte mich über mich selbst gehoben, weit über mir und allen Dingen stehend, war „cool". Gewissermaßen ganz klein unter mir wie ein Wanderer unter dem Flugzeug war noch einmal ich, mein körperliches Ich, und es war mir in diesem Augenblick ziemlich gleichgültig, ob dieses andere Ich auf die Nase fallen würde oder nicht. Das also war es. Ich verstehe, daß dieser Zustand äußerst verlockend sein kann, zumal wenn man mit sich Probleme hat. Mir war er zum Kotzen widerlich. So „cool" möchte ich nicht einmal als Toter sein. Ich möchte, was ich erleben kann, erleben, und wenn es noch so weh tut und Blasen zieht. Und wenn ich mich dabei auch oft „am Ende" fühle, entdecke ich in mir immer wieder neue Energie. Das macht mein Leben so spannend, daß ich die Droge für eine im wahren Sinn tödlich langweilige Sache nehme. Ich habe keine Neugier mehr nach ihr gehabt. Ich hasse sie auch nicht für den Blutzoll, den sie unter meinen Freunden forderte. Die Droge läßt mich kalt. Aber ich hasse alle, die an ihr verdienen, die ausgebeuteten Mohnbauern ausgenommen.

Ob ich mich bei meinen Recherchen über Herstellung und Vertrieb der Droge strafbar gemacht habe?

Ja. Ich hätte sonst vieles nicht erfahren. Ich war Beifahrer bei einem Opiumtransport in den Iran und einem von Heroin an Pakistans Südküste, Tragtier für Opium in Afghanistan, ich habe geholfen, Gold und Devisen zu schmuggeln und Waffen. Nur Heroin habe ich selbst nicht in die Hand genommen, aber das war wohl nur ein moralisches Alibi, das ich für mich selbst brauchte. Wer in diese Kreise eindringen will, um etwas zu erfahren, muß bis zu einem bestimmten Punkt mitmachen. In das Heroinlabor wurde ich vom wichtigsten Opiumlieferanten eingeführt, und über ähnliche Vermittlungen lernte ich auch die anderen Heroinhändler in Asien kennen. Bei ihnen trat ich als Interessent auf. Dazu hatte mich freundlicherweise die Botschaft eines europäischen Landes mit einem Paß auf anderen Namen und sehr viel Bargeld versehen, leihweise natürlich. Sehr geholfen haben mir auch einige Mitarbeiter der DEA, die mir einige Tips gaben und denen ich dafür einige Informationen geben konnte.

Warum ich so ein Interesse an der Droge habe?

Ich lernte sie eigentlich erst dadurch kennen, daß ihr in meinem Bekanntenkreis immer mehr Menschen zum Opfer fielen. Ende der Sechziger begannen einige Freunde und ich therapeutische Versuche.

Als dann die „Fixer" mehr wurden und wir nicht, habe ich „das Handtuch geworfen". Ich begann, mich mit dem Hintergrund der Droge zu beschäftigen, ihrem kulturellen und ihrem wirtschaftlichen. Ich wurde Journalist und hatte dadurch viel Gelegenheit, mich in den Produktionsländern umzusehen. Während dieser Zeit und bis jetzt arbeitete ich auch mit Abhängigen als – nun ja – Therapeut. Ich habe kein Interesse *an* der Droge, sondern eines *gegen* sie. Aber wer etwas gegen sie unternehmen will, muß erst sie, ihre Hintergründe und ihre Opfer verstehen.

Dieses Buch erhebt keinesfalls den Anspruch, eine auch nur halbwegs vollständige Abhandlung zum Thema zu sein. Ich verstehe es eher als eine Art Atlas eines dem „normalen" Menschen weitgehend unbekannten Landes. Einige wichtige Punkte zur Orientierung müßten ihm zu entnehmen sein.

Ich möchte allen danken, die mir bei dieser Arbeit geholfen haben.

Mein sehr persönlicher Dank gilt Seiner Exzellenz Gerardo Zampaglione, einem bemerkenswerten Diplomaten und Verfasser hervorragender Bücher. Er gab entscheidende Anstöße zu diesem Buch.

Für die Beschaffung aller in Archiven und Bibliotheken zugänglichen Informationen danke ich vor allem Uwe Reisner, Hans-Günther Meyer-Thompson, Matthias Mechau, Manfred Koerth und natürlich Eckhard Dück, der seit dreizehn Jahren mit mir zusammenarbeitet und mein sehr angeschwollenes Archiv führt.

Mittlerweile habe ich viele Veranstaltungen zum Drogenproblem erlebt, und sie stimmten mich alle traurig. Es gibt da so eine Art Ritual: Die Betroffenen und ihre Helfer sprechen ihre Bitterkeit aus, die Politiker und Beamten fühlen sich unverstanden, reagieren von angegriffen bis fast verständnisvoll, teilen ihr Mitgefühl mit, und das war's. Es scheint da zwei Welten zu geben, in verschiedene Galaxen abgetrieben, und sie kommen zusammen nicht kommen, die einen infolge absoluter Dämonisierung der Droge, die anderen aus durch tagtägliche Erfahrung bestimmtem Allzu-selbstverständlich-Nehmen.

Vielleicht ist die Wahrheit allzu „normal": Auch Heroin hat „nur" als Medikament angefangen, und solche folgenschweren Markterneuerungen geschehen in der Pharmaindustrie immer wieder. Viele Medikamente von heute sind die Gifte von morgen. Heroin ist nur *eine* von vielen Drogen im breiten Angebot zur wohlbefindlichen Selbstzerstörung, und es gibt keine, die nicht ab einem bestimmten Punkt gefährlich wird. Heroin ist allerdings die Droge, bei der die Mechanik aller anderen am sichtbarsten wird, bei der die Blöcke gesellschaftlicher Widersprüche, zu Ideologie verkommener Wissenschaft, durch Mißerfolg verhärteter Idealisten und weißer Westen einander am starrsten gegenüberstehen. Vielleicht ist es möglich, etwas in Bewegung zu bringen – der Opfer wegen.

Mai 1980/August 1983